3 Menschen Zeiten Räume

mit Beiträgen von
Uta Bärnert-Fürst
Dr. Thomas Berger-von der Heide
Dr. William Boehart
Petra Bowien
Peter Brokemper
Nadine Di Pardo
Christian Ernst
Elke Häußler
Elisabeth Herkenrath
Karl-Heinz Holstein
Wolfgang Humann
Dr. Elisabeth Köster
Ulrich Mittelstädt
Karl-Heinz Müller
Bernhard Nopper
Prof. Dr. Hans-Gert Oomen
Dr. Dieter Potente
Hans-Otto Regenhardt
Dr. Dieter Richter
Ellen Rudyk
Prof. Dr. Gabriele Saupe
Thomas Zimmermann
Reinhard Zinner

in Zusammenarbeit mit der Verlagsredaktion

Cornelsen

Redaktion Dr. Frank Erzner, Johannes Völker

Illustration Dieter Stade, Hemmingen; Stephan Warnatsch, Berlin; Hans Wunderlich, Berlin

Grafik Dieter Stade; Hemmingen

Kartenherstellung Peter Kast, Ingenieurbüro für Kartographie, Schwerin

www.cornelsen.de

Die Internetadressen und -dateien, die in diesem Lehrwerk angegeben sind, wurden vor Drucklegung geprüft. Der Verlag übernimmt keine Gewähr für die Aktualität und den Inhalt dieser Adressen und Dateien oder solcher, die mit ihnen verlinkt sind.

Dieses Werk berücksichtigt die Regeln der reformierten Rechtschreibung und Zeichensetzung.

1. Auflage, 1. Druck 2010

Alle Drucke dieser Auflage sind inhaltlich unverändert und können im Unterricht nebeneinander verwendet werden.

Druck CS-Druck CornelsenStürtz, Berlin

ISBN 978-3-06-064747-7

Inhalt gedruckt auf säurefreiem Papier aus nachhaltiger Forstwirtschaft.

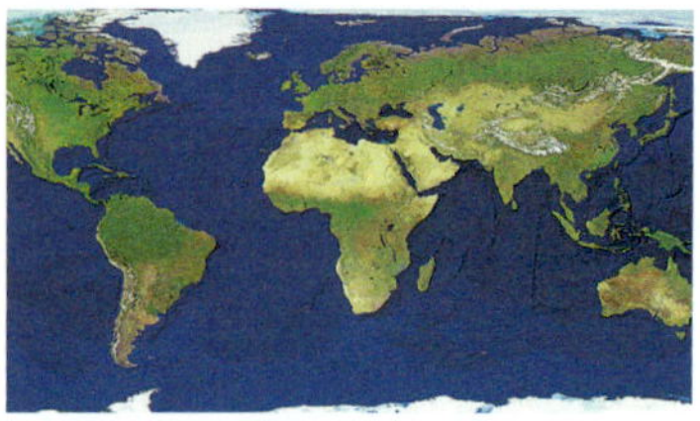

10 Wirtschafts- und Sozialpolitik 220

11 Die Europäische Union 240

12 Ballungsräume 260

13 Nach dem Ost-West-Konflikt 288

1 Die Französische Revolution

Zwischen 1661 und 1715 war Ludwig XIV. französischer König. Das prächtige Schloss in Versailles und seine als „Absolutismus“ bezeichnete Regierungsform wurden zum Vorbild für die Herrscher in ganz Europa. 1701 erhielt der Maler Hyacinthe Rigaud den Auftrag, ein Porträt Ludwigs XIV. anzufertigen. Der König war damals 53 Jahre alt. Das Bild sollte weniger die Persönlichkeit Ludwigs darstellen, sondern diente mehr der Demonstration königlicher Macht.

Doch 92 Jahre später, am 21. Februar 1793 wurde der französische König Ludwig XVI. in Paris hingerichtet. Wie es dazu kam und was die „Französische Revolution“ 1789 bewirkte, könnt ihr in diesem Kapitel herausfinden.

1 Beschreibe das Bild Ludwigs XIV. Weshalb ist es eine „Demonstration königlicher Macht“?

2 Beschreibe das Bild von der Hinrichtung Ludwigs XVI.

3 Vergleiche die beiden Bilder. Notiere Fragen, die sich für dich beim Betrachten der Abbildungen ergeben.

Der Absolutismus in Frankreich

M 1 **Medaille Ludwigs XIV. von 1674. Die Umschrift *nec pluribus impar* heißt übersetzt: „Keiner kommt ihm gleich".**

M 2 **Ludwig XIV. empfängt eine Gesandtschaft aus Persien.**

M 3 **Denkmaleinweihung durch Ludwig XIV.**

Was ihr noch tun könnt:

- Zu M 2 einen Sprechtext erfinden und die Szene nachstellen.
- Das Interview M 6 mit verteilten Rollen aufnehmen.

Der Sonnenkönig

1661 übernahm Ludwig XIV. von Frankreich, der Sonnenkönig, die Regierung. Kaum im Amt ließ er seine Minister und Räte zu sich kommen und teilte ihnen mit, dass er zukünftig alle wichtigen Entscheidungen im Staat selbst treffen wollte. Er wollte allein und unabhängig von anderen herrschen. Er soll einmal gesagt haben: Der Staat bin ich!

Absolutismus – aber wo bleibt die Freiheit?

M 4 **Über seine Herrschaftsauffassung schrieb Ludwig XIV. selbst:**

[…] Gott, der die Könige über die Menschen gesetzt hat, wollte, dass man sie als seine Stellvertreter achte, und er selbst hat sich das Recht vorbehalten, über ihren Wandel zu urteilen. Es ist sein Wille, dass, wer als Untertan geboren ist, willenlos zu gehorchen hat. […]

Ludwig XIV., Memoiren, hrsg. von Leopold Steinfeld, Basel/Leipzig 1931, S. 271

M 5 **Der Philosoph Denis Diderot schrieb 1751:**

Kein Mensch hat von der Natur das Recht erhalten, über andere zu herrschen. Die Freiheit ist ein Geschenk des Himmels, und jedes Mitglied des Menschengeschlechts hat das Recht, sie zu genießen […] Er [Gott] erlaubt, […] dass die Menschen unter sich ein System der Unterordnung schaffen, dass sie einem von ihrer Art gehorchen; aber er will, dass dies mit Vernunft und Maß geschieht und nicht blind und vorbehaltlos. […]

Geschichtliche Weltkunde, Bd. 2, Quellenlesebuch, Frankfurt/M. 1980, S. 136 f.

Exklusiv nur bei uns:

Das Interview mit dem König

Pariser Zeitung: Majestät, Ihr seid heute der bedeutendste König von Europa. Wie ist es Euch gelungen, diese Machtposition zu erringen?

Der König: Durch harte Arbeit! Ich bin morgens früh aufgestanden und habe den ganzen Tag über am Schreibtisch gesessen. Ich war immer über alles unterrichtet, wusste jederzeit über die Stärke und Ausbildung meiner Armee Bescheid. Verhandlungen mit fremden Gesandten habe ich selbst geführt. Ich habe viele Stunden damit zugebracht, Briefe zu lesen und zu beantworten. Ich bestimmte die Einnahmen und Ausgaben des Staates und ließ mir von meinen Mitarbeitern die Rechnungen vorlegen.

Pariser Zeitung: Wie ist es Euch gelungen, die Machtansprüche der französischen Adligen auszuschalten?

Der König: Ich holte sie an meinen Hof in Versailles. Da waren sie nicht nur unter meiner Kontrolle, sondern gaben für Kleidung, Perücken, Kutschen und Parfüm so viel Geld aus, dass sie froh waren, wenn ich ihnen eine Stellung als Beamter oder Offizier übertrug.

Pariser Zeitung: Früher wurden die Soldaten nach einem Krieg wieder entlassen. Ihr, Majestät, aber habt die Soldaten ständig unter Waffen gehalten. Würdet Ihr unseren Lesern erklären, wozu dieses ständig verfügbare Heer nötig war?

Der König: Ihr meint das stehende Heer? Ja, da kann man die Soldaten viel besser ausbilden und sie ständig zur Verfügung halten. Ich konnte so leichter Kriege führen und war auch gegen Aufstände im Innern Frankreichs gut gerüstet.

Pariser Zeitung: Aber das war doch sicher alles sehr teuer?

Der König: Gewiss, aber bedenkt doch: Was ist ein absoluter König ohne eine Armee? Schließlich habe ich viele Kriege erfolgreich geführt. Außerdem haben zahlreiche Unternehmer in Frankreich an den Waffen und der Ausrüstung für das Heer auch gut verdient.

Pariser Zeitung: Das Heer, der Bau von Versailles, die teuren Hofbälle oder Feuerwerke – all das kostete doch unglaublich viel Geld – woher kam das?

Der König: Von den Steuern der Untertanen natürlich! Mein Finanzminister hatte die Idee, mit dem Kaufpreis für Waren zugleich Steuern einzuziehen. So konnten die Staatseinnahmen praktisch verdoppelt werden.

Pariser Zeitung: Und wer sorgte dafür, dass Eure Befehle auch beachtet wurden?

Der König: Ich ernannte treue Staatsdiener zu Beamten. Sie bekamen von mir ein festes Gehalt und führten dafür meine Befehle aus.

Pariser Zeitung: Majestät, wir danken für das Gespräch.

M6 Das Interview, das König Ludwig XIV. 1715 einer Zeitung gewährte, ist frei erfunden. Aber es entspricht den geschichtlichen Tatsachen.

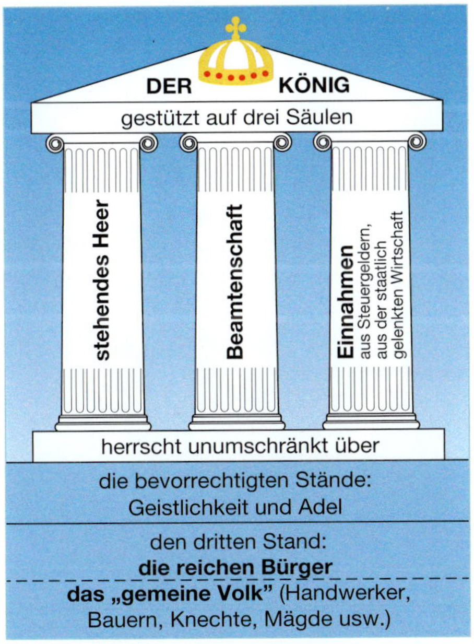

M7 Die absolutistische Staatsordnung

1 Beschreibe M 1 und stelle Vermutungen darüber an, warum König Ludwig XIV. die Sonne als Sinnbild (Symbol) seiner Herrschaft wählte.

2 Erkläre den Ausspruch: „Der Staat bin ich!" und den Begriff „Absolutismus" mit eigenen Worten.

3 Beschreibe M 2 und erläutere, welche Haltung der König und die Gesandten einnehmen. Wie stellt es der Maler dar?

4 Benenne, wie in M 4 die Herrschaft des Königs gerechtfertigt wird.

5 Erläutere, wieso die Position von Diderot (M 5) eine Kritik am Absolutismus darstellt.

6 Beschreibe M 2 und erläutere, warum der König diese feierliche Handlung vollzieht.

7 Wiederhole, welche Arbeiten der König nach eigener Aussage zu erledigen hatte.

8 Erkläre M 7 mithilfe des Interviews (M 6).

Glanzvolles Leben am Fürstenhof

M1 Das Schloss in Versailles. Gemälde, Ausschnitt, 1722, von Pierre Denis Martin

Versailles – Vorbild für den Schlossbau in Europa

Versailles war ursprünglich eine sumpfige Niederung, Dort ließ Ludwig XIV. von 1661 bis 1689 eine riesige Schlossanlage bauen. Im Zentrum der ganzen Anlage stand das Schloss. In ihm befanden sich fast 2000 Räume. Bei den zahlreichen Festen, die der König veranstalten ließ, fanden hier bis zu 20 000 Menschen Platz. Trotz all der Pracht herrschte im Schloss eine qualvolle Enge. Der gesamte Hofstaat, Adlige und ihre Familien, Minister und Beamte lebten in einem Schloss, in dem nur wenige Räume beheizbar waren und es an Bädern und Toiletten fehlte. Doch wer in Frankreich etwas werden und bedeuten wollte, musste sich in der Nähe des Königs aufhalten, um ihm aufzufallen.

M2 Das Austernfrühstück. Gemälde von Jean-François Troy (1679–1752)

M 3 Eine Hofjagd. Aus dem Zelt schießen die Teilnehmer auf Wild, das an ihnen vorbeigetrieben wird. Jagdbild aus Schloss Schwetzingen, um 1730

M 5 Barockfeuerwerk anlässlich der Hochzeit des sächsischen Kurprinzen 1719. Kupferstich von Johann August Corvinus

M 4 Statue einer Bettlerin (Elfenbein und Holz).Von Simon Troger, etwa 1750

M 6 Kostümball des Kölner Kurfürsten im Bonner Hoftheater. Gemälde von François Rousseau, um 1750

1 Beschreibe das Schloss Versailles (M 1) und zeichne einen vereinfachten Grundriss (Vogelperspektive). Trage darin folgende Begriffe ein: „Hauptflügel", „Seitenflügel", „Schlosshof", „Mauer", „Zaun" (Mehrfachnennungen möglich).

2 Beschreibt die Bilder M 1–M 6 in Gruppenarbeit. Welche Vergnügungen sind zu sehen und welche Gesellschaftsschichten nahmen an ihnen teil?

3 Finde das Bild, das nicht zu den anderen passt. Begründe deine Meinung.

Die kleinen Sonnenkönige

Barock

Wort: abgeleitet von *barocco* = unregelmäßig geformte Perle
Elemente: starke Bewegung in den Formen, Betonung von Kraft und Spannung der Figuren, reiches Schmuckwerk, malerische und oft verschnörkelte, überladene Gestaltung der Innenräume
Zeit: etwa 1600–1730

Rokoko

Wort: abgeleitet von *rocaille* = Grotten- und Muschelwerk
Elemente: helle Innenraumgestaltungen, verspielte, verschlungene Formen
Zeit: etwa 1730–1780

Was ihr noch tun könnt:

Barock- oder Rokokobauwerke (z. B. Schlösser, Kirchen) oder Einzelwerke (z. B. Gemälde, Altar, Wegkreuz, Brunnen, Friedhofstor) in der näheren Umgebung suchen; Fotos oder Zeichnungen anfertigen; auf einer Wandzeitung dokumentieren

M 1 Hessens Miniatur-Versailles: Schloss Arolsen

Alle blicken nach Frankreich

Viele Fürsten Europas ahmten dem Vorbild Ludwigs XIV. nach. So ließ Landgraf Carl von Hessen-Kassel während seiner langen Regierungszeit von 1677 bis 1730 Schloss und Park Wilhelmshöhe bei Kassel errichten. Fertiggestellt werden konnte die Anlage allerdings erst 1798 unter Carls Urenkel Landgraf Wilhelm IX. Andere hessische Regenten taten es dem Kasseler Vorbild gleich und formten ihre Residenzen um. Auf diese Weise wurde in der kleinen fürstlich Waldeck'schen Hauptstadt Arolsen ab 1713 eines der prachtvollsten Barockschlösser Hessens geschaffen. Der Bau überstieg die finanziellen Möglichkeiten des winzigen Landes allerdings weit und so konnte dessen Fertigstellung erst 1811 erfolgen. Die Prachtentfaltung der Schlösser, die Hofhaltung und teure Feste verschlangen mehr Geld, als die Untertanen aufbringen konnten. Hessen verarmte mehr und mehr. Tausende wanderten nach Amerika aus.

Der Kunststil (Malerei, Architektur, Literatur, Musik) des Absolutismus wird als **Barock** bezeichnet. Die Spätform nennt man **Rokoko** (siehe Randspalte).

M 2 Rokokofenster

M 3 Rokokosessel

1 Beschreibe das Bild M 1 mithilfe der Methodenseite „Bilder auswerten" von S. 13. Verwende dabei die Fachausdrücke aus der Randspalte links.

2 Vergleiche die Barockbauten auf den Seiten 10/11 und auf dieser Seite mit Bauwerken aus dem 19. Jahrhundert.

Wir werten Bilder aus

METHODE

Unser Wissen über die Vergangenheit gewinnen wir oft aus Bildern. An alten Fotos, Kirchenfenstern, Wand- oder Deckenmalereien, Zeichnungen, Statuen oder Gemälden können wir häufig erkennen, wie die Menschen früher gelebt haben, was sie dachten oder fühlten.
Die folgenden Fragen werden euch helfen, Bilder auszuwerten:

1. Schritt: Bild betrachten

- Wie wirkt das Bild als Ganzes auf mich?
- Welche Einzelheiten sprechen mich besonders an, was finde ich interessant, schön, hässlich, abstoßend, lächerlich usw.?

2. Schritt: Bild beschreiben

- Welche Daten des Bildes sind bekannt (Name des Künstlers, Bildtitel, Entstehungszeit)?
- Gibt es einen Mittelpunkt, einen Vorder- und Hintergrund?
- Was ist dargestellt (Thema, Anordnung der Personen, Dinge usw., Farben, Helligkeit)?

3. Schritt: Bild deuten

- Wie drückt es der Künstler aus?
- Zu welchem Zweck wurde das Bild geschaffen?
- Benutzt der Künstler Symbole? Wofür stehen sie?
- Was verstehe ich nicht? Wozu benötige ich weitere Informationen?
- Was lerne ich über geschichtliche Ereignisse oder Hintergründe?
- Welche offenen Fragen ergeben sich aus dem Bild?

M 1 Landgraf Carl von Hessen-Kassel im Kreise seiner Familie. Ausschnitt aus einem Gemälde von Philip van Dyk, 1727

Projektidee: Ein Geschichtsinterview durchführen

Führt ein Interview mit Landgraf Carl durch. Stellt euch vor, ihr könntet ihn zum Tee einladen. Beim Interview könnt ihr folgendermaßen vorgehen:
Informiert euch über das Leben des Landgrafen und seine Zeit (Schulbuch, Bibliothek, Internet).
Formuliert eine Einladungskarte oder einen -brief.
Richtet einen Raum so ein, dass er wie eine Teestube aussieht.
Bereitet ein Gespräch mit Fragen vor, die ihr stellen möchtet.
Spielt den Besuch nach.
Wenn ihr Lust habt, kostümiert euch passend und spielt den Besuch auch vor anderen Klassen nach.

1 Betrachte, beschreibe und deute das Bild von Landgraf Carl von Hessen-Kassel (M 1).

2 Vergleiche das Bild Ludwigs XIV. auf S. 7 mit dem von Landgraf Carl auf dieser Seite. Welche Ähnlichkeiten und Unterschiede kannst du feststellen? Was könnte das bedeuten? Beachte die Regierungszeiten der beiden Personen.

Ein neuer Staat ohne König: USA

M1 Sturz des Denkmals König Georgs III. von England 1776 in New York. Zeitgenössisches Gemälde

M4 Einschiffung hessischer Soldaten nach Amerika. Zeitgenössisches Gemälde

M2 Aus der Unabhängigkeitserklärung vom 4. Juli 1776

Folgende Wahrheiten halten wir für selbstverständlich: Alle Menschen sind gleich geschaffen. Sie sind von ihrem Schöpfer mit unveräußerlichen Rechten ausgestattet. Dazu gehören Leben, Freiheit und Streben nach Glück. Zur Sicherung dieser Rechte sind unter den Menschen Regierungen eingesetzt, die ihre rechtmäßige Macht aus der Zustimmung der Regierten herleiten. Wenn eine Regierungsform diese Zwecke gefährdet, ist es das Recht des Volkes, sie zu ändern oder abzuschaffen und eine neue Regierung einzusetzen.

Demnach verkünden wir [...], dass diese vereinigten Kolonien freie und unabhängige Staaten sind, [...] dass sie losgelöst sind von aller Pflicht gegen die britische Krone, dass jede politische Verbindung zwischen ihnen und dem Staate Großbritannien ein für allemal aufgehoben ist. [...]

Allan Nevins, Geschichte der USA, S. 309

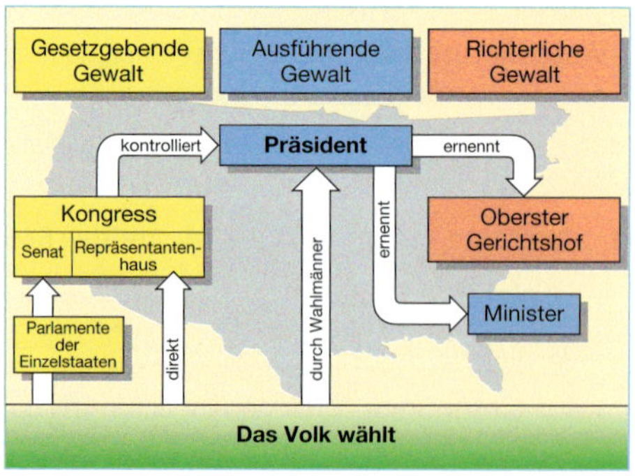

M3 Die Verfassung der USA

Die Unabhängigkeitserklärung

1607 wurde Virginia als erste englische Kolonie in Nordamerika gegründet. Die weißen Siedler ließen sich zunächst an der Ostküste nieder. Um das Zusammenleben zu regeln, wurden eigene Verwaltungen und eigene Gesetze erlassen. Bis 1756 wurden so 13 englische Kolonien gegründet. Von 1756 bis 1763 eroberte England von Frankreich große Gebiete in Nordamerika. Die Siedler in den 13 Kolonien sollten die hohen Kriegskosten durch Zölle und Steuern bezahlen. Die Bewohner der Kolonien weigerten sich. 1775 folgten erste bewaffnete Auseinandersetzungen. 1776 beschlossen die Vertreter der 13 Kolonien eine Unabhängigkeitserklärung. Auf englischer Seite kämpften fast 30 000 deutsche Soldaten, die von ihren Landesfürsten an den englischen König „vermietet" worden waren. 1783 musste der englische König seine Niederlage eingestehen und die amerikanische Unabhängigkeit anerkennen.

Exklusiv nur bei uns:

Das Interview mit dem Präsidenten

Paris, 1. Mai 1789: Nach dem Sieg im Unabhängigkeitskrieg gegen England haben sich die Vereinigten Staaten eine Staatsordnung, eine Verfassung, gegeben. Gestern wurde George Washington als Präsident der USA vereidigt. Er gab unserer Zeitung das folgende Interview:

Zeitung: Mr. Washington, Sie wurden zum ersten Präsidenten der Vereinigten Staaten gewählt. Würden Sie uns Ihre Aufgaben erklären?

Präsident: Als Präsident leite ich die Politik. Ich bin oberster Befehlshaber der Streitkräfte. Ich ernenne die Minister und die Mitglieder des obersten Gerichtshofs.

Zeitung: Woher haben Sie diese Macht?

Präsident: Vom Volk. Genau gesagt wählen die Bürger die Wahlmänner und diese dann den Präsidenten.

Zeitung: In den Vereinigten Staaten leben heute eine halbe Million Sklaven. Können die etwa auch wählen? Und was ist mit den Indianern und Frauen?

Präsident: Nein, noch ist es nicht so weit, dass Sklaven, Indianer oder Frauen wählen dürfen. Aber vielleicht kommt das ja noch eines Tages. Die Verfassung ist jedenfalls offen für Veränderungen.

Zeitung: Wäre es nicht viel einfacher, wenn Sie die gesamte Macht im Staat besitzen würden?

Präsident: Wir sind hier nicht in Frankreich, wo ein König von Gottes Gnaden regiert. Die Vereinigten Staaten sind eine Republik ohne König. Schon in der Unabhängigkeitserklärung haben unsere Bürger bestimmte Grundrechte bekommen. Bei uns ist die Staatsgewalt aufgeteilt. Der Kongress macht die Gesetze, ich führe sie aus und bei Streitigkeiten entscheiden die Gerichte.

Zeitung: Woher kommen all diese Ideen?

Präsident (lacht): Verzeihen Sie, wenn ich lache – von Ihnen, aus Frankreich. Schauen Sie einmal in die Bücher von Herrn Rousseau oder Herrn Montesquieu. Dort werden Sie die Antwort finden.

Zeitung: Herr Präsident, wir danken für das Gespräch.

M5 Das folgende Interview, das der erste amerikanische Präsident George Washington einer Pariser Zeitung gewährte, ist frei erfunden. Aber es entspricht den geschichtlichen Tatsachen

M6 Jean-Jacques Rousseau (1712 bis 1778) schrieb 1762 in seinem Buch „Der Gesellschaftsvertrag“:

Der Mensch wird frei geboren und überall ist er in Ketten. […] Auf seine Freiheit verzichten heißt, auf seine Menschheit, die Menschenrechte, ja, selbst auf seine Pflichten verzichten […] Eine solche Entsagung ist mit der Natur des Menschen unvereinbar.

Jean-Jacques Rousseau, Der Gesellschaftsvertrag, Stuttgart 1966, S. 30 ff.

M7 Charles de Montesquieu (1689 bis 1755) schrieb 1748 in seinem Buch „Vom Geist der Gesetze“:

Wenn die gesetzgebende Gewalt mit der ausführenden in einer Person […] vereinigt ist, dann gibt es keine Freiheit. […] Es gibt auch keine Freiheit, wenn die richterliche Gewalt nicht von der gesetzgebenden und von der ausführenden Gewalt getrennt ist.

I. und P. Hartig, Französische Revolution, Stuttgart 1990, S. 13

1 Überlege zu M 2: Welche Rechte werden den Menschen verliehen? Was bedeuten sie im Einzelnen? Von wem bekommen die Menschen die Rechte? Wie sollen diese Rechte gesichert werden? Was soll geschehen, wenn die Regierung die Rechte des Volkes nicht beachtet? Warum wird M 2 als „Unabhängigkeitserklärung" bezeichnet?

2 Beschreibe M 1 und erläutere, was die Menschen mit einem Denkmalsturz ausdrücken wollten.

3 Versetze dich in die Lage eines hessischen Soldaten (M 4) und berichte über deine Erlebnisse.

4 Vergleiche die Aussagen in M5 mit dem Schaubild M 3.

5 Erläutere die Vorstellungen der Philosophen (M 6, M 7).

Die Krise des Absolutismus

M 1 **Ein hoher Würdenträger huldigt dem französischen König Ludwig XVI.**

M 2 **Der dritte Stand trägt die Lasten**

Was ihr noch tun könnt:

M 2 kopieren und daraus einen Comic gestalten.

König von Gottes Gnaden

1776 wurde Ludwig XVI., der Urenkel des Sonnenkönigs, König von Frankreich. Er fühlte sich von Gott zum König berufen und hielt die gesamte Staatsmacht in seiner Hand. Er konnte Gesetze machen und sie durchführen lassen. Der König war gleichzeitig auch der oberste Richter. Zur Unterstützung seiner Macht unterhielt er ständig ein Heer von Berufssoldaten. Seine Anordnungen wurden von treu ergebenen Staatsdienern, den Beamten, ausgeführt. Wie sein Urgroßvater war Ludwig XVI. ein absolutistischer König.
Durch zahlreiche Kriege und die Verschwendung am Hof von Versailles hatte der junge König einen total verschuldeten Staat übernommen. Aber auch er gab das Geld mit vollen Händen aus. Die Unzufriedenheit im Volk wuchs.

Der dritte Stand trägt die Lasten

Seit Jahrhunderten war die Bevölkerung Frankreichs in Stände eingeteilt. Dem ersten Stand gehörten die höheren Geistlichen (Klerus) an. Der Adel (z. B. Freiherren, Grafen) bildete den zweiten Stand. Diesen 600 000 Menschen standen 24 Millionen Einwohner des dritten Standes gegenüber. Es konnten Professoren, Anwälte oder Ärzte, Handwerker oder Soldaten sein. Die Masse des dritten Standes lebte als Bauern oder Tagelöhner auf dem Land. Die Bauern waren Leibeigene eines Grundherrn. Sie hatten zahlreiche Dienste und Abgaben zu leisten. Wenn sie heiraten oder wegziehen wollten, mussten sie den Grundherrn um Erlaubnis fragen.
Die Angehörigen des ersten und zweiten Standes genossen besondere Rechte (Privilegien). Sie waren weitgehend von der Zahlung der Steuern befreit. Sie wurden bei der Vergabe hoher Staatsämter in der Armee, in der Verwaltung oder Kirche bevorzugt. Der dritte Stand hatte fast die gesamten Steuern zu bezahlen. Durch Missernten kam es immer wieder zu Hungersnöten.

Die Kritik wächst

Einige Angehörige des dritten Standes waren zu Reichtum und Ansehen gekommen. Sie besaßen oft mehr Bildung als die Adligen oder Geistlichen. Dennoch hatten sie keinerlei politischen Einfluss. In den Salons der wohlhabenden Bürger, in Cafés

M 3 **Café der Patrioten. Zeitgenössische Zeichnung**

Rollenkarte 1
François, Bauernsohn, 25 Jahre alt, hitzköpfig
– Einstellung: Adlige sind alle Verbrecher.
– Ziel: Jeder soll hinziehen können, wohin er will, keine Heiratserlaubnisse notwendig, weniger Dienste und Abgaben.

Rollenkarte 2
35 Jahre alt, gebildet, klug
– Einstellung: So wie es ist, kann's nicht bleiben.
– Ziel: Abschaffung der Stände und der Vorrechte, will politisch mitreden können.

Rollenkarte 3
Graf von A., 60 Jahre alt, eingebildet, herablassend
– Einstellung: Alles soll so bleiben, wie es ist.
– Ziel: Adel ist etwas Besonderes, zahlt keine Steuern, Bauern müssen Dienste und Abgaben leisten.

Rollenkarte 4
Amelie, Marktfrau, 30 Jahre alt, aufbrausend
– Einstellung: Frauen sind Männern rechtlos ausgeliefert.
– Ziel: Frauen dürfen bei der Heirat mitreden, müssen gleiche Rechte haben wie die Männer.

und bald auch auf offener Straße diskutierten sie die Schriften von Rousseau oder Montesquieu. Soldaten, die unter der Führung des französischen Generals Lafayette im amerikanischen Unabhängigkeitskrieg gekämpft hatten, verbreiteten die Ideen von Freiheit und Gleichheit in Frankreich.

Die Staatskrise

Im Jahr 1788 stand Frankreich vor dem Ruin. Die Ausgaben überstiegen seine Einnahmen bei weitem. Mehr als die Hälfte der Ausgaben musste für die Tilgung der Staatsschulden aufgewendet werden. Die meisten Bauern, Handwerker oder Tagelöhner waren völlig verarmt und konnten keine höheren Abgaben aufbringen. Aber die Adligen und Geistlichen weigerten sich, auf ihre Vorrechte zu verzichten. Was sollte nun werden?

1 Beschreibe M 1. Welchen Eindruck vermittelt der Maler?

2 Beschreibe M2 und vermute, was der Zeichner zum Ausdruck bringen wollte. Erläutere, wogegen in M2 protestiert werden soll.

3 Schreibe (als Bauer, Tagelöhner oder Handwerker) einen Protestbrief an den König.

4 Beschreibt M 3 und lest die Texte aus den Sprechblasen laut vor. Gestaltet die Szene als Rollenspiel. Haltet euch dabei an die Rollenanweisungen.

Die Französische Revolution

M1 Die Eröffnung der Generalstände am 5. Mai 1789

M2 Der Schwur im Ballhaus am 20. Juni 1789

M3 Der Sturm auf die Bastille am 14. Juli 1789

Von den Generalständen zur Nationalversammlung

Am 5. Mai 1789 zogen je 300 Vertreter des ersten und zweiten Standes und 600 Vertreter des dritten Standes feierlich in das Schloss Versailles ein. Erstmals seit über 150 Jahren hatte der König die **Generalstände** einberufen. Der Adelsstand und die Geistlichen hatten prächtige Gewänder angelegt. Die Vertreter des dritten Standes kamen in der vorgeschriebenen schwarzen Kleidung. Aus ganz Frankreich brachten sie über 40 000 Beschwerdehefte mit. Aber der König und der Finanzminister sprachen nur von neuen Steuern. Darüber sollten die Stände getrennt beraten und abstimmen, und zwar nach einem Verfahren, nach dem die Stimmen der Stände nicht gleich gewertet wurden. Die Abgeordneten des dritten Standes forderten aber gemeinsame Beratungen und Abstimmung nach Köpfen. Schließlich erklärten sie sich zur **Nationalversammlung**. Als der König den Sitzungssaal sperren ließ, zogen die Abgeordneten in das Ballhaus um. Hier legten am 20. Juni 1789 Vertreter aller Stände den Schwur ab, nicht eher auseinander zu gehen, bis Frankreich eine neue Staatsordnung – eine **Verfassung** – erhalten würde. Der König musste nachgeben und die neue **Nationalversammlung** anerkennen.

Der Sturm auf die Bastille

Unruhe lag über Paris am 14. Juli 1789. Das Brot war knapp und kostete doppelt so viel wie sonst. Der König ließ Truppen zusammenziehen. Jetzt rotteten sich einige Tausend Menschen zusammen und zogen zur **Bastille**, dem verhassten Staatsgefängnis. Gegen Mittag stieß die Menge bis an die geschlossene Zugbrücke vor. Der Gefängniskommandant verlor die Nerven und gab Befehl zum Feuern. Mehr als hun-

M4 **Bauern stürmen das Schloss ihres Grundherrn.**

dert Belagerer wurden getötet. Das steigerte aber nur die Wut der Volksmenge, die sich Kanonen verschafft hatte und nun zum Angriff überging. Schließlich gaben die Belagerten auf. Das Volk erstürmte die Bastille!

Die Revolution* auf dem Land

Von Paris aus griff die Revolution auf ganz Frankreich über. Da die Bauern seit Monaten schon auf die Beantwortung ihrer Beschwerden warteten, aber nichts geschehen war, sahen sie jetzt die Stunde gekommen, um selbst zu handeln. Sie zogen zu den Schlössern ihrer Grundherren und forderten die Herausgabe der Urkunden, worin ihre Abgaben und Dienstleistungen verzeichnet waren, und verbrannten sie. An vielen Orten gingen Schlösser in Flammen auf. Die Bauern weigerten sich, weiter Steuern oder Abgaben zu zahlen.
Unter diesem Druck hob die Nationalversammlung am 4. August 1789 die Leibeigenschaft auf. Die Grundherren waren fortan nicht mehr die Richter auf dem Land. Jetzt durften die Bauern auch auf ihrem eigenen Grund und Boden jagen. Von den Abgaben mussten sie sich allerdings gegen eine Geldabgabe freikaufen, was vielen infolge ihrer Armut nicht möglich war.

Merkmale der Revolution

In der Geschichtsforschung wird die Französische Revolution nach ihren Ebenen und Trägergruppen unterschieden:

1. Verfassungsrevolution: Die Nationalversammlung beendete den Ständestaat, weil sie nach dem Grundsatz der Gleichberechtigung aller Franzosen eine Verfassung schuf, welche die Stände beseitigte.

2. Städtische Revolution: Wie in Paris vertrieben die Bürger auch in anderen Städten die Amtsträger des Königs und setzten eine neue, aus gewählten Vertretern bestehende Verwaltung ein.

3. Bauernrevolution: Die Bauern erreichten, dass die Nationalversammlung die Leibeigenschaft aufhob, die finanzielle Ablösung der bäuerlichen Abgaben und Fronlasten sowie die Steuerpflicht für alle Franzosen festlegte.

Projektidee: Litfaßsäule „Französische Revolution"

Erstellt zum Thema „Französische Revolution" eine Litfaßsäule. (Anschlagsäule für Werbung, 1854 durch Initiative des Druckers Ernst Litfaß erstmals in Deutschland aufgestellt). Ihr solltet diese Säule mit den wichtigsten Botschaften der Französischen Revolution bestücken.

- Überlegt euch zunächst eine große Überschrift für die Litfaßsäule und schreibt sie auf einen Plakatstreifen.
- Notiert dann weitere Überschriften, die zu dem Thema passen. Wenn es nötig ist, könnt ihr sie auch mit einem kleinen Text erläutern.
- Ordnet nun eure Plakatstreifen so auf der Litfaßsäule an, dass die wichtigsten Aussagen der Französischen Revolution deutlich werden (Freiheit, Gleichheit …).

Für die Herstellung einer Litfaßsäule könnt ihr leere Waschmittelbehälter oder starke Pappe verwenden.

***Revolution**
Umsturz, gewaltsame Veränderung der bestehenden Ordnung

1 Beschreibe M1. Stelle Vermutungen darüber an, zu welchem Stand die Personengruppen jeweils gehören.

2 Vergleiche M1 und M2. Was hat sich verändert?

3 Schreibe einen Zeitungsbericht über den Sturm auf die Bastille.

4 Erläutere, was in M4 dargestellt ist.

5 Kläre, warum bei den auf dieser Doppelseite dargestellten Ereignissen von einer „Revolution" gesprochen werden kann.

6 Fasse zusammen, welche Ebenen und „Träger" der Revolution es gab.

Menschenrechte

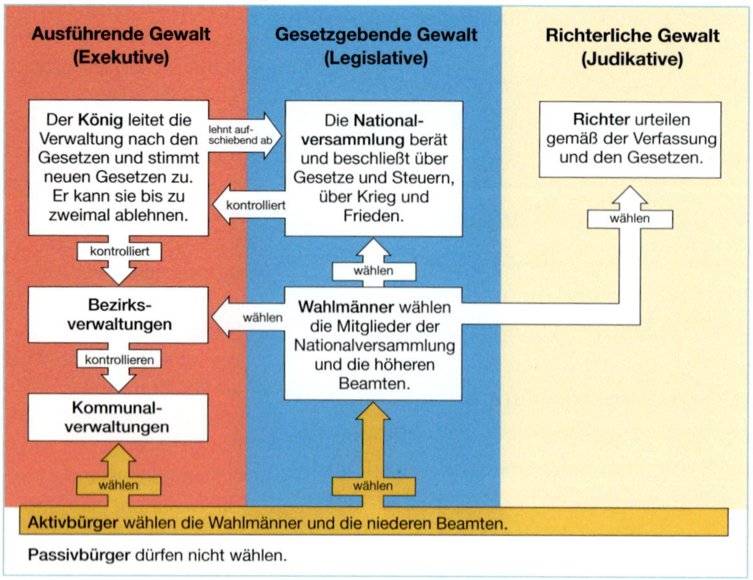

M 1 Die Französische Verfassung von 1791

***Demokratie**
Volksherrschaft, gleiche Rechte für die Bürger; freie, gleiche, geheime Wahlen; jeder muss seine Meinung frei äußern können.

M 2 Die Nationalversammlung beschloss am 26. August 1789 die „Erklärung der Menschen- und Bürgerrechte“ (Auszug):

Art. 1: Die Menschen sind und bleiben von Geburt an frei und gleich an Rechten. […]

Art. 2: Das Ziel einer jeden politischen Vereinigung besteht in der Erhaltung der natürlichen und unantastbaren Menschenrechte. Diese Rechte sind: Freiheit, Sicherheit und Widerstand gegen Unterdrückung.

Art. 4: Die Freiheit besteht darin, alles tun zu können, was dem anderen nicht schadet. […]

Art. 7: Kein Mensch kann anders als in den gesetzlich verfügten Fällen und vorgeschriebenen Formen angeklagt, verhaftet und gefangen genommen werden. […]

Art. 10: Niemand darf wegen seiner Meinung – selbst religiöser Art – belangt werden.

Art. 11: Freie Gedanken- und Meinungsfreiheit ist eines der kostbarsten Menschenrechte; jeder Bürger kann daher frei schreiben, reden und drucken. […]

Wolfgang Lautemann, Amerikanische und Französische Revolution, in: Geschichte in Quellen, hg. W. Lautemann und M. Schlenke, München, bsv, 1981, S. 200

Die Verfassung von 1791

Die Menschen- und Bürgerrechte sollten den einzelnen Menschen Schutz gegen Unfreiheit und Unterdrückung geben. Aber noch regierte Ludwig XVI. als absoluter König. Die von der Nationalversammlung am 3. September 1791 verabschiedete **Verfassung** schränkte seine Macht jedoch erheblich ein. Die gesetzgebende Gewalt wurde von der gewählten **Nationalversammlung** ausgeübt. Aber von den etwa 25 Millionen Franzosen besaßen nur vier Millionen das Wahlrecht. Alle Frauen sowie jene Männer, die keine oder nur geringe Steuern zahlten, durften nicht wählen (Passivbürger).

M 3 Erklärung der Menschenrechte der Vereinten Nationen (VN) vom 10. Dezember 1948:

Art. 1: Alle Menschen sind frei und gleich an Würde und Rechten geboren. […]

Art. 3: Jeder Mensch hat das Recht auf Leben, Freiheit und Sicherheit der Person.

Art. 4: Niemand darf in Sklaverei oder Leibeigenschaft gehalten werden.

Art. 5: Niemand darf der Folter oder grausamer, unmenschlicher oder erniedrigender Behandlung oder Strafe unterworfen werden.

Art. 6: Alle Menschen sind vor dem Gesetz gleich. […]

Art. 9: Niemand darf willkürlich festgenommen, in Haft gehalten oder des Landes verwiesen werden.

Art. 13: Jeder Mensch hat das Recht auf

Freizügigkeit und freie Wahl seines Wohnsitzes innerhalb eines Staates. […]
Art. 14: Jeder Mensch hat das Recht, in anderen Ländern vor Verfolgung Asyl zu suchen und zu genießen.
Art. 18: Jeder Mensch hat Anspruch auf Gedanken-, Gewissens- und Religionsfreiheit. […]
Art. 19: Jeder Mensch hat das Recht auf freie Meinungsäußerung. […]

Fritz Hartung, Die Entwicklung der Menschen- und Bürgerrechte von 1776 bis zur Gegenwart, Göttingen, Vandenhoek & Ruprecht, 1972, S. 145 ff.

Frauen in der Revolution

Vor der Revolution waren die Frauen fast rechtlos. Selbst verheiratete Frauen durften ohne Zustimmung ihres Ehemannes keine Verträge abschließen. Auch durch die Revolution veränderte sich die Lage der Frauen kaum. Zwar entstanden Frauenclubs, aber bereits 1793 wurden diese verboten und zahlreiche politisch aktive Frauen hingerichtet. Noch immer waren Frauen von allen politischen Aktivitäten ausgeschlossen.

M4 Straßenkinder in Südamerika

M5 Dieser kambodschanische Junge hatte eine Hand voll Reis gestohlen.

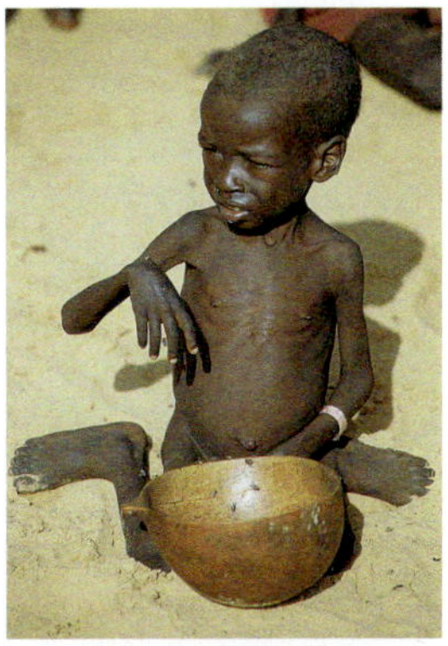

M6 Hungerndes Kind in einem Flüchtlingslager im Sudan

1 Klärt im Gespräch, was mit den Begriffen „Freiheit", „Gleichheit", „Sicherheit" gemeint ist.

2 Mache an einem Beispiel deutlich, worin die Grenzen der Freiheit (Artikel 4) bestehen könnten.

3 Prüfe nach, in welchen Punkten die Menschen- und Bürgerrechte im Gegensatz zur absolutistischen Herrschaftsauffassung stehen.

4 Erkläre mit eigenen Worten das Verfassungsschaubild (M 1).

5 Stelle zusammen, wo es in dieser Verfassung nach deiner Meinung Verbesserungen gegenüber dem Absolutismus gibt.

6 Erkläre, warum viele Franzosen von dieser Verfassung enttäuscht waren.

7 Erstelle eine Tabelle und ordne die Artikel der „Erklärung der Menschenrechte" der Vereinten Nationen den Artikeln aus der „Erklärung der Menschen- und Bürgerrechte" zu:

Erklärung der Menschen- und Bürgerrechte, 1789	Erklärung der Menschenrechte der VN, 1948
Art. 1: Die Menschen sind und bleiben von Geburt an frei und gleich an Rechten.	Art. 1: Alle Menschen sind frei und gleich an Würde und Rechten geboren …
…	…

8 Beschreibe die Fotos M 4 bis M 6 und zeige auf, gegen welche Artikel der Menschenrechte hier verstoßen wird.

Frankreich wird Republik

M 1 Die französische Nationalgarde zieht in den Krieg.

*__Bataillon__ (vom franz. Wort *bataille* = Schlacht) Verband bei den Streitkräften (beim Militär); besteht aus mehreren Kompanien

Revolution und Krieg

Die europäischen Staaten außerhalb Frankreichs wurden von Königen und Fürsten regiert. Sie fürchteten, dass sich die Ideen der Revolution auch in ihren Ländern ausbreiten könnten.
Viele französische Adlige, die ins Ausland gegangen waren, verstärkten die feindselige Haltung gegenüber Frankreich. Um einem Angriff der verbündeten Fürsten zuvorzukommen, beschloss die französische Nationalversammlung 1792 mit dem Krieg zu beginnen. Jetzt erfasste eine nationale Begeisterung die Franzosen. Mit dem Ruf „Das Vaterland ist in Gefahr“ meldeten sich Zehntausende Franzosen freiwillig zu den Waffen. Zu Beginn des Krieges waren die Berufsarmeen der verbündeten Österreicher und Preußen überlegen. Aber dann eroberte die **französische Revolutionsarmee** zuerst Belgien, danach das Rheinland und stieß bis Frankfurt am Main vor.

Die Mainzer Republik

In Mainz gründeten revolutionär gesinnte Bürger nach der Besetzung durch die Franzosen eine **rheinische Republik** – einen Staat ohne König. Der neue Staat sollte an Frankreich angeschlossen werden. Doch schon nach einigen Monaten eroberten preußische Truppen Mainz zurück und machten dem ersten republikanischen Staat auf deutschem Boden ein Ende.

Der König auf der Flucht

1791 war die absolute Macht des Königs durch eine Verfassung stark eingeschränkt worden. Er musste sich jetzt an die von der Nationalversammlung beschlossenen Gesetze halten und war nicht mehr der oberste Richter. Ludwig XVI. wollte sich

M2 Hinrichtung Ludwigs XVI. am 21. Januar 1793

nicht damit abfinden. Er nahm Kontakt zu französischen Adligen auf, die im Ausland lebten. In der Nacht vom 20. Juli 1791 floh der König mit seiner Familie, wurde aber vor der deutschen Grenze erkannt und als Gefangener nach Paris zurückgebracht.

Die Hinrichtung des Königs

Ludwig XVI. wurde verdächtigt, mit den Gegnern gemeinsame Sache zu machen. Als der feindliche Oberkommandierende erklärte, Paris zu zerstören, falls Ludwig XVI. etwas zustoßen würde, stürmten Revolutionäre das Stadtschloss des Königs. Bei den Gefechten mit der königlichen Leibgarde kamen 400 Menschen ums Leben. Jetzt wurde der König abgesetzt und angeklagt. Am Prozessende stimmte eine knappe Mehrheit für die Todesstrafe. Am 21. Januar 1793 wurde Ludwig XVI. hingerichtet. Frankreich war eine Republik.

M3 Stimmen zur Hinrichtung des Königs

1 Beschreibe M 1. Achte besonders auf die Mimik und Gestik der Soldaten und Zuschauer. Welche Stimmung vermittelt das Bild?

2 Lies den einmontierten Text der „Marseillaise" (gedichtet und erstmals in Marseille gesungen, heute Nationalhymne Frankreichs) laut vor. Wozu fordert das Lied auf? Nimm Stellung zum Text.

3 Vermute, worin der Erfolg der französischen Revolutionsarmee begründet liegen könnte.

4 Vergleiche die Abbildung M 2 mit der Abbildung auf Seite 7.

5 Lies die Äußerungen der Menschen in M 3 laut vor. Zu welchen Bevölkerungsgruppen gehören die dargestellten Personen? Welche Meinung würdest du unterstützen, welche lehnst du eher ab?

6 Diskutiert die Berechtigung der Todesstrafe am Beispiel der Hinrichtung Ludwigs XVI. und aus heutiger Sicht. Begründet eure Meinung.

Napoleon ergreift die Macht

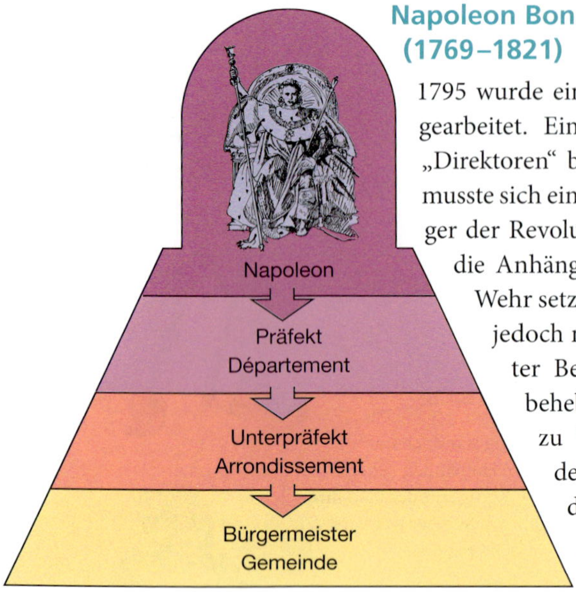

M1 **Die Verwaltungsgliederung Frankreichs. Ein Département ist ein Verwaltungsbezirk, dem der Präfekt vorsteht. Ein Arrondissement ist ein kleinerer Verwaltungsbezirk. Die Pfeile symbolisieren das Recht Napoleons, zu ernennen und zu entlassen.**

Napoleon Bonaparte (1769–1821)

1795 wurde eine neue Verfassung ausgearbeitet. Ein Direktorium aus fünf „Direktoren" bildete die Exekutive. Es musste sich einerseits gegen die Anhänger der Revolution, andererseits gegen die Anhänger einer Monarchie zur Wehr setzen. Dieses Gremium war jedoch nicht fähig, die Not breiter Bevölkerungsschichten zu beheben. Wiederholt kam es zu Unruhen und Aufständen. Seit 1798 herrschte das Direktorium uneingeschränkt. Der durch militärische Siege bekannt gewordene General Bonaparte stürzte es am 9. November 1799 und setzte sich an die Spitze eines Dreier-Direktoriums. Die Revolution erklärte er für beendet.

Sicherung der Macht

Mit einer neuen Verfassung und einem neuen Regierungssystem – dem **Konsulat** – sicherte sich Napoleon 1799 als Erster Konsul die größte Macht. Durch direkte Befragung des Volkes (Volksentscheid) festigte er seine Alleinherrschaft und ließ sich sein Konsulat 1802 durch einen Volksentscheid auf Lebenszeit verlängern. 1804 krönte er sich im Beisein des Papstes selbst zum **Kaiser der Franzosen**. Über die Besetzung der höchsten Ämter in der Verwaltung, der Polizei und der Armee entschied er selbst.

M2 **Über die Behandlung der Presse schrieb Napoleon in einem Brief (1805):**

[…] Es ist mein Wille, dass von jetzt an das „Journal des débats" nicht mehr erscheint, wenn es nicht am Abend vorher der Zensur unterzogen worden ist. […] Übrigens soll sich die Zensur […] nur auf die Politik […] [erstrecken]. […] Teilen Sie diese Maßnahme auch den anderen Zeitungen mit. […]

Brief Napoleons an Foucché, zit. nach: Wolfgang Lautemann (Hg.), Amerikanische und französische Revolution, bsv, München 1981, S. 606 f., übers. v. W. Lautemann

M3 **Aus einem Schreiben Napoleons an den Generalpostdirektor Lavalette (1808):**

Geben Sie […] Befehl, dass man alle Briefe, die aus Rom kommen, öffne, besonders die Briefe […] des Papstes. […] Ordnen Sie auch an, dass man in Perpignan die von Frankreich nach Spanien gehenden Briefe öffne und die verdächtigen von Rom nach Spanien einsehe.

Friedrich K. M. Kircheisen: Napoleon I. (9 Bde.), Bd. 8, München/Leipzig 1911-1934, S. 511, zit. nach: W. Lautemann (Hg.), a.a.O., S. 608, übers. v. Friedrich K. M. Kircheisen

Sicherung der Ergebnisse der Revolution

Einige wichtige Rechte aus der Revolutionszeit ließ Napoleon jedoch unangetastet:

- die persönliche Freiheit
- die Gleichheit vor dem Gesetz
- das Recht auf Eigentum
- die Freiheit der Wirtschaft.

Eine Rechtsordnung für die Gesellschaft

1804 erschien die erste Ausgabe einer Gesetzessammlung (Code), die nach ihrem Urheber Napoleon Bonaparte auch **Code Napoléon** genannt wurde. Die einzelnen Bücher des Code regelten die Rechte der Personen und Fragen des Eigentums.

M4 **Napoleon Bonaparte (obere Reihe, zweiter von links) bei der Beratung des Code Napoléon**

M5 Aus dem Code Napoléon in einer deutschen Übersetzung aus dem Jahre 1808:

§ 213: Der Ehemann ist seiner Ehegattin Schutz und die Gattin ihrem Mann Gehorsam schuldig.

§ 214: Die Ehefrau ist verpflichtet, bei dem Manne zu wohnen und ihm überallhin zu folgen, wo er sich niederzulassen für gut findet. Der Mann ist schuldig, sie aufzunehmen und ihr alle Lebensbedürfnisse nach seinem Vermögen und Stande zu reichen. […]

§ 371: Ein Kind ist in jedem Alter seinen Eltern Achtung und Ehrerbietung schuldig.

§ 372: Es bleibt unter ihrer Gewalt bis zu seiner Volljährigkeit oder Emanzipation (d. h., bis es aus der Unmündigkeit entlassen ist).

§ 373: Während der Ehe übt diese Gewalt der Vater allein aus.

§ 374: Das Kind darf das väterliche Haus ohne Erlaubnis des Vaters nicht verlassen, ausgenommen, wenn es, nach erreichtem achtzehntem Jahre, freiwillig Kriegsdienste annimmt. […]

§ 544: Eigentum ist das Recht auf die unbeschränkteste Art, eine Sache zu benutzen und über dieselbe zu verfügen, soweit man nur keinen durch Gesetze oder Regierungsverordnungen verbotenen Gebrauch davon macht.

§ 545: Niemand kann gezwungen werden, sein Eigentum abzutreten, ausgenommen zum öffentlichen Besten, und zwar gegen eine […] Entschädigung. […]

Napoleons I. bürgerliches Gesetzbuch, hrsg. v. D. Christian Daniel Erhard, Georg Voß Verlag, Dessau/Leipzig 1808, S. 44–61, 97, 143 (leicht überarbeitet)

M6 **Napoleon krönt seine Frau, nachdem er sich selbst die Kaiserkrone aufgesetzt hatte (1804).**

1 Informiere dich über die Bedeutung des Begriffs „Zensur".

2 Stelle mithilfe der Materialien auf dieser Doppelseite zusammen, wie Napoleon die Macht eroberte und sicherte.

3 Beurteile Napoleons Vorgehen aus heutiger Sicht.

4 Entwirf den Text eines Flugblatts, in dem sich politische Gegner Napoleons auf die Menschen- und Bürgerrechte (vgl. S. 20) berufen.

5 Vergleiche die Bestimmungen des Code Napoléon über das Verhältnis von Mann und Frau mit Auffassungen in unserer Zeit.

6 Diskutiert über die Regelungen zum Eltern-Kind-Verhältnis.

7 Erläutere, was M5 über die Entstehung des Code Napoléon aussagen könnte.

8 Stelle dar, welchen Eindruck M6 auf dich macht. Denke dabei auch an die Anfänge der Revolution.

Europa unter Napoleon

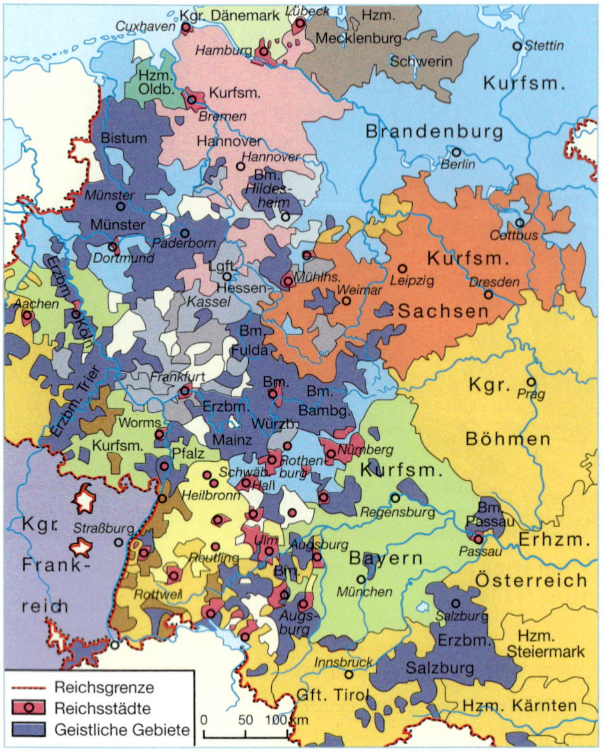

M 1 Territorien in Südwestdeutschland vor 1789

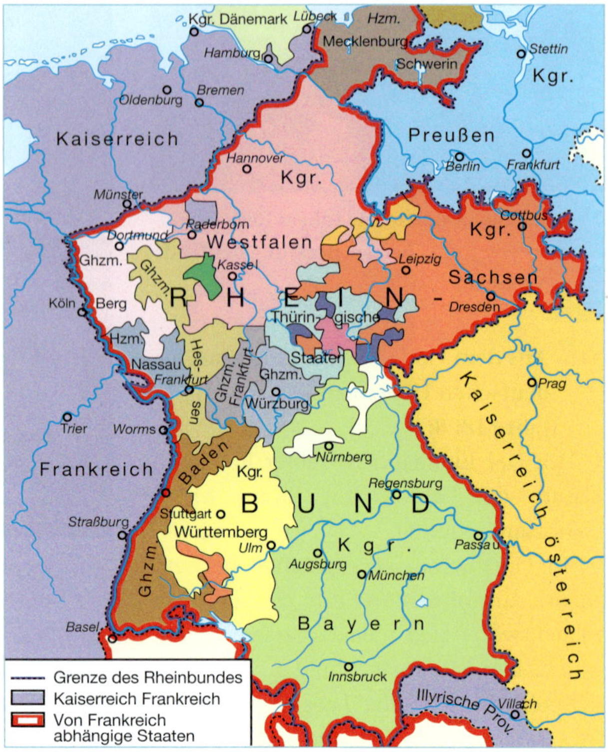

M 3 Südwestdeutschland nach 1806

M 2 Napoleon Bonaparte, am 20. Mai 1800 die Alpen überschreitend

Die Ziele Napoleons

M 4 Napoleon über seine Ziele

[…] Europa wird nicht zur Ruhe kommen, bevor es nicht unter einem einzigen Oberhaupt steht, unter einem Kaiser, der Könige als seine Beamten hat und der seinen Generalen Königreiche gibt. Wir brauchen ein europäisches Gesetz, einen europäischen Gerichtshof, eine einheitliche Münze, die gleichen Gewichte und Maße. […] Aus allen Völkern Europas muss ich ein Volk machen und aus Paris die Hauptstadt der Welt. […]

Friedrich M. Kircheisen (Hg.), Gespräche Napoleons, Bd. 2, Stuttgart 1912, S. 63

Napoleon verändert Deutschland

Die deutschen Fürsten zwang Napoleon 1801, das linke Rheinufer an Frankreich abzutreten. Als Entschädigung sollten sie

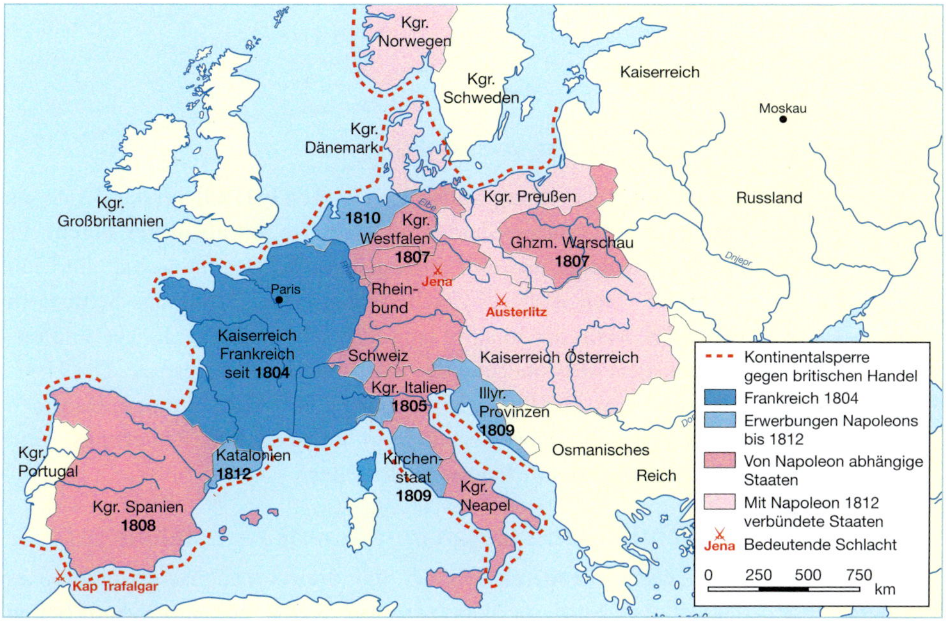

M5 **Europa unter der Herrschaft Napoleons**

andere Gebiete erhalten. So wurden unter dem Druck Napoleons etwa 300 kleine Herrschaften, vor allem die kirchlichen, aufgelöst. Dieser Vorgang wird **Säkularisierung*** genannt. Die dem König bzw. Kaiser unmittelbar unterstellten Reichsstädte und Reichsritterschaften verloren ihre Unabhängigkeit und wurden nun den Landesherrschaften unterstellt (**Mediatisierung***). Im Jahr 1806 mussten sich die Fürsten in West- und Süddeutschland zum „**Rheinbund**" zusammenschließen. Sie waren verpflichtet, Napoleon künftig mit ihren Truppen in Kriegen zu unterstützen.

M6 Napoleons Kriege (Auswahl)

1805: Schlacht bei Austerlitz (in Österreich); Sieg Napoleons.
1806: Kontinentalsperre gegen England: Waren aus England durften nicht auf den Kontinent gelangen. England bleibt letztlich unbesiegt.
1806/1807: Napoleon führt Eroberungskriege gegen Preußen und Russland. Niederlage Preußens bei Jena und Auerstedt. Preußen muss Gebiete abtreten.
1809: Krieg Österreichs gegen Napoleon. Erhebung der Tiroler. Erste Niederlage Frankreichs.
1812: Krieg Napoleons gegen Russland. Einnahme Moskaus. Vernichtung eines großen Teils des napoleonischen Heeres.
1813–1814: Befreiungskriege: Russland, Preußen und später Österreich besiegen Napoleon in der **Völkerschlacht bei Leipzig (1813)**. Napoleon wird entmachtet und auf die Mittelmeerinsel Elba verbannt.
1815: Endgültige Niederlage Napoleons in der Schlacht von Waterloo.

***Säkularisierung**
Loslösung aus den Bindungen an die Kirche; Verweltlichung

***Mediatisierung**
mittelbar machen; bisher direkt dem Reich unterstehende Herrschaften oder Besitzungen der Landeshoheit unterwerfen

1 Schlage im Lexikon unter „Napoleon" nach oder recherchiere im Internet und halte über deine Ergebnisse einen kurzen Vortrag.

2 Welchen Eindruck macht Napoleon im Bild M2 auf dich?

3 Nenne die Ziele Napoleons, die er in M4 anspricht, und stelle einen Bezug zu M5 her.

4 Vergleiche M1 und M3 miteinander. Achte besonders auf Veränderungen im Gebiet des heutigen Hessen.

5 Stelle nach der Karte M5 eine Liste zusammen:
Eroberungen Napoleons bis 1812 – von Napoleon abhängige Staaten – mit Napoleon verbündete Staaten.

6 Erläutere den Aufstieg Napoleons und sein Scheitern (M5 und M6).

ZUSAMMENFASSUNG

1643–1715

Herrschaft Ludwigs XIV. in Frankreich

4.7.1776

Unabhängigkeitserklärung der USA

14.7.1789

Sturm auf die Bastille

1804

Kaiserkrönung Napoleons

Ludwig XIV., der Sonnenkönig

Der französische König **Ludwig XIV. (1643–1715)** verstand sich als Herrscher von Gottes Gnaden und regierte mit **absoluter Macht**. Er stützte sich dabei auf eine ihm gehorsame Beamtenschaft und ein stehendes Heer. Äußeres Zeichen seiner Macht war das **Schloss in Versailles**. Mehr als 30 Jahre lang führte Ludwig XIV. Kriege – so unter anderem zur Eroberung der Pfalz und der Rheingrenze. Der Herrschaftsstil Luwigs XIV. verschlang ungeheure Geldsummen. Dennoch versuchten zahlreiche Regenten in Europa, dem Regierungs- und Lebensstil des **Absolutismus** nachzueifern.

Die Vereinigten Staaten von Amerika entstehen

In der Zeit von 1607 bis 1733 wurden dreizehn englische Kolonien an der Ostküste Nordamerikas gegründet. Siedler aus ganz Europa ließen sich in den Kolonien nieder. Als England nach dem Krieg mit Frankreich 1756–1763 neue Steuern und Zölle von den Kolonisten in Amerika erheben wollte, widersetzten sich die Amerikaner. Der Krieg um die Herrschaft in den Kolonien dauerte von 1775 bis 1783 und endete mit einem Sieg der Amerikaner. Die 1787 beschlossene Verfassung beruhte auf den Menschenrechten und schuf den ersten modernen demokratischen Staat.

Die Französische Revolution und Napoleon

Als Ludwig XVI. 1789 die Generalstände einberief, um sich die Erhebung weiterer Steuern bewilligen zu lassen, erklärten sich die Vertreter des dritten Standes zur **Nationalversammlung** und verlangten von Adel und Geistlichkeit den Verzicht auf Privilegien. Im August 1789 wurden die **Menschen- und Bürgerrechte** verkündet, im Jahr 1791 eine neue **Verfassung**, die Gewaltenteilung vorsah. Ludwig XVI. wurde 1793 nach einem Fluchtversuch hingerichtet. Die wirtschaftliche Lage in Frankreich verbesserte sich jedoch nicht. 1799 riss der Offizier **Napoleon Bonaparte** die Macht an sich und ließ sich 1804 sogar zum Kaiser ausrufen. 1803 wurde unter dem Einfluss Napoleons die Neugliederung des Deutschen Reiches eingeleitet. Mit der Gründung des **Rheinbundes** wurde das alte Reich aufgelöst. Mit zunehmender Ausweitung der Macht Napoleons regte sich überall in Europa Widerstand gegen seine Herrschaft. Der Überfall auf Russland durch französische Truppen leitete schließlich 1813 den Untergang des Herrschers ein.

Die Französische Revolution

Arbeitsbegriffe	
✓	Absolutismus
✓	Ludwig XIV.
✓	Französische Revolution
✓	Dritter Stand
✓	Republik
✓	Menschenrechte
✓	Napoleon
✓	Unabhängigkeitserklärung
✓	Befreiungskriege
✓	Säkularisierung
✓	Rheinbund
✓	Vereinigte Staaten von Amerika

M 1 Wichtige Arbeitsbegriffe

1 Fasse die Missstände, die im 18. Jahrhundert in Frankreich herrschten, stichwortartig zusammen.
2 Warum berief Ludwig XVI. im Jahr 1789 die Generalstände ein?
3 Erkläre die Vorgänge, die sich am 20. Juni 1789 im Ballhaus von Paris zugetragen haben.
4 Welche Bedeutung hat der 14. Juli 1789 für die Franzosen?
5 Übersetze und erkläre *liberté, egalité* und *fraternité*.
6 Skizziere die Verfassung in den USA.
7 Schreibe einen Steckbrief über Napoleon.
8 Diskutiert über die Auswirkungen von Napoleons Herrschaft auf Deutschland.

M 2 Was wisst ihr noch?

Ordnet die folgenden Ereignisse in der richtigen zeitlichen Reihenfolge und schreibt einen Bericht aus der Sicht eines Zeitzeugen: Sturm auf die Bastille – Barock – Hinrichtung Ludwigs XVI. – Unabhängigkeitserklärung der USA – Ballhausschwur – Forderungen des dritten Standes – Völkerschlacht – ungleiche Verteilung der Rechte und Pflichten – Sonnenkönig – Erklärungen der Menschenrechte – Gewaltenteilung – Befreiungskriege – Wahl der Nationalversammlung – Code Napoléon – Versailler Schloss

Tipps zum Weiterlesen

Georg Popp (Hg.): Die Großen der Menschenrechte. Arena Verlag, Würzburg
Louisa M. Alcott: Betty und ihre Schwestern. Arena Verlag, Würzburg
Josef Holub: Der Russländer. Oetinger Verlag, Hamburg
Klas Ewert Everwyn: Für fremde Kaiser und kein Vaterland. Oetinger Verlag, Hamburg
Karla Schneider: Die abenteuerliche Geschichte der Filomena Findeisen. Verlag Beltz & Gelberg, Weinheim
Waltraut Lewin: Die letzte Rose des Sommers. Loewe Verlag, Bindlach
Inge Ott: Im Schatten des Adlers. Freies Geistesleben, Stuttgart
Dörte Damm: Daphne Wildermuth. Die Tochter des Jakobiners. Ueberreuter, Wien

2 Ringen um Freiheit und Einheit in Deutschland

Im Versailler Schloss in der Nähe von Paris versammelten sich am 18. Januar 1871 deutsche Fürsten und hohe Offiziere, um das Deutsche Reich zu gründen. Ihre Hochrufe galten dem preußischen König Wilhelm I., der soeben zum Kaiser dieses neuen Reiches ausgerufen wurde. Reichskanzler Otto von Bismarck hatte die politischen Weichen für die Reichsgründung gestellt. Aber große Teile der Bevölkerung blieben auch weiterhin von der politischen Führung des Reiches aussgeschlossen.

1 Beschreibe das Bild. Wie sind einzelne Personen hervorgehoben?

2 Zähle auf, welche Personen oder Gruppen auf dem Bild fehlen.

Die alten Herrscher Europas sind wieder an der Macht

M1 **„Der Congreß, 1815“. Gemälde von Johann Michael Voltz**

Der Wiener Kongress

Napoleons Herrschaft in Europa war zerschlagen. Nun stellte sich die Frage, wie es weitergehen sollte. Um dieses Problem zu lösen, trafen sich die Herrscher und Gesandten von fast 200 Staaten 1814/1815 zu einem Kongress in Wien. Die Teilnehmer am Wiener Kongress waren sich einig, dass die Macht der Fürsten gestärkt werden musste, um zukünftige Revolutionen zu vermeiden.

Monatelange Verhandlungen bewirkten die Schaffung neuer Staaten und die Veränderung alter Grenzen. Der Wunsch der europäischen Völker nach Freiheit, politischem Mitspracherecht und nationaler Einheit fand dabei keine Berücksichtigung.

M2 Der Deutsche Bund (1815–1866)

Der Deutsche Bund

Die Herrscher Europas wollten kein mächtiges, vereintes Deutschland. Deshalb schufen sie den Deutschen Bund – ein lockeres Staatenbündnis mit 39 Einzelstaaten. An deren Spitze standen Könige und Fürsten, deren Macht in den meisten Fällen noch nicht von einer Verfassung eingeschränkt wurde. Die Bürger waren von dieser Lösung sehr enttäuscht. Sie hatten schließlich als Freiwillige an den Befreiungskriegen gegen Napoleon teilgenommen. Hunderttausende hatten dabei ihr Leben auf den Schlachtfeldern gelassen. Sie hatten für einen einheitlichen deutschen Nationalstaat mit einer freiheitlichen Verfassung gekämpft. Dieser Traum jedoch ging nicht in Erfüllung.

Studenten für Freiheit und Einheit

1815 gründeten Studenten in Jena eine Vereinigung – die Deutsche Burschenschaft. Als Farben ihrer Verbindung wählten sie Schwarz, Rot und Gold. Das waren die Uniformfarben junger Soldaten, die im Krieg gegen Napoleon um die nationale Freiheit und Einheit gekämpft hatten.

M3 Studenten und Professoren lesen die Karlsbader Beschlüsse.

M4 Das Wartburgfest am 18. und 19. Oktober 1817. Holzstich, um 1880

Am 18. und 19. Oktober 1817 feierten etwa 500 Studenten und Professoren auf der Wartburg bei Eisenach ein Fest. In flammenden Reden forderten sie einen deutschen Einheitsstaat und Meinungsfreiheit. Am Abend flogen unter dem Jubel der Menge eine preußische Polizeivorschrift, ein Uniformstück (Schnürleib) und fürstenfreundliche Bücher ins Feuer.

Die Karlsbader Beschlüsse

Die Fürsten des Deutschen Bundes sahen in den Forderungen der Studenten nach mehr Freiheit und nach einem deutschen Einheitsstaat eine Auflehnung gegen die bestehende Ordnung. Sie befürchteten Unruhen, ja sogar eine neue Revolution. Im Ort Karlsbad einigten sie sich 1819 auf die „Karlsbader Beschlüsse". Die Deutschen Burschenschaft wurde verboten. Die Universitäten wurden mit einem Netz von Spitzeln überzogen. Zeitungen und Flugblätter unterlagen einer strengen Zensur. In Deutschland herrschte jetzt die Furcht vor Bespitzelung, Verhören, Verhaftungen. Die Fahndungslisten der Polizei wurden immer länger. Die Gefängnisse füllten sich mit freiheitlich eingestellten Bürgern.

1 Beschreibe M 1. Wie entscheiden die europäischen Herrscher über die Neuaufteilung Europas?

2 Stelle die Ziele der Fürsten und der europäischen Völker gegenüber.

3 Schreibe aus M 2 die Namen einiger größerer Staaten des Deutschen Bundes heraus.

4 Beschreibe M 4: Was tun die Menschen?

5 Überlege, warum die Studenten eine Polizeiordnung und ein Uniformstück ins Feuer warfen. Diskutiert, ob die Bücherverbrennung gegen die Meinungsfreiheit verstößt.

6 Fasse die „Karlsbader Beschlüsse" in Stichpunkten zusammen.

7 Überlege, welche Folgen die „Karlsbader Beschlüsse" für freiheitlich eingestellte Bürger haben konnten.

8 Diskutiert, wie die Studenten und Professoren auf die „Karlsbader Beschlüsse" reagiert haben könnten (M 3).

Unzufriedenheit mit den bestehenden Ordnungen

M 1 **Der Zug auf das Hambacher Schloss am 27. Mai 1832. Federlithographie**

Revolutionen in Frankreich und Polen

Im Juli 1830 protestierten reiche Bürger, Studenten, Handwerker und Arbeiter in Paris gegen den Versuch König Karls X., das Parlament zu beseitigen und die Pressefreiheit aufzuheben. Nach dreitägigen Straßenkämpfen musste der Monarch zurücktreten. Das französische Parlament setzte einen neuen König ein, der einer freiheitlichen Verfassung zustimmen musste.

Im November 1830 erhoben sich die Bürger Polens gegen die russische Herrschaft. Sie forderten ein vereintes Polen und eine freiheitliche Verfassung. Die russischen Truppen wurden vertrieben. Die Revolution hatte gesiegt. Aber schon ein Jahr später wurde die Revolution durch Waffengewalt der russischen Armee beendet. Viele polnische Freiheitskämpfer mussten ins Ausland fliehen. Auch in Deutschland wurden sie von freiheitlich gesinnten Bürgern aufgenommen.

Der erfolgreiche Verlauf der Julirevolution in Frankreich ermutigte auch die Bürger des Deutschen Bundes. Am 27. Mai 1832 zogen 30 000 Menschen zum **Hambacher Schloss**. Sie kamen aus Städten und Dörfern des Deutschen Bundes, ja, sogar aus Frankreich und Polen. Von Beruf waren sie unter anderem Juristen, Zeitungsverleger, Buchhändler, Handwerker, Bauern und Winzer. Auf dem Weg zum Schloss sangen die Demonstranten politische Lieder – z. B. „Fürsten zum Land hinaus“ (vgl. S. 35). Oben auf dem Schloss wurden Reden gehalten (M 2, M 3).

M 2 **Georg August Wirth (1798–1848)**

M 3 **Philipp Jakob Siebenpfeiffer (1789–1845)**

1 Notiere die Forderungen von Siebenpfeiffer und Wirth.

2 Verfasse einen Zeitungsartikel über das Hambacher Fest, der Aufschluss über Ursachen, Motive, Teilnehmer und Forderungen gibt.

3 Finde heraus, welche Bedeutung die Farben Schwarz, Rot, Gold in der Fahne (M 1) hatten.

Politische Lieder verstehen

METHODE

Die Texte und Musik der Lieder, wie sie 1832 auf dem Hambacher Fest gesungen wurden, geben uns wichtige Hinweise in Bezug auf die Situation der Menschen im Deutschland in dieser Zeit.
Bei der Arbeit mit politischen Liedern helfen folgende Schritte:

1. Schritt: Entstehung klären

- Wer hat das Lied geschrieben?
- Wann wurde es geschrieben bzw. gesungen? In welchem Land war es bekannt?

2. Schritt: Text untersuchen

- Wie heißt der Titel des Liedes?
- Was erfahren wir aus den einzelnen Strophen?
- Welche Absichten könnte der Autor mit dem Lied verfolgt haben?
- Wie können wir die Aussagen zusammenfassen (z. B. als Comic …)?

3. Schritt: Wirkung von Text und Melodie untersuchen

- Ist die Musik eher schnell/langsam, laut/leise, fröhlich/traurig, mitreißend/zurückhaltend, kriegerisch/besänftigend?
- Passen Text und Melodie zusammen?
- Welche Gefühle könnte das Lied bei den Menschen damals ausgelöst haben?

4. Schritt: Beurteilung

- Wie wirkt das Lied heute auf uns?
- Welche Botschaft entnehmen wir dem Lied für die heutige Zeit?

M 1 Die Gedanken sind frei

2. Ich denke, was ich will und was mich beglücket,
doch alles in der Still' und wie es sich schicket.
Mein Wunsch und Begehren kann niemand verwehren.
Es bleibet dabei: Die Gedanken sind frei!

3. Und sperrt man mich ein im finsteren Kerker,
das alles sind rein vergebliche Werke,
denn meine Gedanken, sie reißen die Schranken
und Mauern entzwei. Die Gedanken sind frei!

M 2 Fürsten zum Land hinaus

1. Fürsten zum Land hinaus,
Jetzt kommt der Völkerschmaus,
Hinaus, hinaus, hinaus.
2. Wilhelm liebt Bürgermord,
Jagt ihn aus Preußen fort,
Fort, fort, fort!
3. Bayernland ins Gewehr.
Ludwig, der taugt nichts mehr.
Los, los, los!
4. Der schönste Schwabenstreich,
Ist: Wilhelm aus dem Reich.
Hinaus, hinaus, hinaus!
5. Mecklenburgs Friedrich Franz,
Schandfleck des Vaterlands!
Weg, weg, weg!
6. Oldenburg, deine Frist
Auch abgelaufen ist!
Tick – tack, tick – tack!
7. Reuß-Reiß-Spreitz-Lobenstein
Jagt in ein Mausloch rein.
Katz, Katz, Katz!

1 Bearbeite M 1 oder M 2 mithilfe der Arbeitsschritte.

2 Bittet die Musiklehrerin/den Musiklehrer darum, mit euch politische Lieder zu singen.

Die Revolution von 1848

M 1 Kämpfe zwischen Bürgern und Soldaten in der Straße Unter den Linden in Berlin. Farblithographie, 1848

Barrikadenkämpfe in Paris und Wien

Im Jahr 1848 kam es in ganz Europa zu revolutionären Aufständen. In Paris stiegen Studenten, Arbeiter, Handwerker und Tagelöhner auf die Barrikaden und besiegten die königliche Armee. Der König musste fliehen. Frankreich war eine Republik. Auch in Wien kam es zu Kämpfen auf den Barrikaden. Bauern, Handwerker und Arbeiter zwangen den Kaiser, eine Verfassung mit mehr Bürgerrechten anzuerkennen. Die schwarz-rot-goldene Fahne wehte auf dem Stephansdom.

Berlin 1848

Der Funke der Revolution sprang auch auf Berlin über. Die Bürger forderten Presse- und Versammlungsfreiheit und die Berufung eines deutschen Parlaments. Am 18. März versammelten sich 10 000 Menschen vor dem Berliner Schloss. Plötzlich fielen – vermutlich aus Versehen – zwei Schüsse. Die Bürger fühlten sich vom König betrogen und errichteten Barrikaden. Bei den Kämpfen gegen das königliche Militär fielen 200 Barrikadenkämpfer. Danach griff die Revolution auf die größeren Städte des Deutschen Bundes über. In den ländlichen Gebieten blieb es aber meist ruhig.

Die deutsche Nationalversammlung in Frankfurt

Nach den revolutionären Unruhen im März 1848 mussten die Herrscher in den Staaten des Deutschen Bundes Zugeständnisse machen. Die Fürsten und Könige behielten zwar ihren Thron, mussten jedoch freie Wahlen zu einem Parlament – der **deutschen Nationalversammlung** – zulassen. Als Sitz der Nationalversammlung wurde Frankfurt am Main ausgewählt. Da es keinen Saal in der Stadt gab, der alle 573

- Fabrikanten (1)
- Eisenbahninspektoren (1)
- Studenten (1)
- Maschinenmeister (1)
- Handwerker (19)
- Handwerksgesellen (32)
- Lehrlinge (3)
- Arbeitsmänner (19)
- Frauen (5)
- Hausknechte (2)
- Diener (2)
- Wirte (1)
- Buchhalter (2)
- Maschinenbauer (3)

M 2 Unvollständiges Verzeichnis der Barrikadenkämpfer in Berlin im März 1848 (in Klammern die Anzahl der Getöteten)

M3 Abgeordnete in der Paulskirche, 1848

Abgeordneten hätte aufnehmen können, fiel die Wahl auf die **Paulskirche** als Versammlungsort. Dort trafen sich am 18. Mai 1848 zum ersten Mal die Vertreter des deutschen Volkes. Zwar kannten sich die meisten Abgeordneten nicht, aber gleich von Beginn an wurden politische Gruppen gebildet, die sich in Blöcken rechts, links oder in der Mitte des Raumes platzierten.

M4 Einzug des Parlaments in die Paulskirche, 1848. Holzstich nach einer Zeichnung von Fritz Bergen

1 Besprecht, welche Berufsgruppen auf die Barrikaden gingen und welche im Text unerwähnt bleiben.

2 Beschreibe die Kampfszene in M1.

3 Finde anhand von M2 heraus, welche Berufsgruppen die höchste Anzahl von Todesopfern aufwiesen.

4 Überlege, weshalb sich die verschiedenen Berufsgruppen unterschiedlich an den Kämpfen beteiligten.

5 Lies das Jugendbuch „1848 – Die Geschichte von Jette und Frieder" von Klaus Kordon und berichte in einem Kurzreferat über den Inhalt.

6 Überlege, wie die Bevölkerungsgruppen reagiert haben könnten, die nicht wählen durften. Schreibe dazu eine Beschwerde an die Nationalversammlung in Frankfurt.

7 Notiere in Stichworten die Erwartungen und Befürchtungen der Abgeordneten in M3.

Die Arbeit des Parlaments

M 1 Blick in die Frankfurter Nationalversammlung. Kolorierter Stich. 1848

M 2 Germania Gemälde von Phillip Veit, 1848

Die Grundrechte

Nach langen Diskussionen wurden im Dezember 1848 die Grundrechte des deutschen Volkes beschlossen. Dazu gehörten:

- Der Adel und alle Standesvorrechte sind abgeschafft. Die Deutschen sind vor dem Gesetz gleich.
- Die Freiheit der Person ist unverletzlich. Jeder darf seinen Wohnort frei wählen.
- Recht auf freie Meinungsäußerung; Versammlungsfreiheit, Pressefreiheit, Glaubens- und Gewissensfreiheit.

Viele Abgeordnete wollten, dass an der Spitze des Staates ein König oder Kaiser stehen sollte. Andere Abgeordnete befürworteten hingegen die Einführung einer Republik mit einem gewählten Präsidenten an oberster Stelle. Aber welcher Staat war gemeint? Sollte es ein großdeutsches Reich unter der Führung von Österreich sein oder ein kleindeutscher Staat (ohne Österreich) unter der Führung Preußens?

Ein König will nicht Kaiser werden

Am 28. März 1849 verabschiedete die Nationalversammlung in Frankfurt die Reichsverfassung. Im Anschluss daran wurde der preußische König Friedrich Wilhelm IV. mit 290 Stimmen und 248 Enthaltungen zum Kaiser der Deutschen gewählt. Es hatte sich also die kleindeutsche Lösung unter Ausschluss Österreichs durchgesetzt.

38 Großgrundbesitzer	13 Buchhändler, Schriftsteller und Journalisten
13 Kaufleute	26 Mediziner
7 Fabrikanten	3 Landwirte
99 höhere Beamte	13 kleinere Kaufleute
49 Professoren	4 Handwerker
41 Lehrer	
23 Geistliche	
91 Juristen	

M 3 Berufliche Zusammensetzung der deutschen Nationalversammlung

M4 Eine Abordnung der Frankfurter Nationalversammlung bietet König Friedrich Wilhelm IV. am 3. April 1849 die Kaiserkrone an. Zeitgenössische Darstellung

Am 3. April 1849 erschien eine Abordnung von 32 Abgeordneten der Paulskirche in Berlin. Sie bot dem preußischen König Friedrich Wilhelm IV. die Kaiserkrone an.

M5 Darüber hatte sich der König schon in einem Brief vom 13. Dezember 1848 Gedanken gemacht:

[...] Einen solchen Reif aus Dreck [...] gebacken soll ein rechtmäßiger König von Gottesgnaden und nun gar der König von Preußen, sich geben lassen, der den Segen hat, wenn auch nicht die älteste, doch die edelste Krone, die niemandem gestohlen ist, zu tragen? Ich sage es Ihnen, [...] soll die tausendjährige Krone deutscher Nation wieder einmal vergeben werden, so bin ich es und meinesgleichen, die sie vergeben werden; und wehe dem, der sich anmaßt, was ihm nicht zukommt.

Leopold von Ranke, Aus dem Briefwechsel Friedrich Wilhelms IV. mit Bunsen, 1847, S. 60

Das Scheitern der Nationalversammlung

Der preußische König antwortete nicht sofort auf dieses Angebot. Erst am 28. April 1849 lehnte er die Kaiserkrone und die Reichsverfassung ab. Danach weigerten sich andere mächtige deutsche Staaten (z. B. Bayern und Sachsen) die Reichsverfassung anzunehmen. Diese Ereignisse führten zur Spaltung des Parlaments in Frankfurt. Die Mehrheit der Abgeordneten verließ enttäuscht die Nationalversammlung. Eine Minderheit siedelte nach Stuttgart über. Dort bildeten diese Abgeordneten das sogenannte „Rumpfparlament". Die Nationalversammlung war gescheitert – und mit ihr der Traum von einem vereinten deutschen Reich mit einer freiheitlichen Verfassung.

M6 „Soll ich, soll ich nicht, soll ich? Knöpfe, ihr wollt. Nun gerade nicht!" Kreidelithographie, 1849

1 Beschreibe M 1 und finde das Bild der Germania (M 2) im Parlamentssaal.

2 Sieh dir die Germania genauer an und kommentiere die symbolische Bedeutung der Darstellung.

3 Untersuche in M 3 die berufliche Zusammensetzung des Parlaments:
- Welche Berufsgruppen waren stark vertreten?
- Welche Berufsgruppen waren überhaupt nicht vertreten (Tipp: M 2 auf Seite 36 hilft dir.)?

4 Beschreibe M 4.

5 Gib die Auffassung König Friedrich Wilhelms IV. (M 5) über die Verleihung der Kaiserkrone in eigenen Worten wieder.

6 Erkläre, weshalb der preußische König die Kaiserkrone ablehnte.

Preußen übernimmt die Macht in Deutschland

M 1 Schützenscheibe aus Kronach von 1862. Auf den Spruchbändern steht: Was ist das deutsche Vaterland? Das ganze Deutschland soll es sein!

Preußische Zeitung

5. Juli 1866

Preußens siegreicher Feldzug gegen Österreich
Von unserem Sonderberichterstatter

Königgrätz, 5. Juli 1866. In einem unglaublichen Blitzkrieg hat die preußische Armee ihre Gegner besiegt. Vor zwei Tagen fiel die Entscheidung in diesem Bruderkrieg zwischen Preußen und Österreich in der Schlacht bei Königgrätz in Böhmen. Es war die größte Schlacht unseres Jahrhunderts. Die Österreicher mussten 300 000 Tote und Verwundete beklagen. Die preußischen Soldaten, die mit den neuen Zündnadelgewehren ausgestattet waren, nur 9000. Der Kampf um die Vormachtstellung in Deutschland ist entschieden. Österreich liegt am Boden.

M 3 Kriegsbericht vom 5. Juli 1866. Nachgestellter Zeitungsbericht

M 2 Otto von Bismarck (1815–1898) stammte aus einer preußischen Landadelsfamilie.
Nach 1862 wurde er unter König Wilhelm I. preußischer Ministerpräsident. 1871 trug er maßgeblich zur Gründung des Deutschen Reichs bei, dessen Reichskanzler er bis 1890 blieb.

Der Wunsch nach nationaler Einheit

Schon im Widerstand gegen Napoleon war eine Welle von **Nationalbegeisterung** durch Deutschland gegangen. Der von den Fürsten gegründete Deutsche Bund war aber nicht die von vielen erhoffte Lösung. Statt eines mächtigen, unter einem Herrscher vereinten Deutschland wurde ein lockeres Staatenbündnis von 39 Einzelstaaten gebildet, der Deutsche Bund.
Die Revolution von 1848 wollte neben demokratischen Freiheiten auch die staatliche Einheit der Deutschen erreichen. Dass dieses Vorhaben gescheitert war, hatte viele Menschen tief bestürzt.
In den Einzelstaaten hatte die „Obrigkeit" hart zurückgeschlagen: Berufsverbote für freiheitlich denkende Beamte und Lehrkräfte, Überwachung von Zeitungen und Vereinen – so sollten demokratische Gedanken verhindert werden. Deshalb verlagerte sich die politische Tätigkeit in zahlreiche Vereine – dies war ein Ausweg, um möglichen Verfolgungen zu entgehen.

Preußen gegen Österreich

Zwei Kräfte standen einander in Deutschland gegenüber: Preußen als stärkste Macht in Nord- und Ostdeutschland und Österreich mit starkem Einfluss im Süden Deutschlands. Wer würde die Oberhand gewinnen?
Der preußische Ministerpräsident Bismarck führte die Geschäfte für seinen König äußerst geschickt. Durch eine Reihe von Bündnisverträgen sicherte er Preußen Macht und Einfluss. Auch Österreich bekam das zu spüren, als 1866 ein Krieg zwischen beiden Ländern ausbrach.

M4 Das Brandenburger Tor in Berlin. Festschmuck zum 25. Jahrestag der Schlacht bei Sedan. Der „Sedanstag“ am 2. September war ein wichtiger Feiertag im Gedenken an die siegreiche Schlacht gegen Frankreich. Foto, 2. September 1895

Bei der Stadt Königgrätz kam es zur Entscheidungsschlacht zwischen Österreich und Preußen.
Nach dem Sieg gegen Österreich nutzte Preußen seine Überlegenheit und erweiterte sein Staatsgebiet (vgl. S. 46 M 1).

Krieg gegen Frankreich 1870/1871

Frankreich beobachtete mit großer Sorge den Aufstieg Preußens und wollte nicht zulassen, dass dessen Macht sich ausweitete. Eine Auseinandersetzung sahen beide Seiten kommen. Mit einem Trick sorgte Bismarck für eine **Provokation*** des französischen Kaisers Napoleon III., sodass dieser den Krieg gegen Preußen erklärte. Beinahe alle deutschen Staaten stellten sich unter preußischen Oberbefehl. Eine nationale Begeisterung war in diesem Krieg gegen Frankreich zu spüren.
In der Schlacht von Sedan in Nordfrankreich wurde der französische Kaiser am 2. September 1870 gefangen genommen; die französische Niederlage war nur noch eine Frage der Zeit. Schließlich verlor Frankreich den Krieg und musste demütigende Friedensbedingungen hinnehmen:

- Zahlung einer hohen Kriegsentschädigung
- Verlust der Gebiete Elsass und Lothringen.

Als der Krieg gegen Frankreich zu Ende war, wurde der preußische König Wilhelm im Schloss von Versailles zum Deutschen Kaiser ausgerufen (siehe S. 30/31). Dass dies ausgerechnet am wichtigsten Sitz der französischen Könige geschah, bedeutete eine weitere Demütigung Frankreichs.
Alle bisherigen Reichsfürsten akzeptierten letztlich, dass das Kaiserreich vom preußischen König geführt wurde. Bismarck konnte auch zögernde deutsche Fürsten – wie den bayerischen König – für die Einigung gewinnen, die dieser zuvor kritisch gegenüber gestanden hatten.

Urteile über die preußisch-deutsche Politik

M5 Der Sohn Kaiser Wilhelms I., Kronprinz Friedrich, äußerte sich hinsichtlich der Reichsgründung so:

Was nützt uns alle Macht, aller kriegerischer Ruhm und Glanz, wenn Hass und Misstrauen uns überall begegnen? Bismarck hat uns groß und mächtig gemacht, aber er raubte uns unsere Freunde, die Sympathien der Welt und – unser gutes Gewissen.

Zit. n. Günther Schönbrunn, Das bürgerliche Zeitalter 1815–1914, in: Geschichte in Quellen, hg. v. Wolfgang Lautemann/Manfred Schlenke, Bd. 5, München, bsv, 1980, S. 368 f.

M6 Abschied. Der übermütige deutsche Soldat sagt: „Lebewohl!“ „Nein, wir treffen uns wieder. Besuche müssen erwidert werden!“, antwortet der französische Soldat. Französische Karikatur, 1872

***Provokation**
(vom lat. Wort *provocare* = hervorrufen) gezieltes Hervorrufen eines Verhaltens oder einer Reaktion bei einer anderen Person

1 Suche auf dem Spruchband (M 1), welche Vereine gemeint sind. Welche Aussage beschwört die Einheit der Deutschen?

2 Werte den nachgestellten Zeitungsartikel (M 3) aus. Welches politische Ergebnis bringt der Krieg?

3 Erkläre mithilfe der Bild- und Textquellen M 4 und M 5, wie der Krieg gegen Frankreich beurteilt wurde.

4 Überlege, welche Gefahr in der französischen Karikatur (M 6) verdeutlicht werden sollte.

Das neue Reich und seine Verfassung

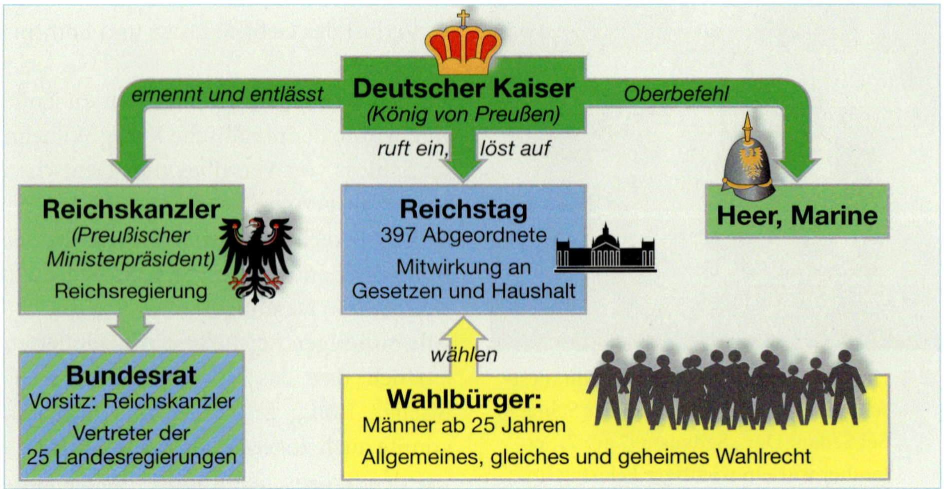

M 1 Die Reichsverfassung von 1871

Der Kaiser an der Spitze

M 2 Die Stellung von Fürsten und Adel in der Gesellschaft fand sich in der Verfassung von 1871 wieder. Sie begann mit den Worten:

[…] Seine Majestät der König von Preußen im Namen des Norddeutschen Bundes, Seine Majestät der König von Bayern, Seine Majestät der König von Württemberg, […] Seine Königliche Hoheit der Großherzog von Hessen […] schließen einen ewigen Bund zum Schutze des Bundesgebietes und des innerhalb desselben gültigen Rechtes sowie zur Pflege der Wohlfahrt des deutschen Volkes. Dieser Bund wird den Namen Deutsches Reich führen. […]

1 Lies den Beginn der Verfassung (M 2) und gib an, welche Personengruppe das Deutsche Reich gründete.

2 Stelle fest, wer den Reichskanzler ernennt (M 1).

3 Erkundige dich, auf welche Weise heute bei uns die/der Bundeskanzler/-in bestimmt wird.

4 Schreibe aus M 1 die Rechte des Reichstages heraus.

5 Wer aus euren Familien hätte im Deutschen Reich wählen dürfen?

Verfassung ohne Grundrechte

Im Unterschied zur Verfassung der Frankfurter Paulskirche von 1849 enthielt die Reichsverfassung von 1871 keine Liste von Grundrechten. Die oberste Gewalt im Reich ging nicht vom Volk aus, sondern von den Fürsten. Alle Gesetze, welche die Abgeordneten im Reichstag verabschiedeten, mussten auch von den Vertretern der Fürsten im Bundesrat beschlossen werden.

Das Recht, über Krieg oder Frieden zu entscheiden, lag beim Kaiser. Er war unabhängiger und unkontrollierter Oberbefehlshaber der Armee. Er ernannte den Reichskanzler, der nur von ihm und nicht vom Reichstag abhängig war. Der Reichskanzler hatte damit gegenüber dem Reichstag eine starke Stellung. Er war nicht von den Vertretern des Volkes, sondern nur vom Vertrauen des Kaisers abhängig.

In der Außenpolitik des Kaiserreiches und in der Militärpolitik hatte der Reichstag keine Rechte. Im Wesentlichen entschied der Reichstag über den Haushalt und wirkte bei der Gesetzgebung mit.

Zeitungsrecherche im Archiv

METHODE

M1 Besuch einer Schulklasse im Archiv

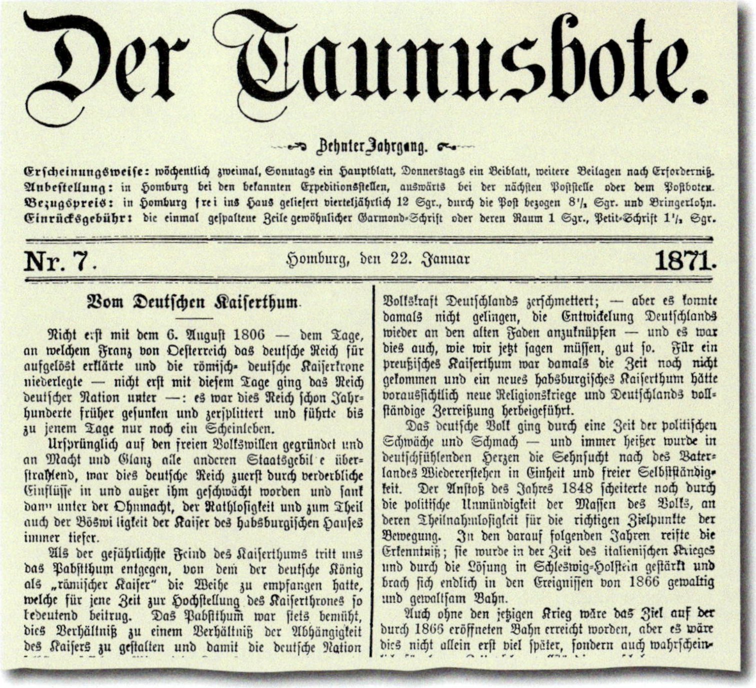

Der Taunusbote.

Zehnter Jahrgang.

Erscheinungsweise: wöchentlich zweimal, Sonntags ein Hauptblatt, Donnerstags ein Beiblatt, weitere Beilagen nach Erforderniß.
Anbestellung: in Homburg bei den bekannten Expeditionsstellen, auswärts bei der nächsten Poststelle oder dem Postboten.
Bezugspreis: in Homburg frei ins Haus geliefert vierteljährlich 12 Sgr., durch die Post bezogen 8½ Sgr. und Bringerlohn.
Einrücksgebühr: die einmal gespaltene Zeile gewöhnlicher Garmond-Schrift oder deren Raum 1 Sgr., Petit-Schrift 1½ Sgr.

Nr. 7. Homburg, den 22. Januar 1871.

Vom Deutschen Kaiserthum.

Nicht erst mit dem 6. August 1806 — dem Tage, an welchem Franz von Oesterreich das deutsche Reich für aufgelöst erklärte und die römisch-deutsche Kaiserkrone niederlegte — nicht erst mit diesem Tage ging das Reich deutscher Nation unter —: es war dies Reich schon Jahrhunderte früher gesunken und zersplittert und führte bis zu jenem Tage nur noch ein Scheinleben.

Ursprünglich auf den freien Volkswillen gegründet und an Macht und Glanz alle anderen Staatsgebilde überstrahlend, war dies deutsche Reich zuerst durch verderbliche Einflüsse in und außer ihm geschwächt worden und sank dann unter der Ohnmacht, der Rathlosigkeit und zum Theil auch der Böswilligkeit der Kaiser des habsburgischen Hauses immer tiefer.

Als der gefährlichste Feind des Kaiserthums tritt uns das Pabstthum entgegen, von dem der deutsche König als „römischer Kaiser" die Weihe zu empfangen hatte, welche für jene Zeit zur Hochstellung des Kaiserthrones so bedeutend beitrug. Das Pabstthum war stets bemüht, dies Verhältniß zu einem Verhältniß der Abhängigkeit des Kaisers zu gestalten und damit die deutsche Nation [...] Volkskraft Deutschlands zerschmettert; — aber es konnte damals nicht gelingen, die Entwickelung Deutschlands wieder an den alten Faden anzuknüpfen — und es war dies auch, wie wir jetzt sagen müssen, gut so. Für ein preußisches Kaiserthum war damals die Zeit noch nicht gekommen und ein neues habsburgisches Kaiserthum hätte voraussichtlich neue Religionskriege und Deutschlands vollständige Zerreißung herbeigeführt.

Das deutsche Volk ging durch eine Zeit der politischen Schwäche und Schmach — und immer heißer wurde in deutschfühlenden Herzen die Sehnsucht nach des Vaterlandes Wiedererstehen in Einheit und freier Selbstständigkeit. Der Anstoß des Jahres 1848 scheiterte noch durch die politische Unmündigkeit der Massen des Volks, an deren Theilnahmlosigkeit für die richtigen Zielpunkte der Bewegung. In den darauf folgenden Jahren reifte die Erkenntniß; sie wurde in der Zeit des italienischen Krieges und durch die Lösung in Schleswig-Holstein gestärkt und brach sich endlich in den Ereignissen von 1866 gewaltig und gewaltsam Bahn.

Auch ohne den jetzigen Krieg wäre das Ziel auf der durch 1866 eröffneten Bahn erreicht worden, aber es wäre dies nicht allein erst viel später, sondern auch wahrschein-

M2 Der Taunusbote vom 22. Januar 1871

Ein Besuch im Stadtarchiv

In den meisten größeren Orten gibt es ein Archiv. Der Archivar hat die Aufgabe, die historische Überlieferung der Region zu sammeln, zu sichten, zu ordnen und der öffentlichen Benutzung zugänglich zu machen. Ein Archiv ist wie eine große begehbare „Datenbank". Der Zugang zu dieser Datenbank geschieht am besten durch einen Anruf beim Archivar.

Seine Telefonnummer könnt ihr wahrscheinlich über die Internetseite der Stadt herausbekommen. Führungen für Schulklassen bieten Archive meist gern an.

Die lokale Zeitung – eine Fundgrube

Zu den wichtigsten Quellen für die lokale Geschichte der vergangenen 150 Jahre gehören historische Zeitungsbestände, die in kommunalen Archiven aufgestöbert werden können. Sie enthalten nicht nur Berichte über sonst vergessene lokale Begebenheiten, sondern geben in ihren überregionalen Spalten Einsicht in das Gedankengut des Massenlesepublikums damals. Und: Als gedruckte Dokumente lassen sie sich viel einfacher lesen als handgeschriebene Akten.

Vorsicht ist dennoch geboten. Eine Zeitung als historische Quelle zu nutzen, bringt viele Unwägbarkeiten mit sich, zum Beispiel schludrig verfasste Artikel, Satzfehler, Zahlendreher, einseitige Berichterstattung, lückenhafte Überlieferung – und vor allem das Problem der Wertung aus historischer Sicht.

1 Organisiert einen Termin für eine Klassenführung bei einem Stadtarchiv in eurer Nähe.

2 Untersucht einen Artikel über eure Gegend aus einer alten Zeitung.

Hessen und die Reichsgründung

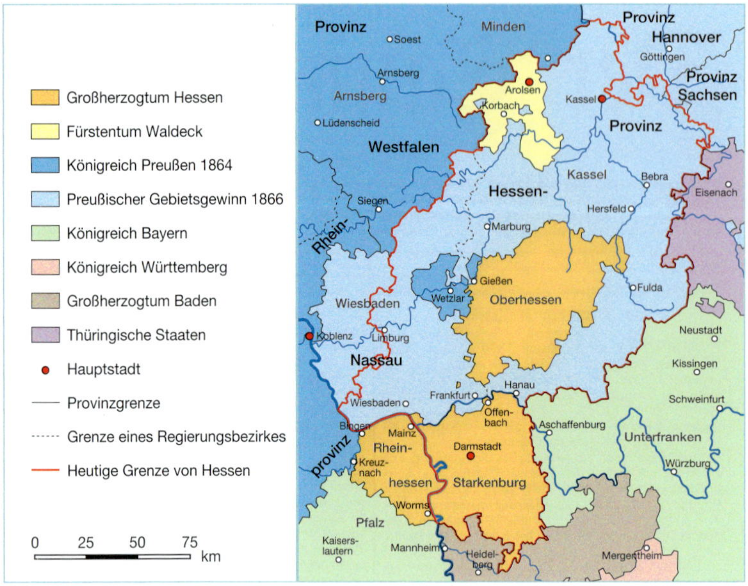

M 1 **Hessen nach 1866**

***annektieren**
sich etwas gewaltsam aneignen (Staatsgebiete)

***Exil**
Verbannung, Verbannungsort

Hessen wird von Preußen annektiert*

M 2 **In einem Buch zur Geschichte Hessens heißt es über die Zeit von 1848 bis 1871:**

[...] Die Revolution von 1848 verlief in den hessischen Staaten unblutiger und friedlicher als in manchen anderen Regionen Deutschlands. Auch nach dem Ende der Revolution im Juni 1849 blieben z. B. in Darmstadt und Wiesbaden 1848 erkämpfte Freiheiten erhalten. Dazu zählte nicht zuletzt die **Pressefreiheit**, sodass zahlreiche Zeitungen und Zeitschriften entstanden. Anders sah es in Hessen-Kassel aus, wo Kurfürst Friedrich Wilhelm nach der Niederschlagung der Revolution umgehend die eingeräumten Freiheiten wieder zurücknahm. [...]
Im Preußisch-Österreichischen Krieg von 1866 ergriff Friedrich Wilhelm Partei für Wien. Doch Österreich und seine Verbündeten verloren den Krieg und Kurhessen wurde von den Preußen besetzt. Der im Volk unbeliebte Friedrich Wilhelm musste auf den Thron verzichten und starb 1875 im böhmischen Exil*. Aus dem Kurfürstentum Hessen wurde der preußische Regierungsbezirk Kassel. Aus dem Herzogtum Nassau, dessen Regent Herzog Adolph 1866 gleichfalls gegen Preußen gekämpft hatte, und der Freien Stadt Frankfurt am Main wurde der preußische Regierungsbezirk Wiesbaden. Beide zusammen bildeten seit 1867 die preußische Provinz Hessen-Nassau mit Kassel als Provinzhauptstadt. [...] Das Großherzogtum Hessen-Darmstadt, das 1866 ebenfalls gegen Preußen gefochten hatte, verdankte seine weitere staatliche Existenz nur der Einflussnahme des mit dem großherzoglichen Haus eng verwandten russischen Zarenhofes. [...] Auch das winzige Fürstentum Waldeck konnte seine Unabhängigkeit retten. [...]

Frank-Lothar Kroll: Hessen – eine starke Geschichte, Theiss, Darmstadt 2006, S. 36 f.

M 3 **Die Preußen kommen! Einmarsch preußischer Truppen in Frankfurt 1866**

In die neuen preußischen Gebiete flossen in den folgenden Jahren erhebliche finanzielle Mittel, die nicht zuletzt zum indus-

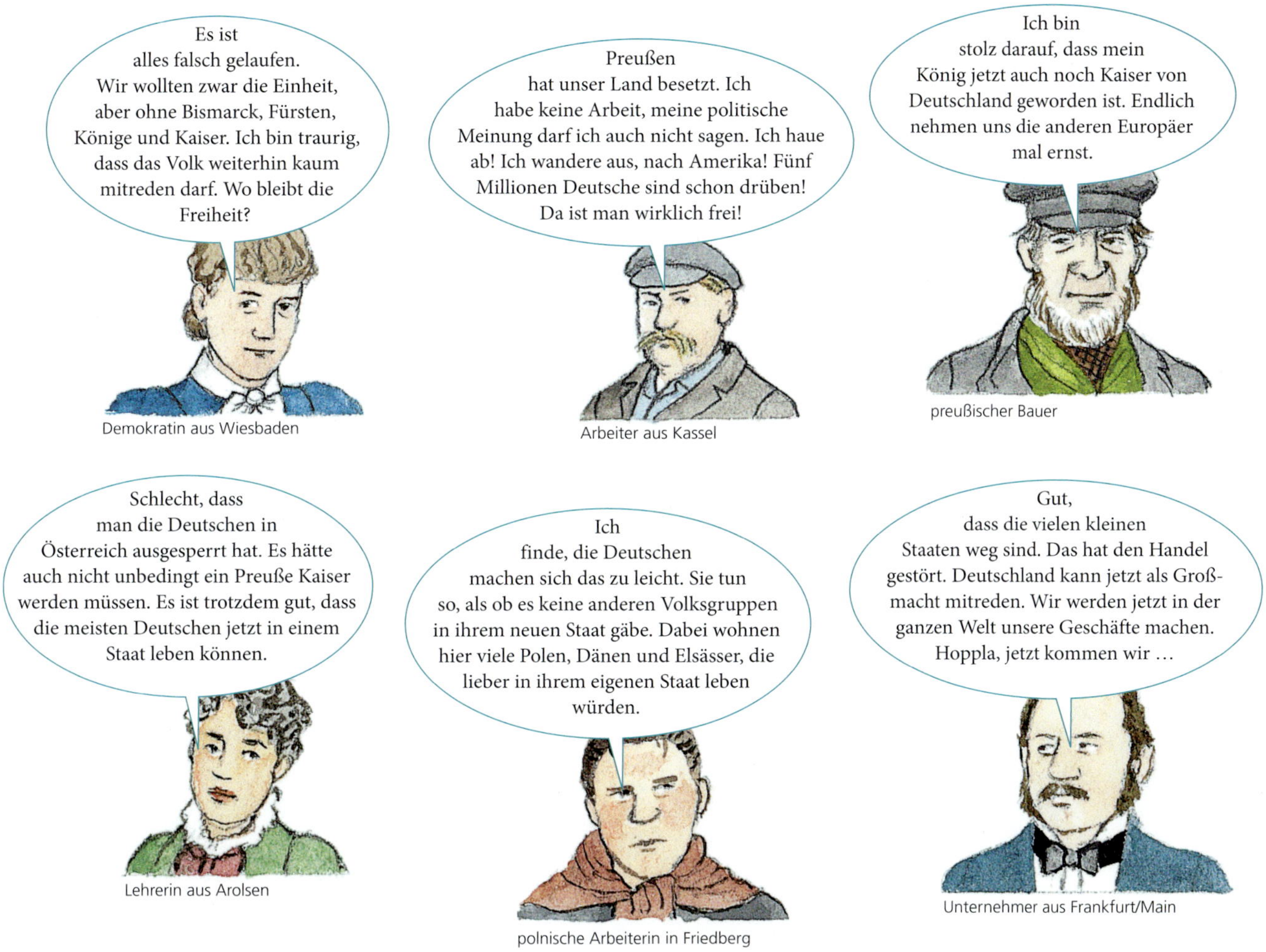

triellen Aufschwung beitrugen. Neben der Lahn-Dill-Region und dem außerordentlich verkehrsgünstig gelegenen Rhein-Main-Gebiet entwickelte sich im Zeitalter der Industrialisierung vor allem Kassel als einer der führenden hessischen Industriestandorte.

Endlich Einheit – aber …

Die im Jahre 1871 herbeigeführte Einheit machte für viele Deutsch sprechende Menschen einen Traum war. Mit Ausnahme der deutschen Teile von Österreich und der Schweiz waren nun alle deutschsprachigen Länder und Gebiete vereint.
Es gab aber auch kritische Stimmen. Denn die Einheit bedeutete nicht gleichzeitig demokratische Freiheit.

M4 **Stimmen zur Reichsgründung von 1871.** Hier sind sechs Stimmen zur „Vereinigung“ der Deutschen in einem Staat nachempfunden. Sie geben Ansichten wieder, die zu dieser Zeit wirklich vertreten wurden.

1 Beschreibe die Karte (M 1).

2 Lies M 2 und verdeutliche die Aussagen mithilfe der Karte und M 3.

3 Finde heraus, welche verschiedenen Meinungen in M 4 vertreten werden.

4 Übertrage die folgende Tabelle in dein Heft und notiere Argumente für und gegen den neuen deutschen Staat.

Das wird gut gefunden	Das wird kritisiert
…	…

5 Man hat die Gründung des Kaiserreiches auch „Reichsgründung von oben“ genannt. Erkläre diese Formulierung.

METHODE

Historische Karten vergleichen

Karten haben viele Gesichter

Jede Karte hat ein **Thema**. Es gibt beispielsweise physische Karten, politische Karten und Wirtschaftskarten.

Physische Karten zeigen die Oberfläche der Erde. Sie enthalten Meerestiefen und Landhöhen (Berge und Gebirge), Flüsse, Seen, Städte, Eisenbahnen, Autobahnen, Straßen, Kanäle und Grenzen.

Wirtschaftskarten zeigen, wie die Menschen ihren Lebensraum nutzen. Sie geben Auskunft über die Verbreitung von Bergbau, Industrie, Land- und Forstwirtschaft sowie Fischerei.

Politische Karten zeigen die Gliederung der Erde in Staaten. Sie können auch die Einteilung eines Staates in Länder und Kreise darstellen.

Eine besondere Form der politischen Karten sind **historische Karten**. Sie informieren über Ereignisse, Abläufe und Veränderungen in bestimmten Gebieten zu einem festen Zeitpunkt oder in angegebenen Zeiträumen. Durch den Vergleich von historischen Karten kann man wichtige Erkenntnisse gewinnen – z. B., wie sich die Grenzen eines Staates durch einen Krieg verändert haben. Auch bei historischen Karten erklärt die **Legende** (= Zeichenerklärung) die Farben und Symbole. Mit dem Maßstab lassen sich Entfernungen und Größenverhältnisse berechnen.

M 1 Das Deutsche Kaiserreich 1871–1918

M 2 **Die Bundesrepublik Deutschland seit 1990**

1. Schritt: Jede Karte einzeln erschließen

- Was ist das Thema der Karte (Inhalt, Raum und Zeit)? Welche Informationen gibt die Bildunterschrift dazu?
- Welches Gebiet ist dargestellt, wo ist z. B. Land oder Wasser?
- Welche Zeichen, Symbole, Farben sind zu erkennen? Was sagt die Legende über ihre Bedeutungen aus?
- Welche Gesamtaussage hat die Karte?

2. Schritt: Gemeinsamkeiten und Unterschiede feststellen

- Vergleicht die Einzelheiten der beiden Karten, z. B. die Datierung, die Art der Darstellung oder die Größe des Gebiets.
- Die Größe zweier Gebiete lässt sich gut vergleichen, indem ihr zwei Folien der Karten anfertigt und übereinanderlegt.
- Vergleicht anschließend die Gesamtaussage beider Karten.

3. Schritt: Ergebnisse auswerten

- Wie hat sich das Gebiet im Laufe der Zeit verändert? Welche weiteren Informationen über die Karten hinaus sind noch vorhanden (z. B. in Begleittexten zu den Karten, in Sachbüchern)?

1 Vergleiche die Karten M 1 und M 2 mithilfe der hier beschriebenen Schritte.

ZUSAMMENFASSUNG

1832

Auf dem Hambacher Fest fordern Bürger 1832 Freiheit und Demokratie.

1848

Die erste deutsche Nationalversammlung tagt in der Frankfurter Paulskirche.

1862

Otto von Bismarck wird preußischer Ministerpräsident.

1871

Gründung des Deutschen Kaiserreiches

Restauration

Die Beschlüsse des **Wiener Kongresses** waren für viele Menschen in Deutschland enttäuschend. Ihr Wunsch nach nationaler Einheit und politischer Mitbestimmung wurde nicht erfüllt. Auf dem **Wartburgfest** forderten Studenten 1817 Einheit und Freiheit. Von den Fürsten wurden sie dafür verfolgt und häufig zu harten Gefängnisstrafen verurteilt. Schließlich wurden die Deutsche Burschenschaft verboten, die Universitäten mit einem Netz von Spitzeln überzogen und einer strengen **Pressezensur** unterworfen.

Revolutionen im Jahr 1848

Die Unzufriedenheit mit den politischen Verhältnissen in fast allen europäischen Ländern führte schließlich 1848 zu **Revolutionen**. Ausgehend von Paris, wo im Februar 1848 der König vertrieben und eine Republik ausgerufen wurde, breiteten sie sich über ganz Europa aus. In Deutschland traten noch im Frühjahr 1848 alle Regierungen zurück. Es kam in ganz Deutschland zu allgemeinen und geheimen Wahlen für die **Nationalversammlung**, die in Frankfurt am Main tagte. Sie erarbeitete die erste gemeinsame deutsche Verfassung. Dem preußischen König Friedrich Wilhelm IV. wurde die **Kaiserkrone** angeboten, die dieser jedoch ablehnte. Damit war die Arbeit der Nationalversammlung gescheitert. Noch 1848 begann in Preußen und Österreich die Gegenrevolution. Preußische Truppen verjagten überall in Deutschland die Revolutionäre. Die Revolution war gescheitert, viele Menschen wanderten aus.

Das Kaiserreich

Im Gegensatz zu den Großmächten Frankreich, Großbritannien und Russland war Deutschland noch kein Nationalstaat und die deutschen Länder bildeten noch keine Einheit. Nach dem Sieg über Frankreich im Krieg 1870/1871 wurde im Spiegelsaal zu Versailles das **Deutsche Reich** gegründet und der preußische König Wilhelm wurde zu **Kaiser Wilhelm I.** ausgerufen. Die Verfassung des Deutschen Reiches gab dem Kaiser und dem Reichskanzler eine starke, dem Parlament eine nur untergeordnete Stellung. Alle Gesetze, die der Reichstag verabschiedete, mussten auch noch von den Vertretern der Fürsten im **Bundesrat** gebilligt werden.

Ringen um Freiheit und Einheit in Deutschland

Arbeitsbegriffe

- ✓ 1870/1871
- ✓ Kaiser Wilhelm I.
- ✓ Deutsches Reich
- ✓ großdeutsche/kleindeutsche Lösung
- ✓ Reichstag
- ✓ Nationalstaat
- ✓ Restauration
- ✓ Revolution 1848
- ✓ Wiener Kongress
- ✓ Nationalversammlung
- ✓ Reichskanzler Bismarck

M1 Wichtige Arbeitsbegriffe

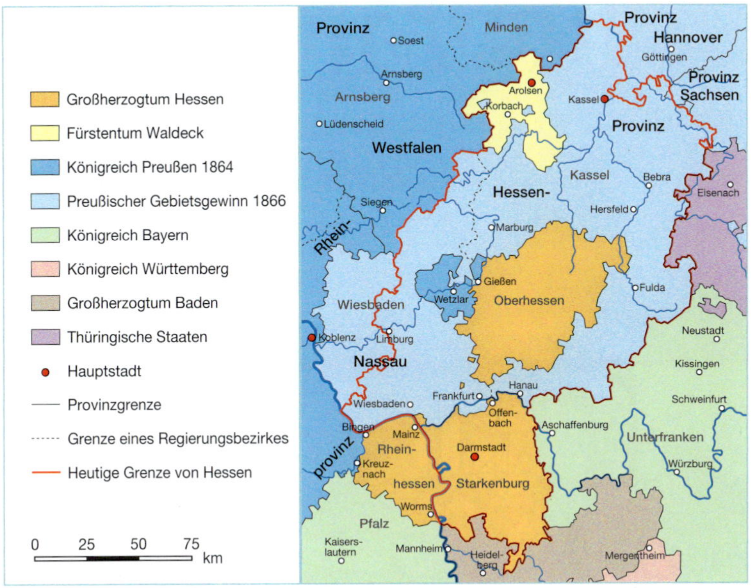

M3 Hessen nach 1866

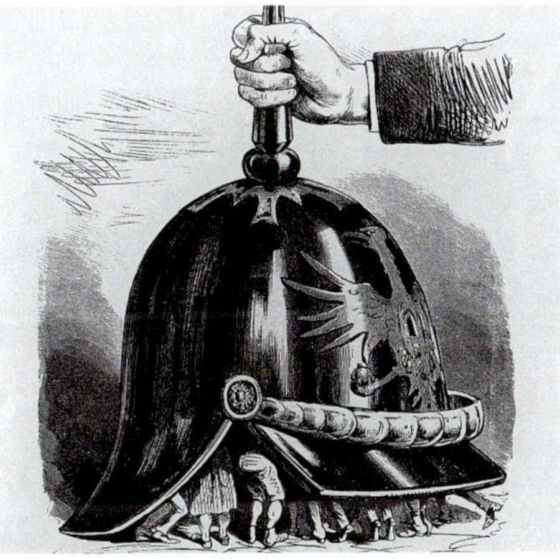

M2 Kommen die Deutschen unter die Haube? Karikatur

1. Was fand am 18. Mai 1848 in der Frankfurter Paulskirche statt?
2. Nenne Gründe, warum die Revolution von 1848 gescheitert ist.
3. Zähle einige wichtige Beschlüsse des Wiener Kongresses auf.
4. Erkläre, wie es zur Gründung des Deutschen Reiches kam und welche Rolle Otto von Bismarck dabei spielte.
5. Was bedeutet „Pressefreiheit" und was ist „Zensur"?
6. Warum waren viele Demokraten von der Verfassung von 1871 enttäuscht?
7. Was verdeutlicht die Karikatur M2?
8. Veranschauliche mithilfe der Karte, wie sich Hessen territorial und wirtschaftlich veränderte.

M4 Was wisst ihr noch?

Tipps zum Weiterlesen

Gabriele Beyerlein: In Berlin vielleicht. Thienemann Verlag, Stuttgart
Willi Fährmann: Es geschah im Nachbarhaus. Arena Verlag, Würzburg
Ele Hermannsdörfer: Lina Karsunke, dtv-junior, München
Erich Kästner: Als ich ein kleiner Junge war. Hellerau Verlag, Dresden
Carlo Ross: Nur Gedanken sind frei. Arena Verlag, Würzburg

3 Die Industrielle Revolution

Im 19. Jahrhundert veränderte sich die Landschaft in Deutschland grundlegend. Wo bisher Bauern pflügten, qualmten jetzt Fabrikschornsteine. Durch die zunehmende Verbreitung der Industrie entstanden neue Arbeitsplätze, aber auch vorher nicht gekannte Probleme.

1 Beschreibe das Bild.

2 Vermute, wie es vor dem Bau von Fabriken dort ausgesehen hat.

Die Industrialisierung beginnt in England

M 1 Pflügen in der Jungsteinzeit (10 000 v. Chr.)

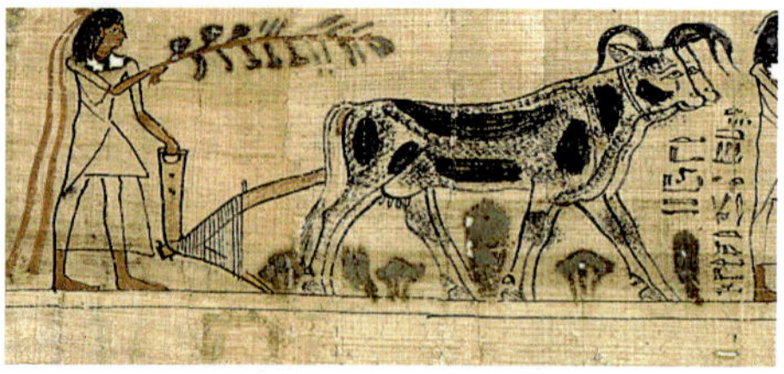

M 2 Landarbeiter beim Pflügen (16.–11. Jh. v. Chr.)

M 3 Pflügender Bauer (Ende des 18. Jh.)

M 4 Dampfpflug (um 1890)

M 5 Motorpflug (um 1950)

M 6 Pflügender Bauer (2005)

Viertausend Jahre dieselbe Technik

Als die ersten Menschen damit begannen, Getreide anzubauen, mussten sie ihre Äcker bearbeiten. Um die Saat auszubringen, mussten Furchen in den Boden gezogen werden. Dazu wurde ein Pflug verwendet, der von Menschen oder Tieren gezogen wurde. An dieser Technik änderte sich über Tausende Jahre hinweg nichts.

Es begann in England …

Im 18. Jahrhundert stieg die Nachfrage nach Baumwollstoffen in England stark an. Deshalb wurden dort Spinn- und Webmaschinen entwickelt. Sie wurden nicht mehr durch die Menschen angetrieben, sondern mit **Dampfmaschinen**. Diese waren teuer und benötigten große Gebäude. Wohlhabende Menschen ließen diese Gebäude bauen und kauften die Maschinen.

M 7 **Heimarbeiterinnen um 1770**

M 8 **Die „Spinning Jenny“, eine englische Erfindung von 1764**

So entstanden die ersten Fabriken in denen **industriell produziert** wurde; das bedeutet: mit Maschinen und in Massen. Die industrielle Produktionsweise breitete sich bald in ganz Europa aus.

Voraussetzungen für die Industrielle Revolution

Eine wichtige Voraussetzung für den Beginn der Industriellen Revolution in England war die Steigerung der Ernteerträge durch bessere Anbaumethoden und neue Maschinen – z.B. die Sämaschine. Neue Anbaufrüchte wie die Kartoffel, aber auch Tomaten und Erbsen ergänzten die Versorgungsmöglichkeiten breiter Bevölkerungsschichten. Daneben führten verbesserte Sauberkeit und Hygiene zu weniger Todesfällen und einem Anstieg des Bevölkerungswachstums.

Je mehr Menschen es gab, desto größer war die Nachfrage nach Kleidung, vor allem nach preisgünstigen Stoffen. Großhändler und Unternehmer suchten jetzt verstärkt nach technischen Möglichkeiten, die Produktion zu erhöhen und gleichzeitig preiswerte Waren herzustellen.

Technische Erfindungen und die notwendigen Industriebauten kosteten sehr viel Geld. Kaufleute und Adlige konnten dieses Geld dafür zur Verfügung stellen und investieren, da sie im Übersee- und Sklavenhandel zum Teil große Reichtümer erworben hatten.

M 9 **Egge mit Dünge- und Saatguttrichter. Die Maschine wurde 1745 in England entwickelt.**

Ein neues Denken in der Gesellschaft, das darauf abzielte hohe Gewinne im Wirtschaftsleben zu erreichen, sorgte auch für mehr zur Verfügung stehendes Kapital.

1 Notiere, welche Veränderungen der Einsatz von Maschinen in der Landwirtschaft (Erträge, Beschäftigte, Kosten …) brachte (M 1–M 6).

2 Mitte des 18. Jahrhunderts konnte der Ertrag von vier Bauern einen Menschen ernähren, der nicht in der Landwirtschaft tätig war. Heute versorgt ein Bauer über 130 Menschen. Erkläre.

3 Nenne mit eigenen Worten die Voraussetzungen für den Beginn der Industriellen Revolution in England.

4 Beschreibe und vergleiche die Bilder M 7 bis M 9.

5 Gibt es in eurem Heimatort Menschen, die bei der Herstellung von Produkten auf Maschinen verzichten – obwohl diese Produkte industriell hergestellt werden können? Besucht die Betriebe und erkundigt euch nach den Gründen für den Verzicht auf den Maschineneinsatz.

Die Industrialisierung erreicht Deutschland

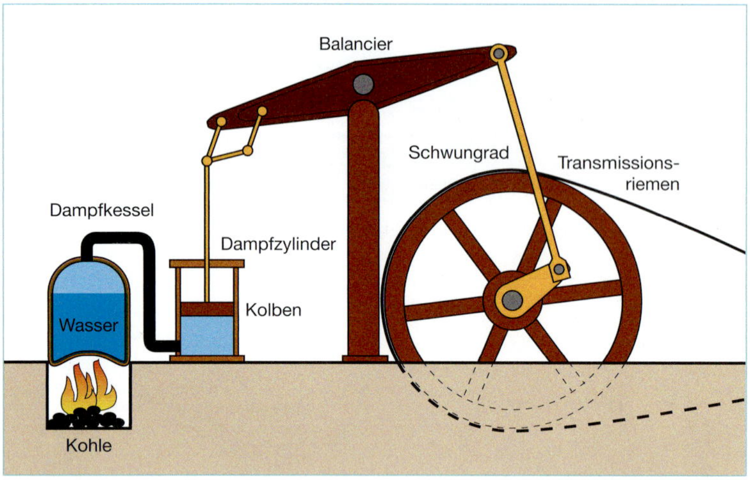

M 1 Dampfmaschine von James Watt

M 2 Die erste deutsche Eisenbahn fuhr 1835 von Nürnberg nach Fürth.

M 3 Misslungene Probefahrt der Eisenbahn zwischen Frankfurt am Main und Wiesbaden am 23. Juni 1839: Die Passagiere müssen aussteigen und den Zug zum nächsten Bahnhof ziehen oder schieben.

Eine grundlegende Erfindung

Dem Engländer James **Watt** gelang es 1769, eine leistungsfähige Dampfmaschine zu konstruieren. Er hatte hierfür eine ältere Erfindung des Ingenieurs und Schmiedes Newcomen aufgegriffen und weiterentwickelt. Mit der Dampfmaschine konnten nun Geräte und Maschinen angetrieben werden. Schon bald setzte man im Bergbau Dampfmaschinen ein. Man nutzte sie zunächst in Kohlebergwerken. Ein Teil der geförderten Kohle wurde zum Betrieb der Dampfmaschinen verwendet. Durch den Einsatz der Maschinen konnte weit mehr Kohle als bisher gefördert werden. Es gab nun genug Kohle, um Dampfmaschinen auch in der Landwirtschaft und in Fabriken einzusetzen. Da sich in England große Steinkohlenvorkommen befanden, war genug Brennstoff für die Dampferzeugung vorhanden.

Die Dampfmaschine lernt schwimmen und laufen

Im Jahr 1807 hatte der Amerikaner Robert Fulton das erste Dampfschiff gebaut. Neun Jahre später fuhr der erste Dampfer auf dem Rhein: Die englische „The Defiance“ nahm Kurs auf Köln. Für lange Zeit war der Rhein nicht nur für den Güter-, sondern vor allem auch für den Personentransport ein wichtiger Verkehrsweg.

Die erste Eisenbahn in Deutschland

1814 gelang es dem Engländer George Stephenson, die Dampfmaschine auf Räder zu setzen und sie in eine Zugmaschine zu verwandeln. Eine Lokomotive von Stephenson zog die Wagen auf der ersten Eisenbahnstrecke in Deutschland. Auch der erste Lokführer war Engländer und wurde

M4 James Watt (1736–1819)

„mitgeliefert"; immerhin hatte er den Zusammenbau der in hundert Einzelteile zerlegten Lokomotive zu überwachen.

Mit Volldampf hinterher

Die Industrialisierung begann in Deutschland erst spät, etwa um 1840. Deutschland besaß keine Kolonien, die billige Rohstoffe liefern konnten. Auch verhinderten die zahlreichen Einzelstaaten und ihre Zölle, die unterschiedlichen Währungen und Maße einen großen einheitlichen Währungsraum. 1834 fielen aber in fast allen deutschen Staaten die Zollschranken. Unter preußischer Führung schlossen sich fast alle deutschen Länder zum **Deutschen Zollverein** zusammen. Mit dem Ausbau des Eisenbahnnetzes konnten jetzt vor allem die Kohle- und Erzvorkommen in Oberschlesien, im Ruhrgebiet oder Saarland schnell zu den großen Industriestandorten befördert werden. Dies führte zur raschen Fortentwicklung des Kohlebergbaus und der Eisen- und Stahlindustrie, die in Deutschland zu den wichtigsten Industriezweigen wurden.

M5 Eisenbahnlinien in Hessen im 19. Jahrhundert

1. Beschreibe mithilfe von M 1 die Funktionsweise der Dampfmaschine.
2. Informiere dich mithilfe von M 5 über das Eisenbahnnetz in Hessen im 19. Jahrhundert. Beziehe dabei auch M 3 mit ein und berichte in der Klasse.
3. Informiere dich über James Watt und über George Stephenson. Stelle diese Erfinder in deiner Klasse vor.
4. Diskutiert, welche Erfindungen der letzten 50 Jahre das Leben der Menschen und die Arbeitswelt so entscheidend verändert haben wie im 19. Jahrhundert die Erfindung der Dampfmaschine.
5. Wie werden heute Rohstoffe und Fertigprodukte zu und von den Fabriken transportiert? Welche Gründe gibt es für die Nutzung der unterschiedlichen Transportmittel?

Neue Industrien in Hessen

M 1 Festprospekt zum 15. Jahrestag der Werksgründung 1877

M 3 Werbeplakat für Opel-Fahrräder 1898

M 2 Werbeplakat für Opel-Motorwagen, um 1902

Die ersten Autos

Der Kölner Kaufmann Nikolaus August **Otto** (1832–1891) entwickelte 1862 einen Gasmotor, der nicht so aufwändig war wie eine Dampfmaschine. Die beiden Ingenieure Gottlieb **Daimler** (1834–1900) und Wilhelm **Maybach** (1846–1929) verbesserten den Gasmotor und bauten ihn 1887 in einen offenen Kutschwagen ein. Zur gleichen Zeit entwickelte der Mechaniker und Konstrukteur Carl **Benz** (1844–1929) ein dreirädriges Fahrzeug mit einem „Benzin“motor und elektrischer Zündung. Als der Rüsselsheimer Schlossergeselle Adam **Opel** (1837–1895) auf seiner Wanderschaft in Paris die Nähmaschine als technische Neuheit kennen lernte, entschloss er sich, selbst welche zu bauen. 1862 kehrte er nach Rüsselsheim zurück. Sein Onkel überließ ihm einen Stall als Werkstatt. 1885 hatte die Fabrik bereits

350 Beschäftigte. Unter zunehmendem Konkurrenzdruck auf dem Nähmaschinenmarkt suchte Opel nach neuen Produkten. In der Fahrradherstellung sah er viel versprechende Möglichkeiten. 1890 waren schon 2000 Stück gebaut. Als 1898 der Fahrradabsatz in eine Krise geriet, suchten die Opel-Söhne nach einem neuen Produkt. Sie begannen mit der Autoherstellung. 1899 wurden elf Autos gebaut, 1910 bereits 1615.

Das Auto – eine Gefahr?

M4 Über das Auto schrieb Marie Holzer um 1915:

[Das Automobil] rast Schrecken verbreitend durch die Welt, losgelöst von althergebrachten Gesetzen. Kein Schienenstrang schreibt ihm die Wege vor; keine Pferdelunge zwingt es zu einem vorgeschriebenen Tempo. [...] Es ist der Herr der unbegrenzten Möglichkeiten. [...]

Raabe, Paul (Hrsg.): Ich schneide die Zeit aus. dtv 1964, S. 81

Die Elektrotechnik

Neben der Dampfkraft wurde im Laufe des 19. Jahrhunderts eine andere Naturkraft für die Industrialisierung genutzt: die Elektrizität. Sie ermöglichte die Übertragung von Nachrichten auf elektrischem Wege. Werner von **Siemens** (1816–1892) konstruierte einen elektrischen Telegrafen, über den mit bisher unbekannter Schnelligkeit Nachrichten übermittelt werden konnten.

Als Siemens 1866 die Herstellung von Dynamomaschinen (Stromerzeugern) gelang, war ein weiterer Bereich der Elektrotechnik erschlossen. Im Laufe der folgenden Jahrzehnte entstand in Berlin ein Großbetrieb, der zusammen mit den Wohnhäusern der Arbeiterinnen, Arbeiter und Angestellten noch heute eine „Stadt in der Stadt“ bildet: Siemensstadt.

M5 Am Grabmal des letzten Fußgängers. Karikatur von Th. Heine. Simplicissimus, 1928

M6 Werner von Siemens (1816–1892). Gemälde von Franz von Lenbach (1836–1904)

Die chemische Industrie

Das Rhein-Main-Gebiet wird heute von einer ganzen Reihe von Chemiefabriken geprägt. Ihre Anfänge reichen bis in die Mitte des 19. Jahrhunderts zurück. Am Anfang stand die Massenproduktion von Farbstoffen für die Textilindustrie. Die Arbeitsbedingungen der Chemiearbeiter waren hart. Arbeitszeiten und Arbeitsdruck waren ähnlich belastend wie in anderen Industriezweigen. Die chemischen Stoffe, mit denen die Arbeiter umgehen mussten, bedrohten aber viel stärker als anderswo die Gesundheit der Arbeiter.

1 Beschreibe die Abbildungen M1 bis M3.

2 Stelle fest, welche Informationen über die Entstehung des Opelwerkes und die hergestellten Produkte zu entnehmen sind.

3 Sprecht anhand der Karikatur (M5) und des Textes M4 über Gefahren, die von den Autos ausgingen.

4 Begründe, warum die Elektrotechnik für die Industrialisierung von großer Bedeutung war.

5 Erkundet, was Betriebe der chemischen Industrie in Hessen heute produzieren.

Die Arbeits- und Lebensbedingungen ändern sich

M1 **Walzwerk um 1875**

Arbeit im Takt der Maschinen

Zu Beginn des Industriezeitalters im 19. Jahrhundert kamen viele junge Leute zum Arbeiten in die neuen Industriegebiete. Hier erwarteten sie streng geregelte Arbeitszeiten, ungewohnt lange Anmarschwege von der Wohnung zur Fabrik und eine Tätigkeit, die vom Tempo der Maschinen bestimmt wurde. Für viele war das eine große Umstellung im Vergleich zu ihren bisherigen Beschäftigungen auf dem Land oder in einer kleinen Werkstatt. Auch hatten sie zuvor in der Großfamilie mit mehreren Generationen gelebt, wo gegenseitige Unterstützung selbstverständlich war. Diese durch die Fabrikarbeit veränderte Lebensweise brachte eine neue Bevölkerungsgruppe hervor: die **Arbeiterklasse**.

Fabriken und Städtewachstum

Die Städte änderten im 19. Jahrhundert ihr Aussehen. Weil die Fabriken Verdienstmöglichkeiten boten, zogen viele Menschen vom Land in die Städte. Diese Industriearbeiter bildeten eine neue Be-

M2 **Handwerker und Fabrikarbeiter zur Industrialisierung**

Was ihr noch tun könnt:

- Über Arbeitszeiten und Löhne in der Industrie informieren (Agentur für Arbeit, Familie, Internet).
- Berufstätige nach ihren Rechten und Pflichten im Betrieb befragen.

M 3 **Arbeiterwohnhaus der Firma Krupp, Essen. Die Siedlung bestand aus 1695 Wohnungen.**

M 5 **Neue Wohnsiedlungen bei einem Stahlwerk (Bochum, um 1900)**

völkerungsgruppe. Obwohl emsig gebaut wurde und neue Stadtviertel mit **Mietskasernen*** entstanden, herrschte große Wohnungsnot. Grundstücks- und Baupreise stiegen. Die Industrievororte mit Fabriken und Arbeiterwohnungen entwickelten sich in verkehrsgünstigen Lagen an den Flüssen oder an einer Bahnlinie. Wohlhabende Städter wollten nicht in der verschmutzten Innenstadt leben und bauten sich schöne Häuser in den Vororten der Städte.
Die Preise für Lebensmittel waren in der Stadt höher als auf dem Land, wo manches selbst angebaut werden konnte.

Ist ja sehr eng hier, aber eine größere Wohnung können wir nicht bezahlen. Nicht jeder hat das Glück, in einer der neuen Arbeitersiedlungen wie drüben bei Krupp in Essen unterzukommen. In manchen Städten sollen sich die Leute sogar einfache Bretterbuden auf freiem Feld zusammengezimmert haben.

M 6 **Durchgang zum Hinterhof**

***Mietskasernen**
große Wohnblöcke mit vielen kleinen Wohnungen mit dürftiger Ausstattung, die aber durch die enorme Wohnungsnot zu hohen Preisen vermietet wurden

M 4 **Kellerwohnung einer Berliner Arbeiterfamilie**

1 Beschreibe M 1. Achte genau auf einzelne Personen und ihre Tätigkeiten.

2 Erläutere die Stimmung eines ehemaligen Landarbeiters nach zwei Wochen Fabrikarbeit.

3 Mache dir die Zeitangaben im Bericht des Arbeiters (M 2) klar und vergleiche mit einem Berufstätigen aus deiner Familie.

4 Beurteile die Arbeitsordnung (M 2) aus heutiger Sicht und überlege, warum solche Regelungen für nötig gehalten wurden.

5 Überlege, was von Seiten einer Stadtverwaltung getan werden muss, wenn die Bevölkerungszahl ansteigt.

6 Beschreibe und vergleiche die Wohnverhältnisse in M 3 bis M 6.

7 Ein junger Mann aus einem hessischen Dorf kommt zum Arbeiten in die Stadt. Schreibe seinen Brief an die Familie.

Arbeiterfamilien

M 1 **Kinder arbeiten in einem englischen Bergwerk (um 1850)**

M 2/3 **Arbeitende Kinder in der Baumwollspinnerei und im Bergbau**

M 4 Aus einem Gesetzesvorschlag von 1837:

[…] dass kein Kind vor dem vollendeten neunten Jahre zur Arbeit in den Fabriken bestimmt werden solle […] dass die Kinder vor ihrem Eintritt in eine Fabrik einen dreijährigen Schulbesuch nachweisen sollen. […]

Gesetzentwurf des 5. Rheinischen Provinziallandtags an den Preußischen König

M 5 Beobachtungen in einem englischen Bergwerk (um 1840):

In den Kohlen- und Eisenbergwerken arbeiten Kinder von 4, 5, 7 Jahren; die meisten sind indes über 8 Jahre alt. Sie werden gebraucht, um das losgebrochene Material von der Bruchstelle nach dem Pferdeweg oder dem Hauptschacht zu transportieren. […] Der Transport der Kohlen und des Eisengesteins ist eine sehr harte Arbeit, […] oft über feuchten Lehm oder durch Wasser, oft steile Abhänge hinauf und durch Gänge, die zuweilen so eng sind, dass die Arbeiter auf Händen und Füßen kriechen müssen. […]

Friedrich Engels, Die Lage der arbeitenden Klasse in England. Aus: Sozialistische Klassiker in Nachdrucken, Hannover 1965

Kinderarbeiter

Die Einkommen der Arbeiterfamilien waren oft so gering, dass auch die Kinder zum Lebensunterhalt beitragen mussten. Besonders im Bergbau und in der Textilindustrie wurden ihre kleinen Hände oder die geringe Körpergröße gebraucht. Vor allem waren sie von den Unternehmern als billige Arbeitskräfte geschätzt. Im Rheinland arbeiteten noch bis weit ins 20. Jahrhundert hinein viele Kinder in Ziegeleien und bei der Tongewinnung.

Erst allmählich wurde **Kinderarbeit** durch Gesetze eingeschränkt. So durften in Preußen seit 1839 keine Kinder unter zehn Jahren mehr in Fabriken beschäftigt werden, ab 1891 wurde das Mindestalter auf 14 Jahre heraufgesetzt. Dies galt jedoch nicht für die Landwirtschaft und die damals sehr verbreitete **Heimarbeit**.

Was ihr noch tun könnt:

Euch über das Jugendarbeitsschutzgesetz (**www.bma.bund.de**) und über Kinderarbeit in der Dritten Welt (**www.oneworldweb.de**) informieren.

Frauen und Beruf

Weil die Löhne der Familienväter kaum zum Leben reichten, mussten auch die Frauen mitarbeiten. Viele machten Heimarbeit oder gingen in die Fabrik. Ohne die Chance einer Ausbildung wurden ihnen dort nur die am schlechtesten bezahlten Arbeitsplätze zugewiesen. Doch auch bei gleicher Arbeit war ihr Lohn im Schnitt gut ein Drittel niedriger als der Lohn für Männer.

Vor und nach ihrer Lohnarbeit musste die Arbeiterin ihren Haushalt versorgen. So dauerte ihr Arbeitstag oftmals 17 oder 18 Stunden. Die Kinder waren tagsüber unversorgt, sodass oft schon die Sechsjährigen auf die noch kleineren Kinder aufpassen mussten.

M6 Aussage einer Heimarbeiterin:
Kaum ist früh der Mann auf Arbeit, da wachen die Kinder auf und wollen angezogen sein, eine Flasche und zu essen haben. […] Dann setzt man sich hin und näht, denn es ist eilig zu liefern. Zwischendrein muss man wieder die Kinder baden usw. und wieder nähen, Geld verdienen […] das Essen muss besorgt werden. Schnell wird etwas bereitet, das nicht viel Arbeit macht, denn man muss nähen. […]

In: Else Sander, Lebenskunde, Leipzig 1922, S. 185

M7 Aussage eines Dienstädchens:
Ich bin die Anna und komme aus der Eifel. Mir geht es eigentlich gut, wenn nur nicht das Heimweh nach unserer großen Familie wär. Hier hab ich sogar eine eigene kleine Kammer unterm Dach. Im Winter ist die allerdings bitterkalt. Dann nehm ich mir einen heißen Ziegelstein mit ins Bett, der vorher auf dem Herd gelegen hat.
Morgens steh ich als Erste um fünf auf und mach die Öfen an. Den Tag über gibt es in dem großen Haushalt jede Menge Arbeit. Wenn ich nach dem Abendessen die Küche aufgeräumt und noch was Flickarbeit gemacht hab, fall ich um 10 Uhr todmüde ins Bett. Sonntags nachmittags hab ich Ausgang. Dann geh ich mit zwei anderen Mädchen aus unserem Dorf spazieren.

In: Else Sander, Lebenskunde, Leipzig 1922, S. 185

M8 Arbeiterwohnung in Berlin

M9 Dienstmädchen

Schreibe den Lückentext in dein Heft und ergänze ihn:
(■ = Arbeiter – Angestellte – Unternehmer – Industrie – niedrig – Frauen – Kindern – Wäsche – hart – Arbeit – Fabrik):
In der neu entstandenen ■-gesellschaft gaben die ■ den Ton an. Die ■ spielten eine Mittlerrolle zwischen Fabrikherren und ■. Die Arbeitsbedingungen waren ■ und der Lohn ■. Vor allem die ■ verdienten kaum das Nötigste zum Leben. Heim-■ wurde noch schlechter bezahlt als ■-arbeit, doch blieb Frauen mit kleinen ■ nichts anderes übrig, als beispielsweise ■ zu nähen.

1 Macht eine Umfrage in der Klasse und stellt fest, wer schon gejobbt hat. Nennt die Gründe und die Unterschiede zur Kinderarbeit im 19. Jahrhundert.

2 Beschreibe die Abbildungen M1 bis M3.

3 Vergleiche M1 mit den Aussagen in M5.

4 Führt ein „Interview" mit den Eltern der Kinder aus M2 und M3.

5 Beschreibe M8 und erläutere das Bild mithilfe von M6.

6 Schildere die Situation berufstätiger Frauen im 19. und beginnenden 20. Jahrhundert; stelle insbesondere Heim- und Fabrikarbeit einander gegenüber.

7 Vergleiche Frauenarbeit damals und heute (Ausbildung, Löhne, Kinderbetreuung, Arbeitszeit, Haushalt …).

Fortschritt – Fluch oder Segen?

M 1 Bahntrassenbau bei Nürnberg (um 1850)

M 2 Braunkohlentagebau (1907)

M 3 Karikatur zur Verschmutzung der Themse (1845)

Umweltschutz – ein Fremdwort

Massive Eingriffe in die Landschaft brachte der Bau von Fernstraßen und Bahntrassen mit sich. Insbesondere die Eisenbahn benötigte eigene Verkehrswege, wobei außer den Trassen im Gelände auch noch eine Vielzahl von Brücken und Tunnel gebaut werden mussten.

Der erhöhte Bedarf an Energie einerseits, andererseits die Weiterentwicklung der Abbaugeräte sorgten um 1900 für eine enorme Ausdehnung des Tagebaus (z. B. für Braunkohle, Sand, Kies, Bims). Erst in unserer Zeit versucht man, die zerklüftete Landschaft durch aufwändige Maßnahmen in den alten Zustand zurückzuversetzen (**Rekultivierung**). Auch Flussbegradigungen und Kanalbauten stellen tiefgreifende Einschnitte in den Naturhaushalt dar, da sich Fließrichtung und Fließgeschwindigkeit der Flüsse ändern. Industrieabwässer wie auch die Abwässer der Städte flossen damals oft ungeklärt in die Bäche und Flüsse.

M 4 Erna E., 78 Jahre, Anwohnerin einer Eifeler Tuchfabrik erinnerte sich in einem Gespräch:

Wir wussten immer ganz genau, wann die gefärbt haben. Dann war hier der Bach blau oder grün, manchmal auch irgendwie schmutzig rot. Fische gibt es da drin immer noch keine!

Gespräch der Autorin, 2002

Elektrizität und Motorisierung

Die Anschaffung der teuren Maschinen in den Fabriken lohnte sich nur, wenn sie möglichst lange in Betrieb waren. Eine wichtige Voraussetzung war daher die Entwicklung einer geeigneten Beleuchtung für den Schichtbetrieb. Zunächst beleuchtete man die Arbeitsplätze mit Gas-

M5 Luftverschmutzung (um 1900)

M7 Straßenbeleuchtung mit Lampen von Siemens in London (1881)

M6 Die erste elektrische Straßenbahn der Welt in Berlin (1881)

M8 Klara und Karl Benz (1894)

M9 Daimler-Reitwagen (1885)

lampen. Als der Amerikaner Edison 1879 die **Glühlampe** erfand, löste die elektrische Beleuchtung allmählich das Gaslicht ab.

1879 entwickelte Werner von Siemens eine **elektrische Lokomotive**. 1881 fuhr in Berlin die erste elektrische Straßenbahn. Von da an haben die Elektromotoren in vielen nützlichen Geräten Arbeitswelt und Privathaushalte erobert.

Zu einer der wichtigsten Erfindungen des 19. Jahrhunderts gehört der **Verbrennungsmotor**. Er ermöglicht es den Menschen, sich nahezu unbegrenzt bewegen zu können (vgl. S. 56/57).

1 Erläutere, welche Folgen Eingriffe in die Natur haben; vielleicht kennst du auch Beispiele aus jüngster Zeit.

2 Vergleiche M 1 und M 2.

3 Bei M 3 könnte es sich auch um den „Vater Rhein" handeln. Spielt ein Gespräch zwischen ihm und dem Herrn auf dem Schiff.

4 Entwirf für Erna E. (M 4) einen Leserbrief an die örtliche Zeitung.

5 Beschreibe M 5 bis M 9 und vergleiche jeweils mit heute.

6 Erläutere die Folgen der Motorisierung für Wirtschaft und Privatleben.

7 Ergänze die Liste wichtiger Erfindungen im 19. Jahrhundert.

Wer löst die soziale Frage?

M 1 Wohnsiedlung der Firma Krupp in Essen, 1872 erbaut

M 2 Werkssiedlung in Lollar bei Gießen, errichtet Anfang des 20. Jahrhunderts. Die hinter den Häusern stehenden niedrigen Gebäude dienten ursprünglich als Ställe für Kleinvieh.

Motive der Unternehmer

Angesichts der großen sozialen Probleme durch die Industrialisierung versuchten einige Unternehmer, zumindest in ihrem Betrieb Abhilfe zu schaffen. Zu ihnen gehörte auch der Essener Großindustrielle Alfred **Krupp**.

M 3 Krupp sagte 1877:

[...] Ich habe den Arbeitern Wohnungen gebaut, worin bereits 20 000 Menschen untergebracht sind, habe Schulen gegründet und Einrichtungen geschaffen zur billigen Beschaffung von allem Lebens- und Hausbedarf. [...]

M 4 In einem Brief an die Werksleitung seines Betriebes schrieb Krupp:

[...] Wer weiß, ob dann über Jahr und Tag ein allgemeiner Aufstand durch das Land gehen wird, ein Auflehnen von Arbeitern gegen ihre Arbeitgeber, ob wir nicht die einzigen Verschonten sein werden, wenn wir zeitig noch alles in Gang setzen. [...]

Hermann de Buhr/M. Regenbrecht, Industrielle Revolution und Industriegesellschaft, Hirschgraben, Frankfurt a. M. 1983, S. 52

M 5 Ernst Abbe, der Mitinhaber der Zeiss-Werke in Jena, erzählte von seinem Vater aus der Zeit um 1850:

Die Arbeitszeit währte 14 bis 16 Stunden. Mittagspause gab es nicht. An eine Maschine gelehnt oder auf eine Kiste gekauert verzehrte mein Vater sein Mittagessen aus dem Henkeltopf mit aller Hast, um mir dann den Topf zurückzugeben und sofort wieder an die Arbeit zu gehen. Mein Vater war vom Körperbau ein Riese von unerschöpflicher Robustheit, aber mit 48 Jahren in Haltung und Aussehen ein Greis.

Ernst Abbe, Gesammelte Abhandlungen, Jena Fischer, 1906, S. 74

Ernst **Abbe** wandelte sein Unternehmen in eine Stiftung um und verwirklichte viele soziale Maßnahmen. Dazu gehörten:

- eine Gewinnbeteiligung für die Arbeiterschaft
- bezahlter Urlaub und Weihnachtsgeld
- umfassender Kündigungsschutz mit der Möglichkeit einer Einstellung auf Lebenszeit
- Achtstundentag (ab 1900)
- Krankenversicherung in einer Betriebskrankenkasse und Anspruch auf Rente
- keine Benachteiligung der Beschäftigten aus politischen oder religiösen Gründen.

Die Kirchen werden aktiv

Auch die beiden christlichen Kirchen nahmen zu der Not der Arbeiter, der sogenannten „sozialen Frage", Stellung.

M 6 Papst Leo XIII. schrieb 1891:

Die Arbeitenden und Besitzlosen sollen

1. vollständig und gewissenhaft die Arbeit verrichten,
2. dem Arbeitsherrn weder am Eigentum noch an der Person Schaden zufügen,
3. bei der Vertretung ihrer eigenen Interessen keine Gewalt anwenden und niemals Aufruhr stiften.

Arbeitgeber und Reiche sollen

1. die Arbeiter nicht wie Sklaven behandeln,
2. die persönliche Würde in ihnen achten. Unehrenhaft und unmenschlich ist es, Menschen wie eine Ware zum eigenen Gewinn auszubeuten.

Zitiert nach: de Buhr/Regenbrecht, a.a.O., S. 51

Rauhes Haus und Kolpingvereine

Einzelne Männer der Kirche versuchten, die Notlage der Arbeiter zu lindern. Der evangelische Pfarrer Johann Heinrich von Wichern (1808–1881) gründete 1833 in Hamburg das **Rauhe Haus**, in dem er verwaiste und obdachlose Jugendliche aufnahm. Je zwölf Kinder wurden einem Elternpaar zugeordnet. Die Jungen konnten ein Handwerk erlernen, die Mädchen wurden in den Aufgaben einer Hausfrau und Dienstmagd unterwiesen. Er war auch Gründer der **Inneren Mission**, die Menschen in Not Hilfe geben sollte.

M 7 1848 sagte Wichern in einer Rede:

[...] Christus verlangt von uns nicht nur einen frohen Glauben, er fordert vor allem eine starke Liebe. Ihr Männer der Kirche, denkt auch an die Not der Menschen außerhalb der Kirchenmauern! Überall, wo die Armen vor Not keine Kraft mehr haben, die Botschaft Christi zu hören, da müsst ihr eingreifen. Alles Predigen wird nichts helfen, wenn nicht zugleich für das leibliche Wohl unserer Brüder gesorgt wird. [...]

Johann Hinrich Wichern, Gesammelte Schriften, Bd. 2, Agentur des Rauhen Hauses, Hamburg, 2004, S. 53

Auf katholischer Seite setzte sich der Bischof Wilhelm Emanuel **Ketteler** für die Arbeiter ein. Seine Forderungen waren deutlicher als die Aussagen des Papstes: geregelte Arbeitszeiten, gerechte Löhne, eine verbesserte Ernährung sowie ein Verbot der Sonntags- und Kinderarbeit.
Erfolgreich wirkte auch Pfarrer Adolf **Kolping**. Er kannte die Not der wandernden Gesellen aus eigener Erfahrung, da er selbst als Schuhmachergeselle durch Deutschland gezogen war. Deshalb gründete er 1849 die **Kolpingvereine**, katholische Gesellenvereine für junge Handwerker. In „Kolpinghäusern", in denen wandernde Handwerksgesellen übernachten konnten, richtete er Aufenthaltsräume mit Büchern und Zeitungen ein.

M 8 Johann Heinrich von Wichern (1808–1881)

M 9 Wilhelm Emanuel Ketteler (1811–1877)

M 10 Adolf Kolping (1813–1865)

1 Notiere die Ziele, die Krupp damit verfolgte, dass er Siedlungen für seine Arbeiter bauen ließ (M 1 bis M 4, Text).

2 Erläutere die Motive von Ernst Abbe, seine Arbeiter zu unterstützen (M 5, Text).

3 Informiere dich, welche der Maßnahmen von Ernst Abbe und von Wilhelm Ketteler heute sogar als Gesetz formuliert sind.

4 Schreibe den Brief eines Arbeiters bei Krupp an einen Kollegen, der unter Bedingungen arbeiten und leben muss, wie sie damals üblich waren. Der Krupp-Arbeiter erklärt in diesem Brief, was bei ihm anders und besser ist.

5 Fasse die Haltung von Papst Leo XIII. in eigenen Worten zusammen. Setzt er sich eher für die Arbeiter oder eher für die Arbeitgeber ein? Welches Verhalten fordert von Wichern von den Christen?

6 Überlege, warum Kolping großen Wert auf bessere Bildung legte.

Nur gemeinsam sind wir stark

M1 Arbeiter beim Fabrikanten (1895)

M4 Ein Streik bricht aus (1895).

M2 Karl Marx

M3 Friedrich Engels

Die Arbeitnehmer organisieren sich

Viele Unternehmer wehrten sich gegen Verbesserungen der Arbeitsbedingungen, weil sie diese Maßnahmen Geld gekostet hätte. Die Industriearbeiter erkannten, dass sie nur in gemeinsamen Aktionen etwas erreichen konnten. In **Streiks** zeigten sie, wie ernst sie ihre Forderungen meinten. Streik jedoch bedeutet Lohnausfall. Die Arbeiter schlossen sich deshalb zu Gewerkschaften zusammen. Streikende Arbeiter unterstützten sie mit Geld.

In Deutschland gibt es seit 1848 **Gewerkschaften**. Anfangs hatten sie mit vielen Schwierigkeiten zu kämpfen. Offiziell waren sie erst ab 1872 erlaubt. Um die Chancen der Arbeiterinnen und Arbeiter zu erhöhen, sorgten Gewerkschaften auch für eine bessere Bildung ihrer Mitglieder.

Eine Partei für die Arbeiter

Die Verbesserung der Arbeitsbedingungen allein reichte einigen Menschen nicht aus. Sie forderten, dass es auch für Arbeiter möglich sein sollte, zu wählen und in der Politik mitzubestimmen. 1863 gründete der Journalist Ferdinand Lassalle den Allgemeinen Deutschen Arbeiterverein mit dem Ziel, das allgemeine Wahlrecht einzuführen. August Bebel und Wilhelm Liebknecht gründeten 1869 ebenfalls eine Arbeiterpartei. 1875 schlossen sich beide zur Sozialistischen Arbeiterpartei Deutschlands zusammen. Ab 1890 hieß sie **Sozialdemokratische Partei Deutschlands (SPD)**.

Der Rechtsanwalt und Journalist Karl **Marx** aus Trier und Friedrich **Engels**, dessen Vater eine Fabrik in Engelskirchen besaß, prangerten die Missstände in der Arbeitswelt des frühen Industriezeitalters auf das Schärfste an. Sie hielten eine radikale Umwälzung der politischen und gesellschaftlichen Ordnung für nötig. Ihre revolutionären Schriften – z. B. das **Kommunistische Manifest** – hatten großen Einfluss auf die entstehenden Arbeiterparteien und auf die politische Entwicklung Europas im 20. Jahrhundert.

Gleichberechtigung

Immer wieder hatten Frauen bewiesen, dass sie ebenso gut wie die Männer ihre Familien ernähren, einen Betrieb führen oder gar ein Königreich regieren konnten. Die meisten Arbeiterfamilien waren zudem dringend auf ihre Mitarbeit angewiesen. Trotzdem verweigerte man ihnen lange Zeit die Gleichstellung mit den Män-

M 5 Zwei Meinungen zur Gleichberechtigung der Frauen

nern. In Deutschland hatten sich seit Beginn des 19. Jahrhunderts Frauen wie Clara Zetkin oder Helene Lange politisch engagiert. Sie schlossen sich zu Vereinen zusammen und forderten die Gleichberechtigung.

M 6 Auszug aus dem Preußischen Vereinsgesetz von 1851:

[…] Für Vereine, welche bezwecken, politische Gegenstände in Versammlungen zu erörtern, gelten nachstehende Beschränkungen: Sie dürfen keine Frauenspersonen, Schüler und Lehrlinge als Mitglieder aufnehmen. Frauenspersonen, Schüler und Lehrlinge dürfen den Versammlungen und Sitzungen solcher politischen Vereine nicht beiwohnen. Werden dieselben nicht entfernt, so ist Grund zur Auflösung der Versammlung oder der Sitzung vorhanden. […]

Gewerkschaften heute

M 7 Meinungen über Gewerkschaften

Sind Gewerkschaften heutzutage überflüssig oder grundsätzlich notwendig?

überflüssig	10 %
notwendig	83 %

Wofür sollen die Gewerkschaften in nächster Zeit kämpfen?

sichere / mehr Arbeitsplätze	42 %
sichere / höhere Einkommen	32 %
flexiblere / kürzere Arbeitszeiten	7 %

Umfrage aus Focus 46/2004, S. 53

M 8 Mitglieder der Gewerkschaftsjugend demonstrieren für mehr Ausbildungsplätze.

***Gewerkschaft**
Organisation, welche die Interessen der Arbeitnehmer/-innen vertritt (die Mitgliedschaft ist kostenpflichtig)

***DGB**
Deutscher Gewerkschaftsbund

1 Gestaltet die Bilder M 1 und M 4 als Szenen: Worum geht es in den Bildern? Was sagen die einzelnen Personen? Nutzt dabei die Methode, die auf S. 70 vorgestellt wird.

2 Wie könnt ihr eure Interessen in der Klasse und an der Schule vertreten? Ist die SMV so etwas wie eine „Schülergewerkschaft"?

3 Erkläre die Bestimmungen in M 6. Was könnten die Gründe für den Ausschluss von Schülern, Lehrlingen und Frauen gewesen sein?

4 Nenne die Unterschiede in den Vorstellungen über Gleichberechtigung bei den beiden Frauen in M 5.

5 Überprüfe die Ergebnisse der Umfrage (M 7). Frage dazu deine Lehrer, deine Eltern und Verwandten.

6 Suche im Internet Informationen über die DGB-Jugend (DGB: Deutscher Gewerkschaftsbund) und präsentiere dein Resultat.

Der Staat greift ein

M 1 Werbeplakat für die gesetzliche Sozialversicherung* (1913)

*sozial …
Das Wort kommt aus dem Lateinischen. Es bedeutet entweder „auf die Allgemeinheit bezogen" oder „von Nutzen für die Allgemeinheit".

Sozialgesetzgebung

Die Arbeiterbewegung, allen voran die Sozialdemokratische Partei (SPD), beunruhigte die Obrigkeit. Kaiser, Adel und vor allem die Unternehmer sahen mit großem Ärger den wachsenden Einfluss der neuen Partei, die sich für die Rechte der Arbeiterschaft einsetzte. 1878 trat daher ein „Gesetz gegen die gemeingefährlichen Bestrebungen der Sozialdemokratie" (**Sozialistengesetz**) in Kraft. Die SPD als Partei wurde zwar nicht verboten, aber alle ihre Aktivitäten. Führende Mitglieder der Partei wurden mit Gefängnis bestraft oder aus dem Deutschen Reich verbannt, viele Mitglieder verloren ihren Arbeitsplatz. Doch die Arbeiter gaben nicht auf. Sie setzten heimlich die Parteiarbeit fort und gewannen immer mehr Anhänger. Im Jahr 1889 wurde das Sozialistengesetz aufgehoben und die Partei erreichte auf Anhieb bei den nächsten Wahlen zum Reichstag rund 20 Prozent der Stimmen.

Nur eine Beruhigungspille?

Die Reichsregierung entwickelte unter ihrem Kanzler Otto von Bismarck ein neues Gesetzeswerk. Die Arbeiter sollten eine umfassende Absicherung gegen Krankheit, Unfälle und gegen Arbeitsunfähigkeit im Alter oder durch schwere Erkrankung erhalten. Ein weltweit einzigartiges **Sozialversicherungssystem** trat Schritt für Schritt in Kraft.
Hierdurch wollte der Staat beweisen, dass auch er sich um die Arbeiterschaft bemüht. Kaiser, Adel und Unternehmer wollten zeigen, dass eine besondere Arbeiterpartei eigentlich überflüssig sei. Bismarck selbst meinte einmal dazu, wenn der Arbeiter keinen Grund mehr zur Klage hätte, wären der Sozialdemokratie die Wurzeln abgegraben.

1 Welche Bestandteile der Sozialversicherung werden auf dem Plakat vorgestellt? Vermutet anhand der Überschriften und Abbildungen, worum es in den einzelnen Bereichen geht (M 1).

2 Setzt diese Zeitungsmeldung fort:

SPD nicht verboten – aber stark eingeschränkt!

1883	Kranken- und Unfallversicherung für Arbeiter
1889	Rentenversicherung für Arbeiter
1892	Krankenversicherung für Angestellte
1911	Rentenversicherung für Angestellte
1927	Arbeitslosenversicherung
1957	Lohnfortzahlung bei Krankheit
1995	Pflegeversicherung

M 2 Entwicklung der Sozialversicherung

Und wie sieht es heute aus?

Udo M., 17 Jahre,
Auszubildender zum Maler und Lackierer
Neulich musste ich für die Firma was besorgen und bin unterwegs mit dem Mofa ins Schleudern geraten. Dabei habe ich mir ein Bein gebrochen. Die Behandlung hat die gesetzliche Unfallversicherung bezahlt. Die muss jeder Betrieb für alle Beschäftigten auf eigene Kosten abschließen. Auch wenn mir auf dem Weg zur Arbeit oder auf dem Heimweg was passiert, bin ich dadurch abgesichert.

Lars B., 19 Jahre, Dachdecker
Nach erfolgreichem Abschluss der Ausbildung finde ich jetzt keine Stelle. Von der Bundesagentur für Arbeit bekomme ich immerhin Arbeitslosengeld auf der Grundlage des durchschnittlichen Anfangsgehalts in meinem Beruf. Und das ist erheblich mehr, als wenn die Ausbildungsbeihilfe zugrunde gelegt würde. Immerhin habe ich ja schon drei Jahre Beiträge in die Arbeitslosenversicherung eingezahlt. Und jetzt hoffe ich, dass es bald klappt mit dem Job.

Ines M., 16 Jahre, Auszubildende zur Frisörin
Natürlich bin ich auch jetzt schon voll versichert: Krankenkasse, Pflegeversicherung, Arbeitslosen- und Rentenversicherung. Knapp die Hälfte der Beiträge zahlt der Arbeitgeber.

M 3 Drei junge Menschen äußern sich dazu

	Wer ist versichert?	Wer zahlt den Beitrag?	Was ist versichert und welche Leistung wird erbracht?
Krankenversicherung	u. a. alle Arbeitnehmer, Angestellten und Auszubildenden bis zu einer bestimmten Einkommenshöhe	Arbeitnehmer etwas mehr als die Hälfte, den Rest die Arbeitgeber	Krankheitskosten sowie Vorsorge- und Rehabilitationsmaßnahmen für den Arbeitnehmer und seine Familie (ohne eigenes Einkommen), z. B. Arztkosten, Medikamente, Krankenhausbehandlung, Kur, Heil- und Hilfsmittel, Krankengeld bei Wegfall der Lohnfortzahlung nach mehr als sechswöchiger Erkrankung
Pflegeversicherung			bei Pflegebedürftigkeit Pflegekosten, gestaffelt nach Schwere des Falles
Arbeitslosenversicherung			bei Arbeitslosigkeit Arbeitslosengeld, Beratung, Arbeitsvermittlung, evtl. Umschulung, Bewerbungs- und Umzugskostenbeihilfe
Rentenversicherung			Rente bei Arbeitsunfähigkeit wegen Invalidität oder aus Altersgründen
Unfallversicherung	u. a. alle Arbeitnehmer, Angestellte sowie Schüler, Studenten, Kindergartenkinder, Helfer, Soldaten	alleine die Arbeitgeber bzw. entsprechende Institutionen wie Uni, Gemeinde …	bei Unfällen auf dem Weg und im Zusammenhang mit der Berufsausübung alle anfallenden Behandlungskosten und Rehabilitationsmaßnahmen

M 4 Sozialversicherung im Überblick

3 Welche Aufgaben hat die Sozialversicherung heute? Verwende zur Antwort M 4.

4 Suche weitere Beispiele für die Nutzung der Sozialversicherung (z. B. Krankheit, Pflegebedürftigkeit), indem du Eltern, Freunde und Bekannte befragst.

METHODE

Bilder zum Sprechen bringen

M 1 Ein Streik bricht aus.

***Requisiten**
Gegenstände (Möbel, Kleidung etc.) für eine Theateraufführung

Ihr werdet in diesem Buch an vielen Stellen aufgefordert, Bilder zu beschreiben. Ihr könnt das auf ganz unterschiedliche Weise tun. Mit wenig Aufwand gelingt es auch, Bilder „zum Sprechen zu bringen" und auf diese Weise zu verstehen, worum es in dem Bild geht.

M 2 Arbeiter beim Fabrikanten

Sprechblasen einfügen

Das Bild oben kennt ihr bereits, ein Ausschnitt davon ist auf Seite 66 abgedruckt. Schülerinnen und Schüler haben sich Gedanken darüber gemacht, was die Personen auf dem Bild sagen könnten – und es in die Sprechblasen geschrieben.

Das Bild nachstellen

Eine andere Vorgehensweise habt ihr ebenfalls auf den Seiten 66/67 kennengelernt. Die Szene auf dem Bild wird nachgestellt und nachgespielt. Dabei ist es nützlich, wenn man mit einigen Hilfsmitteln die Darstellung auf dem Bild nachempfindet. Bei dem Bild links würden Schürzen, das Lehrerpult und eine dunkle Jacke schon genügen. Aber es geht auch ohne solche Requisiten*.

Ein Industriemuseum erkunden

METHODE

Vielerorts finden sich Spuren früher Industrien. Alte Fabrikgebäude aus dem 19. und 20. Jahrhundert werden immer häufiger in Industriemuseen umgewandelt. Ihr findet ein geeignetes Museum am schnellsten im Internet unter www.museen.de.
Bei der Erkundung geht ihr am besten so vor:

1. Schritt: Erkundung vorbereiten

- Informationen beschaffen: Was gibt es zu sehen? Werden Führungen angeboten oder gibt es Erkundungsbogen? Wie sind die Öffnungszeiten und Eintrittspreise? Wie kommt man dorthin?
- Besuch organisieren: Termin vereinbaren; Bus / Fahrkarte bestellen; Fragen / Beobachtungsaufgaben entwerfen. Klären, wie Ergebnisse festgehalten werden sollen (Recorder, Fotos / Video, Notizen, Skizzen).
- Gruppen einteilen.

2. Schritt: Erkundung durchführen

- Vorbereitete Fragen klären: Arbeitsblatt ausfüllen, Zusatzinformationen aufnehmen.
- Beobachtungen festhalten: Notizen, Fotos oder Skizzen machen; Prospekte / Postkarten sammeln.
- Gruppenergebnisse zusammentragen: Möglichst noch vor Ort Entdeckungen zeigen und diskutieren.

M 1 **Über der saarländischen Stadt Völklingen erhebt sich die von der UNESCO zum Weltkulturerbe erklärte Alte Stahlhütte, die 1986 stillgelegt wurde und ein einzigartiges Industriemuseum darstellt.**

3. Schritt: Erkundung auswerten

- Material ordnen: Alles sichten und prüfen, ob vorbereitete Fragen geklärt werden konnten, notfalls Zusatzinformationen hinzuziehen (Lexikon, Museumskatalog …).
- Gruppenergebnisse auswerten: Ergebnisse in den Rahmen des Unterrichtsstoffes stellen und bewerten; Festlegen, wie sie dokumentiert werden können (Wandzeitung, Ausstellung, Infoblätter, Internetseite …).
- Klären, welche Probleme es bei der Erkundung gab. Gemeinsam überlegen, wie die Probleme im Vorfeld verhindert werden können.

ZUSAMMENFASSUNG

18. Jahrhundert

England wird zum Mutterland der Industriellen Revolution.

Um 1840

Beginn der Industrialisierung in Mitteleuropa und Deutschland

Seit 1850

Die Landflucht lässt in den wachsenden Industriestädten Elendsquartiere entstehen.

1875

Gründung der Sozialistischen Arbeiterpartei in Gotha

Technische Neuerungen

Die **Industrialisierung** begann im 18. Jahrhundert in England. Technische Erfindungen wie **Spinnmaschinen** führten zu einem radikalen Wandel in der Textilherstellung: Wenige Menschen konnten mithilfe der neuen Maschinen jetzt schnell, preiswert und in großen Mengen Waren produzieren. Durch die Erfindung der **Dampfmaschine** und der **Lokomotiven** konnten die Waren in Massen produziert und in kurzer Zeit überallhin befördert werden. Die **erste deutsche Eisenbahn** fuhr 1835 von Nürnberg nach Fürth. Die Industrialisierung begann in Deutschland erst spät – etwa um 1840. Mit der Errichtung des **Deutschen Zollvereins** 1834 war der Weg frei für die rasche Fortentwicklung des Kohlebergbaus sowie der Eisen- und Stahlindustrie, die in Deutschland zu den wichtigsten Industriezweigen wurden.

Soziale Folgen der Industrialisierung

Mit der fortschreitenden Industrialisierung verlor die alte ständische Ordnung immer mehr an Bedeutung. An die Stelle des **„Geburtsadels“** trat der **„Geldadel“.** Dazu gehörten vor allem die **Unternehmer**, die in ihren Fabriken oft mehrere Tausend Menschen beschäftigten. Eine angesehene Stellung in der Gesellschaft besaßen auch die Angestellten, also Ingenieure, Buchhalter usw. Für die Arbeiter wurde die Bezeichnung **„Proletarier“** gebräuchlich. Ihre Arbeits- und Lebensbedingungen waren äußerst schlecht: Verelendung aufgrund niedriger Löhne und hoher Arbeitslosigkeit, unzumutbare Arbeitsbedingungen und menschenunwürdige Wohnverhältnisse zählten zu den ungelösten sozialen Problemen der Arbeiter. Die Einführung einer **staatlichen Sozialversicherung** in den 1880er-Jahren sollte die Not der Arbeiterschaft lindern. Die Sozialgesetze bildeten den Grundstein für den heutigen Sozialstaat.

Lösungsversuche der sozialen Frage

Angesichts des Elends, in dem Arbeiter, ihre Frauen und Kinder leben mussten, fühlten sich die Kirchen und verantwortungsbewusste Unternehmer aufgerufen, Verbesserungen anzustreben. Mit der Durchführung von **Streiks**, der Gründung von **Gewerkschaften** und schließlich von **Arbeiterparteien** konnten die Arbeiter ihre Situation schrittweise verbessern.

Die Industrielle Revolution

Arbeitsbegriffe

- ✓ Bevölkerungswachstum
- ✓ Landflucht
- ✓ Erfindungen
- ✓ Industrialisierung
- ✓ Unternehmen
- ✓ Mietskasernen
- ✓ Arbeitervereine
- ✓ Gewerkschaften
- ✓ Kinderarbeit
- ✓ Sozialgesetze
- ✓ kirchliche und private Initiativen
- ✓ soziale Frage

M1 Wichtige Arbeitsbegriffe

1. Wo begann die Industrielle Revolution?
2. Warum spricht man von einer „Revolution"?
3. Nenne die Voraussetzungen der Industrialisierung.
4. Zähle Erfindungen auf, die im 18. und 19. Jahrhundert gemacht wurden.
5. Warum war die Gründung des Deutschen Zollvereins 1834 so wichtig für die Industrialisierung Deutschlands?
6. Welche Arbeits- und Wohnbedingungen trafen die Menschen an, die im 19. Jahrhundert vom Land in die Städte zogen?
7. Erläutere die Versuche durch die Kirche, einzelne Unternehmer und den Staat, die soziale Lage der Arbeiter zu verbessern.

M2 Was wisst ihr noch?

Tipps zum Weiterlesen

Karin Grütter/
Annemarie Ryter:
Stärker, als ihr denkt.
Carlsen Verlag, Hamburg

Els Pelgrom:
Umsonst geht nur die
Sonne auf.
dtv, München

Michel Pierre:
Die Industrialisierung.
Union Verlag, Stuttgart

4 Arbeitswelt im Wandel

Mit der Erfindung des Fließbandes war ein industrieller Durchbruch gelungen: In kürzester Zeit konnte die Produktion drastisch gesteigert werden. Doch mit der Effektivität wuchs zuweilen auch die Entfremdung von der Arbeit. Der an einem Fließband arbeitende Mensch musste mitunter nur wenige Handgriffe erledigen – das jedoch ein Arbeitsleben lang.
Inzwischen erledigen solche „Handgriffe" Roboter mit größerer Genauigkeit – und sie werden von dieser Arbeit nicht krank. Nicht nur in der Produktion, sondern in allen Bereichen des Berufslebens hat der Computer Einzug gehalten. Veränderungen scheinen sich immer schneller zu ereignen. Die Arbeitswelt befindet sich in einem ständigen Wandel.

1 Betrachte das Foto dieser Doppelseite und beschreibe die hier gezeigten Arbeitsplätze (Möbel, Ausstattungen, Körperhaltungen). Um welche Arbeit könnte es sich hier handeln?

2 Könntest du dir vorstellen, hier zu arbeiten? Begründe deine Antwort.

Veränderung der Güterproduktion

M 1 Fließbandproduktion bei Ford 1914

M 2 Automobilproduktion bei VW 2004

Arbeitsteilung

Bis ins 17. Jahrhundert hinein verzeichneten Landwirtschaft und Handwerk nur relativ geringe Produktionsfortschritte. In den dann aufkommenden Manufakturen* fand zum ersten Mal eine produktivitätssteigernde **Arbeitsteilung** statt. Die einzelnen Arbeitsschritte bei der Herstellung eines Produktes wurden auf verschiedene Arbeitskräfte verteilt. Obwohl immer noch von Hand gefertigt wurde, ging die Arbeit wesentlich schneller voran.

***Manufaktur** (von lat.: *manus* [Hand] und *facere* [machen, herstellen]) Übergangsform vom Handwerk zu den Arbeitsweisen einer Fabrik

Mechanisierung

Mit der Erfindung der Dampfmaschine setzte die industrielle Revolution ein. Von nun an wurde die menschliche Arbeitskraft mehr und mehr von Maschinen ersetzt. Damit begann die industrielle Massenproduktion, die 1914 zur Einführung der **Fließbandfertigung** durch Henry Ford in der Automobilproduktion führte.
Die Fließbandarbeit, die zur Produktionssteigerung und zu einer Senkung der Herstellungskosten führte, ist bis heute weit verbreitet. Dabei werden die Arbeitsschritte in **kleinste Teilschritte** zerlegt. Der Rhythmus des Fließbandes bestimmt das Arbeitstempo. Die Fließbandarbeit ist für den Arbeiter belastend, da sie eintönig ist und zu einseitigen körperlichen Beanspruchungen führt.

Automatisierung

Von „Automatisierung" spricht man, wenn die Maschine auch die Steuerung und Kontrolle eines Arbeitsprozesses übernimmt. Seit einigen Jahren übernehmen immer mehr Roboter und **automatisierte Fertigungsstraßen** die Produktion. Während 1990 in Deutschland erst 28 000 Roboter in der industriellen Fertigung eingesetzt wurden, waren es 2004 bereits 120 500. In den fast menschenleeren Produktionshallen sind nur noch wenige Arbeitskräfte erforderlich, welche die Wartung und Programmierung der Roboter übernehmen.
Die Automatisierung führte zum Verlust vieler Arbeitsplätze in der industriellen Produktion. Das gilt in besonderem Maße für die vielen ungelernten Fließbandarbeiter, welche die hoch qualifizierte Arbeit an den Robotern und Computern nicht übernehmen können. Gleichzeitig führte die Automatisierung zu einer starken Entfremdung vom Produkt.

Schlanke Produktion in Gruppenteams

Heute ist man darum bemüht, die Motivation und Arbeitsleistung jedes einzelnen Mitarbeiters dadurch zu erhöhen, dass man ihn mehr in die Entstehung des Produktes einbindet. Arbeiter, Ingenieure und Programmierer arbeiten eng zusammen, entwickeln gemeinsam neue Ideen und setzen diese direkt bei der Produktion um. Durch **Teamarbeit** sollen die Fähigkeiten und Erfahrungen aller an der Güterproduktion Beteiligten ausgeschöpft werden.

M 3 „Schlanke Produktion"

Ausgelöst wurde die Lean-Welle* der achtziger Jahre durch die neidvollen Blicke der Autobauer nach Fernost. Honda, Nissan und Toyota benötigten damals weniger Entwicklungszeit und weniger Fertigungsstunden als ihre Kollegen in Europa und in den Vereinigten Staaten – und ihre Marktanteile stiegen beängstigend. Die angenommene Ursache: „Der Japaner" arbeitete angeblich wieselflink und ohne Unterlass, nahm niemals Urlaub und wurde nicht krank.

Experten durchleuchteten die japanische Erfolgsgeschichte unter wissenschaftlichen Gesichtspunkten. Schlank war zunächst einmal die Organisation, mit kurzen Entscheidungswegen, flachen Hierarchien und durchgehender Konzentration auf das Produkt. Als „lean" entpuppte sich auch die Produktion dank des Einsatzes aller technologischen Möglichkeiten moderner Fertigung, was gleichfalls mit einer Verringerung der Belegschaftsstärke verbunden war. „Lean" heißt auch, dass sich mit mehr Verantwortung beglückte Mitarbeiter verstärkt für die Ergebnisse ihrer Arbeit interessieren – die Qualität soll dann von ganz von alleine steigen.

In der Praxis führte Lean Management in den achtziger Jahren zunächst einmal zu reichlich Arbeitslosen. Der amerikanische Lean-Management-Guru Daniel T. Jones behauptete freilich: „Durch Lean Management wird die Arbeit oft in andere Unternehmen – Zuliefer- oder Dienstleistungsfirmen – verlagert. Sie verschwindet also nicht." Womit er, global betrachtet, wohl Recht hatte. Früher schraubte ein Fertigungs-Arbeiter in Wolfsburg ein Teil zusammen – nach erfolgter Verschlankung wird es von einem Zulieferer in Griechenland bezogen. In Thessaloniki braucht man dann zusätzliche Arbeitskräfte, um den großen Auftrag von VW abwickeln zu können. Dem entlassenen Automobil-Werker in Wolfsburg dürfte das ein schwacher Trost gewesen sein.

Christine Demmer, Weg mit dem Speckgürtel, Süddeutsche Zeitung, 9. 3. 2002

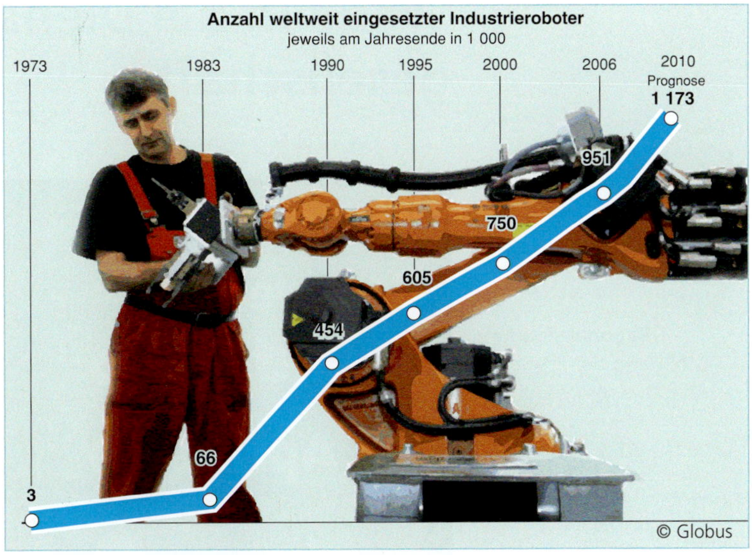

M 4 Roboter übernehmen die Arbeit

***Lean Production**
= schlanke Produktion; die aus Japan stammende Produktionsmethode reduziert die Arbeitsgänge auf das Notwendigste. Dies geschieht vor allem durch die Auslagerung von Arbeitsgängen und die Organisation in Arbeitsgruppen.

1 Erläutere den Fortschritt in der Güterproduktion mithilfe des Autorentextes und M 1 bis M 4.

2 Beschreibe, wie sich die jeweilige Produktionsmethode auf den einzelnen Arbeiter und den Bedarf an Arbeitskräften auswirkt.

3 Analysiere den Text M 3: Wie beurteilt die Autorin die Lean Production? Was sieht sie eher positiv, was negativ? Mit welchen Stilmitteln arbeitet sie?

4 Sucht Beispiele für Betriebe mit modernen Produktionsmethoden in eurer Region und berichtet darüber in der Klasse.

Wege in die Dienstleistungs-gesellschaft

M 1 Bergwerksschließung

Immer schneller verändert sich unsere Wirtschaft vom produzierenden Gewerbe hin zu Dienstleistungen und Handel.

Weniger Industrie …

Weit reichende Maßnahmen zur Rationalisierung von Produktionsabläufen haben immer mehr Arbeitskräfte in der Produktion ersetzt. Die hohen Investitionskosten, die bei der Rationalisierung* anfallen, werden in kurzer Zeit durch die geringeren Lohnkosten ausgeglichen. Aber auch durch **Produktionsverlagerungen** ins Ausland fallen in Deutschland Arbeitsplätze im produzierenden Gewerbe weg.

Viele Industrieunternehmen konzentrieren sich heute auch auf ihr eigentliches Kerngeschäft, die Produktion von Gütern. Alle darum herum anfallenden Aufgaben wie Buchhaltung, Verkauf und Vertrieb werden ganz oder teilweise an spezialisierte Dienstleistungsbetriebe im Outsourcing-Verfahren* vergeben. Die dort entstehenden Arbeitsplätze zählen dann nicht mehr zum produzierenden Sektor, sondern zum Dienstleistungssektor.

***Rationalisierung**
Erhöhung der Produktivität eines Betriebes

***Outsourcing**
Spezialisierte Dienstleister übernehmen standardisierte und wiederkehrende Aufgaben der produzierenden Industrie, z. B. Werkschutz, Kantinenbewirtschaftung, Gebäudereinigung, Lohnbuchhaltung und Ingenieurleistungen.

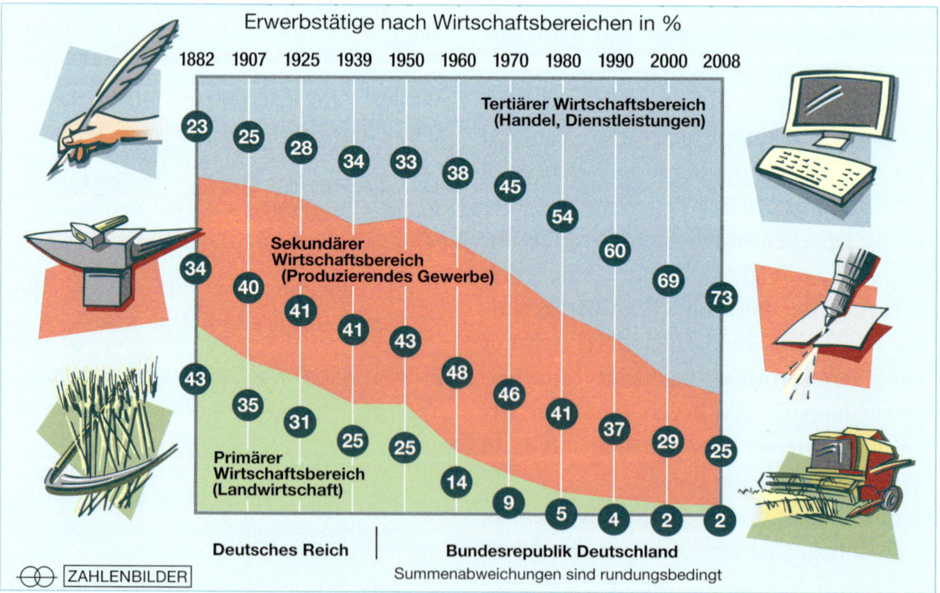

M 2 Entwicklung der Wirtschaftsstruktur

… mehr Dienstleistung

Heute arbeiten bereits fast drei Viertel aller Beschäftigten im Dienstleistungssektor, z. B. im Handel, in Banken, im Bildungsbereich, der Gastronomie oder im Gesundheitswesen. Aber auch im Bereich der **Informationstechnologie** entstanden viele neue Arbeitsplätze.

Darüber hinaus sind viele Arbeitsplätze eng verzahnt mit dem sekundären Wirtschaftsbereich. Kaum ein Industrieprodukt kann heute ohne Forschung und Entwicklung, Qualitätskontrolle, Wartung (Service) oder Werbung und Vertrieb auf den Markt gebracht werden. Wenn diese Aufgaben nicht an externe Dienstleistungsfirmen – z. B. Werbeagenturen – vergeben, sondern im Industriebetrieb selbst erbracht werden, tauchen diese Arbeitsplätze in der Statistik noch im produzierenden Gewerbe auf. Würde man sie zum **tertiären Sektor** hinzurechnen, so würden heute schon über 80 Prozent der Erwerbstätigen dort arbeiten.

Ein Vergleich mit anderen Staaten zeigt, dass in Deutschland noch eine weitere Zunahme der Arbeitsplätze im Dienstleistungssektor zu erwarten ist. Der bisherige Trend wird sich also fortsetzen, wenn auch nicht alle Dienstleistungsbereiche davon in gleichem Maße betroffen sein werden. Während man bei Banken, im Handel und Verkehr eher mit einem leichten Rückgang der Arbeitsplätze rechnet, erwartet man vor allem bei **höher qualifizierten** Dienstleistungen – wie Forschung und Entwicklung, Organisation und Recht, Ausbildung und Beratung – eine Arbeitsplatzzunahme. Auch im Bereich Umweltschutz erwarten Experten eine Zunahme von Arbeitsplätzen. Doch diese Arbeitsplätze können nicht die durch Rationalisierungsmaßnahmen weggefallenen Arbeitsplätze ersetzen. Auch gelingt es nur schwer, ältere arbeitslose Industriearbeitskräfte für die neuen Anforderungen im notwendigen Maße zu qualifizieren.

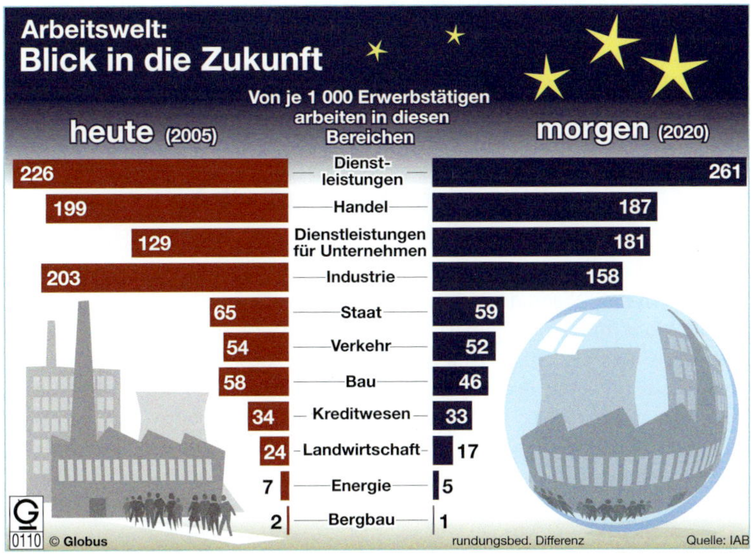

M 3 Wandel in der Arbeitswelt

M 4 Mitarbeiterinnen in einem Callcenter

1 Werte das Schaubild M 2 aus: Welche Entwicklung ist erkennbar und wie wirkt sie sich auf dem Arbeitsmarkt aus?

2 Nenne Gründe für die Veränderungen der Wirtschaftsstruktur (M 1, Autorentext).

3 Werte M 3 aus: In welchen Bereichen ist mit einer Zunahme von Arbeitsplätzen im Dienstleistungssektor zu rechnen?

4 „Ein Arbeitsplatz, der in der industriellen Produktion entfällt, kann nicht ohne weiteres durch einen im Dienstleistungssektor ersetzt werden." Nimm zu dieser Behauptung Stellung und begründe anhand von Beispielen.

Arbeitswelt im Wandel

Die Lottostelle – ein Weg in die Selbstständigkeit

Wenn du 17 bist und aus Gelsenkirchen und hast Hauptschule und hast Nordstern nah. Wenn du 250 Ruhrkohle-Jahre in der Familie hast: Vater, Großvater, die Onkel. Vom Kopf her war das eine tote Branche, in die ich sprang, erinnert sich [J. H.], heute 34. Aber welcher Junge macht sich einen Kopf über Kohlekrisen? Das musste erst kommen, erst wachsen mit den Jahren. Mit einer eigenen Familie wird der Gedanke bedrohlich, irgendwann arbeitslos zu sein, sagt [H.].

[H.] ist einer von 52 Bergleuten, die in den letzten Monaten ihre Existenz neu gründeten. [...] Dabei half ihnen das Duisburger Büro für Existenzgründung [...], das seit 1997 Jungunternehmer berät und fördert, seit 1999 auch Bergleute darunter. [...]

Wir können nur raten: Verändert euch, bevor es zu spät ist, sagt der Leiter des Büros, [D. H.]: Das sind ja alles junge Leute, die haben noch viel vor sich. Schulend und beratend bereiten sie die Bergleute auf die Freiberuflichkeit vor; müssen natürlich oft auch abraten. Die später scheitern, scheitern meist an Finanzen. Banken sind das größte Hindernis, sagt [H.]. Auf dem Weg zu Kiosk oder Internet-Café, Unternehmensberatung, Kfz-Aufbereitung, Maklerbüro oder Fitnessstudio – so die Ziele der Teilnehmer im aktuellen Kurs. Oder: Lottostelle.

16, 17 Lottostellen hat er sich angesehen. Hat bei Bekannten hospitiert, anderen über die Schulter geguckt, hat die Duisburger Förderstelle durchlaufen, hat Kredit auf sein Haus geladen. [...] Ich hab mir gedacht, ich bin jetzt 34, sagt [F. K.], Kohle geht vielleicht noch zehn, zwölf Jahre, dann wäre ich 46 und versaut für draußen. [K.], der Bergmechaniker war und dann technischer Zeichner [...], hat vor einer Woche eine Lottostelle in Oberhausen übernommen. Auch er springt vom sinkenden Schiff in die Nussschale, mit Mut und Einsatz und Hoffnungen. Aber auf den Bergbau werde ich immer noch ein Auge haben, sagt er.

M 1 Aus der *Westdeutschen Allgemeinen Zeitung (WAZ) vom 07. 08. 2000*

M 2 Bergmann „unter Tage"

Die Veränderungen in der Arbeitswelt verlangen von uns mehr Flexibilität und Eigeninitiative. Früher war es die Regel, vom Eintritt in das Berufsleben bis zum Ende im selben Beruf und am selben Arbeitsplatz tätig zu sein. In der Zwischenzeit müssen viele mehrmals ihren Arbeitsplatz und auch den Beruf wechseln.

Möglicherweise hat man sogar mehrere Jobs, um seinen Lebensstandard zu halten. Die Menschen müssen weite Fahrten zur Arbeit auf sich nehmen oder in vielen Fällen ihre Heimat ganz aufgeben, weil in manchen Regionen ganze Industriezweige verschwunden sind.

Hinzu kommen veränderte Arbeitsbedingungen. Körperlich schwere Arbeit ist die Ausnahme geworden, gefragt sind kluge Köpfe, die den neuen Anforderungen der Technik gewachsen sind.

Abschied von der Industriegesellschaft

Während in der Industriegesellschaft Arbeitskräfte gesucht wurden, haben wir heute eine Vielzahl von Arbeitskräften, für die es keine Stellen gibt. Das Problem sind jedoch nicht nur die fehlenden Stellen, sondern die ungenügende Qualifizierung der Arbeiter. Ungelernte oder nicht ausreichend qualifizierte Arbeitskräfte haben es immer schwerer, einen Job zu finden. Durch den rasanten technischen Fortschritt und die zunehmende Globalisierung werden fachliches Wissen und Fremdsprachenkenntnisse unentbehrlich. Der Lebenslauf eines Menschen hat sich in der Zwischenzeit um ein Vielfaches erweitert. Von der Ausbildung in den Beruf – das war einmal. Jetzt ist die Ausbildung nur ein erster kleiner Schritt. Dann folgen oft Weiterqualifizierungen oder sogar ein Studium. Praktika und Auslandsaufenthalte werden absolviert und dann kommt der erste Job.

Offene Grenzen und Globalisierung

Infolge der zunehmenden Durchlässigkeit von Grenzen kann man in der Zwischenzeit in vielen europäischen Staaten arbeiten, studieren und wohnen.
Auch europäische Unternehmen nutzen den Vorteil einer gemeinsamen Währung (seit 1. 1. 2002 der Euro) und den zollfreien Warenverkehr. Allerdings führte die Öffnung der Grenzen auch zu einem größeren Konkurrenzkampf. Die Standortsuche eines Unternehmens wird noch immer von verschiedenen Faktoren beeinflusst. Wichtig sind aber vor allem Lohnkosten, Infrastruktur und Unternehmen, mit denen man eng zusammenarbeiten kann.
Im Zuge der weltweiten Zusammenarbeit und Konkurrenz (Globalisierung) suchen Unternehmen immer mehr hoch qualifizierte Arbeitnehmer, die sie selbst aus Kostengründen nicht mehr schulen müssen. Durch den rasanten technischen Fortschritt benötigt die Wirtschaft Arbeitskräfte, die bereit sind, ihre fachlichen Qualifikationen ständig zu aktualisieren.
Die Entwicklung von der Industrie- und Dienstleistungsgesellschaft zu einer Wissens- und Informationsgesellschaft – in der „Hightech“ eine große Rolle spielt – wird schon jetzt überaus deutlich.

M3 Zeche Zollern in Dortmund (Industriemuseum)

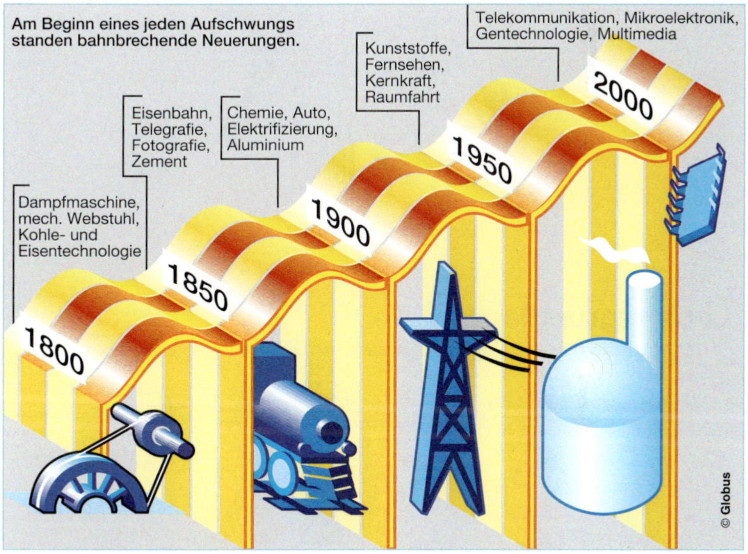

M4 Technik im Wandel

1 Lies den Zeitungsartikel (M 1) und gib ihn in deinen eigenen Worten wieder.

2 In welcher Weise kommt der Wandel in der Arbeitswelt für die Arbeitnehmer und in welcher für die Arbeitgeber zum Ausdruck (Text)?

3 Stell dir vor, du wärst Berufsberater/-in. Welchen Ratschlag würdest du mit deinen Erkenntnissen aus der Grafik M 4 geben? Begründe deine Antwort.

Wenn man arbeitslos wird

Arbeitsmarkt in der Krise

Rationalisierungsmaßnahmen, Firmenpleiten und Produktionsverlagerungen ins Ausland haben u. a. dazu geführt, dass in den letzten Jahren immer mehr Arbeitsplätze weggefallen sind und viele Menschen ihren Arbeitsplatz verloren. Besonders betroffen von der Arbeitslosigkeit sind Menschen, die keine Ausbildung haben, sowie ältere Arbeitnehmer. Sie haben nur geringe Chance, wieder einen festen Arbeitsplatz zu finden. Ob man wieder einen Arbeitsplatz finden wird, hängt aber auch davon ab, in welchem Bundesland man lebt.

M 1 *Karikatur: Plaßmann*

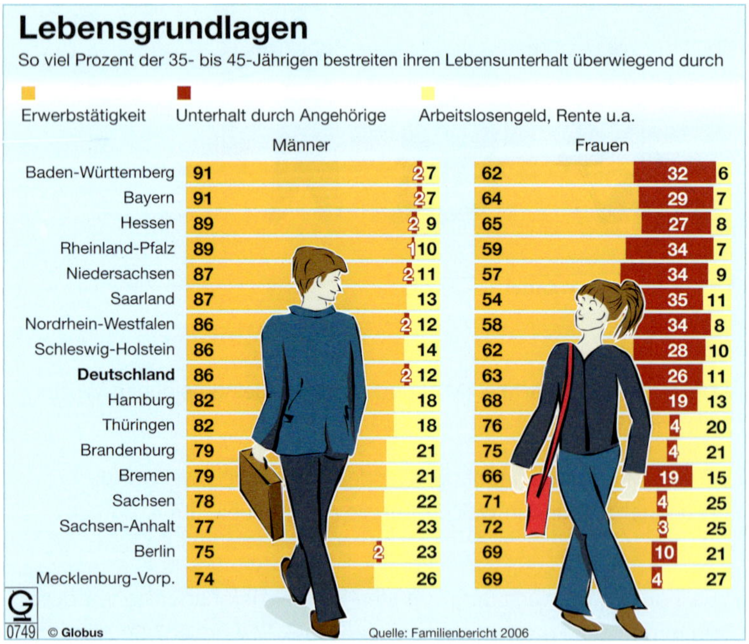

M 2 Lebensunterhalt der Deutschen

M 3 Leben mit der Arbeitslosigkeit

Ein Jahr nach den bundesweiten Protesten gegen die Hartz-Reformen haben sich die Vorstellungen von der Arbeitslosigkeit verändert: Die Angst vor dem Abstieg reicht bis weit in die Mitte, und so wenige Menschen wie noch nie in der Bundesrepublik glauben, dass sich daran etwas ändern lässt. Bei einer Umfrage von Forsa erklärten 59 Prozent, die Politik könne an der hohen Arbeitslosigkeit nichts ändern. In Ostdeutschland zweifelten sogar zwei von drei Befragten an der Gestaltungskraft der Politik. Selbst von den Unionswählern erwartet nur jeder zweite, dass ein Regierungswechsel mehr Jobs bringt.

Müssen die Deutschen sich also daran gewöhnen, dass es Jobs für alle auf absehbare Zeit nicht geben wird? Oder wäre das gerade falsch, weil dann der Reformeifer von Regierung wie Bevölkerung sofort erstarrte? Vielleicht geht beides: Arbeit schaffen und dafür sorgen, dass die Gesellschaft besser als bisher mit der hartnäckigen Jobmisere lebt? Solange Unterbrechungen im Lebenslauf als Makel gelten und Arbeitslose als leistungsschwach oder faul angesehen werden, ändert sich an ihrer Ausgrenzung wohl wenig. Und solange die Wahlkämpfer Arbeit für alle in Aussicht stellen, wird Arbeitslosigkeit als individuelles Versagen empfunden.

Elisabeth Niejahr und Kolja Ruwdzio, Die Zeit, 15. 9. 2005, Nr. 38

30 Jahre hat Bodo Pieper am Frankfurter Flughafen gearbeitet. Der Speditionskaufmann hat Fracht und Passage verkauft, auch lange für die Lufthansa. Das ist vorbei: Er ist 54 Jahre alt, ledig, seit zwei Jahren arbeitslos, bewirbt sich unermüdlich, im letzten Vierteljahr alleine fünfundzwanzig Mal – keine Chance.
„Es war eine sehr schöne Zeit dort zu arbeiten – über drei Jahrzehnte. Wenn ich mich jetzt aber bewerbe, bekomme ich zwischen den Zeilen gesagt, ich sei zu alt", erzählt Bodo Pieper.
Bodo Pieper bewahrt Disziplin. Er steht morgens früh auf, bewirbt sich, wo er kann, und renoviert seine Eigentumswohnung. Seit Anfang des Jahres ist er in Hartz IV. Trotz einer Ablehnung nach der anderen: Er will sich auf keinen Fall unterkriegen lassen. „Das ist wie ein Stabhochspringer, man läuft an, darf aber nicht losspringen", beschreibt Pieper seine Situation.
Keine Perspektive bei der Arbeitsagentur, wie sieht's bei den privaten Jobvermittlern aus? Welche Chance sehen die privaten Jobvermittler für den gelernten Speditionskaufmann?
„Ich habe den Herrn Pieper als sehr positiv, als einen Vollblutverkäufer erlebt, was aus seinen Unterlagen überhaupt nicht hervorgeht. Leute über 50 brauchen die Chance, sich persönlich vorstellen zu können, damit sie zeigen können, dass sie noch was drauf haben. Leider wird diese Möglichkeit sehr selten gegeben, weil sich die Personalabteilungen dafür keine Zeit nehmen", sagt manpower-Frau Heike Rosenberger.
Bodo Pieper geht joggen. So läuft er sich mehrmals die Woche den Frust von der Seele. Ältere Arbeitslose wie er gelten in den Köpfen vieler Manager als unmotiviert und unflexibel. Eine Falle für die Betroffenen, denn auch die Vermittlung ist meist erfolglos. Sie muss flexibler werden. Zeitarbeit könnte eine Chance sein, die Älteren wieder in die Betriebe zu bekommen.

www.hr.online.de, Donnerstag, 3. März 2005, 21:15 Uhr

M4 Über 50 und chancenlos?

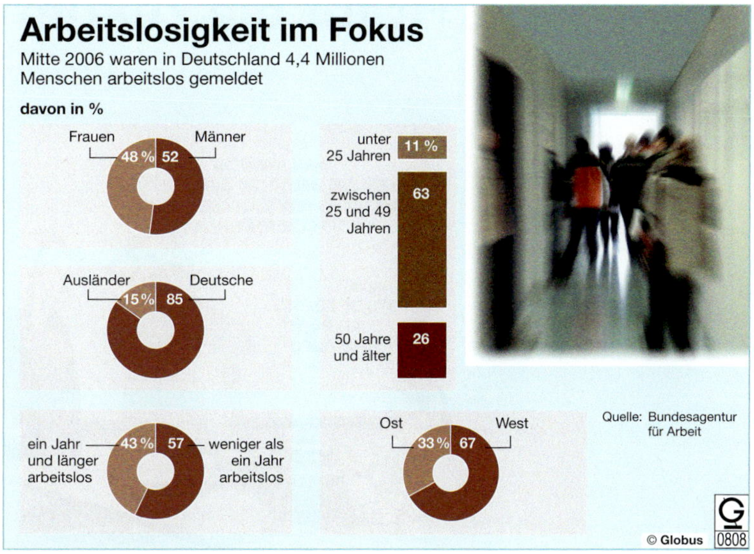

M5 Wer ist arbeitslos?

M6 Hilfe für ältere Arbeitslose

1 Interpretiere die Karikatur (M 1).

2 Erläutere, wer hauptsächlich von Arbeitslosigkeit betroffen ist (M 2, M 5).

3 Werte M 3 aus: Wie sehen die Autoren die Situation auf dem Arbeitsmarkt? Was fordern sie, um Arbeitslosen zu helfen?

4 Ältere Arbeitnehmer sind besonders von Langzeitarbeitslosigkeit betroffen. Erläutere, welche Möglichkeiten sie haben und wie die Politik helfen kann (M 4, M 6).

Fit für die Zukunft?

M 1 **Fit für den Beruf?** *Aus Uli Stein: Pisa-Alarm*

Schlüsselqualifikationen

Seit einigen Jahren ist ein Arbeitsplatz immer kostbarer. Das belegen die Arbeitslosenzahlen von über zehn Prozent im Bundesdurchschnitt.

Damit sie auch in Zukunft auf einem Arbeitsmarkt bestehen können, der von dem ständigen Wandel von Technik, Produktion und Wirtschaft bestimmt wird, müssen Stellenbewerber neben dem Fachwissen auch über besondere Fähigkeiten verfügen. Diese **Schlüsselqualifikationen** versetzen sie in die Lage, neue Anforderungen im Beruf selbstständig zu erschließen und so lebenslang zu lernen. Während auf bestimmte Berufe ausgerichtete Fähigkeiten oder Qualifikationen schnell veralten, gilt das nicht für Schlüsselqualifikationen wie

- **methodische Kompetenzen:** Darunter versteht man die Kenntnisse und Fähigkeiten, die es einem ermöglichen, Arbeitsaufträge effizient umzusetzen und auszuführen.
- **soziale und kommunikative Kompetenzen:** Dazu gehören z.B. Teamfähigkeit, Kooperationsfähigkeit, Kontaktfähigkeit und die Fähigkeit, sich durchzusetzen und andere überzeugen zu können.
- **persönliche Kompetenzen:** Sie umfassen die grundlegenden persönlichen Fähigkeiten, die es ermöglichen, das eigene berufliche Leben aktiv selbst zu gestalten – beispielsweise Selbstsicherheit, Selbstständigkeit, Zielorientierung und die Fähigkeit, schnelle und klare Entscheidungen treffen zu können.

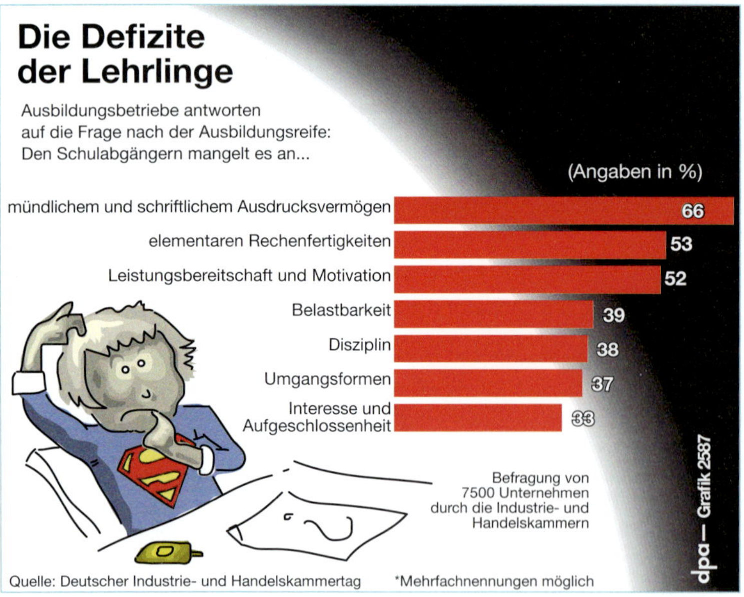

M 2 **Woran es Schulabgängern mangelt**

Betriebe legen heute großen Wert auf diese Schlüsselqualifikationen. Dies gilt insbesondere für die **persönlichen Kompetenzen**, also die auf die Person bezogenen Schlüsselqualifikationen. Da jemand, der über die wichtigsten Schlüsselqualifikationen verfügt, sich schnell neue Sachverhalte aneignen kann, lassen sich mangelhafte Kenntnisse (z. B. in Mathematik) schneller ausräumen als z. B. solche der sozialen oder methodischen Kompetenzen.

Berufliche Weiterbildung

Heute sind Arbeitnehmer eigenverantwortlich in Arbeitsabläufe und Maßnahmen der Qualitätssicherung eingebunden. Zudem benötigt man für die ständige Anpassung von Tätigkeiten und Aufgaben an betriebliche Veränderungen Arbeitnehmer, die ihre Fachkompetenzen berufsbegleitend aktualisieren. Das setzt voraus, dass sie über die wichtigsten Schlüsselqualifikationen verfügen. Durch eine hohe **Fortbildungsbereitschaft** hat der Arbeitnehmer bessere Chancen, seinen Arbeitsplatz zu sichern bzw. einen neuen Arbeitsplatz zu bekommen. Höhere Fachkompetenz ist auch die Voraussetzung dafür, eine anspruchsvollere Tätigkeit zu erhalten und damit auch besser zu verdienen.

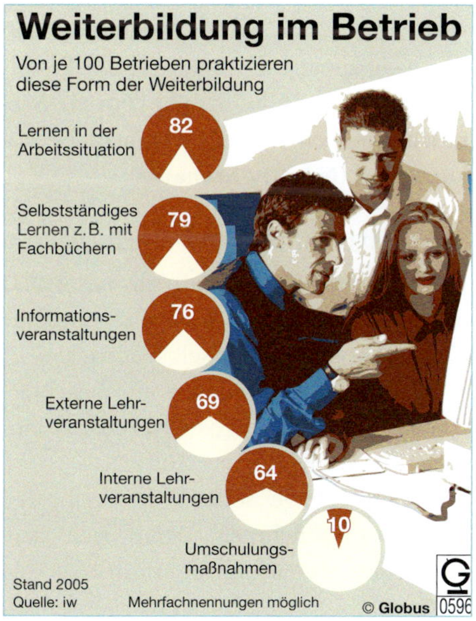

M 3 **Weiterbildung im Beruf**

Welcher Job passt zu mir?

Von Arbeitnehmern werden neben der fachlichen Qualifikation immer mehr so genannte „Soft Skills" (weiche Persönlichkeitsmerkmale) erwartet – Eigenschaften wie Einfühlungsvermögen und Teamfähigkeit. Je nach Tätigkeitsfeld sind andere Soft Skills gefragt.

Hier einige Beispiele:

- ■ (blau) Kaufmännischer Bereich, Verkauf (z. B. Versicherungsvertreter)
- ■ (orange) Kommunikation, Öffentlichkeitsarbeit (z. B. Journalist, Pressesprecher)
- ■ (grün) Schulung und Training

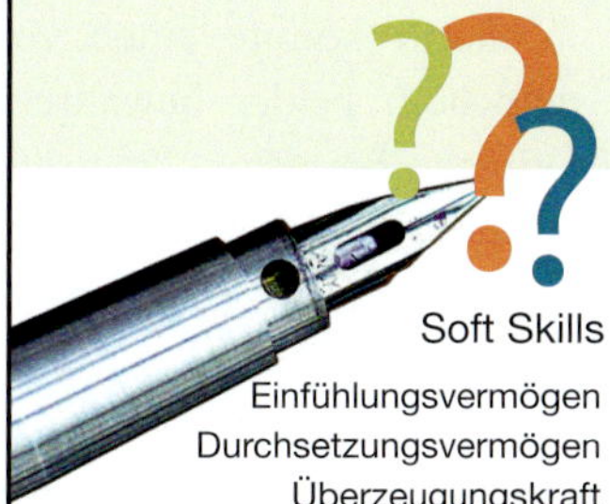

kaum gefordert (1) – gefordert (3) – stark gefordert (5)

Soft Skills	1	2	3	4	5
Einfühlungsvermögen					blau, orange, grün
Durchsetzungsvermögen		grün	blau		orange
Überzeugungskraft			orange		blau, grün
Konfliktmanagement			orange, grün	blau	
Teamfähigkeit		orange, grün	blau		
Kundenorientierung					blau, orange, grün
Soziabilität			orange, grün	blau	
Flexibilität					blau, orange, grün
Zeit- und Selbstmanagement			grün		blau, orange
Verhandlungskompetenz		orange	grün		blau
verkäuferische Kompetenz					blau, orange, grün
Networking u. Kontaktmanagement			grün		blau, orange
Führungskompetenz	blau, orange			grün	
Gewissenhaftigkeit		blau	orange	grün	
Umsetzungsorientierung				grün	blau, orange

S0062 Quelle: Soft Skills (B. Hermann; Falken Verlag)

M 4 **Erwartungen der Arbeitgeber**

1 Nenne die Defizite, die Arbeitgeber bei Schulabgängern feststellen (M 1, M 2). Wie kann man diesen entgegenwirken?

2 Werte M 4 aus: Was ist Arbeitgebern wichtig? Ordne die in M 4 genannten Soft Skills jeweils einer der Schlüsselqualifikationen zu (methodische, soziale oder persönliche Kompetenz).

3 Erstelle ein Anforderungsprofil, welche Eigenschaften von dir erwartet werden, wenn du dich heute um eine Stelle bewerben würdest.

4 Erläutere, welche Rolle die berufliche Weiterbildung spielt (M 3).

5 In den Medien wird häufig vom „lebenslangen Lernen" gesprochen, das heute erforderlich ist. Nimm zu dieser Behauptung mithilfe der Materialien auf diesen und den vorausgehenden Seiten Stellung.

METHODE

Szenariotechnik
Mein Berufsleben im Jahr 2020

Wer von uns würde nicht gerne wissen, was einem die Zukunft bringt – entwickelt sie sich positiv oder etwa sehr negativ? Die Wahrheit liegt vermutlich irgendwo dazwischen. Ein Blick in die Zukunft könnte einen vor manchem Fehler bewahren. In einigen Bereichen lässt sich zumindest abschätzen, was einem die Zukunft bringt. Dazu ist jedoch keine Hexerei notwendig.

***Prognose**
Eine Prognose ist eine Voraussage, die auf einer genauen Beobachtung der aktuellen Situation beruht und durch vernünftige Schlüsse zustande gekommen ist.

Es gibt in der Wissenschaft eine Methode, die „Szenariotechnik" genannt wird. Mit ihr stellen Zukunftsforscher Prognosen* auf.
Wir werden die Szenariotechnik in drei Schritten zur folgenden Fragestellung durchführen: **„Wie sieht mein Berufsleben im Jahr 2020 aus?"**

1. Schritt: Thema beschreiben und Einflüsse bestimmen

Sammle deine Gedanken zum Thema „Wie sieht mein Berufsleben im Jahr 2020 aus?"
Denke dabei z. B. an deinen voraussichtlichen Beruf, an deinen schulischen und beruflichen Werdegang und deinen Arbeitsort (Stichwort: berufliche Mobilität), an deine Arbeitszeiten (Stichwort: Flexibilität), an den technologischen Fortschritt und die Dynamik des Arbeitsmarktes (Stichwort: Wirtschaftsstruktur im Wandel), an die wirtschaftliche Lage (Stichwort: Arbeitslosigkeit, Zahl der Arbeitsstellen, …), an deine Arbeitskollegen, an dein Privatleben (Stichwort: Vereinbarkeit von Beruf und Familie), …

M 1 Blick in die Zukunft

2. Schritt: Zukunftsbilder durchspielen

Aus deinen Ergebnissen erstellst du nun nur zwei mögliche Ausgänge: ein besonders günstiges Zukunftsbild (**Positiv-Szenario**) und ein extrem ungünstiges Zukunftsbild (**Negativ-Szenario**).

3. Schritt: Maßnahmen entwickeln

Die Zukunft ist prinzipiell gestaltbar und veränderbar! Dies gilt auch für deine Zukunft – wenn du sie selbst anpackst:
- Welche Punkte solltest du beachten, damit sich dein Positiv-Szenario einstellen kann?
- Welche Dinge solltest du vermeiden oder unternehmen, damit sich dein Negativ-Szenario nicht erfüllt?

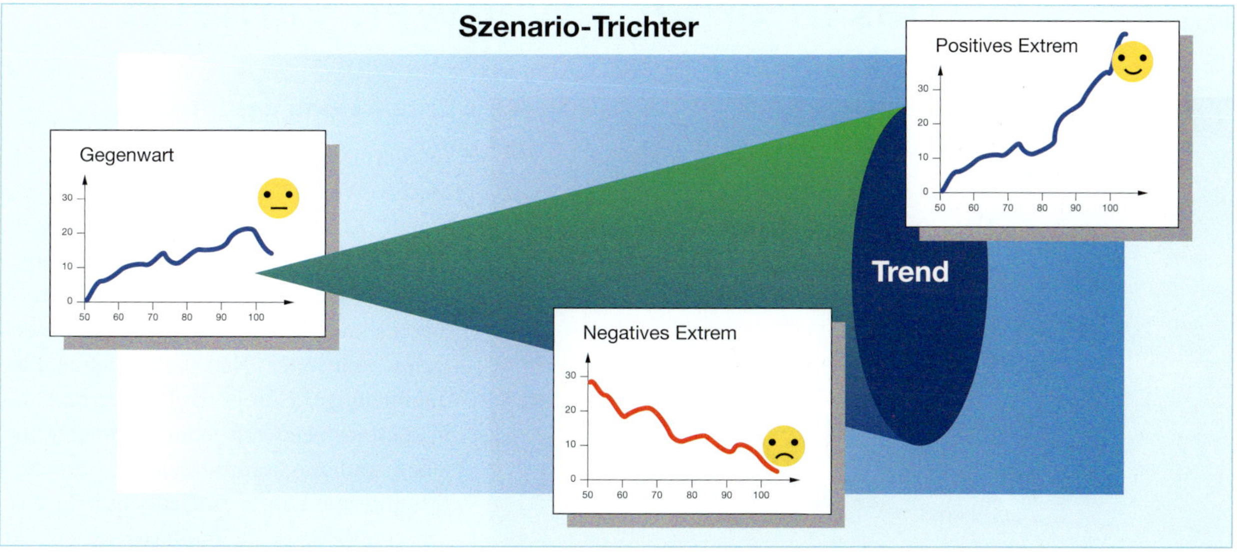

M2 „Szenario-Trichter“

M3 Methode „Kugellager“

Diese Methode wird auch „Karussellgespräch“ genannt. Die Klasse wird zunächst in zwei gleich große Gruppen geteilt. Die eine Gruppe bildet den Innenkreis, die andere den Außenkreis. Jeder nimmt seine Unterlagen und seinen Stuhl und in der Mitte des Klassenzimmers werden nun zwei Stuhlkreise (Innenkreis und Außenkreis) ineinandergestellt (siehe Skizze). Jeweils zwei Personen sitzen einander gegenüber und tauschen sich abwechselnd zum Thema aus. Auf ein Zeichen hin rutscht der Innenkreis um zwei Stühle im Uhrzeigersinn weiter. Nun beginnt der Austausch wieder. Danach rutscht der Außenkreis z. B. um zwei Stühle gegen den Uhrzeigersinn weiter. Dieser Wechsel wird nun mehrmals wiederholt. Abschließend erfolgt mit der gesamten Klasse eine Auswertung der Fragestellung und eurer Ergebnisse.

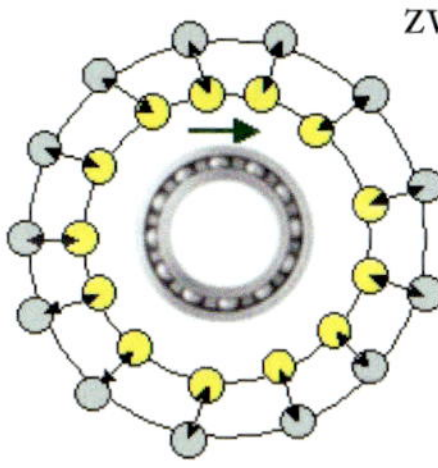

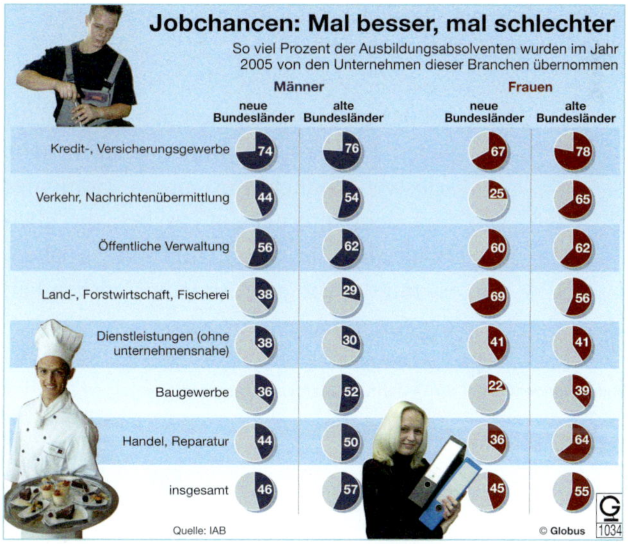

M4 Zukunftsprognose zur Wirtschaftsstruktur

1 Führe die drei Schritte der Szenariotechnik durch und dokumentiere sie schriftlich. Für das Positiv- und das Negativ-Szenario des 2. Schrittes kannst du z. B. einen Lebenslauf erstellen, einen Comic als Momentaufnahme zeichnen, einen Tagebucheintrag verfassen, … Zu den wichtigsten Maßnahmen vom 3. Schritt kannst du eine Checkliste erstellen und nach einem Monat kontrollieren, ob du dich daran hältst.

2 Stelle deine Arbeitsprodukte von Aufgabe 1 deinen Mitschülern in einem Kugellager vor. Zur Methode „Kugellager“ siehe M3.

Das Internet – weltweit vernetzt

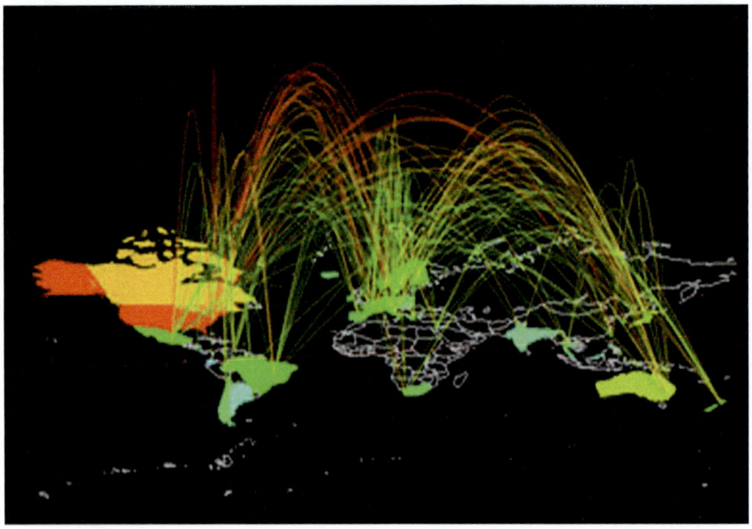

M 1 Datenströme im Internet – Regionen mit höherer Internetnutzung sind mit leuchtenden Farben dargestellt.

Kinder und Jugendliche wachsen heute in vielen Ländern der Erde geradezu ganz selbstverständlich mit einem Computer und dem Internet auf. In beinahe allen Haushalten, in denen Jugendliche leben, ist mindestens ein Computer vorhanden, der von ihnen genutzt wird.

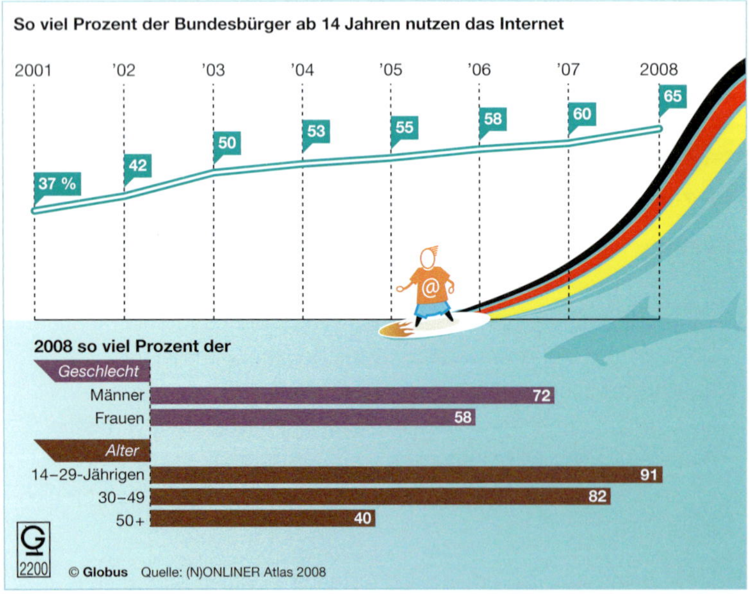

M 2 Deutschland online

Entwicklung des Internet

In den 1960er-Jahren ließ das amerikanische Verteidigungsministerium nach einem Kommunikationsmittel forschen, das selbst durch einen Atombombenangriff nicht ausgeschaltet werden konnte. So entstand 1973 das Internet – ein dezentrales weltweites Netzwerk voneinander unabhängiger Computer. Im Prinzip kann in diesem Netzwerk jeder Computer mit jedem anderen kommunizieren.
Das Internet wurde zunächst nur für wissenschaftliche und militärische Zwecke genutzt. Für private Haushalte und Firmen nutzbar wurde es erst, als man 1989 in Genf das World Wide Web (WWW) entwickelte. Seitdem steigt die Zahl der Internetnutzer weltweit von Jahr zu Jahr an (2007: 1,23 Mrd.).

Verbindung in die Welt

Um jederzeit gut informiert zu sein, ist es erforderlich, dass man schnell, einfach und relativ preiswert miteinander kommunizieren kann. Ideale Voraussetzungen hierfür bietet das Internet. Es ermöglicht, dass Menschen überall auf der Welt zur selben Zeit dieselben Informationen zur Verfügung stehen. Geschäftsabschlüsse können ohne lange Postwege in Sekundenschnelle auch auf anderen Kontinenten getätigt werden. Man spricht deshalb auch vom **Global Village,** denn alle Menschen auf der Erde können mithilfe der Kommunikationstechnologie so eng zusammenrücken, als würden sie im selben Dorf leben: Der Kollege in Indien ist genauso schnell per E-Mail zu erreichen wie der Kollege im Nachbarbüro. Wissenschaftler, Studenten und Schüler können nicht nur die Bibliotheken im Ort nutzen, sondern sie können weltweit auf Informationen zugreifen – per Mausklick.

Die Kommunikation ist in den letzten Jahrzehnten nicht nur schneller, sondern auch viel billiger geworden. Die Computernutzung kostet heute nur noch etwa 0,1 Prozent dessen, was sie am Anfang der 1970er-Jahre gekostet hat. Hätten sich die Kosten für ein Auto genauso entwickelt, würde es heute etwa zehn Euro kosten.

Löcher im Netz

Obwohl die Zahl der Internet-Nutzer weltweit kontinuierlich steigt, sind viele Menschen – vor allem in den armen Ländern Afrikas und Asiens – von der globalen Kommunikation weitgehend ausgeschlossen. Die Länder verfügen unter anderem nicht über die leistungsstarken Telefonnetze, die für die Internet-Nutzung erforderlich sind.

Viele Staaten verweigern ihrer Bevölkerung auch den freien Zugang ins Internet. In diesen Ländern – z. B. Birma, Kuba, China oder Saudi-Arabien – versuchen die Herrschenden, der Bevölkerung den freien Zugang zu den Online-Informationen zu verwehren. Länder wie Kuba, Myanmar und Nordkorea gewähren nur wenigen Menschen einen Zugang zum Internet. In Kuba etwa ist der Verkauf von Computern streng reglementiert. So werden kostspielige Überwachungssysteme eingespart.

Anderswo gilt das Internet als wichtige Voraussetzung für wirtschaftliches Wachstum und ist deshalb weit verbreitet. Es werden aber auch in China und Vietnam raffinierte Methoden entwickelt, um unliebsame Informationen aus dem Netz zu „filtern“. Chinas Technologien zur Überwachung von E-Mails und Zensur von Online-Publikationen sind weltweit führend. Und China ist auch das weltweit größte Gefängnis für Menschen, die wegen Internet-Vergehen (zumeist das Aufrufen dort verbotener Seiten) inhaftiert sind. – 63 Menschen waren dort Ende 2007 ihrer Freiheit beraubt.

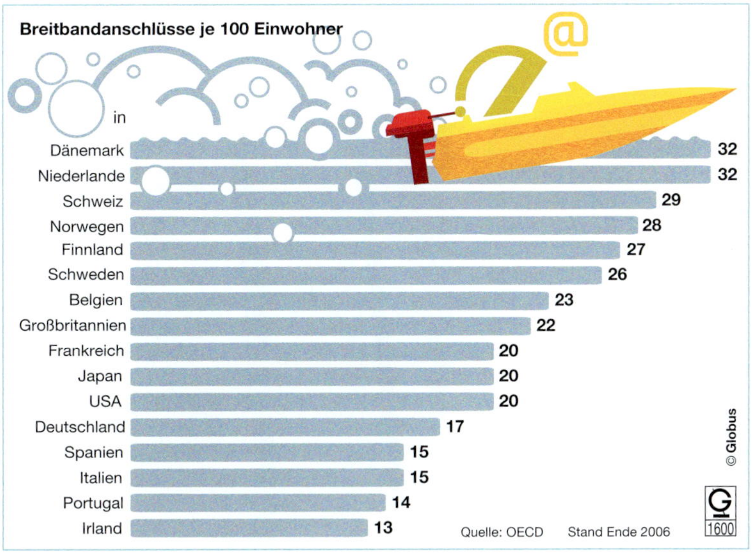

M3 Internetnutzer weltweit

[…] Nach internationalen Protesten hat China die Internet-Zensur im olympischen Pressezentrum trotz gegenteiliger Zusagen nicht aufgehoben, sondern nur gelockert. […]

Viele […] Webseiten bleiben […] für die Olympia-Berichterstatter gesperrt […]. Nur teilweise zugänglich ist das Angebot von Amnesty International: User können zwar die Hauptseite aufrufen, nicht aber die dortige Debatte über Menschenrechte in China. Die chinesische Ausgabe des Internet-Lexikons Wikipedia war zwar am Vormittag zugänglich, nachmittags aber nicht mehr. […]

Ein Sprecher des olympischen Organisationskomitees […] hatte zuvor gesagt, China „garantiere“ den Zugang zum Internet: „Die Berichterstattung chinesischer und ausländischer Reporter über das Internet ist ungehindert. […] Die chinesische Regierung reguliert das Internet gemäß ihrer Gesetze und Vorschriften“ […]. Im Sprachgebrauch der Pekinger Behörden bedeutet das, dass „illegale“ Webseiten gesperrt werden. Tibetische und uigurische Aktivisten betreiben nach offizieller Sicht die Spaltung Chinas – was nach chinesischem Recht verboten ist.

Quelle: http://www.tagesschau.de/ausland/internetzensur106.html [13.08.2008]

M4 China lockert Internet-Zensur während Olympia

1 Fasse in deinen Worten die Ursprungsidee des Internets zusammen (Text).

2 Werte die Grafik M2 aus, indem du sie in einen kurzen Bericht verwandelst.

3 Weltweit vernetzt – wirklich? Wer ist mit wem vernetzt, wer „fällt durch die Maschen des Netzes“ (M1, M3, M4, Text)?

4 „China lockert Internet-Zensur während Olympia. Kommentiere (M4).

Neue Medien ... und Geschäftsfelder

M1 Dienstleister im Versandhandel

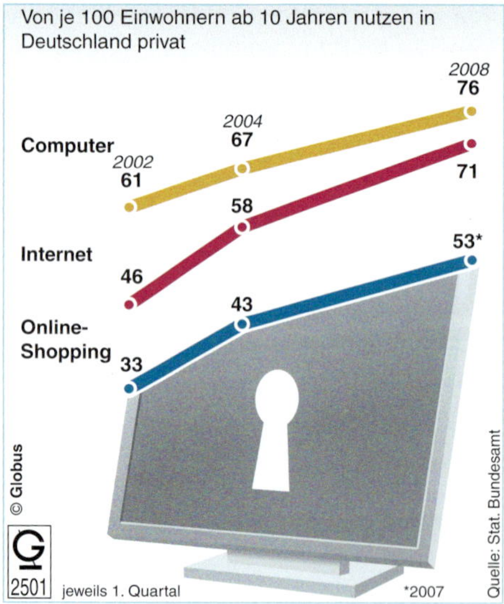

M2 Neue Medien im Alltag

Privat – und doch professionell...

Ein „Aufenthalt" im Internet kann sowohl im privaten als auch im beruflichen Zusammenhang erfolgen. Wohl nur selten jedoch ist die Nutzung des Internets „rein" privat. Denn auch wenn ein User zu Hause surft, stößt er doch oft auf professionell „betriebene" Seiten, mit denen manche Menschen ihr Geld verdienen – direkt oder indirekt.

Viele Internetbereiche werden durch Werbeeinnahmen finanziert. Somit geraten beispielsweise Tageszeitungen, Illustrierte, aber auch Hörfunk und Fernsehen unter noch stärkeren Wettbewerbsdruck, weil mit dem Internet und seinen Marketingmöglichkeiten* große Bevölkerungsgruppen gezielt erreicht werden können.

Von hundert Deutschen über zehn Jahren benutzten 2008 rund 76 privat einen Computer. 71 Prozent waren im Internet eingeloggt. Bereits mehr als die Hälfte von ihnen nutzte 2008 das Online-Shopping. Auch hier hat der „klassische" Einzelhändler erhebliche Konkurrenz bekommen.

Online bestellte Ware gelangt auf anders strukturierten Wegen an den Kunden, als Ware, die in einem Geschäft gekauft wird. Brachte früher beispielsweise ein Lkw-Fahrer seine Schuhe nur zu seinen Fachgeschäften, sind heute die Fahrzeuge der

***Marketing** (von Engl.: *marketing* = etwas auf den Markt bringen) planmäßige (strategische) Ausrichtung der Entscheidung eines Unternehmens auf den Markt

Transportdienstleister (Kurier- und Logistikunternehmen*) mit allerlei Ware bestückt, die sie mehr oder minder einzeln und direkt an die „Endkunden" ausliefern.

Neue Geschäftsfelder

Auch die Ausstattung mit Hard- und Software* sowie die Vernetzung daheim ist in Deutschland längst ein Hunderte Millionen Euro „schweres" Geschäft.
Allein Rund 600 Millionen Euro haben die Deutschen schon 2008 für die Vernetzung ihrer Haushalts-Elektronik angelegt – ein weiteres Geschäftsfeld, bei dem viele gern „mitverdienen" möchten.
2007 wurden mit Klingeltönen in Europa 1,1 Milliarden US-Dollar umgesetzt, das bedeutete ein Plus gegenüber 2006 von rund zehn Prozent. Gegenwärtig sind in diesem Marktsegment allerdings Umsatzeinbußen zu verzeichnen.

[...] Der deutsche Versandhandelsumsatz steigt auf 27,6 Mrd. Euro in diesem Jahr (Vorjahr: 26,3 Mrd. Euro). Der Anteil des Versandhandels am Deutschen Einzelhandel erreicht erstmals den Rekordwert von 7 Prozent. Wachstumsmotor bleibt das Internet. Der Online-Handel mit Waren konnte im Vergleich zum Vorjahr von rund 10 Mrd. Euro auf 10,9 Mrd. Euro (+ 9 Prozent) zulegen. [...]
Am liebsten kaufen Frauen im Versandhandel ein. Im Vergleich zum Vorjahr geben sie für das Shoppen in den eigenen vier Wänden eine Milliarde Euro mehr aus – insgesamt 17 Mrd. Euro. Die Männer legen leicht von 10,3 Mrd. Euro auf 10,6 Mrd. Euro zu. Insgesamt zählen inzwischen 52,4 Millionen Deutsche (Vorjahr: 51,8 Millionen) zu den Versandhandelskunden, davon sind 24,2 Millionen Männer (Vorjahr: 24,8) und 28,2 Millionen Frauen (Vorjahr: 27 Millionen). [...]
Die meisten Bestellungen werden über das Internet aufgegeben (48 Prozent), gefolgt von Bestellungen via Telefon (39 Prozent), Brief und Postkarte (10 Prozent), E-Mail (6 Prozent) und Fax (3 Prozent). [...]

www.versandhandel.org, 27. März 2009, 11:45 Uhr

M3 Deutscher Versandhandelsumsatz steigt

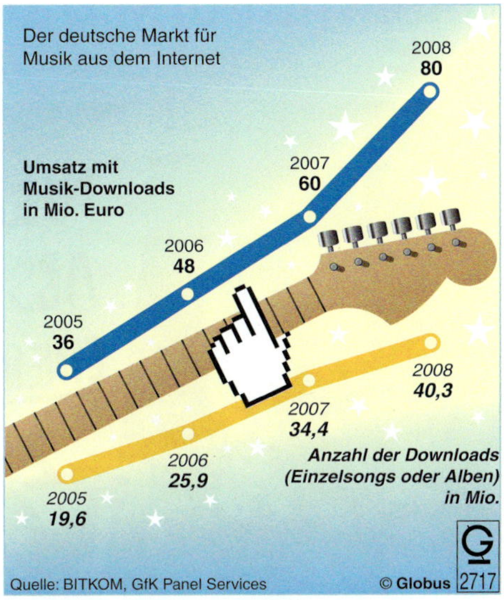

M4 Melodien – per Mausklick

*Logistik
Organisation sowie Steuerung von Güter- und Personenströmen (Verkehrswesen)

*Hard- und Software
Hardware ist die maschinentechnische Ausrüstung eines Computers, Software sind Computerprogramme und -daten.

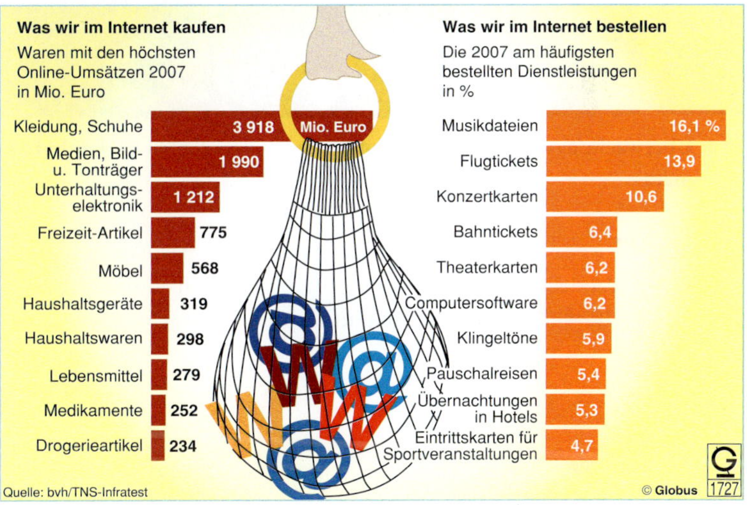

M5 Einkaufen im Internet

1 Berichte über die Entwicklung der Nutzung Neuer Medien in Deutschland zwischen 2002 und 2008 [bzw. 2007] von Personen über zehn Jahren (Text, M2).

2 Vergleicht die Nutzung Neuer Medien in eurer Klasse und wertet sie statistisch aus: Wer hat zu Hause einen Computer? Wer ist wie oft "online"? Wozu wird das Internet genutzt? – Und wer könnte daran verdienen?

3 Erläutere den Zusammenhang zwischen Internet-Bestellungen, Versandhandel und Transportgewerbe (M1, M3, M5).

4 M4: Wie entwickelte sich der Markt für Musik-Downloads?

5 Diskutiert über das Thema „Klingeltöne – eine lohnende Sache?"

Datenflut und Datenschutz

M 1 Überwachungskameras

M 3 Protestzug am 31.12.2008 in Hamburg gegen Datenspeicherungen und -missbrauch

Vorsicht Kamera?

Vielenorts gehören Überwachungskameras längst zur Normalität – nicht nur in Deutschland. Egal, ob man sich auf einem öffentlichen Platz befindet, mit der Straßenbahn fährt oder in einem Kaufhaus bummelt – eine Kamera „schaut einem dabei häufig zu".

*Vandalismus
blinde Zerstörungswut

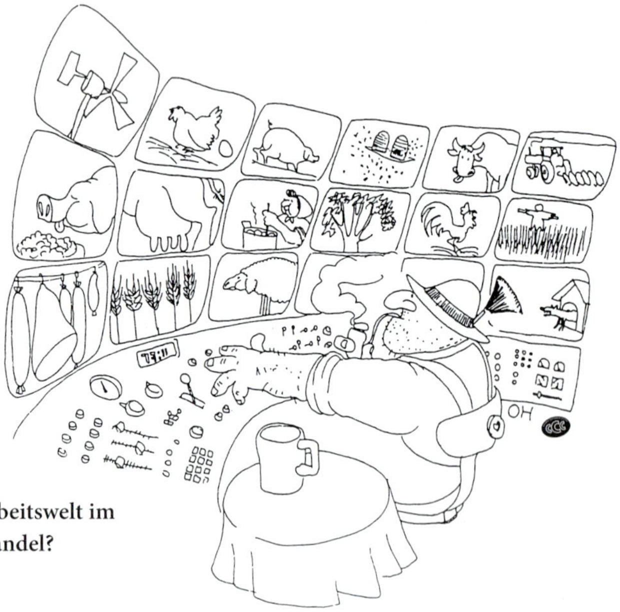

M 2 Arbeitswelt im Wandel?

Datenschutz

Der Bundesbeauftragte für den Datenschutz und die Informationsfreiheit unterstreicht, dass **Videoüberwachungen** dem Schutz von Objekten vor Vandalismus*, Diebstahl oder anderer Eigentumsdelikten oder aber dem Schutz von Personen dienen sollen. In der Regel sei es nicht Sinn und Zweck der Videoüberwachung, die Beschäftigten zu beobachten und zu kontrollieren. – Doch ist beides oftmals deckungsgleich. So werden in Kreditinstituten oder Parkhäusern, in Kassenbereichen von Warenhäusern oder Museen – gleichsam „nebenbei" – auch die Mitarbeiter überwacht. Ob beiläufig oder zielgerichtet bezweckt – für beides gilt, dass die Videoaufzeichnung des Arbeitnehmerverhaltens nur in engen Grenzen zulässig ist.

In solchen Fällen, in denen die Mitarbeiter nicht der eigentliche Beobachtungsgegenstand sind, ist eine Auswertung der Beobachtungsergebnisse zum Zweck einer mitarbeiterbezogenen **Leistungs- und Verhaltenskontrolle** unzulässig. So würde die Auswertung der zum Schutz gegen Überfälle gerechtfertigten Videoüberwachung einer Bank zwecks Kontrolle des Mitarbeiterverhaltens mit der Datenerhebung und -speicherung unvereinbar sein, während die Videoüberwachung in einem Kaufhaus gegebenenfalls durchaus auch zum Schutz vor Diebstählen durch die Mitarbeiter eingesetzt werde.

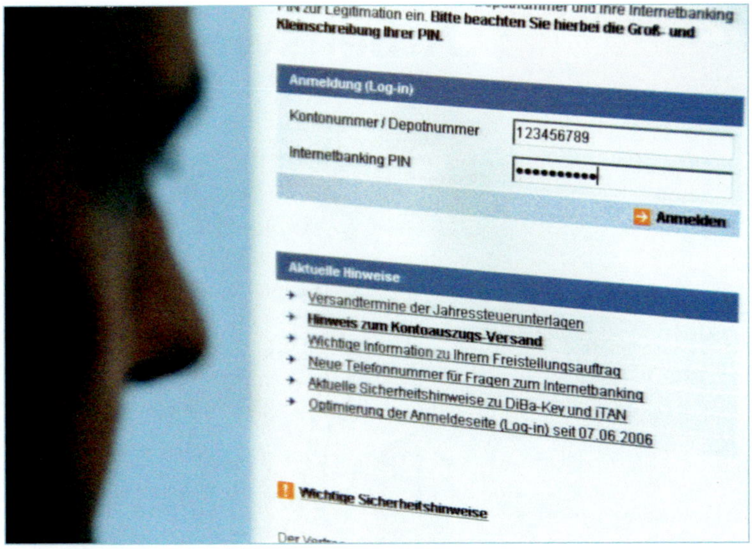

M4 **Anmeldemaske beim Online-Banking**

Online-Banking

2008 führten schon mehr als ein Drittel der Deutschen (35 Prozent) ihr Konto „online". Auf dem Computer gespeicherte Bankdaten können aber durchaus von Dritten „ausgespäht" werden. Wichtig ist es, die Internetadresse der eigenen Bank von Hand in die Adresszeile des Browsers einzutippen. Denn per Mail werden häufig Links zu gefälschten Internetseiten verschickt. Gibt der Kunde hier seine Geheimzahlen ein, lesen die Betrüger mit. Der alljährliche Schaden beim Online-Banking geht in die Millionen.

Online-Durchsuchung vor Gericht

Auch staatlicherseits besteht mitunter ein gewisses Interesse an einem vom Computerbenutzer unbemerkten Zugriff auf informationstechnische Systeme („Online-Durchsuchung") – etwa zur Vermeidung oder Aufklärung von Straftaten.

In diesem Zusammenhang fällte das Bundesverfassunggesetz zu Beginn des Jahres 2008 ein Urteil und stärkte diesem behördlichen Überwachungsbegehren gegenüber das allgemeine Persönlichkeitsrecht.

Entsprechend dem **Gebot der Verhältnismäßigkeit** ist eine „heimliche Infiltration* eines informationstechnischen Systems, mittels derer die Nutzung des Systems überwacht und seine Speichermedien ausgelesen werden können, verfassungsrechtlich nur nur zulässig, wenn tatsächliche Anhaltspunkte einer konkreten Gefahr für ein überragend wichtiges Rechtsgut bestehen" – so das Zitat der Pressemitteilung.

Zudem sei ein solcher Eingriff grundsätzlich unter den Vorbehalt richterlicher Anordnung zu stellen. Konkret heißt das, dass eine „Online-Durchsuchung" zwar technisch möglich und juristisch erlaubt sein kann, aber allein dergestalt, wie auch eine **Hausdurchsuchung** prinzipiell nur mit einem vorherigen richterlichen Beschluss durchgeführt werden darf.

http://bfdi.bund.de

***Infiltration**
hier: unbemerktes (gewaltloses) Eindringen in ein Computersystem

1 Fertige mit den Informationen dieser Doppelseite ein Arbeitnehmer-Merkblatt an: "Video-Überwachung – und was zu beachten ist".

2 Online-Banking hat Vor- und Nachteile. Kommentiere.

3 Erläutere den Urteilsspruch des Bundesverfassungsgerichts zum Thema "Online-Durchsuchung".

4 Begib dich auf Spurensuche und notiere die Standorte aller Videoanlagen, bei denen du theoretisch gefilmt worden sein könntest. Bist du mit allen diesen Videoüberwachungen einverstanden? Begründe.

Arbeitswelt im Wandel

M 1 Karikatur von Glück

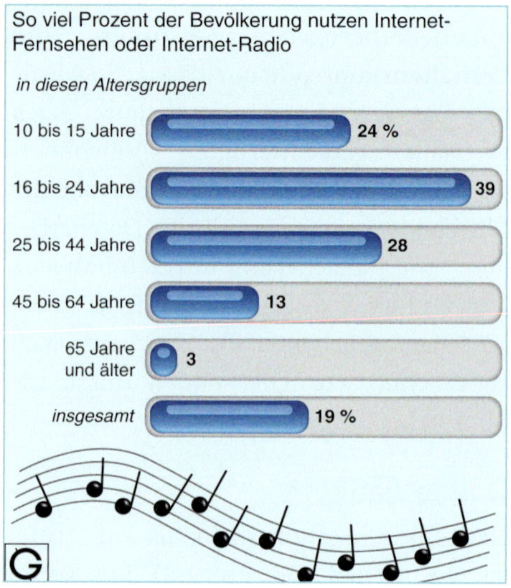

M 3 Radio und Fernsehen aus dem Web

[…] Neben den Online-Käufen im Versandhandel (Umsatz: 10,9 Mrd. Euro) geben die Deutschen zusätzlich pro Jahr rund 5,9 Mrd. Euro für digitale Dienstleistungen im Internet aus. Zu diesem hochdynamischen Bereich zählen die Umsätze mit Handy-Klingeltönen, mit dem Download von Computerprogrammen, MP3- und Video-Dateien, mit Tickets für Sportveranstaltungen, Konzerte und Kinofilme sowie mit online getätigten Übernachtungsbuchungen und Fahrkartenkäufen. 37 Prozent der Dienstleistungsumsätze entfallen auf den Bereich Mobilität (Flugtickets, Bahntickets, Mietwagen), 34 Prozent auf Reiseausgaben (Pauschalreisen und Übernachtungen), 13 Prozent auf das Ticketing, 9 Prozent auf Entertainment (z.B. MP3-Dateien, Klingeltöne, Spiele) und 2 Prozent auf Computer-Software. Addiert man die Dienstleistungsumsätze (5,9 Mrd. Euro) mit den Online-Warenumsätzen des Versandhandels (10,9 Mrd. Euro), ergibt sich daraus eine Gesamtsumme aller deutschen Online-Shopping-Umsätze von rund 16,8 Mrd. Euro. […]

www.versandhandel.org, 27. März 2009, 11:45 Uhr

M 2 Online-Kauf und digitale Dienstleistungen

Weimar am 20.10.2003: Polizeibeamte überwachen das Geschehen auf ausgewählten Plätzen der Stadt, das mit Videokameras aufgezeichnet wird.
Das Pilotprojekt, das an diesem Tag offiziell begann, war umstritten. Unter anderem befanden sich Redaktionsräume zweier Tageszeitungen im Schwenkbereich der Videokameras.

M 4 Polizeiliche Videoüberwachungen umstritten

M5 Bezahlung per Internet

M8 Automobilproduktionen

M6 Mitarbeiter in einem Callcenter

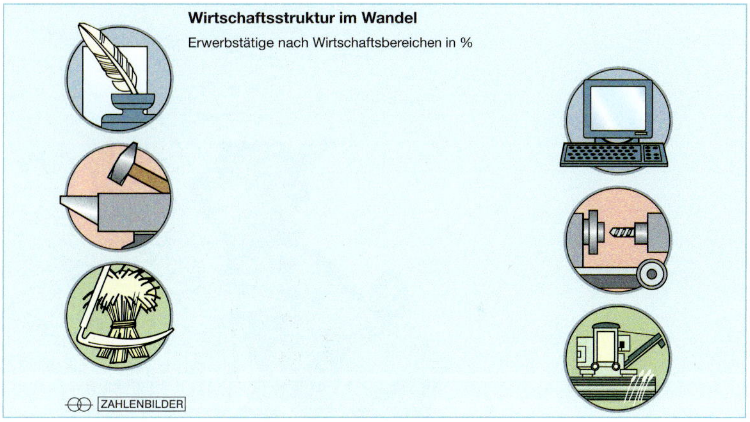

M9 Entwicklung der Wirtschaftsstruktur

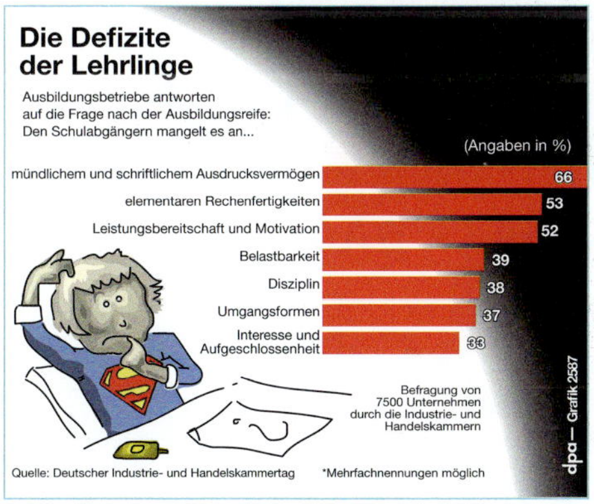

M7 Woran es Schulabgängern mangelt

1 Fasse einige Einzelheiten zur Entwicklung der Wirtschaftsstruktur zwischen dem Ende des 19. Jahrhunderts und der Gegenwart stichwortartig zusammen (M8, M9).

2 Gib den Text M2 in deinen Worten wieder.

3 Werte M3 aus. Woran könnte deiner Meinung nach die Verteilung in den Altesgruppen liegen?

4 Nimm zur Problematik in M4 Stellung.

5 Woran mangelt es den Schulabgängern aus Sicht der Betriebe (M7)?

6 Stelle zwischen M5 und M6 eine gedankliche Verbindung vor dem Hintergrund des Kapitelthemas her.

Nicht in das Buch schreiben!

5 Imperialismus und Nationalismus – der Erste Weltkrieg

In der kurzen Zeit zwischen 1880 und 1914 veränderte sich die Weltkarte beträchtlich: Vor allem die europäischen Großmächte Großbritannien, Frankreich und Russland, aber auch die USA wollten ihr eigenes Staatsgebiet und ihre Macht durch überseeische Besitzungen vergrößern.
Diese wurden auch „Kolonien" genannt. Deutschland wollte dabei nicht zurückstehen und verlangte ebenfalls einen „Platz an der Sonne", wie es der Reichskanzler von Bülow ausgedrückt hat. Mit welchem Selbstverständnis die Großmächte die Welt unter sich aufteilten und warum sie 1914 gegeneinander in den Krieg zogen, erfahrt ihr in diesem Kapitel.

1 Erläutere die amerikanische Karikatur von 1885 (großes Bild).

2 Finde Überschriften für die zwei kleinen Bilder.

Deutschland greift nach Kolonien

M 1 „Landeplatz einer deutschen Station am Victoria-See" (1895)

***Kolonien**
auswärtige Besitzungen eines Staates in Übersee (z. B. von Deutschland in Afrika) zum Zweck der wirtschaftlichen Ausbeutung (z. B. Gewürze, Obst, Rohstoffe) und der Machtausweitung

Deutschland will bei der Aufteilung der Kolonien* nicht zu kurz kommen

Seit den Entdeckungsfahrten Ende des 15. Jahrhunderts begannen die europäischen Staaten, Gebiete außerhalb Europas in Besitz zu nehmen. Etwa um 1880 setzte ein regelrechtes Wettrennen um die noch nicht „vergebenen" Räume der Erde ein, an dem sich neben den europäischen Großmächten auch die USA und Japan beteiligten. Besonders deutlich wurde dies auf dem afrikanischen Kontinent, der von den europäischen Mächten regelrecht aufgeteilt wurde.

M 2 Der deutsche Afrikaforscher Hans Meyer begründete um 1899, warum Deutschland Kolonien braucht:

Eine Weltmacht [muss], wie der Name sagt, auch ein genügend großes Stück der Welt besitzen! ‚Alle unsere Kolonialartikel wie Kaffee, Tee, Tabak, Gewürze – müssen wir nicht mehr von fremden Völkern kaufen (Carl Peters).' Erst wenn fröhliche blonde Kinder unter Affenbrotbäumen Blindekuh spielen, während ihre Väter achtsam das Verladen von Elfenbein und Spezereien [= Gewürzwaren] durch zufrieden lachende Neger überwachen, hat unser deutscher Kolonialismus zu sich selbst gefunden.

Stern Millenium (2000) 9, S. 37

M 3 Der deutsche Kolonialpolitiker Carl Peters beschreibt die Inbesitznahme von Gebieten in Afrika:

Wir [knüpften] sofort ein recht herzliches Verhältnis an, indem wir den Sultan zwischen uns auf ein Lager nahmen. Wir tranken dann einen Trunk guten Grogs und brachten Seine Hoheit von vornherein in vergnüglichste Stimmung. Alsdann begannen auch die diplomatischen Verhandlungen, und aufgrund derselben wurde der Vertrag abgeschlossen. Als dies geschehen war, wurden die Fahnen gehisst, der Vertrag in deutschem Text verlesen, ich hielt eine kurze Ansprache, wodurch ich die Besitzergreifung vornahm, die mit einem Hoch auf Seine Majestät den deutschen Kaiser endete, und drei Salven, von uns und den Dienern abgegeben, demonstrierten den Schwarzen, was sie im Fall eines Vertragsbruchs zu erwarten hätten.

Carl Peters, Wie Deutsch-Ostafrika entstand, Leipzig (Voigtländer) 1912, S. 27

Imperialismus
das Bestreben von Staaten, ihre Macht auf andere Gebiete auszudehnen

M4 Hissen der deutschen Flagge in Apia (Samoa) um 1890

M5 Dr. Otto Arendt bei einer Besichtigungsfahrt um 1890

Afrikaner werden deutsche Untertanen

Das Deutsche Reich erwarb in Afrika vier Gebiete, die zu **Kolonien** wurden: Deutsch-Südwestafrika, Deutsch-Ostafrika, Kamerun und Togo.

Das Gebiet von Deutsch-Ostafrika wurde 1884 durch den deutschen Politiker Carl Peters für einen minimalen Preis erworben. Ein Jahr später übernahm das Deutsche Reich die sogenannte **Schutzherrschaft***.

Deutsch-Südwestafrika entstand aus einer privaten Erwerbung des Bremer Kaufmanns Adolf Lüderitz. Er hatte dem dort lebenden Volk der Hereros durch einen Vertrag 1883 einen Teil ihres Gebiets abgekauft. Hier handelte es sich um einen Betrug: In einem Vorvertrag legte man die zu verkaufende Fläche in „Meilen“ fest. Der afrikanische Vertragspartner verstand darunter englische Meilen, die 1,6 Kilometer lang sind. Im endgültigen Vertrag war dann von geographischen Meilen die Rede, die allerdings 7,4 Kilometer betragen. So hatte Lüderitz das zu kaufende Land stillschweigend erweitert.

Die Rivalitäten unter der einheimischen Bevölkerung nutzte die deutsche Kolonialverwaltung bewusst aus, um ihre Interessen besser durchsetzen zu können. Ab 1892 förderte das südwestafrikanische Siedlungssyndikat die Ansiedlung Deutscher, die vorwiegend Rinder- und Schafzucht betrieben.

Durch weitere private und staatliche Abkommen mit den dort lebenden Völkern wuchs die Kolonie zwischen 1883 und 1890 zu dem Gebiet des heutigen Namibia an.

***Schutzherrschaft** verharmlosender Ausdruck für die Inbesitznahme von Gebieten als Kolonien, die formal in privater Hand waren

1 Beschreibe M1 in allen Einzelheiten: Was fällt auf? Wie sind weiße und farbige Personen dargestellt? Welche Dinge werden beim Verladen ausgetauscht?

2 Erarbeite, wie der Afrikaforscher Meyer den Erwerb von Kolonien begründet und beschreibe, wie er das Verhältnis von Einheimischen und Deutschen sieht (M2).

3 Carl Peters beschreibt in M3, wie Land in deutschen Besitz genommen wird. Erläutere diese Verhandlungen.

4 Überlege, unter welchen Voraussetzungen ein Vertrag als fair zu beurteilen ist. Beurteile auf diesem Hintergrund die Vorgänge in M3.

5 Erkläre, warum das Flaggehissen (M3, M4) wichtig war.

6 Ermittele mithilfe der Karte auf S. 100, wo sich die deutschen Kolonien auf dem afrikanischen Kontinent genau befanden. Schau anschließend im Atlas nach, wie diese Länder heute heißen.

7 Erläutere den Erwerb des Gebietes von „Deutsch-Südwestafrika“ mithilfe des Verfassertexts.

8 Erkläre mit deinen eigenen Worten die Begriffe „Kolonie“ und „Schutzherrschaft“.

9 Beschreibe das Bild von Dr. Otto Arendt (M5) und äußere deine Meinung dazu.

Wettlauf um Afrika

M 1 Die koloniale Aufteilung Afrikas vor 1914

1 Bearbeitet die Karte oben. Legt für die Auswertung folgende Tabelle an und informiert euch in einem Lexikon oder im Internet über die heutige Landessprache. Formuliert anschließend in wenigen Sätzen das Ergebnis eurer Arbeit.

Land	Kolonie / Interessengebiet	Landessprache
Deutsches Reich	Deutsch-Südwestafrika	Deutsch
	Kamerun	
…	…	…

Die Aufteilung Afrikas

Anfang der 1880er-Jahre nahm das europäische Interesse an Afrika stark zu und es begann ein Wettlauf um die noch nicht verteilten Gebiete. Doch nicht immer ging es dabei friedlich zu. So wie die Deutschen sich einen „Platz an der Sonne" wünschten, so wollten die Briten möglichst viel von der Landkarte „britisch rot färben". Mehrfach kam es zu Konflikten, in denen eine bewaffnete Auseinandersetzung nur knapp vermieden wurde.

So kam man auf die Idee, auf einer gemeinsamen Konferenz die gegenseitigen Interessen auszugleichen. Diese Konferenz fand vom November 1884 bis zum Februar 1885 in Berlin statt und wurde vom Reichskanzler Bismarck geleitet. Da der unmittelbare Anlass ein Streit um die Gebiete des Kongo war, nannte man dieses Treffen auch die **Kongo-Konferenz**. Das Ergebnis der Konferenz bildete die Grundlage für die Aufteilung Afrikas in Kolonien.

Wie mit einer Handelsware gingen die Kolonialmächte mit den afrikanischen Gebieten um. So ließ z. B. Deutschland den Franzosen in Marokko den „Vortritt", dafür bekamen sie ein Stück vom Kongo, den sie „ihrem" Kamerun angliederten.

Innerhalb weniger Jahre war Afrika aufgeteilt und 1914 gab es kaum noch unabhängige Gebiete. In der Karte M 1 könnt ihr sehen, wie Afrika zu diesem Zeitpunkt aufgeteilt war.

Werbebotschaften entschlüsseln

METHODE

Bilder von Menschen und Völkern

Seit Tausenden von Jahren spielen Kaufen und Verkaufen eine große Rolle. Mitte des 19. Jahrhunderts begannen die Kaufleute, Werbung für Produkte, Reisen usw. in großem Stil zu machen. Aus der Bild- und Textwerbung können viele wichtige Informationen herausgelesen werden – oft ganz andere, als die Werbebotschaft vordergründig beabsichtigte.

Werbebotschaften entschlüsseln

Die folgenden Fragen können euch helfen, Textquellen besser zu verstehen:

1. Schritt: Form / Inhalt

- Form: Plakat, Zeitungswerbung, Aufdruck auf Verpackungen, Sammelbilder usw.
- Inhalt: Was ist dargestellt? Wofür wird geworben?
- Darstellungstechnik: Zeichnung, Bild, Foto; farbig / schwarzweiß

2. Schritt: Werbebotschaft

- Auftraggeber: Welche Firma, welcher Verein usw. wirbt?
- Aussage: Was wird gesagt, behauptet, unterstellt, „eingeflüstert“?

3. Schritt: „verdeckte“ Einstellungen

- Mit welchen Mitteln / Methoden wird gearbeitet? Wird belehrt, wird jemand angegriffen, lächerlich gemacht, herabgesetzt? Wird jemand als besonders klug, sorgsam usw. dargestellt?

M1 Seifenreklame (1885)

M2 Plakat zu einer der vielen „Völkerschauen“ in der Passage Panopticum, Berlin (1913)

M3 Klebemarke für ein Sammelalbum, um 1920

4. Schritt: Beurteilung

- Wirksamkeit: Haltet ihr die Werbung für wirksam (damals / heute)?
- Geschmack: Gefällt euch die Werbung?
- Moral: Haltet ihr die jeweilige offene und die verdeckte Aussage für gut und richtig?

1 Entschlüsselt und deutet die in der Werbung enthaltenen Meinungen und Einstellungen mithilfe der Schritte 1–4; arbeitet in Gruppen (wählt je eines der Beispiele und vergleicht eure Ergebnisse).

Exotische Früchte – ein Erbe des Kolonialismus

M 1 **Produkte aus französischen Kolonien. Informationsbild Ende 19. Jahrhundert**

M 2 **Kakaobaum mit Früchten**

Waren aus Übersee

Die Kolonialmächte fanden in Afrika viele fremde Pflanzen vor aus denen Produkte hergestellt wurden, die bald in Europa sehr beliebt waren. Deshalb begann man in den Kolonien, diese Produkte auf den Ländereien mit den besten Böden in großen **Plantagen** anzubauen. Die einheimische Bevölkerung musste auf den Plantagen der europäischen Kolonialherren hart arbeiten.

Typische tropische Plantagenprodukte sind zum Beispiel Kaffee und Kakao.

M 3 **Kakao aus deutschen Kolonien. Sammelbild um 1905**

Der Kakao erobert Europa

Kakao stammt ursprünglich aus Mittelamerika. Als die Spanier Lateinamerika eroberten, lernten sie die Früchte bei den Eingeborenen kennen. Diese stellten daraus ein Getränk her, das aus einer Mischung aus dem Pulver der Kakaofrucht mit Wasser, Mais, Vanille und Cayennepfeffer bestand – Xocoatl, die heutige Schokolade.

Die Spanier brachten den Kakao nach Europa. Nachdem man dem Getränk Zucker statt Pfeffer beimischte, wurde die heiße Schokolade rasch zu einem sehr beliebten Getränk des Adels an den Fürstenhöfen und bei wohlhabenden Bürgern. Auch die anderen europäischen Staaten legten deshalb in ihren Kolonien in Asien und Afrika Kakaoplantagen an.

M4 Geöffnete Kakaofrucht

M5 Trocknen der Kakaobohnen

Kakaoanbau auf Plantagen

Kakao braucht zum Wachsen sowohl gleichmäßig hohe Temperaturen als auch viel Feuchtigkeit. Kakao wird wie alle Produkte, die die Kolonialmächte für den Weltmarkt anbauten, hauptsächlich auf Plantagen angebaut, landwirtschaftlichen Großbetrieben von mindestens 100 Hektar Größe (etwa 200 Fußballfelder). Vor dem Setzen der Kakaopflanzen muss der Regenwald gerodet werden. Es werden jedoch immer einige höhere Bäume stehen gelassen, weil Kakaopflanzen Schatten benötigen. Da **Monokulturen** den Boden schnell auslaugen und sehr anfällig für Krankheiten und Schädlinge sind, ist der Einsatz künstlicher Düngemittel und von Pestiziden und Fungiziden hoch.

Der Anbau von Kakao benötigt viel Handarbeit, die zur Kolonialzeit von den „Eingeborenen“ geleistet werden musste. Heute arbeiten auf Plantagen häufig auch Kinder, die zum Teil wie Sklaven gehalten werden.

Kakaoanbau in Westafrika

1879 führten die Engländer den Kakao in Westafrika ein. Zunächst verlangte die britische Kolonialmacht von der einheimischen Bevölkerung, die Exportfrucht Kakao anstelle von Nahrungsmitteln anzubauen. Später legten verstärkt weiße Plantagenbesitzer ertragreiche Kakaoplantagen an. Als aber immer mehr Staaten Kakao exportierten, verfielen die Weltmarktpreise. Auch heute schwanken die Weltmarktpreise für Kakao stark. Zudem erhalten die Kakaopflanzer nur einen sehr geringen Anteil von dem Verkaufserlös. Bei fallenden Weltmarktpreisen reichen die Erlöse nicht mehr für den Lebensunterhalt. Große Armut ist die Folge.

Da die Plantagen auf den besten Böden angelegt wurden, fehlt heute in den ehemaligen Kolonien fruchtbares Land für den Anbau von Grundnahrungsmitteln. Bei sinkenden Einnahmen aus dem Verkauf der Exportprodukte kommt es zu Hungersnöten, da die Masse der Bevölkerung nicht in der Lage ist, Grundnahrungsmittel zu kaufen.

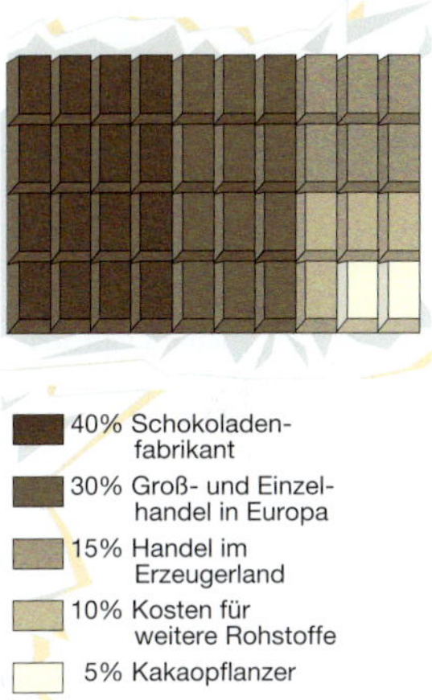

M6 Wer verdient an der Schokolade?

1 Informiert euch im Lexikon oder im Internet über die Produkte, die auf dem Bild M 1 zu sehen sind. Zu welchen Endprodukten werden einige von ihnen verarbeitet?

2 Ihr könnt in Lebensmittelgeschäften oder auf Märkten ermitteln, welche exotischen Früchte man bei uns heute kaufen kann. Markiert ihre Herkunftsländer auf einer Weltkarte z. B. durch Aufkleben der Bilder der Früchte.

3 Berichte in einem Kurzreferat über die Nachwirkungen der Kolonialzeit bei uns und in den ehemaligen Kolonien.

4 Erarbeitet eine Ausstellung zum Thema „Kakao – ein Produkt aus den ehemaligen Kolonien“. Bezieht dabei M 1–M 6 mit ein.

1900 – Ein neues Jahrhundert beginnt

M 1 Erwartungen an das neue Jahrhundert

Das Deutsche Kaiserreich

Zur Jahrhundertwende 1900 bestand das Deutsche Reich mit dem Kaiser Wilhelm II. an der Spitze erst seit 29 Jahren. Am 18. Januar 1871 war in Versailles bei Paris das Deutsche Kaiserreich ausgerufen worden. Der König von Preußen, Wilhelm I., wurde erster deutscher Kaiser.

Das Deutsche Kaiserreich war ein Bund von 25 deutschen Staaten. Seine Staatsform war die **konstitutionelle Monarchie,** d. h. ein Königtum, das an eine Verfassung gebunden ist. An der Spitze des Staates stand der preußische König, der gleichzeitig deutscher Kaiser war. Viele wichtige Entscheidungen konnte er allein treffen, sodass er sehr mächtig war.

Die Politik des Deutschen Kaiserreichs lag in der Hand des Reichskanzlers. Dieser war nur vom Vertrauen des Kaisers abhängig, nicht aber vom Parlament. Das Parlament, das aus gewählten Volksvertretern bestand, besaß demgegenüber nur sehr eingeschränkte Machtbefugnisse.

Die **Reichsgründung von 1871** war für zahlreiche Menschen in Deutschland die Erfüllung eines Traums gewesen. Mit Ausnahme der deutschen Teile von Österreich und der Schweiz waren nun alle deutschsprachigen Länder und Gebiete vereint. Für viele Deutsche bedeutete sie aber auch eine Enttäuschung, denn mit der Einheit wurde nicht gleichzeitig eine parlamentarische Demokratie eingeführt.

M 2 **Wilhelm II. bei einem Heeresmanöver 1911**

Jahreschronik 1900

1.1. Das Bürgerliche Gesetzbuch tritt in Kraft.

28.2. Im Großherzogtum Baden dürfen Frauen studieren.

14.4. In Paris wird die Weltausstellung eröffnet.

24.5. Die Olympischen Spiele finden in Paris statt.

2.7. Erster Flug eines Luftschiffs über dem Bodensee.

1.9. Erstes Telegrafenkabel über den Atlantik wird in Betrieb genommen.

Wirtschaftlicher Aufschwung

Um die Jahrhundertwende 1900 gehörte das Deutsche Reich zu den führenden Wirtschaftsmächten. Die Eisen- und Stahlindustrie war ein wichtiger Wirtschaftszweig, aber auch auf dem Gebiet der Chemie, der Elektrotechnik und der Automobilherstellung waren deutsche Firmen führend. Die Universitäten zogen viele Studenten aus aller Welt an.

Standesunterschiede

Der wirtschaftliche Aufschwung schuf viele Arbeitsplätze und veränderte das Leben der Menschen, denn nach und nach wurden Städte und Wohnhäuser z. B. mit elektrischem Strom und Telefon versorgt. An den Standesunterschieden in der Gesellschaft änderte er jedoch kaum etwas. Der Kaiser, der Adel und hohe Militärs waren das Vorbild für das Bürgertum. Für die Adligen hingegen waren selbst erfolgreiche Fabrikanten, berühmte Wissenschaftler oder angesehende Künstler nur Menschen zweiter Klasse, mit denen man normalerweise nichts zu tun haben wollte. Orden und Uniformen prägten das Straßenbild und Unterordnung wurde schon den Kindern in der Schule beigebracht.

M 3 **Erster Flug eines Luftschiffs über dem Bodensee. Foto, 1900**

1 Berichte, welche Wünsche die einzelnen Familienmitglieder für das neue Jahrhundert haben. Welche könnten bald in Erfüllung gehen (M 1, M 3, Jahreschronik)?

2 Der Vater in M 1 beklagt, dass das Parlament nur wenige Rechte hat. Erläutere diese Aussage mithilfe des Texte und von M 1 auf Seite 42.

3 Erkläre den Begriff „konstitutionelle Monarchie" (M 1 S. 42, Text).

4 Erstelle eine Tabelle mit den Rechten des Kaisers, des Reichskanzlers, des Reichstages, des Bundestages und der Bürger (M 1 S. 42).

5 Eine gesellschaftliche Gruppe hatte 1900 noch keinerlei politisches Mitspracherecht. Nenne sie (M 1 und S. 42, M 1).

Das Militär prägt die Gesellschaft

M1 **Elektrische Straßenbeleuchtung in London mit Lampen von Siemens (1881). Das elektrische Licht löste das Gaslicht ab. Kurz zuvor hatte der Amerikaner Edison die erste brauchbare Glühlampe entwickelt.**

M2 **Berta und Karl Benz mit Tochter Klara und Fritz Held (1893)**

Erfindungen und Entdeckungen im 19. sowie beginnenden 20. Jahrhundert:

1837 Telegraf (Morse)
1838 Fotografie (Daguerre)
1861 Telefon (Reis)
1866 Dynamomaschine (Siemens)
1867 Dynamit (Nobel) Stahlbeton (Monier)
1877 Verbrennungsmotor (Otto)
1879 Glühlampe (Edison)
1885 Durchleuchtungsgerät (Röntgen)
1885 Automobil (Daimler/Maybach/Benz)
1890 Luftreifen (Dunlop)
1893 Dieselmotor (Diesel)
1894 Filmgerät/Kino (Edison)
1894 Fluggerät (Lilienthal)
1896 Radioaktivität (Becquerel)
1903 Motorflugzeug (Wright)
1904 Kreiselkompass (Anschütz-Kaempfe)
1905 Relativitätstheorie (Einstein)

Gründerzeit und Fortschrittsglaube

Die Reichsgründung von 1871 wurde in Deutschland als bedeutender Erfolg empfunden. Nun folgten große Hoffnungen in Bezug auf einen wirtschaftlichen Aufschwung. Die Kassen waren gut gefüllt, denn die unterlegenen Franzosen hatten die riesige Summe von 1,4 Milliarden Talern zahlen müssen. Geld konnte günstig geliehen werden und viele Unternehmer erweiterten ihre Werkstätten oder gründeten neue Betriebe. Deshalb werden die Jahre nach der Reichsgründung auch als **Gründerzeit** bezeichnet.

In der zweiten Hälfte des 19. Jahrhunderts entwickelten sich neben der Eisen- und Stahlindustrie neue Industriezweige, nachdem immer mehr Erkenntnisse aus den Naturwissenschaften für die Entwicklung neuer Produkte genutzt worden waren. Vor allem an die Elektrotechnik, die Chemie und die Entwicklung von Verbrennungsmotoren knüpfte man große Hoffnungen. In der Tat brachte z. B. die Erfindung künstlicher Farbstoffe die deutsche chemische Industrie in eine führende Stellung auf dem internationalen Markt: Die Unternehmen BASF, Hoechst und Agfa teilten sich um 1900 etwa 90 Prozent des Weltmarktes.

Erfindungen und ihre Anwendungen

Bereits 1879 hatte Werner von Siemens in Deutschland eine Lokomotive mit Elektromotor entwickelt und der Amerikaner Thomas A. Edison die erste brauchbare Glühlampe.

Nachdem es 1891 in Deutschland zum ersten Mal gelungen war, elektrischen Strom über 175 Kilometer vom Wasserkraftwerk Lauffen am Neckar nach Frankfurt am Main zu übertragen, kam es zu einem Boom in der elektrotechnischen Industrie. Große Flüsse wurden nun für die Stromerzeugung genutzt, Maschinen konnten mit Elektromotoren angetrieben werden. Kräne, Transportbänder, Straßenbahnen und Eisenbahnen wurden Anwendungsbereiche für den neuen Antrieb. Als sauberer Antrieb nützlicher Geräte eroberten Elektromotoren auch die Privathaushalte.

M3 **Guten Morgen, Majestät! Kompanie zur Stelle! Zeitgenössische Postkarte mit der kaiserlichen Familie**

M4 **Soldaten beim Drill auf dem Kasernenhof**

Das Militär als „Schule der Nation"

Auch die schnelle Entwicklung neuer Industrien konnte aber nicht verhindern, dass es zwischen den verschiedenen Gesellschaftsschichten tiefe Gräben gab. Ein junger Leutnant von Adel galt stets mehr als ein erfolgreicher Handwerksmeister, eine Lehrerin oder ein Arzt.

Zwischen einem „Fabrikherrn" und seinen fast rechtlosen Arbeitern bestand ein himmelweiter Unterschied. Und ein Gutsherr („Junker") im Osten des Reiches bestimmte über seine Landarbeiter wie ein kleiner König. Alle wichtigen Stellen im Staat (Heer, Verwaltung usw.) wurden mit Adligen besetzt. Auch neuerdings reich gewordene Bürger wollten wie der Adel leben. Kaiser, Nation und Militär galten ihnen als wichtige Werte.

Wer mit des „Königs Rock" – der Uniform – gekleidet war, wurde mehr geachtet als ein „ungedienter Zivilist". Eltern drohten ihren Söhnen mit dem Satz: „Du wirst noch Ordnung und Gehorsam lernen, wenn du zum Militär kommst. Dann machen sie einen richtigen Menschen aus dir."

Viele Menschen bewunderten die Uniform als Berufskleidung der Soldaten. Aber nicht nur die Uniform war wichtig, sondern auch die „Eigenschaften" des soldatischen Lebens: Gehorsam gegenüber Befehlen (auch ohne nach dem Sinn zur fragen), Konfliktlösung mit Waffen, Tapferkeit, Treue zum Kaiser, Vaterlandsliebe, usw. Der Ausdruck „Das Militär ist die Schule der Nation" leitet sich von dieser Einstellung her.

1 Beschreibe die Abbildungen M1 und M2.

2 Erläutere die Folgen der Elektrifizierung und Motorisierung für Wirtschaft und Privatleben.

3 Ergänze die Liste wichtiger Erfindungen im 19. und beginnenden 20. Jahrhundert (S. 106, Randspalte).

4 Beschreibe die Abbildungen M3 und M4.

5 Vergleiche die Darstellung der kaiserlichen Familie in M4 mit einem Foto deiner Familie.

6 Diskutiert, warum Kinder und Jugendliche mit dem Militär vertraut gemacht wurden.

7 Welche Gefahren stehen hinter dieser Militarisierung der Gesellschaft?

Berlin: Hauptstadt des Kaiserreichs

M 1 Potsdamer Platz um 1901

Jedes Ich ertrinkt in dunklen Massen

M 2 Über seine Ankunft in der Stadt seiner Sehnsucht dichtete der 23-jährige Julius Hart, der aus Münster 1877 nach Berlin gegangen war, fünf Jahre später:

Auf der Fahrt nach Berlin

[…] Vorbei, vorüber! und ein greller Pfiff!
Weiß fliegt der Dampf,
[…] ein Knirschen an den Schienen!
Die Bremse stöhnt laut unter starkem Griff […]
Langsamer nun! […] Es glänzt in allen Mienen.
Glashallen über uns und lautes Menschenwirrn, […]
Halt! Und „Berlin"! Hinaus aus engen Wagen.
„Berlin"! „Berlin"! Nun hoch die junge Stirn,
ins wilde Leben lass dich mächtig tragen.
Berlin! Berlin! Die Menge drängt und wallt,
und wälzt sich tosend durch die staub'gen Gassen,
vorüber brandet sie stumpf, tot und kalt,
und jedes Ich ertrinkt in dunklen Massen.
Du aber suchst in dieser bleichen Flut
nach Rosen und nach grünen Lorbeerkronen, […]
Schau dort hinaus! […] Die Luft durchquillt's wie Blut,
es brennt die Schlacht, und niemand wird dich schonen. […]

Julius Hart, Triumph des Lebens. Gedichte. Florenz/Leipzig, 1898, S. 3f.

Großstadtleben

M 3 Der Schriftsteller Ernst Wilhelm Lotz (1890 bis 1914) schrieb um 1913:

Die Nächte explodieren in den Städten

Die Nächte explodieren in den Städten,
Wir sind zerfetzt vom wilden, heißen Licht,
Und unsere Nerven flattern, irre Fäden,
Im Pflasterwind, der aus den Rädern bricht.

In Kaffeehäusern brannten jähe Stimmen
Auf unsre Stirn und heizten jung das Blut.
Wir flammten schon.
Und suchen leise zu verglimmen,
Weil wir noch furchtsam sind vor eigner Glut.

Wir schweben müßig durch die Tageszeiten,
An hellen Ecken sprechen wir die Mädchen an.
Wir fühlen noch zu viel die greisen Köstlichkeiten
Der Liebe, die man leicht bezahlen kann.

Wir haben uns dem Tage übergeben
Und treiben arglos spielend vor dem Wind,
Wir sind sehr sicher, dorthin zu entschweben,
Wo man uns braucht, wenn wir geworden sind.

Ernst Wilhelm Lotz, Wolkenüberflaggt, Knut Wolff Verlag, Leipzig 1916

M 4 Die Baronin Spitzemberg notierte 1895 in ihrem Tagebuch über den Verkehr in Berlin:

[…] Das Getriebe in den Hauptverkehrsstraßen wie Leipziger- und Friedrichstraße ist förmlich betäubend; die elektrischen Wagen und die Trams bilden eine ununterbrochene Linie, Wagen aller Art,

***Droschke** (Russ.: *drozki* = leichter Wagen); im Jahre 1811 von einem Pferdehändler in Berlin eingeführte leichte Pferdekutsche, in der bis zu zwei Personen transportiert werden konnten

Droschken*, Drei- und Zweiräder zu Hunderten fahren neben-, vor-, hinter- und oft aufeinander, das Läuten aller dieser Vehikel*, das Rasseln der Räder ist ohrzerreißend, der Übergang der Straßen ein Kunststück für den Großstädter, eine Pein für den Provinzler. Behauptete doch Frau von Beulwitz, sie hätten sich anfangs gerührt umarmt, wenn sie nach solchem Übergange des Potsdamer Platzes sich gesund auf der Insel wiederfanden! [...]

Rudolf Vierhaus (Hrsg.), Das Tagebuch der Baronin Spitzemberg. Vandenhoeck & Ruprecht, Göttingen 1960, S. 381

1907 arbeiteten 70 000 Arbeiter in Betrieben mit mehr als 150 Beschäftigten, im Handel und der Bekleidungsindustrie waren etwa 100 000 Arbeiterinnen in Heim- und Werkarbeit tätig.

M5 Über die Entwicklung Berlins schrieb 1999 ein Historiker:

[...] Berlin führte bis weit in die zweite Hälfte des 19. Jahrhunderts hinein ein eher provinzielles und im Vergleich zu Europa bescheidenes Dasein.

Noch 1828 formulierte der Schriftsteller Ludwig Börne (1786–1837): „Wie ein Zwerg, der sich auf die Zehen stellt und doch dem Riesen neben ihm nicht bis an den Bauch geht, so nimmt sich Berlin neben Paris aus."

Erst mit der Gründung des kleindeutschen Reiches 1871 begann der rasante Aufstieg der Stadt an der Spree. Nahezu alle zentralen Institutionen des Reiches wurden in Berlin konzentriert. Menschen und Kapital, Ideen und Talente strömten in die neue Metropole*. War Berlin 1871 mit 827 000 Einwohnern bereits die drittgrößte Stadt Europas, so wurde 1876 die Millionengrenze und 1905 die Zweimillionengrenze überschritten. [...]

Ralph Erbar, Berlin ich kann dich nimmer lassen, in: Praxis Geschichte 1/99. Westermann Verlag, Braunschweig, S. 42

M6 Bahnhof Friedrichstraße um 1910

M7 In den Berliner Werken der AEG um 1900

	1800	1850	1900
Berlin	172	419	1889
Köln	50	97	373
Paris	547	1053	2888
London	1117	2685	6586
Wien	247	444	1675

M8 Bevölkerungszahlen europäischer Städte 1800–1900 (in Tausend)

***Vehikel**
Hilsmittel; hier: Fahrzeuge

***Metropole**
aus dem Altgriechischen; ursprünglich so viel wie „Mutterstadt", heute: Stadt von Weltbedeutung

1 Fasse die Aussagen des Gedichtes (M2) in eigene Worte.

2 Vergleiche die drei Abbildungen (M1, M6, M7) miteinander und prüfe, in welchen Bildern sich die Stimmung des Gedichtes (M2) wiederfindet.

3 Versuche, für M4 und M5 eigene Überschriften zu finden.

4 Beschreibe mithilfe des Textes und anhand von M8 die Entwicklung Berlins und vergleiche mit dem Gedicht M3.

Wettrüsten in Europa

M 1 Deutschland im europäischen „Gleichgewicht" (1914)
Links: Österreicher und Deutscher (Pickelhaube). Das Gewicht wird von einer 42-cm-Granate erhöht. Rechts: Franzose (Spitzbart), Engländer (Pfeife), Russe, Belgier. Serbe oben auf dem Balken, Japaner und Chinesen hängen an der Waagschale. In der Mitte wartend: Türke, Amerikaner, Italiener.

M 2 Die europäische Bündnispolitik vor dem Ersten Weltkrieg

Misstrauen in Europa

Seit der Jahrhundertwende (19./20. Jahrhundert) waren die Beziehungen der europäischen Staaten immer konfliktreicher und komplizierter geworden. Dies kam z. B. in dem „Tauziehen" im Wettbewerb um die Kolonien zum Ausdruck. Das Verhältnis des Deutschen Kaiserreiches zu Großbritannien wurde durch den **Flottenbau** belastet. So wuchs durch vielerlei Ursachen eine Atmosphäre des Misstrauens unter den europäischen Mächten und man versuchte, sich auf eine bewaffnete Auseinandersetzung einzustellen. Es kam zu einem regelrechten **Wettrüsten**, das wiederum zu weiterem gegenseitigen Misstrauen führte. Um im Fall eines Krieges nicht auf sich allein gestellt zu sein, suchten die Großmächte nach Verbündeten. In zum Teil geheimen Verträgen versprachen sie einander Hilfe.

M 3 Brief des Eisenbahners Johann P. an seine Familie, 1914:

Keine Angst vor dem Krieg und nicht zu übervorsichtig! Wir müssen einen Heldenkampf um unser Dasein führen. Mit Blut und Eisen! Die Entscheidungsschlacht müssen wir gewinnen! Deutsche Brüder in Österreich werden unsere Verbündeten sein. Der Krieg wird wie ein klärendes Gewitter kommen. Erst wenn unsere Feinde am Boden liegen, wird Ruhe und Frieden sein.

Privatarchiv des Autors

M4 **Abfahrbereiter Zug zur Front (Frankreich 1914), auf dem Wagon steht „Nach Berlin"**

M5 **Abfahrbereiter Zug zur Front (Deutschland 1917)**

Vom Attentat in Sarajewo bis zum Kriegsausbruch

Am 28. Juni 1914 wurden bei einem Besuch in der bosnischen Hauptstadt Sarajewo der österreich-ungarische Thronfolger Erzherzog Franz Ferdinand und seine Ehefrau erschossen. Der Täter war ein bosnischer Freiheitskämpfer. Die Österreicher hatten 1908 Bosnien gewaltsam eingegliedert. Ganz Europa hielt den Atem an: Würde Österreich angesichts dieser ungeheuren Tat den Krieg erklären?

Krieg kommt nicht von ungefähr

Die Ermordung des Erzherzogs war ein Auslöser dafür, dass sich die Völker Europas in den Weltkrieg stürzten. Zahlreiche Kriegserklärungen wurden abgegeben. Die Regierungen hielten sich an die Bündniszusagen, die sie einmal gemacht hatten. In Wirklichkeit aber gab es viele Ursachen für den **Kriegsausbruch**. Es war, als hätte man lange Zeit einzelne Bomben gesammelt und ein einziger Funke brachte alles zur Explosion (M 6).

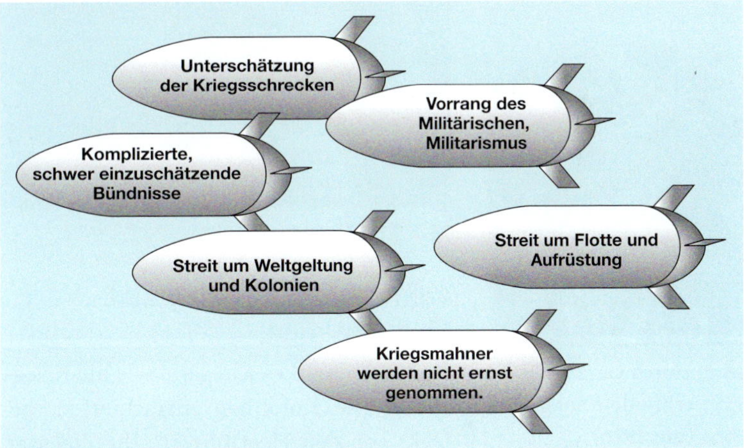

M6 **Bomben, die Europa zerstörten**

1 Ermittele die Aussage der deutschen Postkarte von 1914 (M 1).

2 Erkläre, wie der Briefschreiber Johann P. (M 3) zum Krieg steht.

3 Überlegt, wie ihr reagieren würdet, wenn es Krieg gäbe.

4 Woran könnte es gelegen haben, dass 1914 viele Jugendliche den Krieg begrüßten?

5 Erläutere die in M 6 genannten Ursachen für die Zerstörung Europas im Ersten Weltkrieg.

6 Überlege und begründe, welche Ursachen (M 6) deiner Ansicht nach besonders gefährlich waren.

7 Beschreibe die beiden Bilder M 4 und M 5.

Eine neue Form des Krieges

M 1 Schützengraben mit englischen Soldaten (1917)

M 2 Durch Gasangriff erblindete Soldaten (um 1916)

M 3 Soldaten mit Gasmasken (um 1916)

M 4 Verbandsplatz (1918)

Vom Bewegungskrieg zum Stellungskrieg

Der Erste Weltkrieg begann wie die Kriege zuvor. Die Kolonnen marschierten, gelenkt von den Heerführern. Ihr Ziel war, entweder die Armee des Gegners einzukreisen oder in die Flucht zu schlagen, um auf diese Weise das Gebiet des Gegners zu erobern. Dieser sogenannte **Bewegungskrieg** bedeutete für den einzelnen Soldaten, mit ca. 20 bis 40 Kilogramm Gepäck zu marschieren. Dann traf man auf den Gegner und es kam zum Gefecht. Doch im Westen – auf belgischem und französischem Gebiet – setzten sich die Fronten fest. Die feindlichen Truppen lagen in diesem **Stellungskrieg** einander gegenüber – oft nur 50 Meter voneinander entfernt. Beide Seiten versuchten, durch ungeheuren Einsatz von Material (**Materialschlachten**) und stundenlanges Granatfeuer die gegnerischen Stellungen aufzubrechen und die Soldaten zu zermürben. „Siege“ oder „Erfolge“ sahen oftmals so aus, dass – wenn überhaupt – nur kurzzeitig Boden gewonnen werden konnte, der gleich danach wieder zurückerobert wurde.

Neue Waffen

Währenddessen versuchten beide Seiten durch den Einsatz neuer Waffen, z. B. Maschinengewehren, einen entscheidenden Vorteil zu erringen. Erstmals unterstützten **Flugzeuge** die Bodentruppen. Zu Wasser wurden nun **U-Boote** eingesetzt. Die moderne Kriegsführung setzte alle Reserven der am Krieg beteiligten Völker ein. Es war ein Krieg, bei dem erbittert gekämpft wurde. 1916 rückten die Engländer zum ersten Mal mit **Tanks**, Vorläufern von Panzern, an. Der Einsatz von **Giftgas** seitens der

M 5 **An der Westfront bei Arras, Frankreich (1916)**

Deutschen führte zur Erblindung oder zum qualvollen Tod von unzähligen Soldaten. Zum Schutz dagegen kämpfte man mit Gasmasken.

Vier Jahre Stellungskrieg

M 6 Der Verlauf des Krieges

1914: Die deutsche Offensive (Angriff) im Westen beginnt mit dem Einmarsch in das neutrale Belgien. Im Osten besiegen die deutschen Truppen die russische Armee. Französische Truppen stoppen den deutschen Vormarsch.

1915: Die englische Seeblockade verschlechtert die Lage Deutschlands und seiner Verbündeten.

1916: Schlacht und Stellungskrieg bei Verdun (Frankreich). Beide Seiten verlieren insgesamt 600 000 Soldaten.

1917: Uneingeschränkter U-Boot-Krieg. Die USA erklären Deutschland den Krieg.

1918: Russland scheidet aus dem Krieg aus. **Kapitulation** Deutschlands im Oktober / November.

M 7 **Kriegsalltag an der Front (1916)**

1 Erarbeite mithilfe der Bilder und des Verfassertextes auf dieser Doppelseite, wodurch sich dieser Krieg von anderen unterschied.

2. Schreibe einen Zeitungsartikel – Überschrift: „Die Folgen des modernen Krieges für die Menschen".

3 Lege mithilfe der Zeittabelle M 6 eine Zeitleiste über den Verlauf des Krieges an.

4 Erläutere für jeden Punkt in M 6, inwiefern er die Lage der jeweiligen kriegsteilnehmenden Staaten verbesserte oder verschlechterte.

Kriegsjahre und Kriegsende

M 1 **Frauen arbeiten in der Rüstungsindustrie (1917)**

Mangel an der „Heimatfront"

Seit Kriegsbeginn häuften sich die Schwierigkeiten in Deutschland. Viele Rohstoffe für die Industrieproduktion und die Ernährung mussten schon vor dem Krieg importiert werden. Hier setzten jetzt die Kriegsgegner an: Sie verhängten gegen Deutschland eine **Blockade** zu Land und zur See. Dabei kam es zum Mangel an wichtigen Gütern.

Die Ernteerträge gingen immer weiter zurück: Missernten bei Kartoffeln und Getreide führten im Winter 1916/1917 zu einer großen **Hungersnot**.

Lebensmittel gab es nur noch auf Bezugskarten (= **Lebensmittelkarten**). Aber viele Nahrungsmittel waren trotz Bezugskarten nicht zu bekommen. Kohlrüben wurden zu einem wichtigen Lebensmittel. Man mischte sie dem Brot bei oder aß sie anstelle von Kartoffeln.

Kohlrüben-Karte

— Stadt Erfurt —

2 Pfund Kohlrüben 31. Woche 18.–24. März 1917	2 Pfund Kohlrüben 32. Woche 25.–31. März 1917
2 Pfund Kohlrüben 29. Woche 4.–10. März 1917	2 Pfund Kohlrüben 30. Woche 11.–17. März 1917

M 2 **Bezugskarte für Kohlrüben (1917)**

Besonders Kranke und Arme litten unter der Hungersnot

1917 betrug die wöchentliche Ration eines Stadtbewohners:

- 3 kg Kartoffeln
- 1,5 kg Brot
- 250 g Fleisch
- 62 g Butter oder Fett.

Arbeitskräfte fehlen

Auch an Arbeitskräften mangelte es. Millionen Männer waren an der Front und fehlten in der Heimat. Frauen wurden nun in fast allen Bereichen in den bisher von Männern ausgeübten Berufen eingesetzt. Sie verrichteten auch schwerste Arbeiten. Dafür wurden Schutzbestimmungen aufgehoben – z. B. die Anordnung, dass Frauen nicht mehr als zehn Stunden am Tag arbeiten und auch keine Nachtarbeit übernehmen dürfen.

Für die Staatsführung war klar: Im Krieg geht die Rüstungsproduktion unbedingt vor.

M 3 **Braunschweiger Pfadfinder bei der Ablieferung von gesammelten Kartoffelschalen als Viehfutter (1916)**

Uneingeschränkter U-Boot-Krieg

England hatte bei Kriegsausbruch mit seiner Flotte sofort die Nordsee zum Kriegsgebiet erklärt und eine Blockade über Deutschland verhängt. Minenfelder und englische Kriegsschiffe sperrten den Ärmelkanal und die Nordsee zwischen Norwegen und England.

So konnten auch neutrale Schiffe, die für Lebensmittelnachschub für Deutschland sorgten, nicht mehr deutsche Häfen anlaufen. Deutschland war isoliert. Die deutschen U-Boote griffen daraufhin englische Handelsschiffe an.

Kriegseintritt der USA

Im Februar 1917 entschloss sich Deutschland zum **uneingeschränkten U-Boot-Krieg**. Dies bedeutete, dass nun nicht nur militärische Schiffe, sondern auch Handelsschiffe ohne Vorwarnung von Torpedos beschossen wurden. So gerieten auch Schiffe aus den USA unter Beschuss. Daraufhin erklärten die USA Deutschland den Krieg.

Deutsche Schlussoffensive scheitert

Durch den Friedensvertrag Deutschlands mit Sowjetrussland im März 1918 war der Zweifrontenkrieg vorbei. An der Westfront versuchte die Heeresleitung, die Offensive der Alliierten* zu durchbrechen. Wieder starben Hunderttausende Soldaten auf beiden Seiten.

Die Stimmung unter den deutschen Soldaten an der Westfront im Spätsommer 1918 war sehr gedrückt, da immer deutlicher wurde, dass Deutschland den Krieg verlieren würde.

Die Zahl der Alliierten wächst ständig

Im Verlaufe des Krieges hatten die Kriegsgegner Deutschlands immer mehr Verbündete. Letztendlich standen 31 Staaten gegen Deutschland im Krieg.

M4 Torpedoangriff eines deutschen U-Bootes auf ein englisches Schiff (1915)

M5 Die geschlagene deutsche Armee auf dem Rückmarsch über die Balduinbrücke in Koblenz (1918)

Die Niederlage

Trotz Aufbietung aller Kräfte war der Krieg nicht zu gewinnen. Dazu hatte wesentlich der Kriegseintritt der USA 1917 beigetragen. Ihre Soldaten waren gut ausgerüstet, während die Deutschen durch den schon drei Jahre währenden Krieg entkräftet und abgekämpft waren.

Der mit so viel Begeisterung und Siegeszuversicht begonnene Krieg endete mit der deutschen Niederlage. Für viele Soldaten stand die Welt kopf: In Berlin musste der Kaiser abdanken, zwei Tage später wurde am 11. November 1918 der **Waffenstillstand** unterzeichnet. Die Truppen kehrten nach Deutschland zurück: geschlagen, verzweifelt, verbittert.

***Alliierte**
Verbündete (verwandt mit dem Begriff „Allianz")

1 Erkläre die Fotos dieser Doppelseite mithilfe des Verfassertextes.

2 Tragt die vorgesehenen Lebensmittel, die 1917 für einen Stadtbewohner ausreichen mussten, zusammen. Macht euch eine Vorstellung von der Menge, indem ihr ausrechnet, wie viel er davon an einem Tag essen darf.

3 Beschreibe die Endphase des Krieges.

4 Überlege, was die Soldaten in M5 wohl gedacht haben könnten.

ZUSAMMENFASSUNG

Ab 1870

Beschleunigte Industrialisierung Deutschlands

1884

Deutschland wird Kolonialmacht.

28. Juli 1914

Beginn des Ersten Weltkriegs

November 1918

Der Erste Weltkrieg endet mit der Niederlage Deutschlands.

Wettlauf der Industrialisierung

Um 1890 wetteiferten die drei großen Staaten Europas, Großbritannien, Frankreich und Deutschland, auf fast jedem Gebiet miteinander. Alle drei Staaten hatten in unterschiedlichem Tempo ihre Wirtschaft industrialisiert. In Deutschland war dieser Prozess besonders schnell und heftig abgelaufen. In wichtigen Bereichen holte Deutschland das Vorbild aller Staaten, Großbritannien, ein oder überflügelte es sogar. Dies galt besonders für die Leitsektoren Kohle und Stahl, die das Bild der Industrialisierung damals prägten. Auf den Gebieten der Chemie und der Elektrowirtschaft war Deutschland 1890 führend.

Imperialismus und Wettrüsten

Am Ende des 19. Jahrhunderts versuchten vor allem die europäischen Industrienationen, die Welt unter sich aufzuteilen und in anderen Erdteilen, beispielsweise Afrika, **Kolonien** zu errichten. Neben den wirtschaftlichen Interessen – dem Bedarf an Rohstoffen und Absatzmärkten für die heimische Industrieproduktion – waren viele Europäer davon überzeugt, dass es nicht nur ihr Recht, sondern auch ihre Pflicht sei, die Welt zu regieren („**Sendungsbewusstsein**"). Die ungerechte, oft willkürliche Behandlung der einheimischen Bevölkerung führte in vielen Kolonien zu Aufständen. Nach 1900 verstärkte sich der Kampf der europäischen Mächte um wirtschaftlichen und politischen Einfluss überall auf der Welt. Es kam zu einem **Wettrüsten**.
Das Misstrauen der Mächte nahm ständig zu und führte zu neuen Bündnissystemen. Eine wichtige Krisenregion war der **Balkan**, an dem Russland sowie Österreich großes Interesse zeigten. Mit der Ermordung des österreichischen Thronfolgers und seiner Frau durch serbische Attentäter war der Anlass zum Ersten Weltkrieg gegeben.

Erster Weltkrieg

Überall in Europa jubelten die Massen, als sie von der **Mobilmachung** der Armeen erfuhren. In Scharen meldeten sich Freiwillige zum Kriegsdienst. Jede Nation betonte, dass dieser Krieg ein Verteidigungskrieg sei, aber jede Nation hatte auch konkrete **Kriegsziele**, die auf eine dauerhafte Schwächung des Gegners zielten.
In wenigen Monaten wurde aus dem Bewegungskrieg ein Stellungskrieg, der schließlich Millionen Menschen das Leben kostete. Ganze Landstriche, vor allem in Frankreich, wurden während der **Materialschlachten** verwüstet. Schwer belastet durch den Krieg war auch die Zivilbevölkerung durch den Mangel an Lebensmitteln und Hungersnöte an der sogenannten **Heimatfront**. Der Eintritt der USA auf Seiten der deutschen Kriegsgegner beschleunigte die Niederlage der Mittelmächte, die im November 1918 kapitulierten.

Imperialismus und Nationalismus – der Erste Weltkrieg

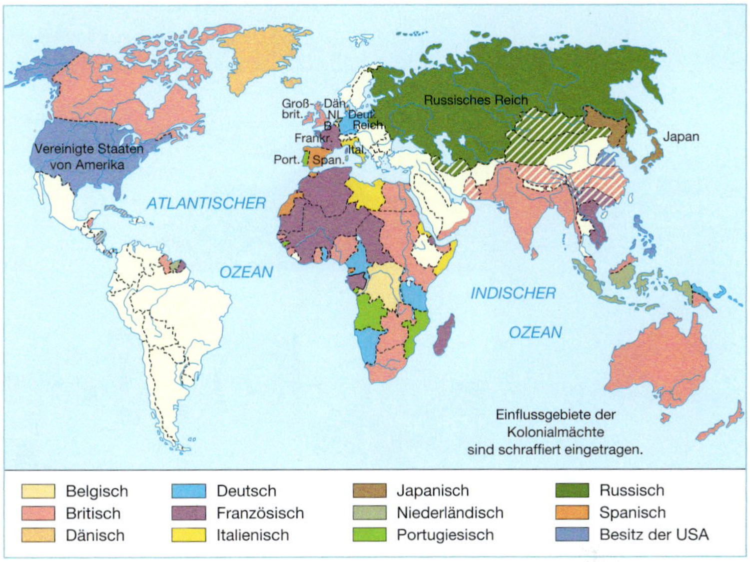

Arbeitsbegriffe

- ✓ Gründerzeit
- ✓ Kaiser Wilhelm II.
- ✓ Deutsches Reich
- ✓ Fortschrittsglaube
- ✓ Nationalismus
- ✓ Imperialismus
- ✓ Bündnissysteme
- ✓ Militarismus
- ✓ Mobilmachung
- ✓ Stellungskrieg
- ✓ Heimatfront
- ✓ uneingeschränkter U-Boot-Krieg
- ✓ Waffenstillstand
- ✓ 1914–1918

M 1 Wichtige Arbeitsbegriffe

1 Erläutere die wirtschaftliche Entwicklung des Deutschen Reiches von der Gründung bis zur Jahrhundertwende mit eigenen Worten.

2 Wie veränderten sich besonders die Städte in dieser Zeit?

3 Wie zeigten sich die Veränderungen in der Hauptstadt Berlin?

4 Welche Ziele verfolgten europäische Staaten in der Zeit des Imperialismus?

5 Nenne die Ursachen der Hochrüstung.

6 Stelle aus deinem Blickwinkel Gründe für den Ausbruch des Ersten Weltkriegs zusammen.

7 Schreibe aus der Sicht eines deutschen Soldaten an der Front eine Feldpostkarte an seine Mutter.

Geschrieben, den ____________ 19 ___
Liebe Mutter,

„Des Kriegers Herz wird hoch beglückt vom Brief, den zarte Hand ihm schickt." (1915)

6 Eine Welt

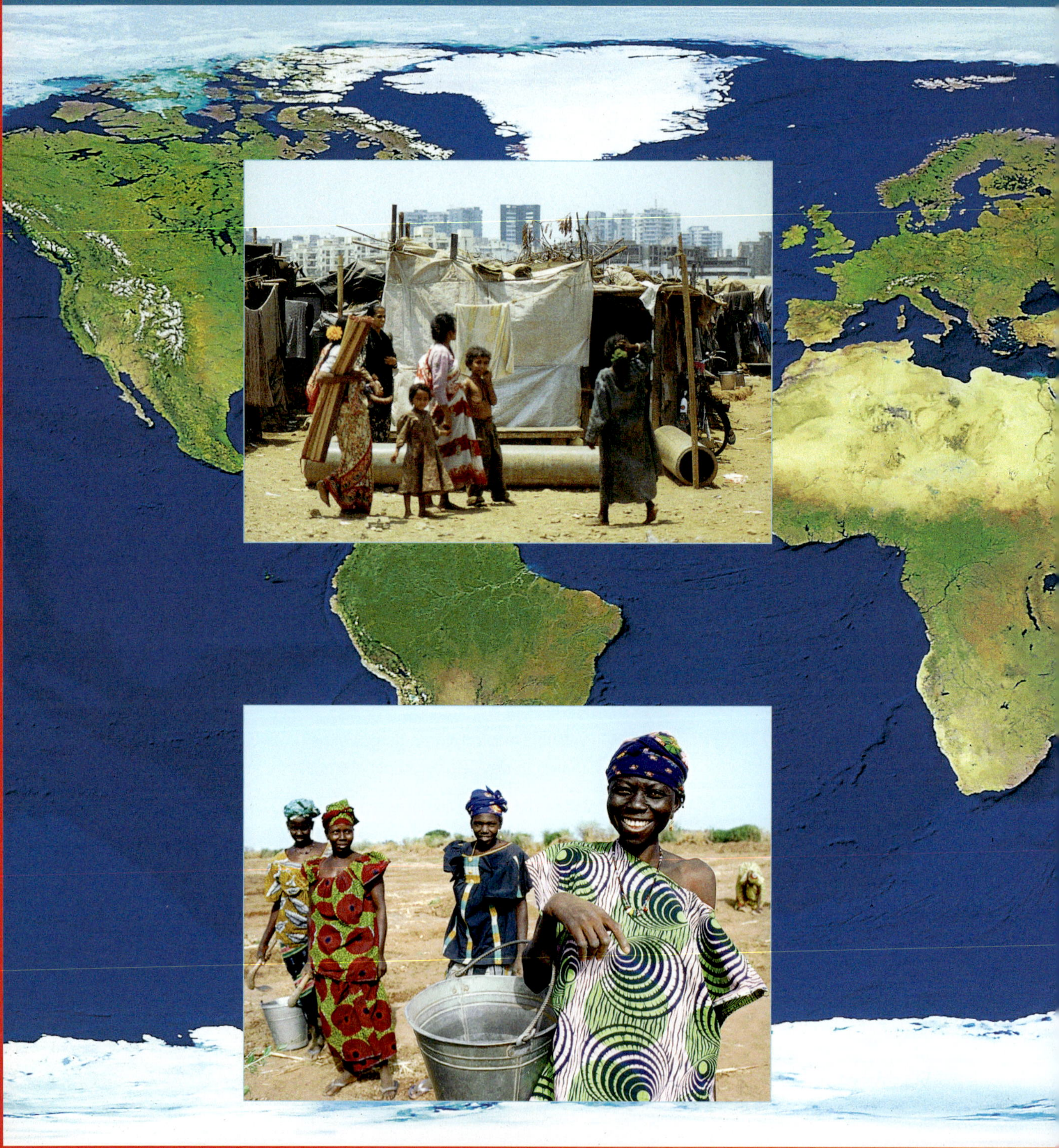

Unsere Welt ist eine Welt der Gegensätze – bittere Armut steht unvorstellbarem Reichtum gegenüber. Viele Kinder wachsen behütet und umsorgt auf, während andere unter unmenschlichen Bedingungen arbeiten müssen, um überleben zu können. In manchen Regionen der Erde gibt es weder Telefon noch Fernseher, in anderen Regionen der Erde sind viele Haushalte mit den modernsten technischen Geräten ausgestattet.
Eine der wichtigsten Aufgaben für die Zukunft wird es sein, allen Menschen auf der Erde ein menschenwürdiges Leben zu ermöglichen.

1 Die Fotos auf diesen Seiten zeigen ganz verschiedene „Gesichter" der Erde. Beschreibe sie und suche jeweils eine passende Bildunterschrift.

2 Welche Fotos würdest du eher der armen Welt, welche der reichen Welt zuordnen? Begründe.

Reicht das Brot für alle?

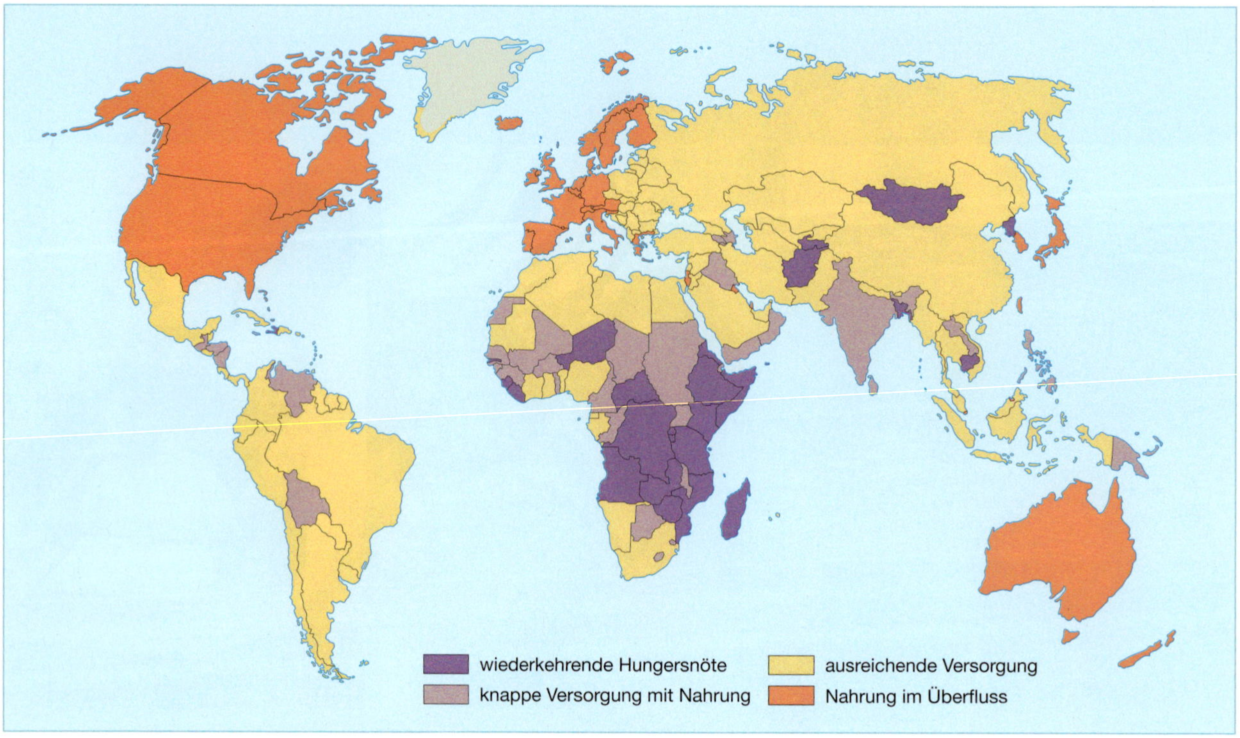

M 1 Hunger auf der Erde

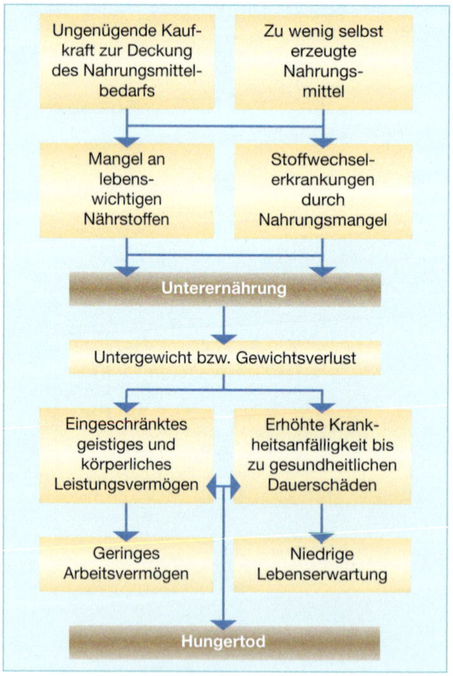

M 2 Unterernährung

Die Versorgungslage

Trotz ständig steigender Nahrungsmittelproduktion und eines weltweiten Überangebots ist die Versorgung als besorgniserregend einzuschätzen.

Weltweit sind über 800 Millionen Menschen unterernährt, weit mehr Menschen mangelt es an Spurenstoffen. So leiden fast drei Milliarden Menschen an einem Vitamin-A-Defizit. Damit man in 20 Jahren acht Milliarden Menschen ernähren kann, muss sich die Produktion verdoppeln und ihre Verteilung verbessern.

Unterernährung liegt vor, wenn dem Körper eine zu geringe Nahrungsmenge zugeführt wird. In der gemäßigten Zone liegt der durchschnittliche tägliche Nahrungsbedarf bei 10 000 Kilojoule, in den Tropen und Subtropen bei mindestens 8000 Kilojoule pro Kopf und Tag.

Inhaltliche Schwerpunkte		
Landwirtschaft – verbesserte Saat- und Pflanzgutgewinnung – verbesserte Anbaumethoden (Erosionsschutz*, Kleinstbewässerung) – Aufbau und Pflege von Hausgärten – Schulungen der Bauern zum Einsatz des Saatgutes, zur Bewässerung usw.	**Gesundheit** – Informationsveranstaltungen zur Vermeidung von Gesundheitsrisiken – Ausbildung von staatlichem Personal und dörflichen Freiwilligen zur Gesundheitsbetreuung (z. B. Verteilung von Eisen- und Vitamin-A-Kapseln) – Theaterveranstaltungen über moderne Methoden der Familienplanung	**Ziel:** Fähigkeit der Bevölkerung zur Stabilisierung der Ernährungssituation aus eigener Kraft **Projektpartner:** Regierung Malawis, Gesellschaft für technische Zusammenarbeit (GTZ*) **Teilnehmer:** 180 Dörfer mit ca. 50 000 ernährungsgefährdeten Haushalten, d. h. mit etwa 280 000 Bewohnern
Nahrungszubereitung – Schulung von Frauen in der Nutzung und Zubereitung auch nichttraditioneller Produkte (Gemüse, Kochbanane, Süßkartoffel, Erdnuss) – Demonstration des Nutzens verbesserter Herde, die selbst herzustellen sind und die ein Drittel weniger Holz verbrauchen – verbesserte Lagerung der Ernten in der Regenzeit	**Trinkwasser** – ständiger, gemeinsam geregelter Zugang zu Trinkwasser sowie Brauchwasser für die Landwirtschaft – Verbesserung und regelmäßige Wartung der Wasserquellen und Pumpen durch die Dorfgemeinschaft (Brunnenkomitees)	

M 3 **„Integriertes Ernährungssicherungsprogramm" im Süden Malawis (Region Mulanje)**

Bei **Mangelernährung** erhält der Körper täglich zu wenig tierisches Eiweiß bzw. zu wenig Vitamine und Mineralstoffe.
Falsche Ernährung im Kindesalter kann die körperliche und geistige Entwicklung verlangsamen und zu Schäden führen.

Ausreichend Nahrung – aber nicht alle werden satt

Die Bekämpfung der Ursachen von Hunger ist schwierig, weil die Ursachen vielfältig sind und häufig ineinander greifen.
Das eigentlich zu lösende Problem aber ist der chronische* Hunger, an dem 90 Prozent der Hungernden leiden. Man kann ihn nicht mit Nahrungsmittellieferungen beseitigen.
Ungleiche Verteilung von Anbauflächen, mangelnde Ausstattung der kleinbäuerlichen Betriebe mit Betriebsmitteln sowie unzureichende Beschäftigungs- und Einkommensmöglichkeiten sind Ursachen von Armut und Hunger in Entwicklungsländern. Häufig sind Frauen und Kinder betroffen, obwohl ihr Beitrag zur Existenzsicherung z. B. durch die Trinkwasser- und Brennholzbeschaffung erheblich ist. Aber auch äußere Faktoren beeinflussen das Hungerproblem in den Entwicklungsländern. Der Anbau von Exportkulturen, mit dem Ziel, Devisenerträge zu erwirtschaften, verdrängt die einheimische Nahrungsmittelproduktion. Allerdings untergraben Dumpingpreise* für Nahrungsmittel aus den Industrieländern die Wettbewerbsfähigkeit der Kleinbauern.
Aus unterschiedlichen Gründen haben Regierungen Schulden. Ihre Kreditverpflichtungen lassen ihnen aber kaum einen finanziellen Spielraum, um den Zugang zu Nahrung, Trinkwasser, Grundbildung und elementarer Gesundheitsversorgung zu sichern.

***Erosion**
(durch Wind und Wasser bewirkte) Abtragung (von Boden)

***GTZ**
Gesellschaft für Technische Zusammenarbeit; ein weltweit tätiges Unternehmen für wirtschaftliche Zusammenarbeit; Hauptauftraggeber ist das Bundesministerium für wirtschaftliche Zusammenarbeit und Entwicklung (BMZ)

***chronisch**
immer wiederkehrend, dauerhaft

***Dumpingpreis**
Preis, der unterhalb der Herstellungskosten liegt

1 Erkläre den Begriff „Hungergürtel der Erde" (M 1).

2 Erläutere Ursachen sowie Folgen der Unter- und Mangelernährung (M 1, M 2).

3 Beurteile das Ernährungssicherungsprogramm (M 3).

Viele Welten in der einen Welt

Jeder Mensch ...

Jeder Mensch
hat das Recht auf Leben,
Freiheit und Sicherheit
der Person.
Jeder zweite Mensch
lebt von weniger als
zwei US-Dollar am Tag.
Jeder dritte Mensch
ist nicht an eine
Abwasserentsorgung
angeschlossen.
Jeder vierte Mensch
stirbt vor seinem
60. Geburtstag.
Jeder fünfte Mensch
lebt in absoluter Armut.
Jeder sechste Mensch
ist unterernährt oder
hungert.
**Niemand kann sagen,
er habe dies alles
nicht gewusst.**

M 1 Unsere Welt hat viele Gesichter

***Bruttoinlandsprodukt**
Gesamtwert aller Güter (Waren und Dienstleistungen), die innerhalb eines Jahres und einer Volkswirtschaft hergestellt werden

Arme Welt – reiche Welt

Unsere eine Welt, in der wir leben und die politisch, wirtschaftlich sowie ökologisch eng verflochten ist, weist erhebliche Entwicklungsunterschiede auf. Den Gegensatz zwischen den reichen Industriestaaten und den armen Entwicklungsländern fasst man unter den Begriffen **Nord-Süd-Gefälle** oder **Nord-Süd-Konflikt** zusammen. Diese Begriffe sind entstanden, als man anfing, sich mit dem ökonomischen Ungleichgewicht auf der Erde zu befassen. Zu dieser Zeit lagen die reichen Länder überwiegend auf der Nordhalbkugel und die armen auf der Südhalbkugel.

Der „Human Development Index"

Es gibt verschiedene Kriterien, mit denen versucht wird, ein Land nach seinem Entwicklungsstand einzuordnen.
Die Weltbank legt ihrer Einteilung das Bruttoinlandsprodukt* pro Kopf der Bevölkerung zugrunde. Doch das sagt wenig über die tatsächliche Lebenssituation der Menschen in einem Land aus.
Deshalb zieht das Entwicklungsprogramm der Vereinten Nationen (UNDAP) seit 1990 den „Human Development Index" (HDI) als Grundlage zur Ermittlung des Entwicklungsstandes heran. Beim HDI werden Faktoren wie die durchschnittliche Lebenserwartung, der Bildungsstand der Bevölkerung und der Lebensstandard (z. B. Zugang zu sauberem Trinkwasser, Ernährung, gesundheitliche Versorgung) mit berücksichtigt

Entwicklungsländer

Der Begriff „Entwicklungsländer" bezeichnet die Staaten, die hinsichtlich ihrer wirtschaftlichen, infrastrukturellen und sozialen Entwicklung hinter den Industrieländern zurückliegen *(developing countries* = zu entwickelnde Länder). Kennzeichnend für Entwicklungsländer sind aber auch die großen Gegensätze innerhalb des Landes – z. B. zwischen Stadt und Land oder Arm und Reich.

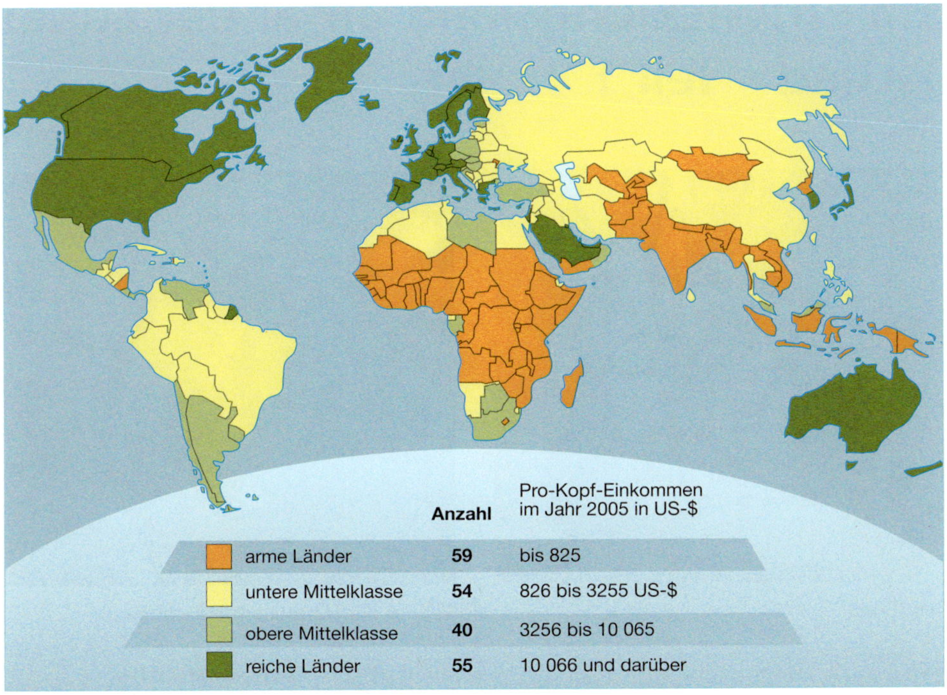

M2 Einteilung der Staaten der Erde nach Kriterien der Weltbank

Schwellenländer

Unter den Entwicklungsländern mit mittlerem Einkommen stehen einige aufgrund ihrer wirtschaftlichen Entwicklung an der Schwelle zu den Industrieländern und werden deshalb als „Schwellenländer" bezeichnet.

Schwellenländer weisen eine steigende Lebensqualität auf und werden in absehbarer Zukunft die typischen Merkmale eines Entwicklungslandes überwinden können. Hierzu zählen einige Länder in Lateinamerika sowie Südost- und Ostasien.

Industrieländer

Sie weisen ein hohes Bruttoinlandsprodukt auf und die Erwerbsbevölkerung ist überwiegend in der Industrie, in Handel und Gewerbe sowie im Dienstleistungssektor beschäftigt.

Industrieländer zeichnen sich durch einen hohen Technisierungsgrad und eine gut ausgebaute Infrastruktur aus.

Länder mit dem höchsten HDI-Rang		Länder mit dem niedrigsten HDI-Rang	
1	Island	168	Demokr. Rep. Kongo
2	Norwegen	169	Äthiopien
3	Australien	170	Tschad
4	Kanada	171	Zentralafrikanische Republik
5	Irland	172	Mosambik
6	Schweden	173	Mali
7	Schweiz	174	Niger
8	Japan	175	Guinea-Bissau
9	Niederlande	176	Burkina Faso
10	Frankreich	177	Sierra Leone

M3 Einteilung der Staaten nach dem HDI 2008. Deutschland belegt in dieser Rangliste Platz 22 (Quelle: UNDP)

1 In M 1 werden einige Aspekte von Armut genannt. Notiere sie und ergänze weitere, die zeigen, was Armut bedeutet.

2 Werte M 2 aus: Wo liegen überwiegend die reichsten und wo die ärmsten Länder der Erde?

3 Beschreibe die Lage der Länder mit dem höchsten und dem niedrigsten HDI (M 3, Atlas). Versuche eine Erklärung.

Ein Entwicklungsland unter der Lupe: Tschad – Teil 1

M 1 Fischerfrauen im ländlichen Raum

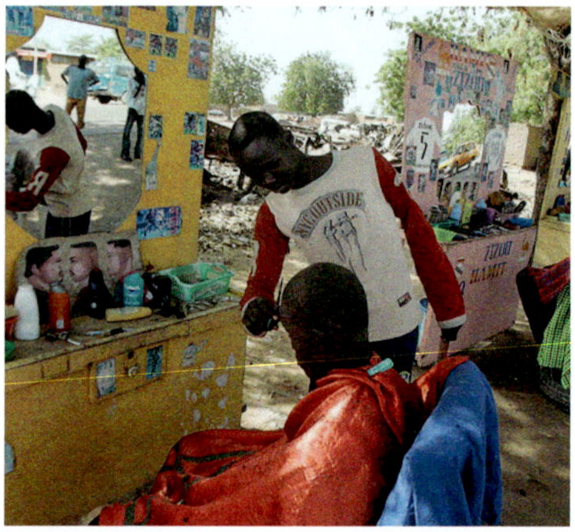

M 3 In der Hauptstadt Ndschemena

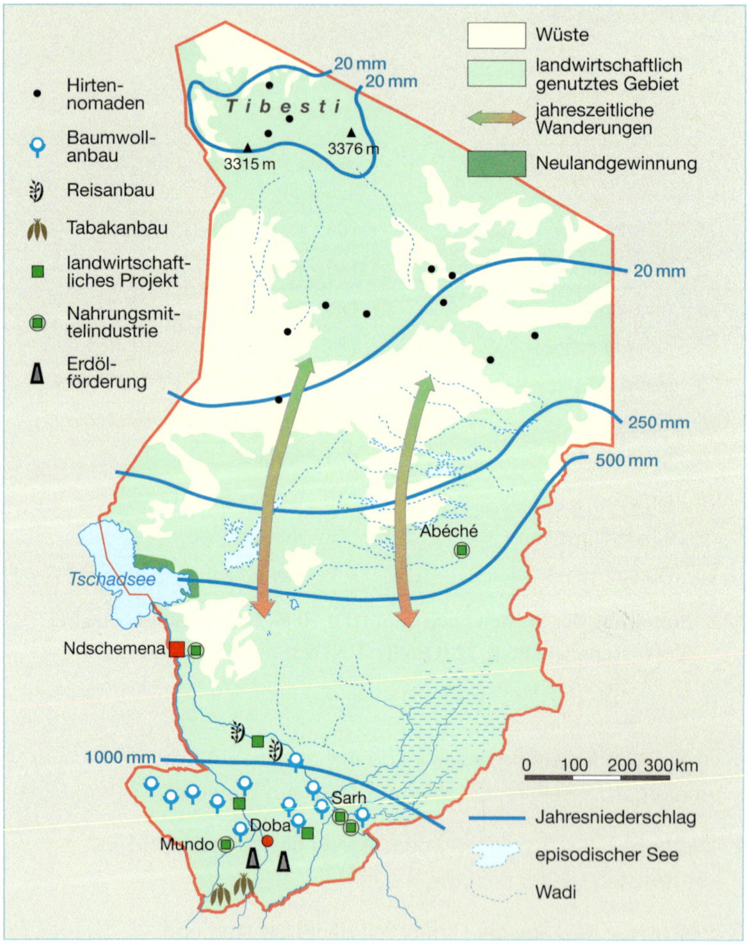

M 2 Naturraum und wirtschaftliche Nutzung im Tschad

Ein Land in der Sahelzone

Am südlichen Rand der Sahara verläuft ein breiter „Übergangsraum“ zwischen Wüste und Savanne, der als „Sahel“ bezeichnet wird. In dieser Zone fallen die ohnehin insgesamt eher geringen Niederschläge im Laufe der Jahre mit starken Schwankungen. In den vergangenen vier Jahrzehnten nahm der Niederschlag tendenziell ab. Die Sahara dringt weiter nach Süden vor. Dieses Phänomen wird als Desertifikation bezeichnet.

Infolge der Desertifikation wird der Lebensraum der Menschen und ihrer Viehherden immer stärker bedrängt und bedroht (Hungerkatastrophen).

Der Tschadsee

An der südwestlichen Grenze des Tschads befindet sich der gleichnamige See, der noch in der Mitte des letzten Jahrhunderts eine Oberfläche von rund 25 000 Quadratkilometern aufwies (somit größer als Hessen war). Acht Prozent der Oberfläche Afrikas entwässerten in diesen See.

Inzwischen hat sich seine Oberfläche – geradezu dramatisch – auf rund 1350 Quadratkilometer verringert.

Ländername: Republik Tschad, République du Tchad, Djumhuriyat Tchad

Klima: in der Sudan-Zone feuchte, in Sahel und Sahara trockene Hitze

[…]

Größe des Landes: 1 284 000 km²; Tschad ist mehr als 3,5-mal so groß wie Deutschland.

Hauptstadt: N'Djamena [Ndschemena], ca. 1 Mio. Einwohner (Schätzung)

Bevölkerung: etwa 10 Mio. Einwohner (Schätzung), Bevölkerungswachstum: 3,2 % (2006)

Lebenserwartung: 48 Jahre (2006)

[…]

Bevölkerungsdichte: Nordregion 0–14 Einw./km², Zentralregion 4–14 Einw./km², Südregion 14–41 Einw./km²

[…]

Religionen: 55 % Moslems, 22 % Christen, 22 % Animisten*

[…]

Unabhängigkeit [von Frankreich] : 11. August 1960

Regierungsform: Präsidialdemokratie

Bruttoinlandsprodukt (BIP): ca. 5,12 Mrd. Euro (2006)

Pro-Kopf-Einkommen: ca. 511 US-Dollar (2006)

www.auswaertiges-amt.de [20. 11. 2008]

*** Animismus**
Religion, die „der Natur" gegenüber großen Respekt zollt (es gibt keine Götter)

M4 Tschad im Überblick

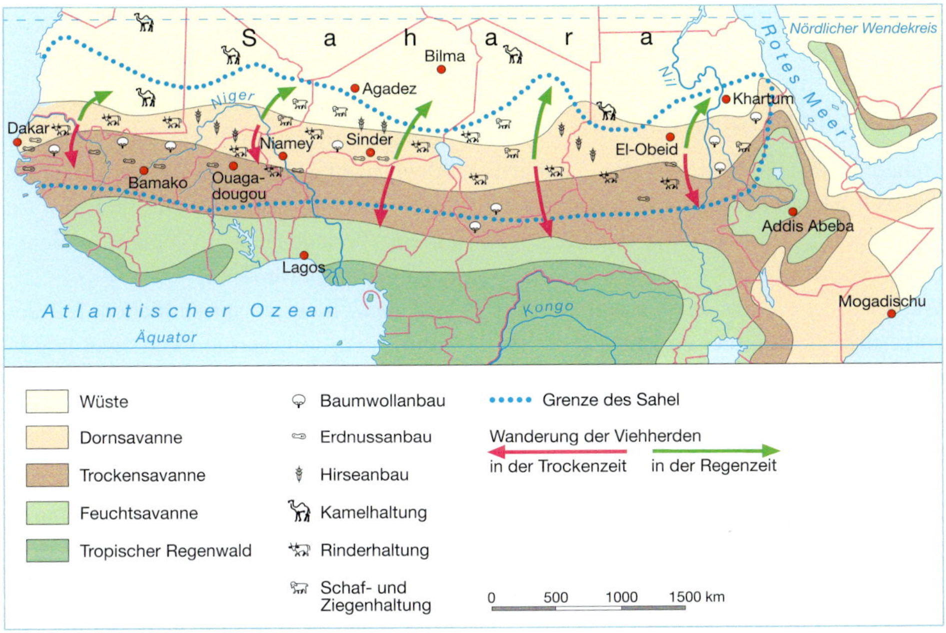

M5 Die Sahelzone

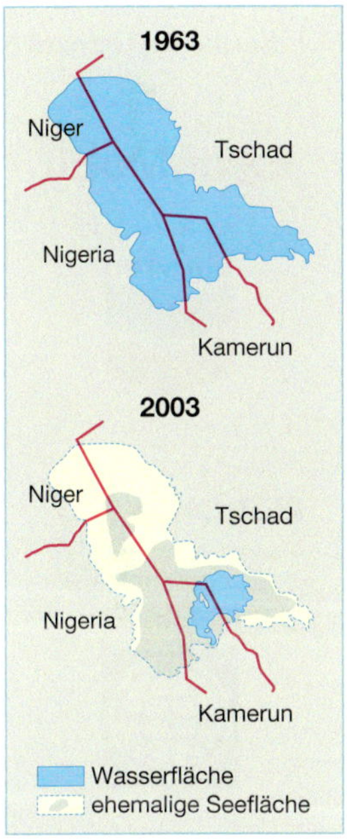

M6 Das Verschwinden des Tschadsees

Rund 60 Prozent der Bevölkerung in dieser Region leben von der Landwirtschaft. Die verringerten Wassermengen des Sees, seiner Zuflüsse und des Grundwassers bedeutet für sie eine akute Gefährdung ihres Lebens- und Wirtschaftsraums.

1 Beschreibe den Naturraum des Tschads und seine Lage in der Sahelzone (M2 und M5).

2 Informiere dich ausführlicher (Internet, Bücher) über die Sahelzone und berichte darüber in einem kurzen mündlichen Vortrag (M5, Text).

3 Berichte über das „Verschwinden des Tschadsees" (M6, Text). Ist mit einem weiteren Schwund zu rechnen? Begründe deine Antwort.

Ein Entwicklungsland unter der Lupe: Tschad – Teil 2

M 1 Karikatur: Gerhard Mester

Ein Land mit Erdölquellen...

Tschad gehört zu den ärmsten Ländern der Welt. Daran hat auch die Tatsache wenig geändert, dass das Land seit Juli 2003 Erdöl exportiert.

Weiterhin leben etwa 80 Prozent der Bevölkerung in absoluter Armut – d. h., ihnen stehen pro Kopf und Tag weniger als 1,25 US-Dollar zur Verfügung und sie können sich die für sie erforderliche Ernährung sowie lebenswichtigen Bedarfsartikel des täglichen Lebens nicht leisten. Lebensgrundlage bildet die Subsistenzwirtschaft – eine Form der minimalen Selbstversorgung weitestgehend mithilfe der Land- und Viehwirtschaft.

M 2 Bau der Ölpipeline

... und doch mit wirtschaftlichen Problemen

Die Wirtschaft des Landes ist wenig entwickelt. Es gibt Elemente der Staats- und der Marktwirtschaft. Die Privatwirtschaft wird durch unsichere Rahmenbedingungen und Korruption behindert.

Nur wenige Hundert Kilometer Straße sind asphaltiert – ohne ein geländegängiges Fahrzeug kommt man kaum voran.

Nachhaltige Entwicklung?

Tschad als ein Binnenstaat befindet sich infolge seiner meerfernen Lage in einer schwierigen Situation. So muss beispielsweise das im Land geförderte Erdöl zu einem Verladehafen in einem anderen Staat gepumpt werden.

Von den Ölfeldern im südlichen Teil des Landes wurde innerhalb von zwei Jahren eine über tausend Kilometer lange Pipeline zur Hafenstadt Kribi im Nachbarstaat Kamerun gebaut. Die Kosten dieser Anlage in Höhe von etwa 3,4 Milliarden US-Dollar wurden von den drei beteiligten Unternehmen ExxonMobil (USA), Chevron (USA) und Petronas (Malaysia) sowie der Weltbank* aufgebracht.

Infolge der Gewährung eines Kredits der Weltbank für dieses Bauvorhaben konnten sich auch die beiden Staaten Tschad und Kamerun an diesem Projekt beteiligen. Eine Einbindung beider Staaten lag im Interesse der Weltbank, um so die dortige Volkswirtschaft zu stabilisieren. Das Besondere an diesem Projekt ist die gleichzeitige Verabschiedung eines Gesetzes zur Verwendung der Erdöleinnahmen.

***Weltbank**
Zusammenschluss verschiedener internationaler Organisationen (im Eigentum der Mitgliedsstaaten) zum Zwecke der wirtschaftlichen Entwicklung ihrer (ärmeren) Mitgliedsstaaten

Tschad-Kamerun-Ölpipeline

[…] Die Weltbank hatte […] ihre Kreditzusage an eine Bedingung geknüpft: Die tschadische Regierung verpflichtete sich zur Verabschiedung eines Gesetzes, das die Verwendung der Erdöleinnahmen regelte. Dieses „Gesetz 001“ (Loi 001) sah vor, dass zehn Prozent einem Fonds* für zukünftige Generationen gutgeschrieben werden. Von den verbleibenden 90 Prozent der Einnahmen sollten 80 Prozent für die „prioritären* Sektoren“ (Gesundheit, Bildung, ländliche Entwicklung und Infrastruktur) – also in die Entwicklung und Armutsbekämpfung – investiert werden. Fünf Prozent sollten der Entwicklung der Erdölregion zugute kommen. Die restlichen 15 Prozent blieben für allgemeine Staatsausgaben frei verfügbar. Eine unabhängige Kommission, an der Vertreter/-innen der Zivilgesellschaft beteiligt waren, erhielt die Aufgabe, die Einnahmen zu beobachten und ihre Verwendung zu lenken. Die Weltbank sah dieses Vorhaben als Musterprojekt an. Ende 2005 beschloss die tschadische Regierung, das „Modell-Gesetz“ 001 zur Verwendung der Erdöleinnahmen zu ändern. Sie brach damit das Abkommen mit der Weltbank. Der Fonds für die zukünftigen Generationen wird nicht weitergeführt, die prioritären Sektoren um den Bereich „Verteidigung“ erweitert und der Anteil für die allgemeinen öffentlichen Ausgaben erhöht. Mit der Änderung des Gesetzes wurden auch die politischen Partizipationsmöglichkeiten* der Zivilgesellschaft eingeschränkt. Die Weltbank stoppte daraufhin umgehend die Kreditzahlungen für den Tschad und fror das Konto, auf das die Erdöleinnahmen treuhänderisch eingezahlt werden müssen, ein. Nach nur kurzer Zeit nahm die Weltbank ihre Verhandlungen mit der Regierung des Tschads jedoch wieder auf. Es kam zu einem Kompromiss, der nach Meinung der Zivilgesellschaft jedoch keinerlei Verbesserungen bringen wird. Die Vermutung liegt nahe, dass der schnelle Kompromiss auch deshalb zustande kam, weil mächtige Weltbankmitglieder wie Frankreich und USA Druck auf die Bank ausübten, die tschadische Regierung gewähren zu lassen. Hieraus sprechen geostrategische* Erwägungen und wohl vor allem das Interesse, nicht vom Konkurrenten China ausgebootet zu werden. […]

aus: MISEREOR-Lehrerforum Nr. 68; S. 6, Aachen 2008

M3 Die Kreditzusage der Weltbank – und ihre Hintergründe

***Fonds**
Vermögensreserve für bestimmte Zwecke

***prioritär**
mit Vorrang (Priorität) zu behandeln

***Partizipation**
Anteilnahme, Mitwirkung

***geostrategisch**
machtpolitische Interessen, bei denen die geographische Lage eines Landes eine große Rolle spielt

Energiehunger

Die zunehmende Indutrialisierung Chinas hat zu einer verstärkten, besser gesagt „verschärften“ Nachfrage auf dem Weltenergiemarkt geführt. China ist mittlerweile weltweit zum zweitgrößten Ölverbraucher aktiv. Auch dieses Land ist längst im internationalen Ölgeschäft aktiv und versucht, sich den für die eigene wirtschaftliche Entwicklung so wichtigen Rohstoff zu beschaffen.

Bereits heute kauft China beispielsweise 85 Prozent der Erdölexporte des benachbarten Staates Sudan.

Im Gegenzug erhält der Sudan Waffen und Waffenfabriken, mit denen wiederum Rebellen* im Tschad ausgerüstet werden.

So ist das Geschäft mit dem Öl mitunter tief verstrickt mit Machtinteressen und wirtschaftlicher Konkurrrenz. Der Weltbank sind die Hände gebunden.

*** Rebell**
Person, die gegenüber einem Staat gewaltsamen Widerstand leistet

1 „Tschad gehört zu den ärmsten Ländern der Welt.“ Nimm zu dieser Aussage Stellung. Beziehe auch M2 und M3 auf der Seite 123 ein.

2 Fasse die Fakten der Erdölgewinnung und des -transportes kurz mündlich zusammen (Text, M2).

3 Erläutere die Absichten/Rolle der Weltbank im Zusammenhang mit dem Aufbau einer Erdölproduktion im Tschad (Text, M3).

4 Berichte über die schwierige Position der Weltbank zwischen verschiedenen Interessengruppen (Text, M3). Welche „geostrategischen“ Interessen könnten dabei „im Spiel“ sein?

Ein Entwicklungsland unter der Lupe: Tschad – Teil 3

M 1 Überfallenes Dorf im Tschad nach einem Angriff im März 2007

M 2 Krisenregion Darfur

Ein Land inmitten bewaffneter Konflikte

Nach der Unabhängigkeit (1960) wurde ein Mann aus dem Süden erster Präsident im Tschad. Die Menschen aus dem Norden des Landes, die anderen Stämmen angehörten, fühlten sich benachteiligt.

1966 wurde aus ihren Reihen eine Rebellengruppe gegründet, die gegen die vermeintliche Vorrangstellung des christlich geprägten Südens kämpfte – der Beginn eines Bürgerkriegs*. 1969 griff Frankreich in die Konflikte ein und stellte sich auf die Seite des Präsidenten. Libyen, Algerien und Sudan schlossen sich den Rebellen an.

1975 stürzte ein General den Präsidenten und nahm dessen Position ein. Es folgten ereignisreiche Jahre, in denen es fortgesetzt zu bewaffneten Konflikten verschiedener Gruppen im Tschad kam.

Seit 2003 fliehen Menschen aus der sudanesischen Darfur-Region nach Tschad. Der Darfur-Konflikt* griff auf Tschad über. So drangen beispielsweise bewaffnete Reiter in die Grenzgebiete ein und überfielen dortige Dörfer.

Ende 2005 formulierte Tschad einen sogenannten „Zustand der Feindseligkeit“ mit Sudan, der sich aus den Übergriffen aus der Krisenregion Darfur ergab. Zuvor hatten tschadische Rebellen die sudanesische Stadt Adré angegriffen. Allerdings bezichtigte Tschad den Staat Sudan, die Angreifer mit Waffen unterstützt zu haben.

Immer wieder Bürgerkriege

Mitte 2006 brach im Tschad erneut ein Bürgerkrieg aus. „Rebellen der Front für den Wandel“ griffen die Hauptstadt an und bedrängten die dortige Regierung. Wieder bezichtigte die Regierung des

***Bürgerkrieg**
gewaltsame Auseinandersetzung (zumindest teilweise) nicht militärischer Gruppen innerhalb der Grenzen eines Staates

***Darfur-Konflikt**
bewaffnete Auseinandersetzung verschiedener Bevölkerungsgruppen im Grenzgebiet zwischen Tschad und Sudan, die 2003 begann

M3 In Ndschemena am 6.02.2008

M4 Flüchtlingslager in Tschad an der Grenze zu Sudan (2004)

Tschad den sudanesischen Nachbarstaat, die Rebellen mit Waffen ausgerüstet und unterstützt zu haben. Gleichzeitig forderte die tschadische Regierung, dass für die inzwischen rund 200 000 Flüchtlinge aus Darfur, die sich in Tschad befanden, ein anderes Aufnahmeland gefunden werden müsste.
Der Bürgerkrieg im Tschad spitzte sich zu. Zwar konnte Ende 2006 mit den „Rebellen der Front für den Wandel" ein Friedensvertrag geschlossen werden, jedoch gewannen andere Rebellengruppen mehr und mehr Kontrolle über die östlichen Landesteile.

M5 Das Präsidentenpaar wünscht ein gutes und glückliches Jahr 2008.

***EUFOR**
multinationale Militärstreitmacht der Europäischen Union (vorläufiger Ersatz für eine geplante, jedoch noch nicht einsatzbereite „EU-Eingreiftruppe")

EU-Schutztruppeneinsatz

Unter Vermittlung Libyens konnte ein weiteres Waffenstillstandsabkommen zwischen dem tschadischen Präsidenten und vier Rebellengruppen unterzeichnet werden. Die Entsendung einer EUFOR-Einheit* zum Schutz der Zivilbevölkerung und der Flüchtlinge aus der Darfur-Region wurde beschlossen.
2007 brachen erneut Kämpfe zwischen Regierungstruppen und den Rebellen aus. Ende Januar 2008 billigte die EU den Einsatz der EUFOR in Tschad. Tausende Menschen flohen in das Nachbarland Kamerun. Die politische Lage im Tschad bleibt weitgehend instabil.

1 Fasse die konfliktreichen Ereignisse im Tschad und mit der Krisenregion Darfur in deinen Worten zusammen.

2 Erläutere die Situation eines Staates, in dem unterschiedliche Stämme (Ethnien) nicht in friedvoller Weise miteinander leben. Welche Auswirkungen hat solch ein Zustand auf die demokratischen Bemühungen und die Stärkung der Volkswirtschaft eines Landes?

3 Kommentiere das Foto M5.

4 Schreibe auf der Grundlage der Informationen auf den Seiten 124 bis129 einen möglichst kurzen Beitrag für ein Schülerlexikon zum Stichwort: „Tschad".

5 Bildet Gruppen und wählt andere Entwicklungsländer aus, die ihr unter die Lupe nehmt. Stellt sie im Unterricht vor. Wenn zwei Gruppen ein identisches Land präsentieren wollen, vergleicht eure Informationsgrundlagen.

Mexiko-Stadt – eine Metropole in Lateinamerika

M1 Mexiko-Stadt

M2 Straßenhändler im Kindesalter

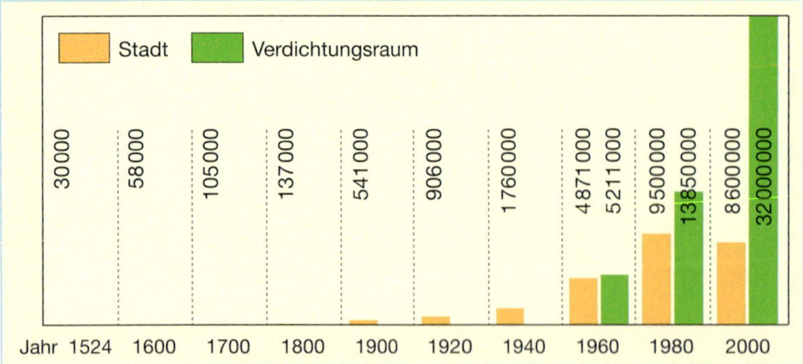

M3 Bevölkerungsentwicklung von Mexiko-Stadt

Mexiko-Stadt ist mit fast 20 Millionen Einwohnern eine der größten der Erde. Sie ist die Metropole des Landes, denn hier konzentrieren sich alle wichtigen politischen, wirtschaftlichen sowie kulturellen Einrichtungen.
Überall in der Stadt fällt der krasse Gegensatz zwischen Arm und Reich auf: Prachtvolle Bauten und Paläste aus der Kolonialzeit, moderne Büro- und Geschäftsviertel nach nordamerikanischem Vorbild sowie die eleganten Wohnviertel der Mittel- und Oberschicht stehen den Hüttensiedlungen der Armen gegenüber, die sich vor allem am Stadtrand konzentrieren.

Leben am Rande der Stadt

Die Wanderung in die Städte endet oft in den Elendsvierteln (Slums), wo die Menschen ihr städtisches Leben in extremer Armut beginnen. Sie leben in selbst zusammengenagelten Behausungen. Sauberes Trinkwasser steht kaum zur Verfügung und eine geregelte Entsorgung des Abwassers sowie des Mülls gibt es nicht. Nur die Wenigsten finden einen festen Arbeitsplatz, die meisten Slumbewohner arbeiten im **informellen Sektor** – das heißt, sie gehen Beschäftigungen nach, die staatlich nicht erfasst sind und deshalb auch keine Absicherung bei Krankheit oder im Alter mit sich bringen. Dazu gehören der Straßenverkauf, die handwerkliche Produktion und der Verkauf von Waren oder Dienstleistungen wie Schuheputzen oder Autowaschen.
Einigen der „wilden" Hüttensiedlungen ist es im Laufe der Zeit gelungen, zu Vororten aufzusteigen. Ein Beispiel hierfür ist Nezahualcoyotl, heute ein Vorort von Mexiko-Stadt mit über einer Million Einwohnern. Er wurde in den 1950er-Jahren gegründet

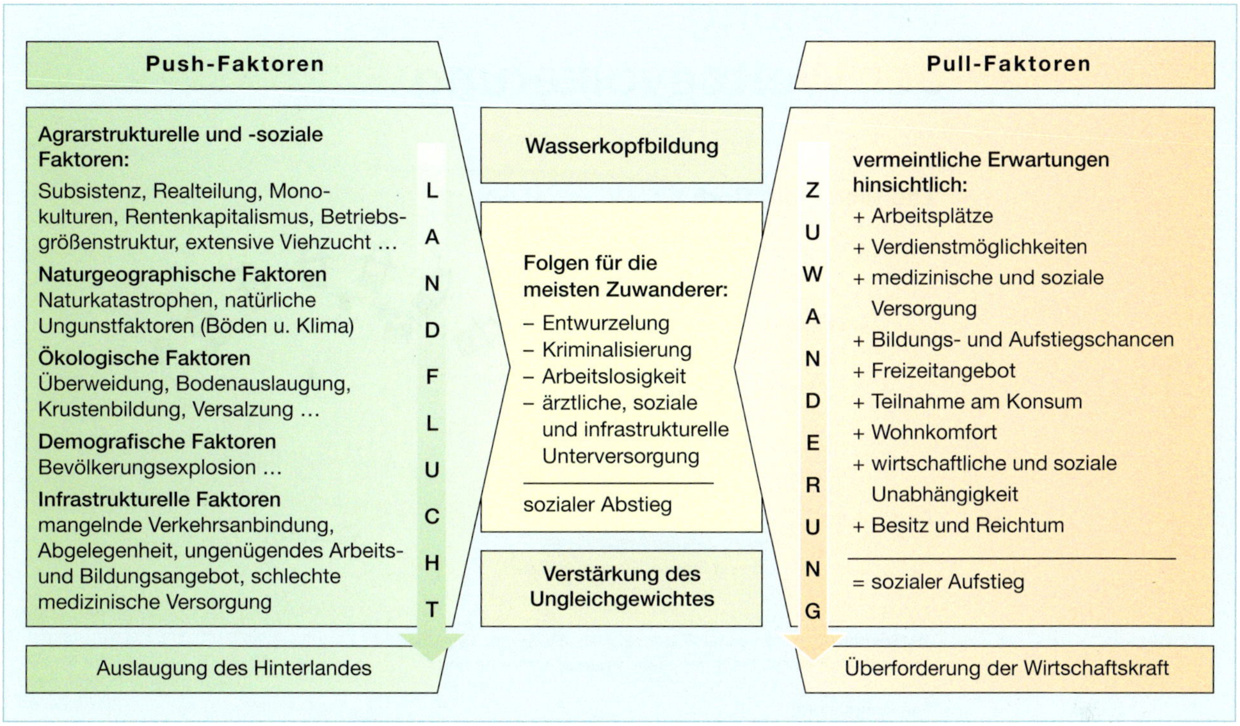

M4 Gründe für die Stadt-Land-Wanderung

und galt viele Jahre als der größte Slum Lateinamerikas. Heute verfügt er über Leitungswasser, Strom, asphaltierte Straßen, Schulen, Geschäfte und Ärzte.

Organisation der Riesenstadt

Das rasche sowie unkontrollierte Wachstum von Mexiko-Stadt hat die öffentliche Verwaltung und Versorgung vor erhebliche Probleme gestellt. Es wurden Wohnungen und Arbeitsplätze benötigt, riesige Mengen an Müll und Abwässern mussten entsorgt werden, Schulen und Ärzte fehlten und vieles mehr.
Die Menschen, die im informellen Sektor arbeiten, tragen nicht unwesentlich dazu bei, das öffentliche Leben in Gang zu halten. So gibt es beispielsweise dort, wo keine offizielle Müllabfuhr hinkommt, ein inoffizielles Sammelsystem von Müllkutschern, die mit einfachsten Handkarren oder Pferdewagen von Haus zu Haus fahren und den Müll einsammeln, sortieren sowie Verwertbares verkaufen.

An den Klischees über Mexiko-Stadt ist fast alles richtig: Verkehrs-Chaos, Umweltverschmutzung und vor allem die Kriminalität sind untrennbare Bestandteile des Alltags der Menschen. Das tägliche Verkehrs-Chaos trägt seinen Teil zu der Umweltsituation bei. In der Hauptstadt fahren 4,5 Millionen Fahrzeuge, darunter 100 000 Taxis und 15 000 Nahverkehrsbusse.

Protzender Reichtum und Verschwendungssucht treffen auf blanke Armut. Hochhäuser auf Azteken-Ruinen, riesige Parks auf gigantische Müllkippen. Shopping-Malls auf Hunderte anarchischer Märkte, wo außer Diebesgut vor allem Waffen und schwarz-gebrannte CDs verkauft werden. Mexiko-Stadt hat die größte Uni Lateinamerikas und zugleich Zehntausende Analphabeten.

(gekürzt und leicht verändert; nach: Klaus Ehringfeld, http://blog.handelsblatt.de/mexico-city-ehringfeld)

M5 Leben am Rande der Katastrophe

1 Berichte, warum die Menschen vom Land in die Stadt ziehen (M3).

2 Beschreibe ausführlich die Probleme, die sich aus dem raschen und unkontrollierten Wachstum der Stadt ergeben (M2 und M4).

3 „Mexiko-Stadt – eine Stadt der Gegensätze“. Nimm hierzu Stellung (M1, M2 und M4).

Verteilung der Weltbevölkerung

M1 Die Welt als Dorf

*__stagnieren__
stocken, sich stauen

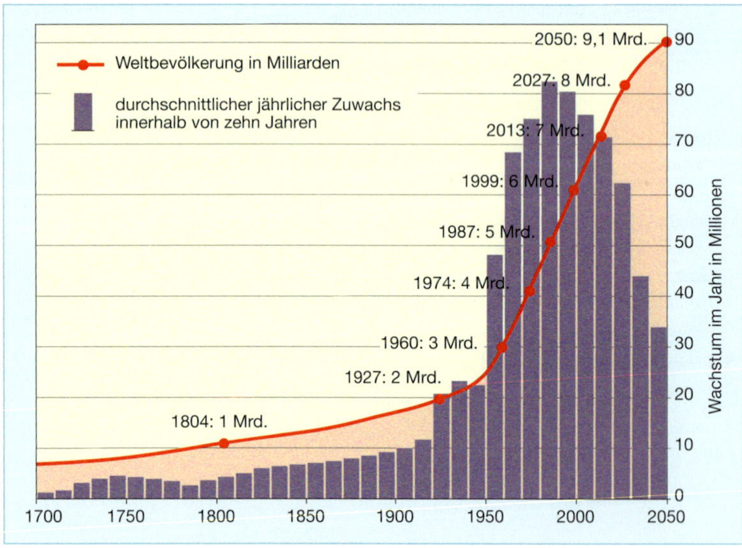

M2 Wachstum der Weltbevölkerung

Ungebremstes Wachstum

Im 20. Jahrhundert hat sich die Weltbevölkerung fast vervierfacht – auf 6,5 Milliarden Menschen (2005). Jedes Jahr wächst die Zahl der Menschen auf der Erde um weitere 80 Millionen, also etwa um die Bevölkerungszahl Deutschlands.

Doch nicht überall wächst sie in gleichem Maße. Während in vielen Industriestaaten heute die Bevölkerungszahl stagniert* oder sogar leicht rückläufig ist, findet das **Bevölkerungswachstum** fast ausschließlich in den Entwicklungsländern statt.

Wären alle Menschen gleichmäßig auf die Landfläche der Erde verteilt, ergäbe sich eine mittlere Bevölkerungsdichte von 42,6 Menschen pro Quadratkilometer.

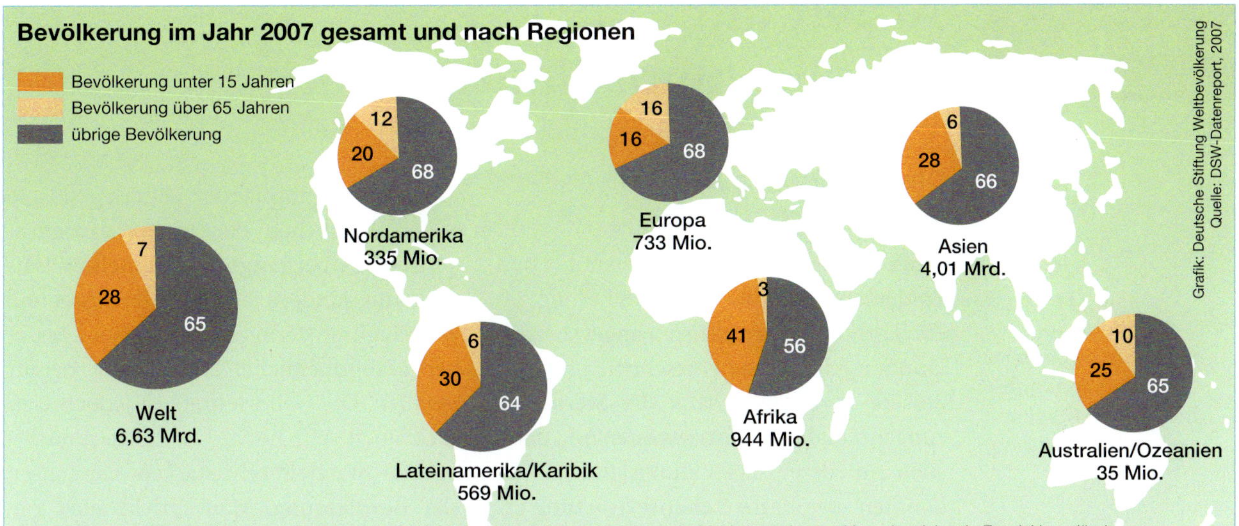

Fast ein Drittel der Weltbevölkerung – insgesamt 1,9 Mrd. Menschen – ist unter 15 Jahren alt. 89 % dieser jungen Menschen leben in Entwicklungsländern
Afrika ist die Weltregion mit der jüngsten Bevölkerung: 41 % der Afrikaner sind jünger als 15 Jahre. In Uganda sind sogar 50 % der Bevölkerung unter 15 Jahre alt.

Jedes Jahr bekommen etwa 14 Mio. Teenager ein Kind. Viele dieser jungen Frauen werden ungewollt schwanger. Die Folgen für ihre Zukunft sind oft verheerend: oft müssen sie die Schule verlassen oder ihre Ausbildung abbrechen. Eine Geburt ist für Teenager auch gesundheitlich deutlich riskanter als für Frauen über 20 Jahren.

Unzureichende Sexualaufklärung und der fehlende Zugang zu Verhütungsmitteln sind auch wesentliche Gründe für die rasche Ausbreitung von HIV/Aids unter Jugendlichen. Jeden Tag infizieren sich mehr als 6000 junge Menschen mit HIV/Aids. Sie machen die Hälfte aller HIV-Neuinfektionen aus.

M3 Afrika ist am jüngsten …

Ungleiche Verteilung

In der Realität gibt es jedoch Regionen mit sehr hoher Bevölkerungsdichte und Räume, die nahezu menschenleer sind, denn die tatsächliche Verteilung hängt von verschiedenen Faktoren ab: Gebiete mit fruchtbaren Böden, gemäßigtem Klima und Verkehrsgunst waren schon früh erschlossen und gehören heute zu den dicht besiedelten Räumen. Auffallend ist auch die Häufung von **Millionenstädten** am Meer. Im Landesinneren findet man die Siedlungsschwerpunkte entlang der großen Flüsse. Hingegen sind die Wüsten der Erde, Teile der inneren Tropen sowie die Polarregionen fast menschenleer. Sehr dünn oder gar nicht besiedelt sind auch die Hochgebirge. Je weiter man in die Höhe kommt, desto dünner wird die Besiedlung, bis sie schließlich ganz aufhört. Dicht besiedelte Staaten stehen Staaten gegenüber, die kaum bewohnt sind, und auch innerhalb eines Staates kann es äußerst dicht besiedelte Regionen und solche mit einer deutlich geringen Bevölkerungsdichte geben.

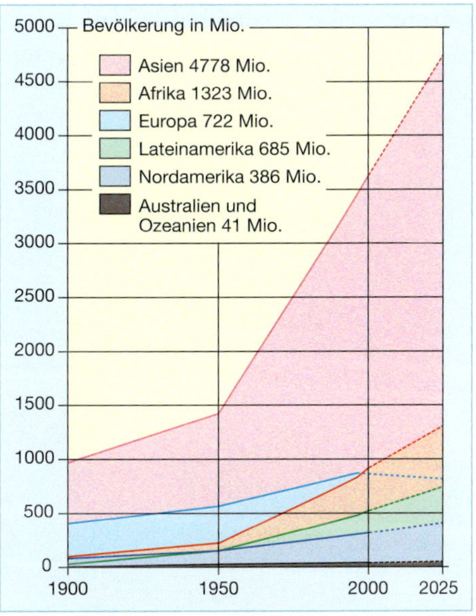

M4 Bevölkerungswachstum nach Kontinenten

1 Berichte ausführlich über das Wachstum der Weltbevölkerung (M1, M2 und M4).

2 Werte M3 aus und erkläre, wo das Bevölkerungswachstum hoch ist.

3 Wo liegen die am dichtesten besiedelten Regionen der Erde?

METHODE

Arbeit mit Bevölkerungsdiagrammen

Die Entwicklung der Weltbevölkerung

***Epidemie**
(aus der griech. Sprache: „im Volk verbreitet") eine weit verbreitete Infektionserkrankung (Ansteckung)

Trotz vieler Kriege, Hungersnöte und Epidemien* ist die Weltbevölkerung im 20. Jahrhundert am meisten angewachsen. Durch medizinische Fortschritte und eine bessere Versorgung sank die **Sterberate** zunächst in den Industriestaaten und dann auch in den Entwicklungsländern. Es konnten sowohl die **Lebenserwartung** erhöht als auch die Säuglingssterblichkeit erheblich gesenkt werden. In den Industriestaaten stieg zu Beginn des 20. Jahrhunderts der Wohlstand im Zuge der Industrialisierung deutlich an. Dadurch kam es zu einem starken Rückgang der **Geburtenrate.** Heute bekommen in den Industriestaaten Frauen im Durchschnitt nur noch 1,5 Kinder.

Die Entwicklungsländer befinden sich in unterschiedlichen Phasen des **demographischen Übergangs.** In den meisten Entwicklungsländern sind die Sterberate und die Säuglingssterblichkeit aufgrund besserer gesundheitlicher Versorgung bereits gefallen. Die Geburtenrate ist jedoch vielfach noch sehr hoch. Das führt zunächst einmal zu einem sehr starken Anwachsen der Bevölkerung. Man spricht auch von einer **Bevölkerungsexplosion.**
In den letzten Jahren ist ebenso in den meisten Entwicklungsländern ein Rückgang der Geburtenrate zu erkennen. Sie liegt im Durchschnitt bei 3,2 Kindern pro Frau. In Afrika werden jedoch noch in vielen Ländern bis zu 5,3 Kinder pro Frau geboren.

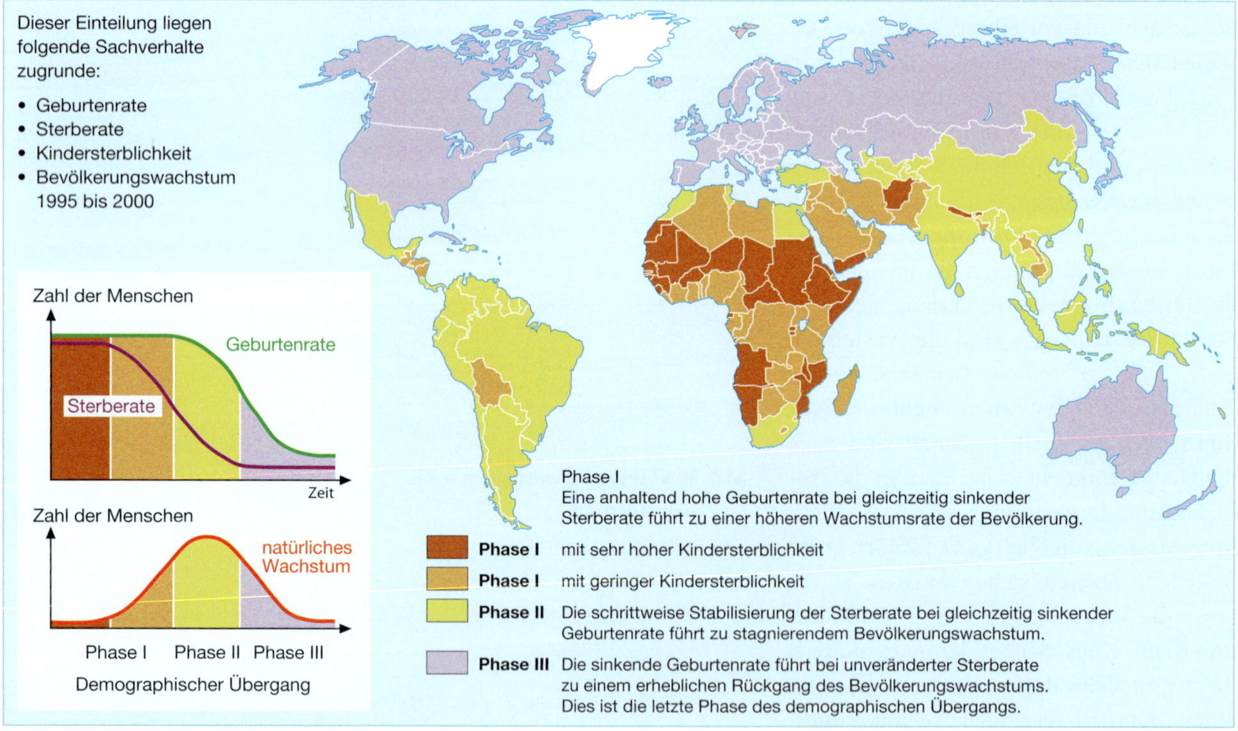

M1 Der demographische Übergang (2000)

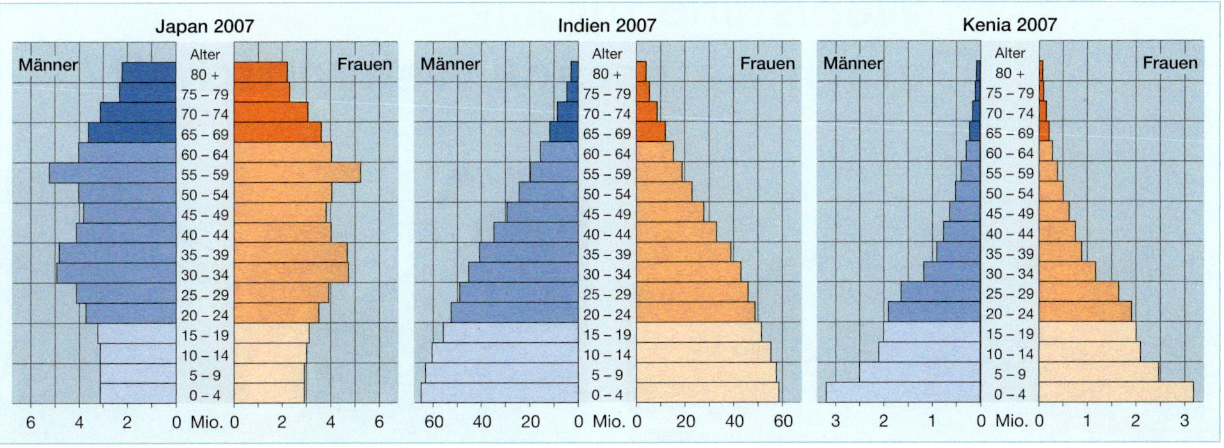

M 2 **Bevölkerungsdiagramme von Japan, Indien und Kenia (2007)**

Altersaufbau der Bevölkerung

Ob die Bevölkerung eines Landes zu- oder abnimmt, erkennt man auch am Altersaufbau, der in **Bevölkerungsdiagrammen** dargestellt wird.

Eine wachsende Bevölkerung erkennt man an der **Pyramidenform** des Bevölkerungsdiagramms: Jahr für Jahr nimmt die Zahl der Neugeborenen gegenüber dem Vorjahr zu. Die Bevölkerungspyramide ist typisch für viele Entwicklungsländer. Für die ständig anwachsende Zahl an Kindern und Jugendlichen müssen Nahrungsmittel produziert sowie Schulen und Ausbildungsplätze bereitgestellt werden, was vor allem für die armen Länder ein großes Problem darstellt.

Zeigt das Bevölkerungsdiagramm eines Landes eine **Glockenform**, so verändert sich die Bevölkerungszahl nicht. Die Zahl der Geburten bleibt über Jahre nahezu gleich.

Typisch für die meisten Industriestaaten ist die **Urnen- oder Pilzform.** Sie ergibt sich, wenn die Zahl der Geburten von Jahr zu Jahr abnimmt. Die Bevölkerung schrumpft und der Anteil der über 65-Jährigen, die in der Regel nicht mehr erwerbstätig sind, nimmt zu. Diese sogenannte **Überalterung** kann zu Problemen bei der Finanzierung der Renten- und Krankenversicherung führen, da der Anteil der Erwerbstätigen in Bezug auf die gesamte Bevölkerung eines Landes zu gering ist.

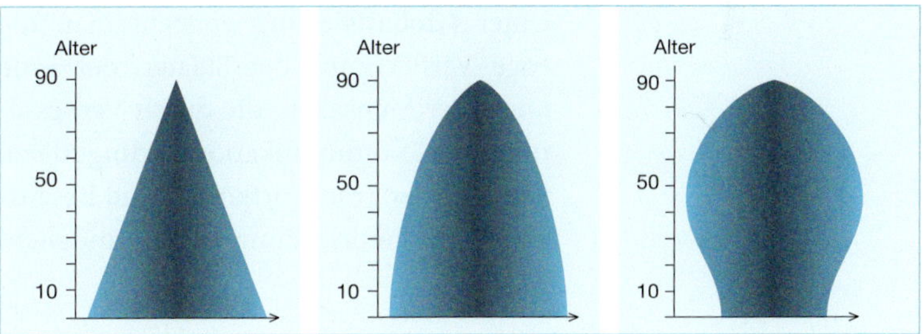

M 3 **Modelle für den Altersaufbau der Bevölkerung**

1 Wo konzentrieren sich die Länder, die erst die erste Phase des demographischen Übergangs erreicht haben (M 1)? Versuche eine Erklärung.

2 Beschreibe ausführlich den Altersaufbau der Bevölkerung in Japan, Indien und Kenia (M 2).

3 Vergleiche die Entwicklung der männlichen und der weiblichen Bevölkerung in den drei Ländern (M 2).

4 Ordne die Bevölkerungsdiagramme (M 2) jeweils einem Modell für den Altersaufbau der Bevölkerung zu (M 3).

5 Nenne Probleme, die auf Staaten mit stark wachsender oder stark abnehmender Bevölkerung zukommen.

6 Untersuche die Entwicklung in deiner Familie. Befrage dazu Eltern und Großeltern nach der Zahl der Geschwister.

Wohlstand für alle durch wachsende Weltwirtschaft?

M 1 Stadtzentrum von Bangkok (Thailand)

M 2 Stadtzentrum von Accra (Ghana)

Globalisierung

Unter **Globalisierung** versteht man die enge Verflechtung der Staaten der Erde und ihrer Menschen, die durch Verbesserung der Kommunikationsbedingungen, Senkung der Transportkosten und Beseitigung von Handelshemmnissen ermöglicht wurde.

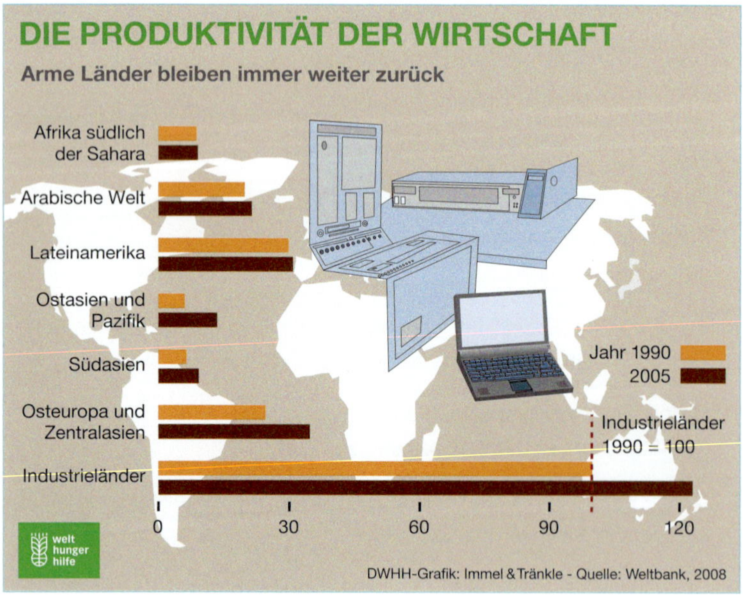

M 3 **Armut in Entwicklungsländern**

Nur Gewinner der Globalisierung?

Die Zunahme des Welthandels und die immer engere weltweite Verflechtung der Güterherstellung führten viele Jahre zu einem Wachstum der Weltwirtschaft. Das Wachstum verteilt sich jedoch nicht gleichmäßig auf die Wirtschaftsräume der Erde. Gewinner der Globalisierung sind derzeit die Industriestaaten und einige Länder Südostasiens. Dabei ist das Ungleichgewicht zwischen den reichen Industriestaaten und den armen Entwicklungsländern noch größer geworden, obwohl auch die Wirtschaft in den Entwicklungsländern insgesamt wuchs.

Vor allem in den Staaten, die hauptsächlich **Rohstoffe** exportieren, lebt mehr als die Hälfte aller Menschen in bitterer Armut. Dazu gehören zum Beispiel viele Staaten Afrikas.

Eine Ausnahme bilden die Staaten, die Rohöl fördern und exportieren. Dieser Rohstoff ist auf dem Weltmarkt äußerst begehrt, sodass hohe Preise dafür gezahlt werden müssen. Die Erdöl exportierenden Länder gehören deshalb zu den reichsten Staaten der Erde.

M4 Einige Fakten zur Globalisierung

- Zwischen 1990 und 2000 hat sich der Export von Waren und Dienstleistungen verdoppelt.
- 1990 arbeiteten 17 Prozent aller Arbeitskräfte in den Entwicklungsländern des Südens für den Export in die reichen Länder des „Nordens". Heute verdanken zwei Drittel aller Arbeitskräfte dem Export ihren Arbeitsplatz.
- Seit 1990 holten internationale Konzerne wie IBM, Motorola oder Hewlett-Packard Tausende von Fachleuten aus Entwicklungsländern in ihre Werke in Europa und den USA
- oder sie gründeten in den Entwicklungsländern Niederlassungen, in denen Menschen Arbeit fanden.

Arbeitslosigkeit

Sowohl in vielen Industrie- als auch in Entwicklungsländern ist die Arbeitslosigkeit sehr hoch. In den Entwicklungsländern wird die hohe Arbeitslosigkeit vor allem durch das starke Bevölkerungswachstum und die Zuwanderung vom Land in die Städte verursacht.
In den Industriestaaten gehen mehr und mehr Arbeitsplätze in der industriellen Produktion verloren. Viele Arbeitsschritte in der Produktion werden entweder durch Maschinen erledigt, oder die Produktion wird in Billiglohnländer verlegt. So verarmen auch in den Industriestaaten immer mehr Menschen.

Digitale Spaltung

Wer erfolgreich am globalen Handel und an der globalen Herstellung von Waren teilhaben will, für den sind Online-Verbindungen und Internet unverzichtbar. In vielen Entwicklungsländern vor allem Schwarzafrikas gibt es jedoch kaum Telefon- oder Internetanschlüsse, denn häufig fehlen die technischen Voraussetzungen sowie eine flächendeckende Stromversorgung.

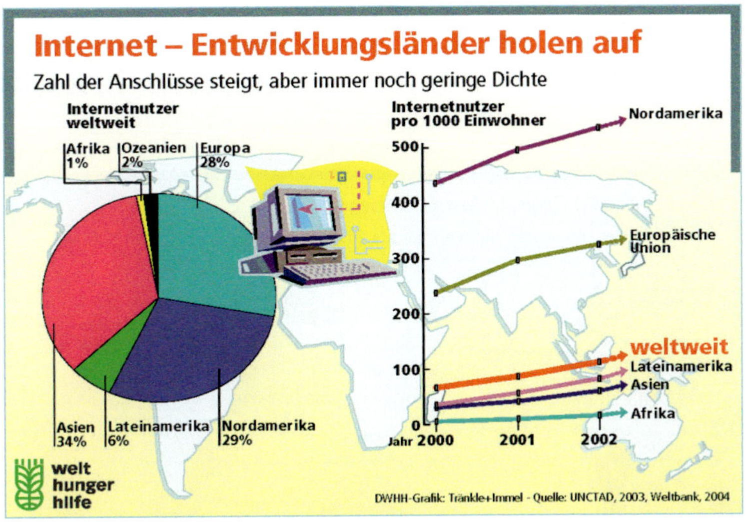

M5 Internetnutzung weltweit

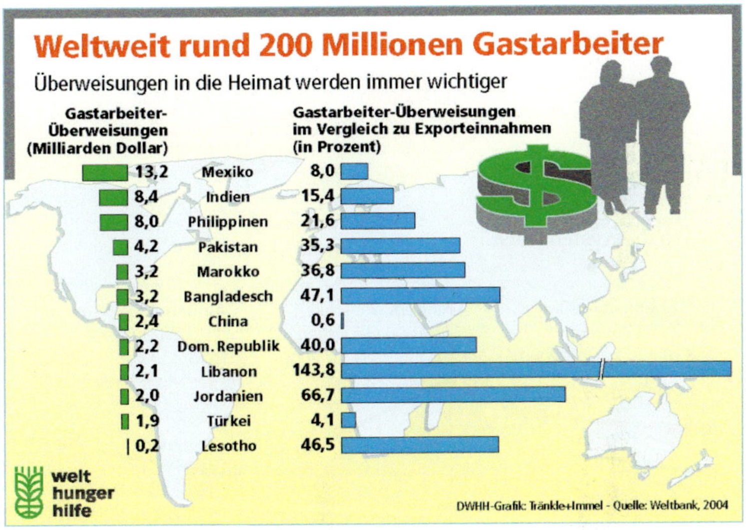

M6 Arbeit in einem fremden Land

1 Beschreibe die Fotos und nenne die Kontinente, auf dem die Städte liegen (M1, M2, Atlas).

2 Werte M3 aus: Nenne die Kontinente, a) deren Wirtschaftsleistung am geringsten ist, b) deren Wirtschaft am wenigsten wächst. Erläutere, welche Regionen vielleicht den Anschluss an die Industriestaaten schaffen könnten.

3 Armut und hohe Arbeitslosigkeit veranlassen Menschen, in fremden Ländern Arbeit zu suchen. Fasse die Aussagen von M6 in einem Bericht zusammen.

4 Globalisierung – eine Chance oder eine Katastrophe? Diskutiert in der Klasse (M4/M5, Internet).

Bekämpfung der Armut – eine globale Herausforderung

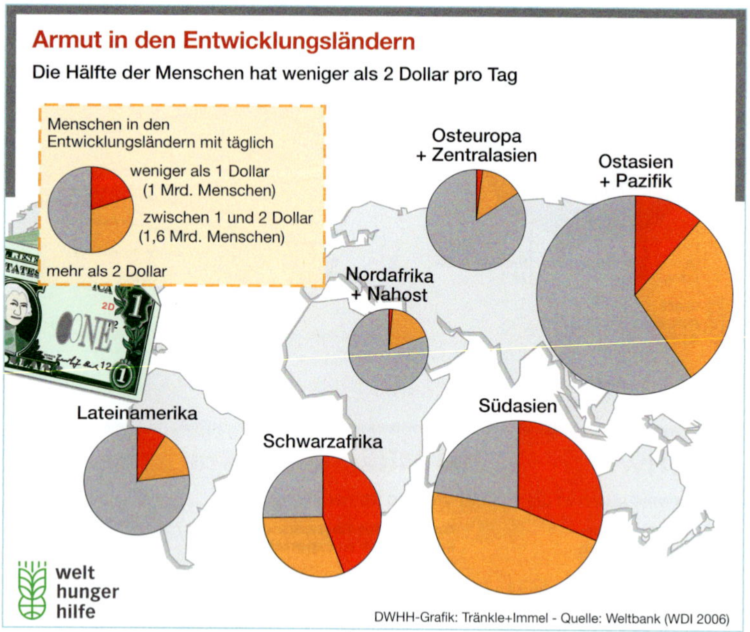

M 1 Wo die Armen leben

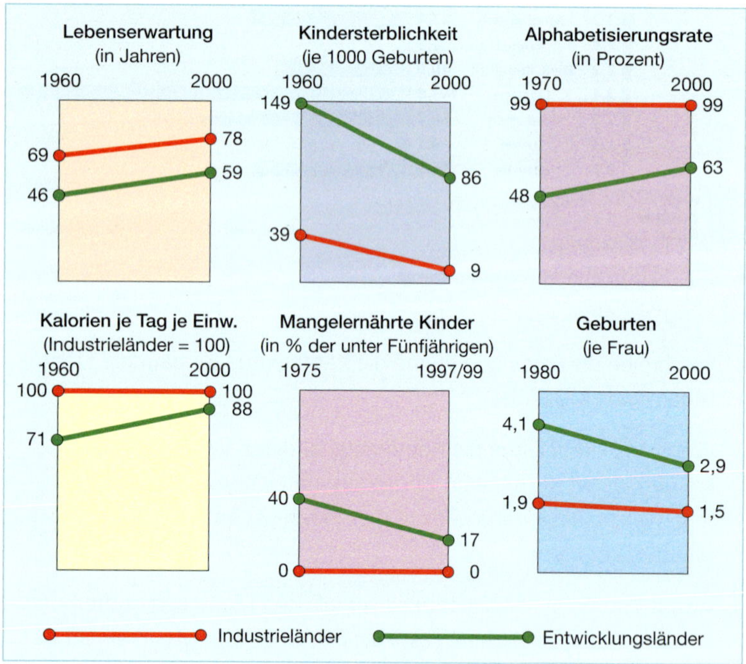

M 2 Veränderungen im Entwicklungsstand

Armut in Entwicklungsländern

In den letzten Jahren hat sich die Situation der Entwicklungsländer in vielen Bereichen deutlich verbessert, doch die Kluft zwischen den Reichsten und den Ärmsten der Weltbevölkerung wird immer größer. Aber auch die Unterschiede zwischen den Entwicklungsländern nehmen weiter zu. Besonders in den ärmsten Staaten verschlechtert sich die Situation weiter, vor allem dort, wo kriegerische Auseinandersetzungen und instabile politische Verhältnisse, aber auch Naturkatastrophen wie Dürren und Überschwemmungen, die wirtschaftliche Entwicklung behindern.

Während es auf der einen Seite enormen Reichtum gibt, müssen von den rund sechs Milliarden Menschen etwa 1,2 Milliarden mit weniger als einem US-Dollar am Tag auskommen, sie leben in **extremer Armut.** Das reicht nirgendwo auf der Welt, um ein menschenwürdiges Dasein führen zu können. Arme Menschen sind vom wirtschaftlichen, gesellschaftlichen und sozialen Leben ausgeschlossen. Sie sind bedroht von Hunger, Unter- und Mangelernährung, Krankheit, geringer Lebenserwartung, Kinder- und Säuglingssterblichkeit, niedriger Bildung, schlechten Wohnverhältnissen und Obdachlosigkeit. Extreme Armut führt aber auch zu Umweltzerstörungen und bedroht Frieden sowie Sicherheit.

Nur wenn die Menschen in den ärmsten Regionen der Erde durch gezielte Maßnahmen eine Chance erhalten,
- sinkt die Gefahr von Gewalt und Krieg
- werden sie ökologischen Gesichtspunkten gegenüber aufgeschlossen sein
- können sie in ihrer Heimat bleiben
- können sie Partner auf dem Weltmarkt werden.

Länder mit niedrigem und mittlerem Einkommen	Zugang zu sauberem Wasser	Zugang zu sanitären Einrichtungen	Kindersterblichkeit unter 5 Jahren	Besuch weiterführender Schulen	Krankenhausbetten
	in % der Bevölkerung		je 1 000 Kinder	in % der Jugendlichen	je 1000 Einwohner
Afrika südlich der Sahara	56	37		30	k. A.
Europa und Zentralasien	92	85	32	90	8
Lateinamerika und Karibik	91	77	31	86	k. A.
Naher Osten und Nordafrika	89	76	53	73	k. A.
Ostasien und Pazifik	79	51	33	71	3
Südasien	84	37	83	50	1
Industrieländer mit hohem Einkommen	100	100	7	100	6

Quelle: Weltbank 2007 © Globus 1569

M3 Die Kluft zwischen Arm und Reich

Bekämpfung der Armut

Im Jahr 2000 haben die Mitgliedsstaaten der UNO beschlossen, bis zum Jahr 2015 die Zahl der Menschen, die von weniger als einem US-Dollar pro Tag leben müssen, zu halbieren. Um dieses Ziel zu erreichen, arbeiten verschiedene Organisationen der UNO (z. B. UNICEF, UNESCO, FAO, IWF), viele Staaten und die EU zusammen.

Wie können die Ziele erreicht werden?

Neben der direkten **Nahrungsmittelhilfe** durch Getreidelieferungen in Länder, die von akuten Hungersnöten bedroht sind, kann Armut nur erfolgreich bekämpft werden, wenn man den Entwicklungsländern die Möglichkeit eröffnet, ihre Situation aus eigener Kraft zu verbessern. Deshalb werden vor allem Projekte im Bereich Bildung, Gesundheit und Hygiene sowie zur Aufhebung der Benachteiligung von Frauen und zur besseren Integration der Entwicklungsländer in die Weltwirtschaft gefördert.

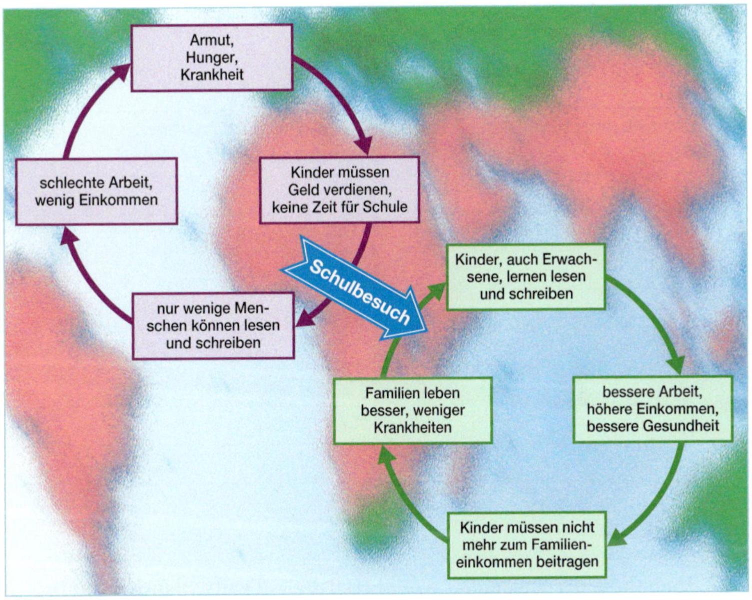

M4 Kreislauf der Armut

1 Nenne die Regionen der Erde, wo die meisten armen Menschen leben (M 1, M 3).

2 Berichte, was Armut für die betroffenen Menschen und für ein Land bedeutet (M 3, M 4, Text).

3 Beschreibe die Veränderungen im Entwicklungsstand (M 2).

Eine Welt

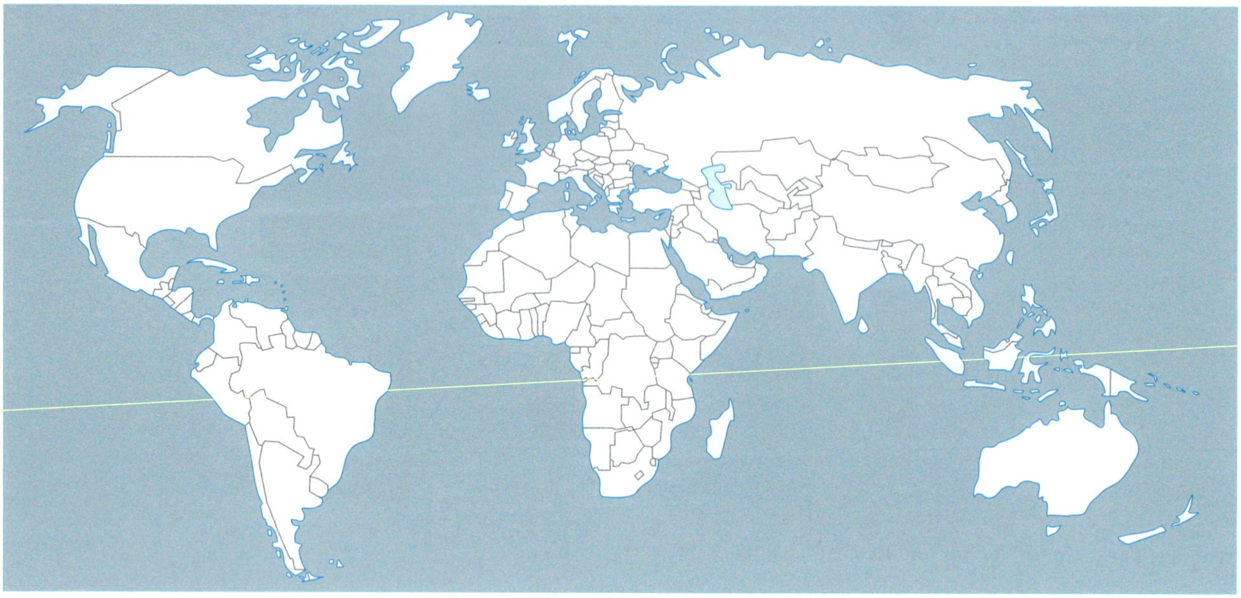

M1 Hunger auf der Erde

Länder mit dem höchsten HDI-Rang	Länder mit dem niedrigsten HDI-Rang
1	168
2	169
3	170
4	171
5	172
6	173
7	174
8	175
9	176
10	177

M2 Einteilung der Staaten nach dem HDI 2008. Deutschland belegt in dieser Rangliste Platz 22 (Quelle: UNDP).

Arbeitsbegriffe

- ✓ Entwicklungsland
- ✓ Industrieland
- ✓ Schwellenland

Nicht in das Buch schreiben!

M3 Wichtige Arbeitsbegriffe

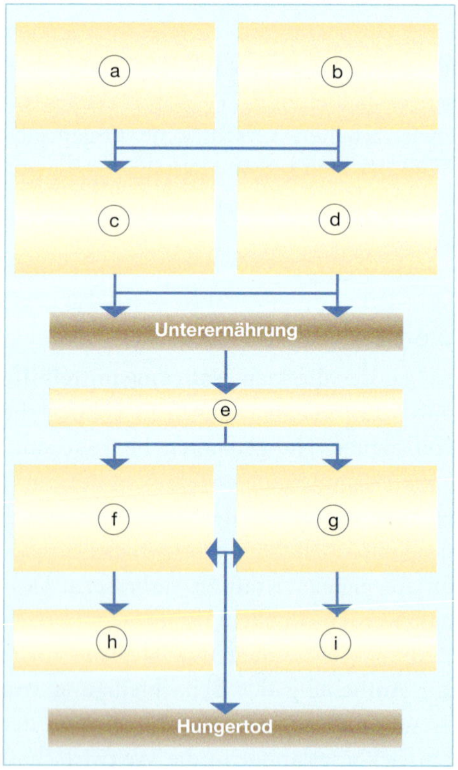

M4 Unterernährung

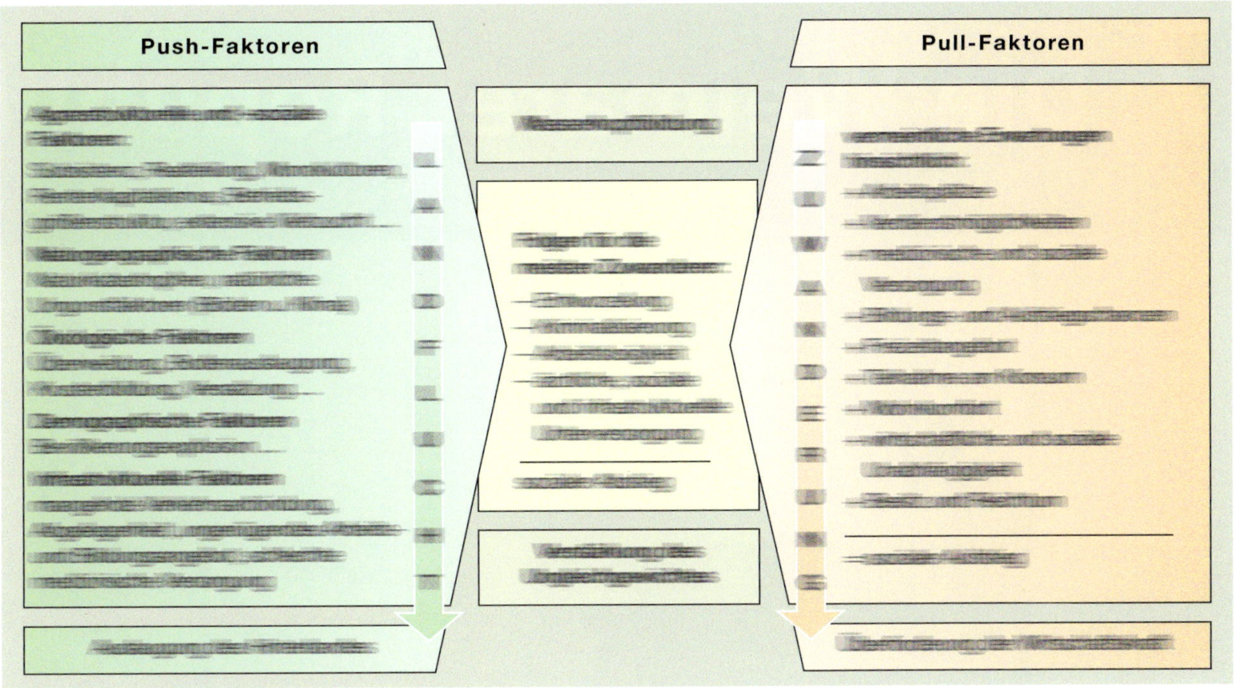

M5 Push- und Pull-Faktoren

M6 Mexiko-Stadt

1 Fotokopiere die Weltkarte M1 und trage darin die Länder mit
a) wiederkehrenden Hungersnöten
b) knapper Nahrungsversorgung ein.

2 In M2 sind die Namen der zehn ranghöchsten Staaten und der zehn Staaten am Ende der Liste bezogen auf den HDI unkenntlich gemacht worden. Schreibe sie in dein Arbeitsheft.

3 Erläutere die Begriffe aus M3.

4 In M4 wurden die Beschriftungen der Kästchen in einem Fließdiagramm zum Thema „Unterernährung" verdeckt. Ergänze die hier fehlenden Formulierungen (a bis i) in deinem Arbeitsheft.

5 So undeutlich wie M5 wird vermutlich die/der eine oder andere Brillenträger/-in ohne ihre/seine Lesehilfe sehen. Verschaffe dir wieder halbwegs neuen Durchblick, indem du das Schema in deinen Worten wiedergibst.

6 Mexiko-Stadt ist eine mittelamerikanische Metropole mit „vielen Gesichtern" (M6). Kommentiere die beiden Fotos und berichte über das Leben in dieser Stadt.

7 Diskutiert noch einmal abschließend in der Klasse darüber,
a) wie jede/-r Einzelne von euch armen Ländern helfen könnte
b) wie weit eure Bereitschaft dafür reicht.

7 Die Weimarer Republik

Erscheint täglich mittags mit Ausnahme der Sonn- und Feiertage.
Redaktion und Expedition: Darmstadt, Bismarckstraße 19.

Hessischer Volksfreund

Organ für die Interessen des werktätigen Volkes.

Nr. 264 | Telefon: Expedition Nr. 577 | Darmstadt, Samstag, den 9. November 1918. | Telefon: Redaktion Nr. 214 | 12. Jahrg.

Hessen sozialistische Republik.

An das hessische Volk! **Volksgenossen!**

In der Nacht vom Freitag auf Samstag hat sich in Darmstadt der **Hessische Arbeiter-, Bauern- und Soldatenrat** konstituiert. Alle öff. n'liche Gebäude sind von uns besetzt.

Der Aufruf des Soldatenrates.

Soldaten und Bürger!

Am 8. November 1918, abends 8 Uhr, haben wir Soldaten vom Truppen-Uebungsplatz Darmstadt einen Soldatenrat gegründet. Der Soldatenrat verlangt und verbürgt sich für die Durchführung folgender Forderungen:

Gleiches Recht für Mannschaften und Offiziere. Vorgesetzte gibt es nur noch im Dienst. Nach dem Dienst hat jeder Soldat völlige Bewegungsfreiheit.

Teilnahme der Soldaten an der Kommando- und Disziplinargewalt.

Wir beglückwünschen unsere Vorkämpfer in den anderen Garnisonen auf das herzlichste und geloben mit eiserner Entschlossenheit ihrer Bahn zu folgen.

Bürger, wir richten an Euch die dringende Bitte, Ruhe und Ordnung zu bewahren und uns zu unterstützen.

Das Privateigentum bleibt unangetastet.

Die Lebensmittelversorgung der Bevölkerung wird unter Aufsicht des Soldatenrates gestellt.

Alle in öffentlichen Diensten stehende Personen haben wie bisher ihre Pflicht zu erfüllen.

Notwendige Aenderungen werden vom Soldatenrat verfügt.

Der Soldatenrat der Stadt Darmstadt.

Das Programm des Soldatenrates.

1. Der Soldatenrat erklärt Hessen-Darmstadt als freie sozialistische Republik bis ein deutscher Republikstaat gegründet ist.
2. Sämtliche Truppenteile haben sich dem Soldatenrate zu unterwerfen und Gehorsam zu leisten.
3. Bisherige Offiziere und Chargierte werden als Vorgesetzte nicht mehr anerkannt. Die Truppen wählen ihre Führer selbst.
4. Für Verpflegung und Löhnung werden Kommissionen gebildet. Vorläufig ist die Truppe von der alten Stelle zu verpflegen.
5. Die öffentliche Ordnung muß unbedingt aufrecht erhalten werden. Zuwiderhandlungen werden streng geahndet.
6. Das öffentliche Geschäftsleben erfährt keine Unterbrechung.
7. Die öffentliche Sicherheit wird durch Soldaten des Soldaten-Rates verstärkt und haben mit fester Hand die Ordnung aufrecht zu erhalten.
8. Offiziere haben sämtliche Militär-Rangabzeichen abzulegen. Es ist ihnen freigestellt, sich der Bewegung anzuschließen oder ihren Abschied zu nehmen.
9. Alle Soldaten haben sich noch vorläufig als im Militärstande zu betrachten.

Bei einer Ansprache des Kameraden Muß im Bahnhofsgebäude an die Arbeiter gingen selbige völlig zum Soldatenrate über.

Die Arbeiter haben sich der Bewegung angeschlossen. Es ist kein Blutvergießen vorgekommen.

Die für morgen nach Groß-Gerau einberufene Vertrauensmännersitzung findet im Gewerkschaftshaus in Darmstadt statt.

Nach der Novemberrevolution von 1918 am Ende des Ersten Weltkrieges wurde 1919 die „Weimarer Republik" gegründet. Dieser neue Staat musste ein schweres Erbe antreten und für die Folgen des Ersten Weltkrieges aufkommen. Viele Menschen konnten den Niedergang des Kaiserreichs nicht verstehen und lasteten der jungen Demokratie die Schuld an den schwierigen Lebensumständen an, die ab 1919 als Folge des verlorenen Krieges in Deutschland herrschten. In diesem Kapitel könnt ihr erarbeiten, warum so wenige Menschen die Demokratie in Deutschland stützten und welche demokratiefeindlichen Einstellungen zum Untergang der Weimarer Republik führten.

1 Beschreibe, welche Stimmung das Bild vermittelt.

2 Fasse noch einmal die Ereignisse, die zur Niederlage Deutschlands führten, mit eigenen Worten zusammen.

Die Novemberrevolution

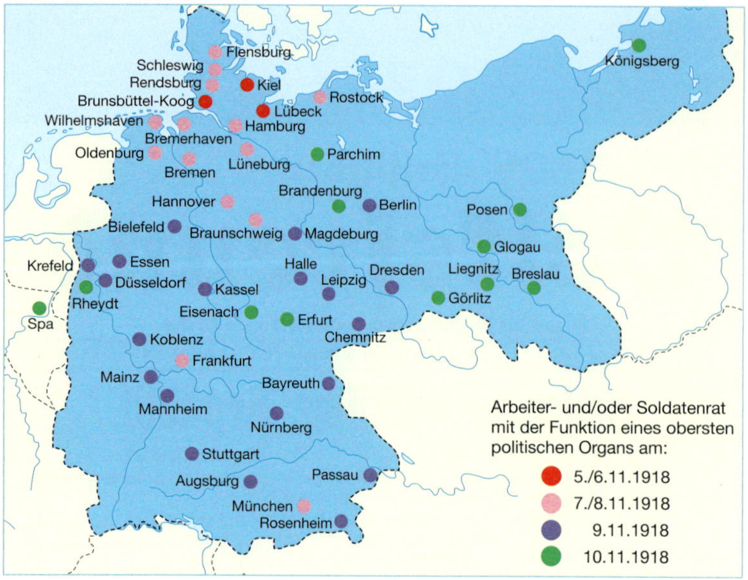

M 1 Die Novemberrevolution 1918 in Deutschland

Der Aufstand der Matrosen

Das Ende des Ersten Weltkriegs stand bevor, nachdem Deutschland im August 1918 eine große Niederlage in Frankreich erlitten hatte. Die Oberste Heeresleitung glaubte nicht mehr an einen Sieg und stellte ein **Friedensersuchen** an den amerikanischen Präsident Wilson. Die Waffenstillstandsverhandlungen, die nun begannen, zogen sich jedoch wegen der harten Bedingungen der Alliierten hin.

Im Oktober 1918 wurde in ganz Deutschland bekannt, dass Waffenstillstandsverhandlungen eingeleitet worden waren. Die deutsche Seekriegsführung bereitete aber in Wilhelmshaven noch einen großen Angriff auf England vor. Als der Befehl zum Auslaufen kam, verweigerten Matrosen und Heizer am Abend des 29. Oktober den Gehorsam. Auf mehreren Großkampfschiffen löschten sie die Feuer unter den Kesseln und machten die Geschütze unbrauchbar. Die beginnende **Meuterei*** wurde aber niedergeschlagen. Viele Matrosen wurden verhaftet, der Angriff abgesagt und ein Teil der Flotte wurde nach Kiel verlegt.

Die Mannschaften auf den Kriegsschiffen in Kiel solidarisierten sich jedoch mit ihren verhafteten Kameraden, für die sie Todesurteile befürchteten. So flammte der Aufstand am 3. November von neuem auf. Soldaten, Matrosen und Arbeiter der Kieler Werften übernahmen die Gewalt in der Stadt und bildeten einen **Arbeiter- und Soldatenrat***.

Ihre Hauptforderungen waren die Freilassung aller politischen Gefangenen, straffreie Rückkehr der Matrosen auf die Schiffe sowie Rede- und Pressefreiheit.

***Arbeiter- und Soldatenräte**
in den Fabriken von Arbeitern und in den Kasernen von Soldaten gewählte Vertretungen, die die bisherige Obrigkeit ersetzen sollen; ein nationaler Rätekongress aus Delegierten der regionalen Räte erhebt den Anspruch, das oberste politische Machtorgan zu sein

***Spartakusbund**
von der SPD abgespaltene linksextreme Gruppe um Karl Liebknecht und Rosa Luxemburg

***Meuterei**
Aufstand

Die Ausrufung der Republik

Auch in Berlin hatte sich ein Arbeiter- und Soldatenrat gebildet. Er forderte die Abdankung des Kaisers, Schaffung einer sozialen Republik sowie Übergabe der Regierungsgewalt an die Arbeiter- und Soldatenräte. Tausende von Menschen zogen am Morgen des 9. November auf das Regierungsviertel Berlins zu, um diese Forderungen durchzusetzen (Foto S. 142/143).

Das Herannahen der Massendemonstration setzte den kaiserlichen Reichskanzler Prinz Max von Baden stark unter Druck. Als der Kaiser sich mittags immer noch weigerte, zurückzutreten, verkündete von Baden eigenmächtig dessen **Abdankung**. Aber die Massen waren nicht mehr zurückzuhalten. Am Mittag des 9. November 1918 versammelte sich die Menge vor dem Reichstag. Es wurde bekannt, dass Karl Liebknecht, der Führer des Spartakusbundes*, eine sozialistische Republik ausrufen wollte. Anhänger der SPD drängten ihr Vorstandsmitglied Philipp Scheidemann, dem zuvorzukommen.

M2 **Philipp Scheidemann (SPD) ruft am 9. November die Republik aus.**

M5 **Demonstranten auf dem Weg zum Berliner Schloss (1918)**

M3 **In seiner Rede hieß es:**

[...] Arbeiter und Soldaten. Furchtbar waren die vier Kriegsjahre, grauenhaft waren die Opfer [...], das Morden ist vorbei, die Folgen des Krieges, Not und Elend, werden noch viele Jahre auf uns lasten. [...] Der Prinz Max von Baden hat sein Reichskanzleramt dem Abgeordneten Ebert übergeben. Unser Freund wird eine Arbeiterregierung bilden, der alle sozialistischen Parteien angehören werden. Die neue Regierung darf nicht gestört werden in ihrer Arbeit für den Frieden, in der Sorge um Brot und Arbeit [...] seid einig, treu und pflichtbewusst. Das Alte und Morsche, die Monarchie, ist zusammengebrochen. Es lebe das Neue! Es lebe die Deutsche Republik. [...]

Herbert Michaelis (Hrsg.), Ursachen und Folgen. Vom deutschen Zusammenbruch 1918 und 1945 bis zur staatlichen Neuordnung Deutschlands in der Gegenwart, Bd. 2, Berlin, Wendler o. J., S. 572

M4 **Das war gegen 14 Uhr. Um 16 Uhr hielt Karl Liebknecht, Anführer der extremen Linken, eine Rede. Er sagte:**

[...] Der Tag der Revolution ist gekommen. Wir haben den Frieden erzwungen [...] Das Alte ist nicht mehr [...] Parteigenossen, ich proklamiere* die freie sozialistische Republik Deutschland, die alle Stämme umfassen soll, in der es keine Knechte mehr geben wird. [...] Wir müssen alle Kräfte anspannen, um die Regierung der Arbeiter und Soldaten aufzubauen und eine neue staatliche Ordnung des Proletariats zu schaffen, eine Ordnung des Friedens, des Glücks und der Freiheit unserer deutschen Brüder und unserer Brüder in der ganzen Welt. Wir reichen ihnen die Hände und rufen sie zur Vollendung der Weltrevolution auf. [...]

Ebenda, S. 573

***proklamieren**
etwas öffentlich ausrufen

Hessen wird Republik

Am 8./9. November kam es in allen größeren Städten Hessens zu Unruhen und zur Übernahme der Gewalt durch Arbeiter- und Soldatenräte. An die Stelle des Großherzogtums Hessen trat der „Volksstaat Hessen" mit einer parlamentarischen Regierungsform und dem Wahlrecht auch für Frauen.

1 Nenne die Gründe, die die Matrosen und Heizer zum Aufstand trieben.

2 Warum mögen sich die Werftarbeiter dem Aufstand angeschlossen haben?

3 Beschreibe nach der Karte M 1 die Ausbreitung der Aufstände.

4 Beschreibe M 5. Beachte die Gesichter der Menschen, ihre Haltung und Kleidung.

5 Vergleiche die beiden Redeauszüge. Liste auf, in welchen Zielen sie übereinstimmen und in welchen sie sich unterscheiden (M 3, M 4).

Auf der Suche nach einer neuen Regierung

M 1 **Der Berliner Soldatenrat Anfang November 1918 im Reichstag**

***Rat der Volksbeauftragten**
die 1918/19 amtierende provisorische Regierung aus Mitgliedern der SPD und USPD

***Regime**
Begriff für ein in der Regel negativ bewertetes, weil unterdrückerisches Herrschaftssystem

***MSPD**
Mehrheitssozialisten; Bezeichnung für die SPD nach Abspaltung der USPD im Jahr 1917

***USPD**
Unabhängige Sozialdemokratische Partei Deutschlands; linksextreme Abspaltung von der SPD

Bildung einer Regierung

Am nächsten Tag, dem 10. November 1918, bildete die SPD eine provisorische Regierung: Sie nannte sich „**Rat der Volksbeauftragten**"*. Inzwischen hatte sich die Kriegslage für Deutschland noch weiter verschlechtert. So schloss die provisorische Regierung schon am 11. November den Waffenstillstand mit den Alliierten. Um die Mittagszeit dieses Tages wurden die Kampfhandlungen an allen Fronten eingestellt.

Rätekongress und Spartakusbund

In vielen Betrieben und Truppenteilen waren inzwischen **Arbeiter-** bzw. **Soldatenräte** gewählt worden. Vom 16. bis 21. Dezember 1918 fand im preußischen Abgeordnetenhaus in Berlin ihr erster Gesamtkongress statt. Zwei Drittel der Delegierten gehörten der gemäßigten MSPD* an und ein Drittel der linksextremen USPD*. Der Spartakusbund war nicht zugelassen.

M 2 **Der Spartakusbund hatte noch am 14. Dezember 1918 folgenden programmatischen Aufruf veröffentlicht:**

Dort, wo die millionenköpfige Proletariermasse die ganze Staatsgewalt mit ihrer schwieligen Faust ergreift […], dort allein ist die Demokratie, die kein Volksbetrug ist. […] Entwaffnung aller Angehörigen der herrschenden Klassen […] Bewaffnung der gesamten erwachsenen, männlichen Bevölkerung als Arbeitermiliz
[…] Ersetzung aller politischen Organe und Behörden des früheren Regimes* durch Vertrauensmänner der Arbeiter- und Soldatenräte
[…] Beseitigung aller Parlamente und Gemeinderäte und Übernahme ihrer Funktionen durch Arbeiter- und Soldatenräte
[…]

Herbert Michaelis (Hrsg.), a.a.O., S. 166 f.

Am 18. Dezember 1918 lehnte der Rätekongress mit 344 gegen 98 Stimmen den Antrag ab, den Arbeiter- und Soldatenräten die höchste gesetzgebende und vollziehende Gewalt zuzugestehen. Das war die grundsätzliche Entscheidung für eine **parlamentarische Demokratie**.

Aufstände

Einige Beschlüsse des Kongresses zur Demokratisierung des Heeres waren sowohl bei der Obersten Heeresleitung (OHL) als auch bei linken Soldatenräten auf heftigen Widerstand gestoßen. Eine Abteilung der linksextremen Volksmarinedivision* besetzte aus Protest mit Waffengewalt das Berliner Schloss. Diese Meuterei konnte der Rat nicht hinnehmen, zumal ein Regierungsmitglied als Geisel genommen worden war. So schloss der Vorsitzende

M3 **Barrikadenkämpfe im Berliner Zeitungsviertel (1919)**

M4 **Revolutionäre Soldaten am Brandenburger Tor in Berlin (1919)**

***Volksmarinedivision**
Bezeichnung für eine militärische Einheit von politisch linksgerichteten Matrosen, die sich nach dem Zusammenbruch des Kaiserreiches in der Revolution von 1918 zusammengeschlossen hatten

***Freikorps**
Soldaten der ehemaligen kaiserlichen Armee, die sich nach der Revolution 1918 freiwillig in einer Art Privatarmee organisierten und in der Regel konservative bis antidemokratische Positionen vertraten

des Rats, Ebert, mit dem Chef der OHL, Groener, ein Bündnis. Die Beschlüsse des Kongresses zur Heeresreform wurden für unwirksam erklärt. Als Gegenleistung ließ Groener Reichswehrtruppen in Berlin einmarschieren, um die gegen den Rat meuternden Matrosen niederzuwerfen. Dies führte wiederum zu einer breiten Aufstandsbewegung von Arbeitern und Soldaten gegen die Regierung Ebert / Scheidemann wegen des vermeintlichen Verrats an der gemeinsamen Sache.

Niederschlagung

Mit den Worten „Meinetwegen, einer muss der Bluthund werden, ich scheue die Verantwortung nicht!" übernahm Gustav Noske (MSPD) den Oberbefehl, um die Aufstände niederzuschlagen. Zu diesem Zweck wurden regierungstreue Freikorps* zusammengestellt. In Berlin wüteten die Kämpfe eine Woche lang. Zu den Opfern gehörten auch Karl Liebknecht und Rosa Luxemburg. Sie wurden am 15. Januar 1919 von Freikorps-Offizieren ermordet. Auch in anderen Teilen Deutschlands kam es zu Aufständen, die auf Weisung der nun allein regierenden SPD-Regierung Ebert / Scheidemann von Militär und Freikorps niedergeschlagen wurden.

Wahlen zur Nationalversammlung

Am 19. Januar 1919 fanden die Wahlen zur **deutschen Nationalversammlung** statt. Es gingen 83 Prozent der Wahlberechtigten zur Wahl. Zum ersten Mal durften auch die Frauen wählen. 54 Prozent der abgegebenen Stimmen stammten von Frauen.
Wegen der Gefahr weiterer Unruhen in Berlin wurde Weimar zum Tagungsort der Nationalversammlung bestimmt. Hier hoffte man, unter dem Schutz eines Freikorps ungestört tagen zu können.

1 Besprecht, warum das Programm (M2) zu einem Ausschluss des Spartakusbundes vom Rätekongress geführt haben könnte.

2 Beschreibe, was M3 und M4 über die Lage in Berlin im Januar 1919 verraten.

3 Überlege, was es für die Bevölkerung bedeutet, wenn sich verschiedene Truppenteile in einer Stadt bekriegen.

4 Diskutiert das Vorgehen der SPD-Regierung. Lässt es sich vor dem Hintergrund der damaligen Ereignisse rechtfertigen? Begründet eure Meinung.

Die Weimarer Verfassung

M1 Friedrich Ebert (1871–1925), Mitglied der SPD, war von 1919 bis 1925 der erste Reichspräsident der Weimarer Republik

*Souverän
(Franz. = „eigenständiger und unumschränkter Herrscher"); vom Souverän geht die Macht im Staat aus. In einer Monarchie ist dies der König, in einer Demokratie das Volk.

*Volksbegehren
das Recht einer Mindestzahl stimmberechtigter Bürger, dem Parlament einen Gesetzentwurf vorzulegen und dessen Erlass zu verlangen; dies kann in Form eines Volksentscheids erfolgen.

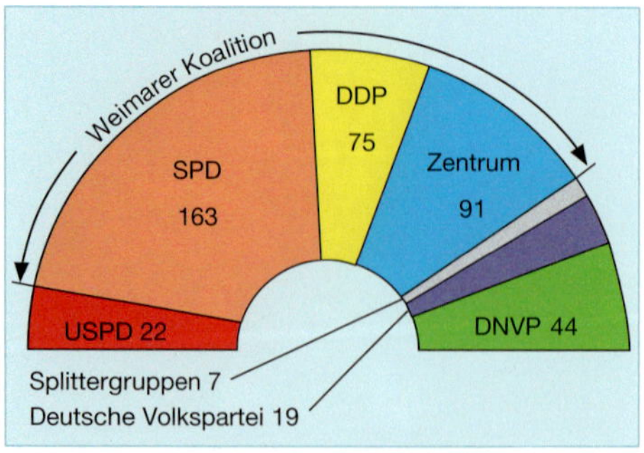

M2 Sitzverteilung der Parteien nach der Wahl zur Nationalversammlung 1919

Nationalversammlung

Die Wahlen zur Nationalversammlung hatten inmitten der Januarunruhen stattgefunden. Am 6. Februar 1919 trat die Versammlung in Weimar zusammen. Sechs Parteien und mehrere Splittergruppen waren in diesem Parlament vertreten. Am 11. Februar wählte man Friedrich Ebert zum **Reichspräsidenten** und zwei Tage später die erste demokratische Regierung Deutschlands (SPD, DDP, Zentrum).

Weimarer Verfassung

Nach langen Diskussionen in der Nationalversammlung wurde die Verfassung am 11. August 1919 in Kraft gesetzt.

M3 In der Einleitung heißt es:

Das deutsche Volk, einig in seinen Stämmen und von dem Willen beseelt, sein Reich in Freiheit und Gerechtigkeit zu erneuern und zu festigen, dem inneren und dem äußeren Frieden zu dienen und den gesellschaftlichen Fortschritt zu fördern, hat sich diese Verfassung gegeben. […]

M4 Der erste Artikel der Verfassung lautet:

[…] Das Deutsche Reich ist eine Republik. Die Staatsgewalt geht vom Volke aus. […]

Die Verfassung des Deutschen Reiches, Reichsdruckerei 1924, S. 7

Dem Volk als dem eigentlichen Souverän* war die unmittelbare Mitwirkung an der Staatspolitik durch direkte Wahlen des Reichspräsidenten, der Mitglieder des Reichstages und der Länderparlamente gegeben. Außerdem wurde die Mitwirkung durch Volksbegehren* und Volksentscheide geregelt.
Beide Verfahren wurden in der **Weimarer Republik** angewandt und führten jeweils zu heftigen politischen Auseinandersetzungen. Im Grundgesetz der Bundesrepublik Deutschland sind beide Verfahren nicht vorgesehen.
In einem zweiten Hauptteil der Verfassung werden die Grundrechte aufgeführt:

- die Gleichheit aller vor dem Gesetz, auch der Frauen (Art. 109, 119, 128)
- die Unverletzlichkeit der Person (Art. 114), der Wohnung (Art. 115) und des Post- und Fernmeldegeheimnisses (Art. 117)
- die Freiheit der Meinungsäußerung in Wort und Bild sowie die Pressefreiheit (Art. 118)
- die Versammlungs- und Glaubensfreiheit (Art. 123)
- die Vereinsfreiheit (Art. 124)
- die Freiheit des Eigentums (Art. 153).

Neben diesen schon 1848 verkündeten Grundrechten wurden neue Rechte in der Verfassung verankert:

- der Schutz der Jugend
- das Recht auf Unterhaltszahlung bei unverschuldeter Arbeitslosigkeit
- die Anerkennung der Gewerkschaften als Tarifpartner.

Die Verfassung galt als sehr demokratisch und freiheitlich. Sie ermöglichte allen – auch den kleinsten Parteien –, an der Gestaltung der Politik mitzuwirken.

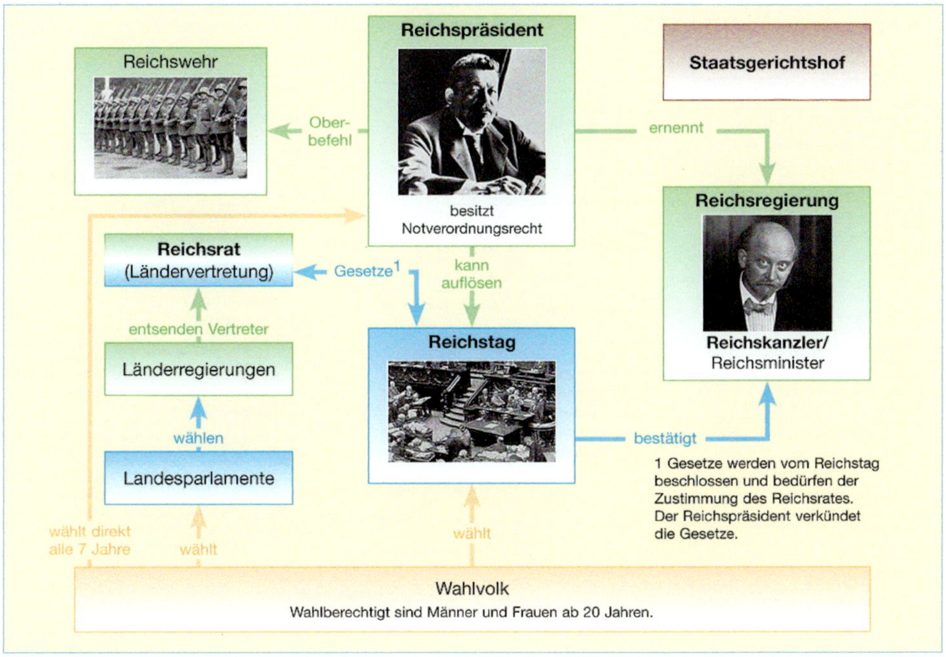

M5 Weimarer Verfassung

Gewaltenteilung

- gesetzgebende Gewalt
- ausführende Gewalt
- richterliche Gewalt

Verfassung

Grundsätze über Form und Aufbau eines Staates

Verhältniswahlrecht

Beim Verhältniswahlrecht werden die Sitze im Parlament nach dem Verhältnis der auf die Parteien entfallenen Stimmen verteilt. Bei diesem Wahlsystem bekommen auch Parteien Sitze im Parlament, die nur wenige Stimmen erhalten haben. Aus diesem Grunde sind bei diesem Wahlsystem eine Vielzahl von Parteien im Parlament vertreten.

Rechte des Reichspräsidenten

M6 Artikel 25: […] Der Reichspräsident kann den Reichstag auflösen, jedoch nur einmal aus dem gleichen Anlass. […]
Artikel 41: Der Reichspräsident wird vom ganzen deutschen Volk gewählt. […]
Artikel 43: Das Amt des Reichspräsidenten dauert sieben Jahre. Wiederwahl ist zulässig. […]
Artikel 47: Der Reichspräsident hat den Oberbefehl über die gesamte Wehrmacht des Reichs. […]
Artikel 48.2: Der Reichspräsident kann, wenn im Deutschen Reiche die öffentliche Sicherheit und Ordnung erheblich gestört oder gefährdet wird, die […] nötigen Maßnahmen treffen, erforderlichenfalls mithilfe der bewaffneten Macht einschreiten. Zu diesem Zweck darf er vorübergehend die in den Artikeln 114, 115, 117, 118, 123, 124 und 153 festgesetzten Grundrechte […] außer Kraft setzen […]
Artikel 53: Der Reichskanzler und auf seinen Vorschlag die Reichsminister werden vom Reichspräsidenten ernannt und entlassen. […]

1 Prüfe, welche Parteien der Nationalversammlung du schon aus dem 19. Jahrhundert kennst (M2).

2 Vergleiche die Stärkeverhältnisse der Parteien in der Nationalversammlung (M2).

3 Gib anhand von M2 an, welche Parteien Koalitionen bilden konnten.

4 Stelle dar, wer als Urheber der Verfassung genannt wird und welche Ziele angesprochen werden.

5 Überlege, was der Satz in M3 konkret bedeutet und erläutere die Begriffe.

6 Erläutere, wie die Gewaltenteilung in der Weimarer Verfassung geregelt ist (M5).

7 Begründe, warum diese Verfassung als sehr freiheitlich galt.

8 Fasse die Rechte des Reichspräsidenten zusammen und erläutere seine Machtposition.

9 Diskutiert, welche Probleme vor allem aus den Artikeln 48.2 und 53 entstehen konnten.

10 Erkläre folgende Begriffe: „Monarchie", „Demokratie", „Diktatur".

11 Vergleiche einzelne Punkte der Weimarer Verfassung mit dem Grundgesetz der Bundesrepublik Deutschland.

Der Versailler Vertrag

Franzosen in Hessen

Gemäß den Bestimmungen des Versailler Vertrages ergab sich aus der Besetzung des Rheinlandes durch die französische Siegermacht auf 15 Jahre eine schwerwiegende Belastung für die betroffenen Gebiete: das gesamte linksrheinische Rheinhessen sowie die Kreise Groß-Gerau und Offenbach, auch Gebiete in Hessen-Nassau, im Regierungsbezirk Wiesbaden, im Rheingau, im Taunus und im nördlichen Nassau gehörten zur besetzten Zone. Die Bewohner unterlagen dem Kriegsrecht mit nächtlicher Ausgangssperre, strenger Pressezensur und Versammlungskontrolle. Die Besatzungsmacht unterstützte aktive Gruppen rheinischer Separatisten, die eine „Rheinische Republik“ in enger Anlehnung an Frankreich zu errrichten versuchten. Der vorzeitige Abzug der französischen Besatzungstruppen im Juli 1930 wurde daher in ganz Hessen begeistert gefeiert.

Alliierte und assoziierte Regierungen

Insgesamt gehörten hierzu 27 Siegerstaaten, die gegen das Deutsche Reich verbündet (alliiert und assoziiert) waren.

***Reparationen**

Zahlungen Deutschlands an die Siegermächte, mit denen Deutschland für die durch seine Aggression verursachten Zerstörungen und Kosten des Ersten Weltkrieges aufkommen sollte

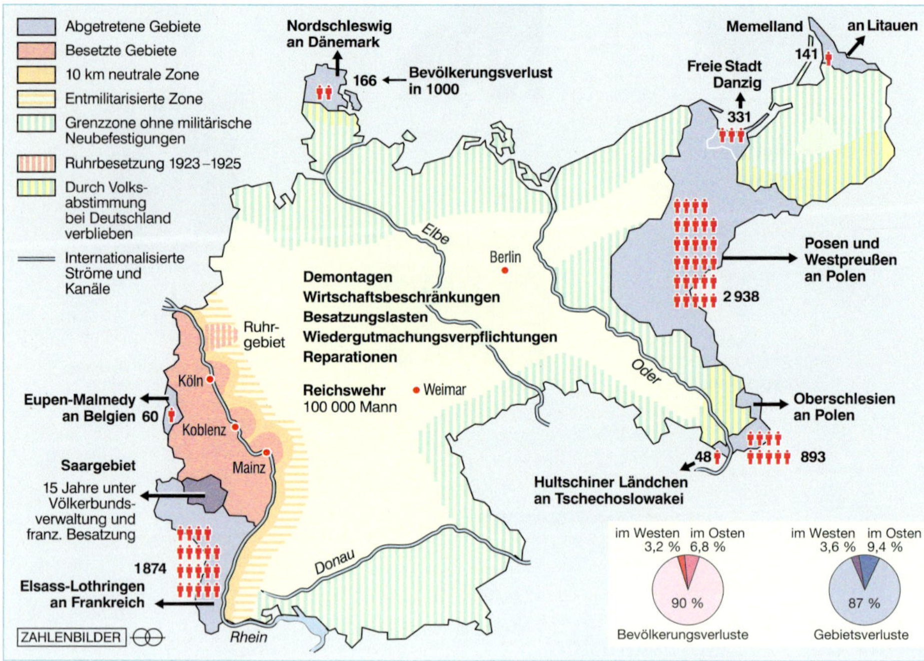

M1 **Deutschlands Gebietsverluste in Europa durch den Versailler Vertrag**

Frieden ohne Verhandlung

Anfang 1919 hatten sich in Paris die Vertreter der Siegermächte versammelt, um einen Friedensvertrag zu erarbeiten. Ziel war eine neue Friedensordnung für die Welt. Der neu gegründete **Völkerbund** sollte Kriege sogar für alle Zeiten unmöglich machen. Deutschland war zu den Verhandlungen nicht zugelassen. Anfang Mai wurde der deutschen Delegation der Vertragstext vorgelegt, Änderungswünsche wurden nicht angenommen.

M2 **Artikel 231 des Versailler Vertrages:**
[…] Die alliierten und assoziierten Regierungen erklären und Deutschland erkennt an, dass Deutschland und seine Verbündeten als Urheber [des Krieges] für alle Schäden und Verluste verantwortlich sind, die die alliierten und assoziierten Regierungen und ihre Staatsangehörigen infolge des ihnen durch den Angriff Deutschlands und seiner Verbündeten aufgezwungenen Krieges erlitten haben. […]

Herbert Michaelis (Hrsg.), a.a.O., S. 405

Kriegsschuld und Reparationen

In der deutschen Bevölkerung hatte man den Krieg als einen aufgezwungenen Verteidigungskrieg verstanden. Deshalb war man wütend über den Versailler Vertrag. Der Vertrag regelte vor allem die deutschen Gebietsabtretungen, die Abrüstung der deutschen Armee und das Verbot der allgemeinen Wehrpflicht. Weitere Punkte waren die Wiedergutmachung der alliierten Kriegsschäden und mögliche Eingriffsrechte der Alliierten in Deutschland. Wichtige Bedingungen des Versailler Vertrages besagten: Deutschland musste alle Kolonien abtreten, für alle Kriegsschäden aufkommen und Reparationen* zahlen. Deren Höhe sollte erst später festgelegt

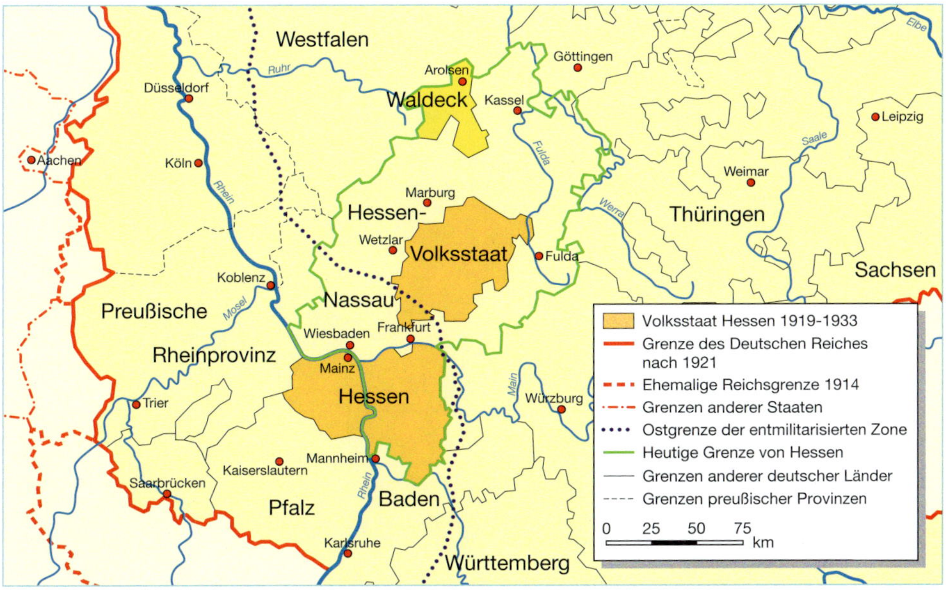

M3 **Der Volksstaat Hessen 1919–1933**

werden. Das deutsche Heer wurde auf 100 000, die Marine auf 15 000 Mann beschränkt. Schwere Waffen, Flugzeuge und U-Boote wurden verboten. Deutschland blieb vom Völkerbund ausgeschlossen.

Das „Friedensdiktat"

Die Friedensbedingungen wurden von deutscher Seite als besonders hart empfunden. Die Siegermächte lehnten aber fast alle deutschen Einwände und Forderungen ab. In der Nationalversammlung und auf den Straßen kam es zu leidenschaftlichen Protesten gegen die Versailler Vorgaben. Der spektakulärste „Protest" fand am 21. Juni 1919 statt. Der Kommandant der vor den Orkney-Inseln nördlich von Schottland festgesetzten deutschen Kriegsflotte befahl deren Selbstvernichtung: 57 Schiffe wurden von ihren Besatzungen selbst versenkt oder auf Grund gesetzt. Die Siegermächte drohten nun, in Deutschland einzumarschieren, wenn der Vertrag von der deutschen Regierung nicht angenommen würde. Wegen dieser Umstände sprach man in Deutschland vom „Versailler Zwangsfrieden" oder dem „Friedensdiktat" und „Erfüllungspolitikern". Gegen den „Diktatfrieden"* von Versailles entwickelte sich in der Weimarer Republik eine nationalistische Kampagne. Selbst in der britischen und amerikanischen Öffentlichkeit wurden wiederholt wirtschaftliche und territoriale Bestimmungen des Friedensvertrages kritisiert.

***Diktatfrieden**
Friedensbedingungen, die einseitig von den Siegern festgelegt werden; die Verlierer können nur noch zustimmen.

1 Erstelle eine Liste möglicher Forderungen, die du aus französischer, britischer und deutscher Sicht in Friedensverhandlungen gestellt hättest.

2 Versuche, einen Kompromiss zwischen den unterschiedlichen Forderungen zu finden.

3 Gib den Artikel 231 des Versailler Vertrages mit eigenen Worten wieder (M 2).

4 Überlege, welche Forderungen sich aus dem Artikel 231 ableiten lassen (M 2).

5 Beschreibe anhand der Karte die deutschen Gebietsverluste (M 1).

6 Listet die Staaten auf, die deutsche Gebiete erhielten. Sucht die besetzten Gebiete heraus.

7 Diskutiert die Bestimmungen des Vertrages und überlegt, welche Folgen er für die wirtschaftliche und politische Entwicklung der Weimarer Republik haben konnte.

Aufnahme in den Völkerbund

M 1 Briand und Stresemann (1926)

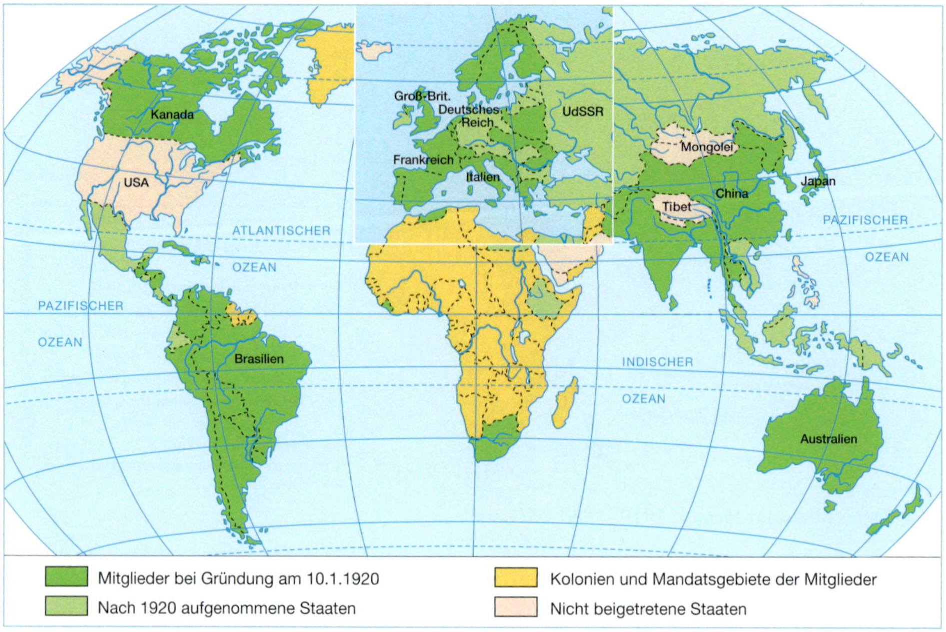

M 2 Der Völkerbund ab 1920

Die Sicherung des Friedens

Auf Drängen des US-Präsidenten Wilson arbeitete die Pariser Friedenskonferenz auch die Satzung für einen Völkerbund aus. Im Januar 1920 nahm dieser seine Arbeit in Genf auf.

Die Ziele des Völkerbundes waren die Förderung der Zusammenarbeit unter den Staaten und die Gewährleistung des internationalen Friedens und der Sicherheit.

M 3 Dazu hieß es in der Satzung:

Art. 6: Die Bundesmitglieder bekennen sich zu dem Grundsatz, dass die Aufrechterhaltung des Friedens eine Herabsetzung der nationalen Rüstungen auf ein Mindestmaß erfordert.

Art. 10: Die Bundesmitglieder verpflichten sich, die Unversehrtheit des Gebietes und die politische Unabhängigkeit aller Mitglieder zu achten und gegen jeden äußeren Angriff [...] zu schützen.

Art. 12: Alle Bundesmitglieder kommen überein, eine etwa zwischen ihnen entstehende Streitfrage [...] der Schiedsgerichtsbarkeit zu unterbreiten.

Art. 16: Schreitet ein Bundesland zum Krieg [...], so ist es anzusehen, als hätte es einen Krieg gegen alle anderen Bundesländer begonnen. Diese verpflichten sich, unverzüglich alle Handels- und Finanzbeziehungen zu ihm abzubrechen. [...]

Herbert Michaelis (Hrsg.), a.a.O., S. 405

Der Völkerbund war aber zu schwach, um seine Ziele durchsetzen zu können. Außer wirtschaftlichen Druckmitteln standen ihm keine wirklichen Machtmittel zur Verfügung. Als dann auch noch der amerikanische Senat beschloss, dem Völkerbund nicht beizutreten, war er zum Scheitern verurteilt. Dennoch ging vom Völkerbund eine richtungweisende Wirkung aus. Zum ersten Mal wurden gemeinsame Abrüstung und Friedenssicherung in Ansätzen verwirklicht. Deutschland blieb zunächst ausgeschlossen.

Deutschland im Völkerbund 1926

Deutschland war vom Völkerbund ausgeschlossen, weil es als Aggressor* galt. Im Vertrag von **Locarno*** hatte Deutschland sich verpflichtet, Grenzfragen nur auf friedlichem Weg zu regeln. Daraufhin beschloss die Völkerbundversammlung am 8. September 1926 einstimmig, Deutschland aufzunehmen.

M4 Der Dolmetscher Paul Schmidt berichtete darüber später in seinen Erinnerungen:

Bei Stresemanns Eintritt setzte im ganzen Saal ein wahrer Beifallssturm ein. Nur mit Mühe konnten sich die deutschen Delegierten durch die herandrängende Masse der ausländischen Völkerbundsvertreter den Weg zu ihren Plätzen bahnen. [...]

Paul Schmidt, Statist auf diplomatischer Bühne, Frankfurt/M./Bonn 1964, S. 115

M5 In seiner Antrittsrede sagte Gustav Stresemann:

Nur auf der Grundlage einer Gemeinschaft, die alle Staaten ohne Unterschied in voller Gleichberechtigung umspannt, können Hilfsbereitschaft und Gerechtigkeit die Leitsterne der Menschenschicksale werden. Nur auf dieser Grundlage lässt sich der Grundsatz der Freiheit aufbauen. [...]

Gustav Stresemann, Reden und Schriften, Politik, Geschichte und Literatur 1897–1926, Band 2, 1926, S. 303f.

M6 Der französische Außenminister Aristide Briand antwortete auf Stresemanns Rede:

[...] Was bedeutet dieser Tag für Deutschland und für Frankreich? Das will ich Ihnen sagen: Es ist jetzt Schluss mit jener langen Reihe schmerzlicher und blutiger Auseinandersetzungen. [...] In Zukunft werden wir [unsere Meinungsverschiedenheiten] vor dem Richterstuhl in Ordnung bringen. Deshalb sage ich: Fort mit den Waffen! Freie Bahn für die Versöhnung, die Schiedsgerichtsbarkeit und [...] den Frieden. [...]

Paul Schmidt, a.a.O., S. 118

Ein Vertrag mit der Sowjetunion

Die deutsche Souveränität war aber immer noch eingeschränkt. Die deutsche Politik wurde 1926 weiterhin belastet durch die Reparationszahlungen, die Besetzung von Teilen des Rheinlandes und das militärische Ungleichgewicht, da die anderen Staaten nicht abgerüstet hatten, wie Deutschland es hatte tun müssen.

Nach dem Abschluss des **Locarno-Paktes** zwischen Deutschland und Frankreich nahm Stresemann auch Verhandlungen mit der Sowjetunion auf. Im April 1926 wurde der Berliner Vertrag geschlossen – ein Freundschafts- und Neutralitätspakt. Darin sicherten sich beide Staaten friedliches Verhalten zu. Außerdem sollte sich keine der beiden Seiten einem wirtschaftlichen oder finanziellen Boykott* gegen den anderen anschließen.

Acht Jahre nach dem verlorenen Krieg hatte Deutschland damit seine außenpolitischen Positionen wieder verbessert. Die **Reparationszahlungen** blieben jedoch für Deutschland eine große Belastung.

***Aggressor**
Angreifer; in diesem Fall der schuldige Verursacher des Ersten Weltkriegs

Locarno
Stadt in der Schweiz, in der 1925 ein Vertrag zwischen Deutschland und den Westmächten abgeschlossen wurde, der die deutsche Westgrenze vertraglich sicherte

***Neutralität**
Unparteilichkeit

***Boykott**
Maßnahmen zur Isolation von Personen und Institutionen; z. B. Warenboykott: die Nichteinfuhr oder der Nichtkauf bestimmter Waren aus bestimmten Ländern

1 Suche aus M3 die Maßnahmen heraus, die der Sicherung des Friedens dienen sollten.

2 Stelle mithilfe der Karte M2 eine Liste der Mitglieder des Völkerbundes bei der Gründung auf. Ergänze sie um die nach 1920 aufgenommenen Staaten.

3 Stellt zusammen, was ihr über eine heutige Organisation wisst, die ähnliche Ziele verfolgt wie der Völkerbund.

4 Gib mit eigenen Worten die Inhalte der kurzen Redeausschnitte (M4 und M5) wieder.

5 Diskutiert, welche Vorteile sich aus dem Beitritt zum Völkerbund für Deutschland ergaben.

6 Fasse die Ziele der Außenpolitik Stresemanns zusammen.

Die Weimarer Republik in der Krise

M1 Arbeitssuchende (1932)

Nachwirkungen der Inflation

Nach dem Ersten Weltkrieg (1919) hatte das Deutsche Reich hohe Schulden. Der Krieg war über Kredite finanziert worden. Doch der Staat vermied eine harte Sparpolitik. Die Entschädigungszahlungen für die Sieger (Reparationen), die Unterstützung der Familien getöteter oder schwer verwundeter Soldaten – all das verschlang große Summen. Die Fehlbeträge in der Staatskasse wurden durch vermehrtes Drucken von Banknoten ausgeglichen. Dieses Geld ohne echten wirtschaftlichen Gegenwert hatte keine Kaufkraft (**Inflation**). Ende 1923 wurde einfach das alte Geld für ungültig erklärt. Diese Entwertung der Ersparnisse traf Sparer und Versicherungsnehmer besonders hart. Die Schuld gaben viele der Republik.

Jahr	Monat	Preis
1919	August	0,80 Mark
1921	Juni	3,90 Mark
1922	Juli	53,15 Mark
1923	Januar	250,00 Mark
1923	Februar	389,00 Mark
1923	Juni	1428,00 Mark
1923	Juli	3465,00 Mark
1923	August	69 000,00 Mark
1923	September	1 512 000,00 Mark
1923	Oktober	1 743 000 000,00 Mark

M2 Preise für 1 kg Brot

Weltwirtschaftskrise und Arbeitslosigkeit

1929 kam es, ausgehend von den USA, zu einer **Weltwirtschaftskrise**, die sich auch in Deutschland bemerkbar machte. Ein wirtschaftlicher Aufschwung in den späten Zwanziger Jahren (**Goldene Zwanzigerjahre**) war mit amerikanischen Krediten finanziert worden. Diese Gelder wurden von den Banken zurückgefordert. In Deutschland wurden deshalb zahlreiche Betriebe geschlossen und es kam zu Massenentlassungen.

Die republikfeindlichen Kräfte setzen sich durch

M3 Bericht eines jungen Arbeiters in der Zeitung „Der Tag“ vom 22. 9. 1932:

Seine Arbeit verlernen, Bummeln müssen und nicht wissen, ob man jemals wieder in seine Arbeit kommt, das macht kaputt. Man ist rumgelaufen nach Arbeit, Tag für Tag. […] Immer wieder hört man: „Nichts zu machen.“ Da wird man abgestumpft. Ich hasse diesen Staat. Und ich habe als Arbeitsloser das Recht und die Pflicht, die deutsche Demokratie zu hassen.

Der Tag, 22. 9. 1932

Jahr	Gesamtzahl	% der Werktätigen
1929	1 892 000	9,6
1930	3 076 000	15,7
1931	4 520 000	23,9
1932	5 575 000	30,8

M4 Arbeitslose in Deutschland

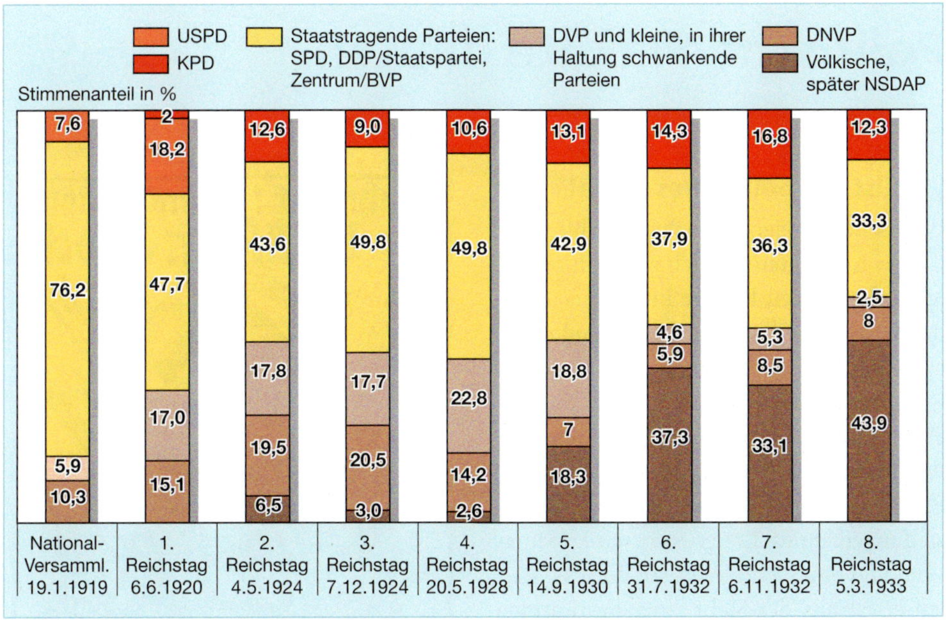

M5 **Wahlergebnisse staatsfeindlicher und staatstragender Parteien 1919–1933**

M6 **Bericht einer Zeitzeugin:**
Immer wieder gab es auf den Straßen Krawalle, Schlägereien und Schießereien, wenn sich die Nazis und die Kommunisten in die Quere kamen. Die meisten unserer Bekannten schwärmten von der Zeit vor dem Weltkrieg. Wir wünschten, dass ein starker Mann endlich wieder Ordnung schaffte. Von allen Parteien hielt ich nichts. Die redeten alle nur.

Berta S. im Gespräch mit Karl-Heinz Müller am 7. 12. 1983

Die Parteien

Bei den Wahlen zum Reichstag bewarb sich eine Vielzahl von großen und kleinen Parteien. Die meisten von ihnen waren demokratisch. Aber allmählich gewannen die antidemokratischen Parteien Wählerstimmen hinzu. Bei den Wahlkämpfen kam es nun immer häufiger zu gewaltsamen Auseinandersetzungen. Bei der Reichstagswahl am 6. November 1932 wurde die **NSDAP** stärkste Partei.

M7 **Wahlplakat der KPD (1932)**

M8 **Wahlplakat der SPD (1932)**

1 Berarbeitet in Gruppen die Materialien M1 bis M8:
   – Erläutert die Probleme der Republik, die aus M1 bis M8 hervorgehen.
   – Überlegt, wie sich die Menschen angesichts dieser Probleme gefühlt haben und ob dies ihre Einstellung zum Staat veränderte.

2 Stellt Ursachen zusammen, warum die Republik scheiterte. Beachtet
   – die Haltung der Bevölkerung (M3, M5 und M6)
   – die Wahlaussagen der Parteien (M7, M8 und Text)
   – die Wahlergebnisse 1919 bis 1933 (M5).

Politische Plakate deuten

Was ist ein politisches Plakat?

Politische Parteien versuchen, Wähler mithilfe von Plakaten für sich zu gewinnen. Menschen sehen Plakate im Vorbeigehen, d. h., sie schauen nur wenige Sekunden darauf oder nehmen sie sogar nur unbewusst wahr. In dieser kurzen Zeit sollen die Plakate auf den Betrachter wirken und ihn möglichst beeinflussen.

Plakate sind also keine „objektiven“ Darstellungen eines Ereignisses, einer Situation oder eines Problems, sondern sie stellen etwas aus der Sicht einer bestimmten Partei dar. Sie wollen Zielgruppen ansprechen und beeinflussen.

So könnt ihr vorgehen:

1. Schritt: Beschreibung

- Beschreibt das Bild und notiert alles, was ihr auf dem Plakat seht.
- Wer und was ist dargestellt?

2. Schritt: Kontext des Plakats

- Wer „spricht“ hier? Von welcher Partei stammt das Plakat?
- Was wissen wir über die Ziele dieser Partei?
- Auf welches konkrete Ereignis bezieht sich das Plakat?

3. Schritt: Zielgruppe

- Wen soll das Plakat ansprechen?

4. Schritt: Art der Darstellung

- Mit welchen Mitteln arbeitet das Plakat? – Übertreibung, Angst einflößend, beruhigend …
- Wie werden Personen dargestellt?
- Welche Symbole und Farben werden benutzt und was bedeuten sie?
- Hetzt das Plakat gegen bestimmte politische oder ethnische Gruppen auf?

M 1 Plakat der Nationalsozialistischen Deutsche Arbeiterpartei (NSDAP) 1932

5. Schritt: Beurteilung

- Wie beurteilt ihr die Darstellung?
- Arbeitet das Plakat realistisch?
- Arbeitet das Plakat „fair“?

Beispiel: Plakat der NSDAP von 1932

1. Schritt: Beschreibung

Eine Faust schlägt auf ein Parlament mit Rängen. Menschen laufen weg. Die Faust ist wesentlich größer als die Menschen. Papiere fliegen umher. Auf den Papieren steht: „Volksbegehren“ …Oberhalb der Hand befindet sich ein Hakenkreuz …

M2 Das Zentrum

2. Schritt: Kontext des Plakats

Das Plakat stammt vom „Völkischen Block". Das Hakenkreuz zeigt, dass der „Völkische Block" etwas mit Hitlers NSDAP zu tun hat. Diese Partei ist gegen die parlamentarische Demokratie (vgl. M 3).

3. Schritt: Zielgruppe

Das Plakat soll Menschen ansprechen, die gegen das parlamentarische System sind oder die in diesem System die Ursache für ihre Probleme sehen …

4. Schritt: Art der Darstellung

Die zu dem System gehörenden Menschen sind der Faust unterlegen. Sie werden als unfähig und feige dargestellt. Deshalb laufen sie auch weg. Das Symbol „Hakenkreuz" ist deutlich erkennbar, zusammen mit der Faust ersetzt es das parlamentarische System …

Das Bild erinnert an die Redewendung: „Mit der Faust auf den Tisch schlagen."

5. Schritt: Beurteilung

Das Parlament wird dargestellt, als könne die Faust es ohne große Probleme zertrümmern. Das Plakat prangert das parlamentarische System an. Der Demokratie wird die Schuld für „alles" gegeben. Zusammenhänge werden nicht dargestellt.

Das Plakat arbeitet unrealistisch. Es will zeigen, dass eine Zertrümmerung der Demokratie die Lösung „aller" Probleme ist. Das Plakat drückt aus, dass es höchste Zeit wird, das schwache System zu zerstören. So wirkt die Faust zwar gewalttätig, aber sie „räumt auf"…

Kommunistische Partei Deutschlands (KPD)

Beseitigung aller Parlamente; Ersetzen des kapitalistischen Ausbeutungsverhältnisses durch die sozialistische Produktionsordnung. Dazu Beseitigung der politischen Macht der Bourgeoisie und deren Ersetzung durch die Diktatur des Proletariats.

Sozialdemokratische Partei Deutschlands (SPD)

Die Sozialdemokratische Partei […] betrachtet die demokratische Republik als die durch die geschichtliche Entwicklung unwiderruflich gegebene Staatsform. […] Sie kämpft um die Herrschaft des im freien Volksstaat organisierten Volkswillens über die Wirtschaft, um die Erneuerung der Gesellschaft im Geiste sozialistischen Gemeinsinns. […]

Zentrum

Die Stellung der Zentrumspartei wird durch die christliche Staatsauffassung und durch den überlieferten Charakter als Verfassungspartei bestimmt. Jeden gewaltsamen Umsturz der verfassungsmäßigen Zustände lehnt sie grundsätzlich ab.

Nationalsozialistische Deutsche Arbeiterpartei (NSDAP)

[…] Damit ist die [nationalsozialistische] Bewegung aber antiparlamentarisch, und selbst ihre Beteiligung an einer parlamentarischen Institution kann nur den Sinn einer Tätigkeit zu deren Zertrümmerung besitzen, zur Beseitigung einer Einrichtung, in der wir eine der schwersten Verfallserscheinungen der Menschheit zu erblicken haben.

M3 **Ziele der wichtigsten Parteien am Ende der Weimarer Republik**
Die Texte zu den Zielen stammen aus den jeweiligen Programmen der einzelnen Parteien und sind zitiert nach Günter Schönbrunn, Weltkriege und Revolutionen 1914–1945, Reihe: Geschichte in Quellen, Band 5, S. 167ff.

1 Interpretiere die Plakate M 2 von dieser Seite bzw. M 7 und M 8 von S. 155 mithilfe der aufgeführten Schritte.

2 Nenne mithilfe der Plakate und Texte (M 3) die Ziele der Parteien:
- Welche Staatsform wollen sie verwirklichen?
- Wie stehen sie zur Weimarer Republik? Sind sie „staatstragend" oder „republikfeindlich"?

3 Informiert euch, welche heutigen Parteien in der Bundesrepublik als Nachfolgeparteien betrachtet werden könnten.

ZUSAMMENFASSUNG

1918 / 1919

Von der Novemberrevolution zur Weimarer Verfassung

1920 / 1923

Krisenjahre der jungen Republik: Aufstände und Inflation

1926

Trotz des Misstrauens erscheint 1926 auch eine Entspannung in Europa möglich.

1928 / 1933

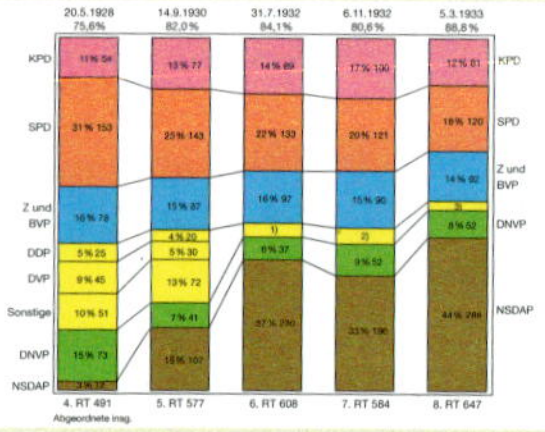

Die erste deutsche Demokratie scheitert am mangelnden politischen Rückhalt im Volk.

Vom Kaiserreich zur Weimarer Republik

Nach der Revolution vom November 1918 begann zunächst die Auseinandersetzung um die zukünftige Staatsform. Die beiden Hauptmodelle waren das kommunistisch geprägte **Rätesystem** und die **demokratische Republik**. Das Eintreten der SPD als stärkste politische Kraft für eine demokratische Verfassung gab den Ausschlag. Doch blieben die Konflikte nicht friedlich. Bürgerkriegsartige Zustände auch in der Hauptstadt Berlin führten dazu, dass die verfassunggebende Versammlung nach Weimar verlegt wurde.

Nachkriegszeit und innenpolitische Krisen

Auch nach Errichtung der Weimarer Republik blieben die politischen Lager unversöhnlich. Besonders auch an dem als Demütigung empfundenen **„Diktatfrieden" von Versailles** und den daraus entstehenden wirtschaftlichen Belastungen entzündete sich immer wieder Streit. Die **Inflation** und die soziale Entwurzelung weiter Bevölkerungskreise heizten die Situation in Deutschland zusätzlich an.

Aufnahme in den Völkerbund

In der Außenpolitik gewann Deutschland durch den **Vertrag von Locarno** wieder Ansehen. Mit dem Vertrag verpflichtete sich Deutschland, Grenzfragen nur auf friedlichem Wege zu regeln. Daraufhin wurde Deutschland am 8. September 1926 in den **Völkerbund** aufgenommen, der aus 32 Staaten bestand. Der Völkerbund diente der Friedenssicherung.

Die Schwäche der Demokratie

Die **Weltwirtschaftskrise** zerstörte die wirtschaftliche Grundlage des mühsam errungenen politischen und sozialen Friedens der Weimarer Republik. Die Republik mit ihrer demokratischen Verfassung schien vielen Menschen für ihre persönliche Not verantwortlich zu sein. Besonders die rechtskonservativen Parteien – am erfolgreichsten die **NSDAP** – nutzten diese Stimmung. Die Demokratie fand immer weniger Verteidiger.

Die Weimarer Republik

Arbeitsbegriffe

- ✓ Meuterei der Matrosen
- ✓ Zusammenbruch
- ✓ Kapitulation
- ✓ militärische und zivile Opfer
- ✓ Ausrufung der Republik
- ✓ 9.11.1918
- ✓ Novemberrevolution 1918
- ✓ Versailler Vertrag
- ✓ Weimarer Verfassung
- ✓ politischer Radikalismus
- ✓ Stresemann
- ✓ Locarno
- ✓ Völkerbund
- ✓ Goldene Zwanzigerjahre
- ✓ Weltwirtschaftskrise 1929
- ✓ Republik in der Krise

M1 Wichtige Arbeitsbegriffe

M2 Was wisst ihr noch?

1 Warum spricht man von einer „Weimarer Republik"?

2 Nenne die Hauptbedingungen des Versailler Vertrags.

3 Zähle drei wesentliche Elemente der Weimarer Verfassung auf.

4 Nenne zwei außenpolitische Ereignisse, die zur Stärkung der Weimarer Republik führten.

5 Warum kann man die Weltwirtschaftskrise 1929 als „Beginn vom Ende der Weimarer Republik" bezeichnen?

6 Wiederholen, nachdenken, diskutieren:

– Weimar – eine Demokratie ohne Demokraten?

– Welche politischen Gruppen haben die Weimarer Republik aufgebaut, welche haben sie zerstört?

7 Erstellt ein Cluster zu den Krisen und Erfolgen der Weimarer Republik.

8 Nationalsozialismus und Zweiter Weltkrieg

A. Paul Weber ahnte es in seiner 1932 entstandenen Zeichnung „Das Verhängnis“ voraus: Millionen liefen mit anfänglich blinder Begeisterung hinter den Hakenkreuzfahnen her – der Weg führte sie direkt in ein Massengrab, das am Ende rund 57 Millionen Tote barg. Auch mehr als 60 Jahre nach dem Ende der nationalsozialistischen Diktatur ist die Frage, wie es dazu kommen konnte, noch nicht endgültig beantwortet.

In diesem Kapitel könnt ihr erarbeiten, wie Hitler an die Macht kam und mit welchen Gewaltmaßnahmen die Nationalsozialisten ihre Macht ausbauten und sicherten; wie Hitler geradewegs auf einen Krieg hinarbeitete, um das „Schanddiktat“ von Versailles zu tilgen, aber auch, um dem deutschen Volk neuen „Lebensraum“ zu schaffen; welche Folgen gerade für die europäischen Juden die nationalsozialistische Rassenideologie hatte; wer dieser Diktatur Widerstand leistete; wie das Leben der Menschen während des Zweiten Weltkriegs aussah …

1 Beschreibe die Abbildung.

2 Überlege, warum A. Paul Weber die Zeichnung „Das Verhängnis“ nannte.

Der Aufstieg der NSDAP

M 1 **Paul von Hindenburg (geb. 2.10.1847, gest. 2.8.1934), im Ersten Weltkrieg populärer Generalfeldmarschall, war von 1925 bis 1934 Reichspräsident.**

***konservativ**
Haltung, welche die bestehende Ordnung zu bewahren versucht und Neuerungen ablehnend gegenübersteht

M 2 **Ernst Thälmann (geb. 16.4.1886, ermordet 18.8.1944 im KZ Buchenwald), Mitglied der KPD, kandidierte 1925 und 1932 für das Amt des Reichspräsidenten und war ab 1933 bis zu seiner Ermordung in Gefängnis- und KZ-Haft.**

Notverordnungsherrschaft

Ende März 1930 zerbrach die letzte parlamentarisch gebildete Regierung unter dem sozialdemokratischen Reichskanzler Müller. Die SPD hatte sich geweigert, einer Erhöhung der Beiträge zur Arbeitslosenversicherung zuzustimmen. **Reichspräsident von Hindenburg** ernannte daraufhin den Zentrumspolitiker Brüning zum Reichskanzler. Gestützt auf Artikel 48 der Weimarer Verfassung sollte Brüning notfalls auch ohne Zustimmung des Reichstages regieren (vgl. S. 149).

Hindenburg stand dabei unter dem Einfluss konservativer* Eliten* und führender Kräfte aus der Reichswehr, die schrittweise das parlamentarische System durch ein autoritäres System* ersetzen wollten. Sie wollten die Verfassung von Weimar ändern, um die Ergebnisse der Revolution von 1918 rückgängig machen zu können.

Anstieg der Stimmen der NSDAP

Um die Aufhebung einer **Notverordnung** der Regierung Brüning durch den Reichstag zu verhindern, löste Hindenburg diesen schon im Juli 1930 auf. Bei der Neuwahl vom September 1930 stieg der Stimmenanteil der NSDAP von 2,8 auf 18,3 Prozent.

Brünings radikale Sparpolitik verschärfte die wirtschaftliche Lage zunächst, statt sie zu entspannen. Die Arbeitslosenzahlen stiegen 1932 bis an die Sechs-Millionen-Grenze.

Im März 1932 musste ein neuer Reichspräsident gewählt werden, da die Amtszeit Hindenburgs abgelaufen war. Neben Hindenburg kandidierten der Führer der NSDAP, Adolf Hitler, und der Führer der KPD, Ernst Thälmann. Die SPD unterstützte die Wiederwahl Hindenburgs und stellte keinen eigenen Kandidaten auf. Im ersten Wahlgang erhielten Hindenburg 49,6 Prozent, Hitler 30,1 Prozent und Thälmann 13,2 Prozent der Stimmen. Erst im zweiten Wahlgang am 10. April 1932 wurde Hindenburg mit 53 Prozent der gültigen Stimmen wieder zum Reichspräsidenten gewählt. Hitler kam bei dieser Abstimmung auf 36,8 Prozent und Thälmann auf 10,2 Prozent der Stimmen. Für Hitler hatten sich über 13 Millionen Wählerinnen und Wähler entschieden.

Im Mai 1932 entließ Hindenburg auf Betreiben adliger Großgrundbesitzer und Gruppen der Reichswehr Brüning und ersetzte ihn durch Franz von Papen (Zentrum), der mit einer nationalistischen und antidemokratischen Politik der NSDAP Stimmen abnehmen wollte.

Eine Reichstagswahl im Juli 1932 brachte jedoch einen weiteren Anstieg der NSDAP-Stimmen auf 37 Prozent; die KPD konnte ihren Anteil auf 14 Prozent steigern.

Auch von Papen und sein im November 1932 ernannter Nachfolger von Schleicher scheiterten mit dem Versuch, über das Regieren mit Notverordnungen die schwere Wirtschafts- und Gesellschaftskrise zu lösen.

Politische Taktik Hitlers

Hitler benutzte die politischen Wirren und die Not der Menschen geschickt. Er forderte das Reichskanzleramt für sich und versprach, in kurzer Zeit die politische und wirtschaftliche Krise zu lösen. In allen seinen Wahlreden und öffentlichen Auftritten übte Hitler scharfe Kritik an den Politikern der Weimarer Republik und erklärte, als Reichskanzler folgende Punkte verwirklichen zu wollen:

- Arbeitsbeschaffung für die Arbeitslosen durch staatliche Projekte
- Beseitigung der Demokratie von Weimar, Abschaffung des Parlaments und Verbot der Parteien

- Aufhebung der Bestimmungen des Versailler Vertrages von 1919, vor allem endgültige Einstellung der Reparationszahlungen an die Siegermächte
- Verfolgung und Ausschaltung der Juden aus dem wirtschaftlichen und öffentlichen Leben in Deutschland
- Verfolgung und Ausschaltung von Sozialdemokraten und Kommunisten, die Hitler neben den Juden als Urheber des Elends der Menschen beschuldigte
- Schaffung von „Lebensraum“ für Deutsche auf Kosten von Polen und Russen im Osten Europas.

Immer mehr Menschen stimmten Teilen dieses Programms zu, ohne jede einzelne Maßnahme zu billigen. Wer die NSDAP wählte, nahm aber auf jeden Fall ihren **Antisemitismus*** und ihre Ablehnung der demokratischen Ordnung in Kauf.

Die Machtübertragung wird vorbereitet

M3 Ende 1932 forderten führende Vertreter der Industrie und Großlandwirtschaft in einem Schreiben an Reichspräsident Hindenburg die Ernennung Hitlers zum Reichskanzler:

[…] Mit Eurer Exzellenz bejahen wir die Notwendigkeit einer vom parlamentarischen Parteiwesen unabhängigeren Regierung. […] Gegen das bisherige parlamentarische Parteiregime sind nicht nur die Deutschnationale Volkspartei und die ihr nahestehenden kleineren Gruppen, sondern auch die Nationalsozialistische Deutsche Arbeiterpartei grundsätzlich eingestellt und haben damit das Ziel Eurer Exzellenz bejaht. […] Die Übertragung der verantwortlichen Leitung eines mit den besten sachlichen und persönlichen Kräften ausgestatteten Präsidialkabinetts* an den Führer der größten nationalen Gruppe wird die Schlacken und Fehler, die jeder Massenbewegung notgedrungen anhaften, ausmerzen und Millionen Menschen, die heute abseits stehen, zu bejahender Kraft mitreißen. […]

Wolfgang Michalka / Gottfried Niedhart, Die ungeliebte Republik. Dokumentation, dtv, München 1980

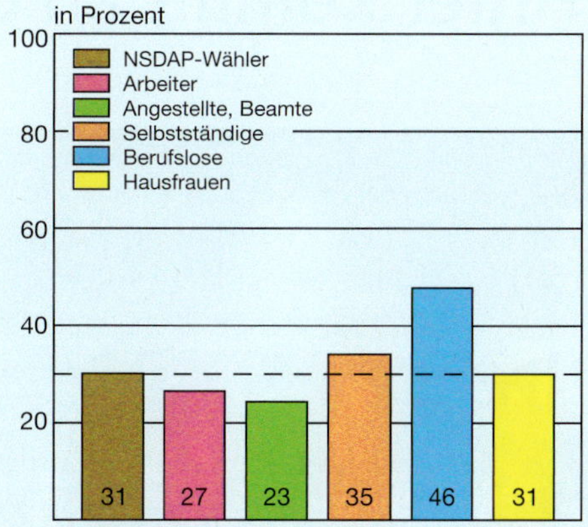

Angaben in Prozent der Wahlberechtigten der jeweiligen Gruppe.

Lesebeispiel

Im Juli 1932 gaben 31 Prozent aller Wahlberechtigten der NSDAP ihre Stimme, die „Anfälligkeit“ der Arbeiter war mit 27 Prozent unter dem Durchschnitt.

M4 Anfälligkeit verschiedener Berufsgruppen für die NSDAP, Reichstagswahl Juli 1932

In Verhandlungen einigten sich die Nationalsozialisten und die Parteiführer der DNVP, eine gemeinsame Regierung zu bilden. Die NSDAP sollte, wie es Hitler forderte, den Reichkanzler stellen, blieb aber mit zwei weiteren Ministern in dieser Koalition in der Minderheit. Reichspräsident von Hindenburg hatte sich noch ein halbes Jahr zuvor geweigert, Adolf Hitler zum Reichskanzler zu ernennen. Aber auch die Reichswehr hatte ihre Zustimmung zu dieser Regierung signalisiert. Von Hindenburg glaubte, Hitler sowie die NSDAP-Minister Goebbels und Göring in eine konservative Regierung eingebunden zu haben.

***Elite**
(vom lat. Wort *electus* = ausgelesen) Auslese (Auswahl) der Besten

***autoritäres System**
Regierung, die nicht durch eine frei gewählte Volksvertretung eingesetzt wurde

***Antisemitismus**
Bezeichnung für Abneigung und Feindseligkeiten gegen Juden

***Präsidialkabinett**
Regierung, die nur durch den Reichspräsidenten der Basis von Artikel 48 amtierte

1 Erläutere, welche Folgen die Politik des Regierens mit Notverordnungen für das politische System hatte.

2 Analysiere M3 und erläutere, warum führende Wirtschaftsvertreter Hitlers Kanzlerschaft forderten.

3 Untersuche mithilfe von M4, welche Gruppen der Bevölkerung die NSDAP wählten.

Hitler kommt an die Macht

M 1 **Der Fackelzug der Nationalsozialisten in Berlin am 30. 1. 1933 nach der Ernennung Hitlers zum Reichskanzler**

Adolf Hitler wird Reichskanzler

Am 30. Januar 1933 wurde Adolf Hitler, der Führer der Nationalsozialistischen Deutschen Arbeiterpartei (NSDAP), zum Reichskanzler der deutschen Republik ernannt.

Bei den Wahlen zum Reichstag 1932 hatte die NSDAP zwar die meisten Stimmen, aber nicht die absolute Mehrheit erhalten. Allein regieren konnte sie daher nicht. Dazu brauchte sie eine Mehrheit im Parlament und das Vertrauen des Reichspräsidenten von Hindenburg. Hitlers neue Regierung war deshalb eine Koalitionsregierung. Dies bedeutet, dass noch Mitglieder anderer Parteien an der Regierung beteiligt waren. Außer Hitler gehörten der neuen Regierung nur zwei weitere Nationalsozialisten (Goebbels, Göring) als Minister an.

Der 30. Januar 1933 wurde von den Nationalsozialisten dennoch als „**Tag der Machtergreifung**“ gefeiert.

***Propaganda**
Meinungsbeeinflussung zur Durchsetzung bestimmter politischer Ideen

***Intrige**
hinterhältige Machenschaft

M 2 **Hitler bei seiner ersten Rundfunkansprache als Reichskanzler am 31. 1. 1933**

M 3 **Joseph Goebbels, als „Propagandaminister*“ zuständig dafür, die Politik der neuen Regierung populär zu machen, kommentierte den Fackelzug am 30. 1. 1933 im Radio:**

Das, was wir unten erleben, die Tausende und Zehntausende von Menschen, die in einem sinnlosen Taumel von Jubel und Begeisterung der neuen Staatsführung entgegenrufen, das ist wirklich die Erfüllung unseres geheimsten Wunsches. […] Man kann mit Fug und Recht sagen: „Deutschland ist am Erwachen.“

Wolfgang J. Mommsen, Flucht in den Führerstaat, in: Wendepunkte deutscher Geschichte, hg. v. Carola Stern und Heinrich A. Winkler, Frankfurt/M., Fischer, 2001, S. 100 ff.

M 4 **Der britische Historiker Alan Bullock bewertete später das Ereignis folgendermaßen:**

Die Nazipropaganda hat später aus Hitlers Machtübernahme die Legende einer großen nationalen Erhebung gemacht. Die Wahrheit ist viel einfacher. Hitler [ist] 1933 nicht durch eine unaufhaltsame revolutionäre oder nationale Bewegung an die Macht getragen worden, ja nicht einmal durch einen Wahlsieg, sondern aufgrund politischen Paktierens mit der „alten Verbrecherclique“, die er in den früheren Monaten rücksichtslos angegriffen hatte. Hitler hat die Macht nicht ergriffen, er ist durch Hintertreppenintrigen* in sein Amt geschoben worden.

Allan Bullock, Hitler, Düsseldorf, Droste, 1989, S. 251, bearbeitet

Rascher Ausbau der Diktatur

Am 27. Februar 1933 brannte das Reichstagsgebäude, der Sitz des Parlaments der Republik. Sofort wurden die Kommunisten beschuldigt, den Reichstag angezündet zu haben. Gleichzeitig nahm Hitler den Reichstagsbrand zum Anlass, schon am 28. Februar eine „**Notverordnung**" zu erlassen, in der wesentliche Grundrechte der deutschen Bürger wie die freie Meinungsäußerung und die Versammlungsfreiheit außer Kraft gesetzt wurden. Aufgrund vorbereiteter Listen wurden noch in der Nacht 4000 Kommunisten und viele andere Gegner der Nationalsozialisten verhaftet.

Am 23.3.1933 wurde aus der Republik endgültig eine **Diktatur***, die Alleinherrschaft der Nationalsozialisten. Mit dem „Gesetz zur Behebung der Not von Volk und Reich" („**Ermächtigungsgesetz**"), das die Nationalsozialisten einbrachten, sollte sich das Parlament selbst entmachten und die Macht auf eine einzige Person – Hitler – übertragen. Die Verfassung der Republik wurde gewissermaßen außer Kraft gesetzt. Das Gesetz wurde angenommen – allerdings war zuvor erheblicher Druck der Nationalsozialisten auf die verbliebenen Parlamentarier ausgeübt worden. Zudem waren erklärte Gegner schon verhaftet worden und konnten somit nicht abstimmen.

M5 Auszug aus dem Ermächtigungsgesetz vom 24.3.1933:

Artikel 1: Reichsgesetze können auch durch die Reichsregierung beschlossen werden.

Artikel 2: Die von der Reichsregierung beschlossenen Gesetze können von der Reichsverfassung abweichen.

M6 Auszug aus der Rede des SPD-Abgeordneten Otto Wels, der die Ablehnung des Gesetzes begründet hatte. Wels sprach, während die SA den Saal umstellt hatte und die KPD-Abgeordneten bereits verhaftet waren:

Wir deutschen Sozialdemokraten bekennen uns in dieser geschichtlichen Stunde feierlich zu den Grundsätzen der Menschlichkeit und der Gerechtigkeit, der Freiheit und des Sozialismus . [...] Wir grüßen die Verfolgten und Bedrängten. Wir grüßen unsere Freunde im Reich. Ihre Standhaftigkeit und Treue verdienen Bewunderung, ihr Bekennermut, ihre ungebrochene Zuversicht verbürgen eine hellere Zukunft.

Wolfgang Michalka, Das Dritte Reich (Hg.), Bd. 1, München, dtv, 1985, S. 33ff.

Terror der neuen Machthaber

Die Ausschaltung der demokratischen Einrichtungen war von **Terror** gegen Andersdenkende begleitet. Ende Juli 1933 waren fast 30 000 Menschen aus politischen Gründen in Haft. Man schätzt die Gesamtzahl der Verhafteten allein in den ersten sechs Monaten auf 100 000. Manche Häftlinge wurden nach Wochen oder Monaten wieder freigelassen. Andere blieben bis zum Ende der nationalsozialistischen Diktatur in Haft. Viele Opfer starben an den Folgen der Haft und der Folter.

M7 Reichstagsbrand in Berlin (27.2.1933)

***Diktatur**
auf unbeschränkte Vollmacht einer Person oder Gruppe gegründete Herrschaft in einem Staat

1 Beschreibe den Fackelzug (M1) und die Rede von Propagandaminister Goebbels (M3): Wo findet der Fackelzug statt? Erkennst du das Gebäude? Welche Stimmung soll verbreitet werden?

2 Prüfe mithilfe von M4, ob es sich um eine „Machtergreifung" (wie die Nationalsozialisten meinten) oder eine normale Machtübertragung gehandelt hat.

3 Kläre, welche Rechte sich die Regierung mit dem Ermächtigungsgesetz verschaffte. Welche Institution ist jetzt eigentlich überflüssig?

4 Erläutere, warum das Ermächtigungsgesetz ein großer Schritt zur Abschaffung der Demokratie war.

5 Lies M6 laut vor. Mit welcher Begründung wendet sich die SPD gegen das Gesetz?

6 Fasse die Stufen zur Abschaffung der Demokratie in Stichworten zusammen.

Das Führerprinzip

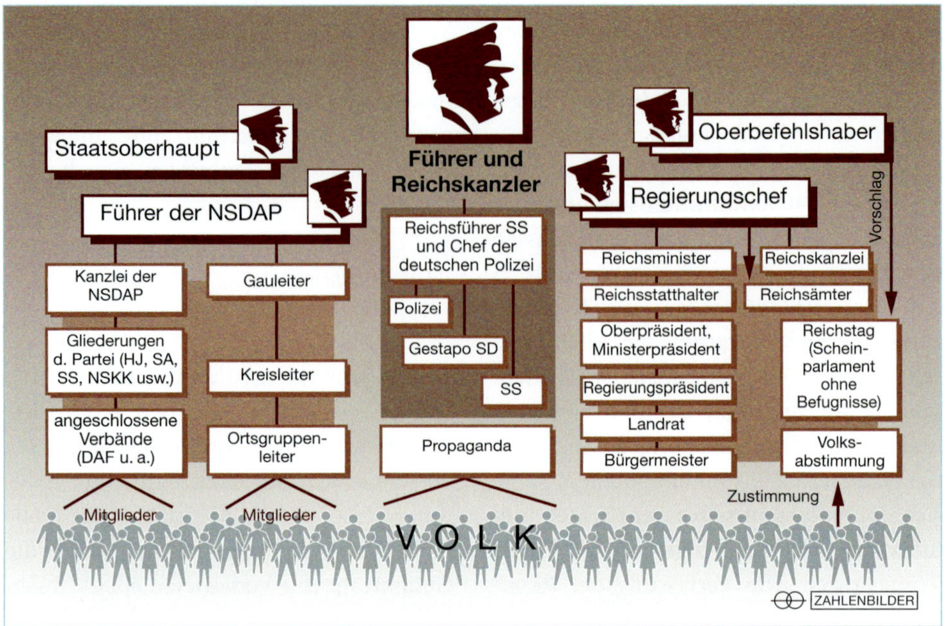

M1 Das Führerprinzip in Volk und Staat

Wer ist Adolf Hitler?

Der Reichskanzler der Republik war nun Adolf Hitler, der „Führer" der Nationalsozialistischen Arbeiterpartei Deutschlands. Wer war diese Person und was konnte man schon 1933 über ihn wissen?

M2 Propagandaplakat der NSDAP für deutsche Behörden- und Schulräume seit 1938/1939

M3 Der Lebenslauf Hitlers

20.4.1889: Geburt in Braunau/Inn (Österreich), Kind einer Zollbeamtenfamilie; die Realschule muss er verlassen.

1907–1913: in Wien, ohne Beruf, wohnt im Obdachlosenasyl und schlägt sich mit Gelegenheitsarbeiten durch (Postkarten malen); geht nach München.

1914: Kriegsfreiwilliger im Ersten Weltkrieg

1920: Führer der noch unbedeutenden NSDAP

1923: Umsturzversuch gegen die Regierung, wird zu Haft in der Festung Landsberg am Lech verurteilt

1924: Schreibt in der Haft das Buch „Mein Kampf", darin schon klare Pläne zum Krieg und zur Vernichtung der Juden; nach nur neun Monaten Entlassung aus der Haft.

1933: Ernennung zum Reichskanzler; errichtet von da an eine Diktatur, in der er alle wichtigen Ämter des Staates besetzt.

1939: Beginn einer Folge von Angriffskriegen, aus denen sich der Zweite Weltkrieg entwickelt

30.4.1945: Selbstmord im Bunker der Reichskanzlei in Berlin

M4 Hitlers Weltanschauung:

In seinem Buch „Mein Kampf" hatte Hitler 1924 seine Weltanschauung niedergeschrieben und 1925/1926 veröffentlicht. Vieles von dem, was Hitler nach seiner Machtübernahme 1933 in die Tat umsetzte, wurde in seinem Buch schon angesprochen.

„Rassenlehre": Hitler verkündete eine wissenschaftlich unhaltbare, aber manchen Deutschen schmeichelnde „Rassenlehre" von der biologischen Überlegenheit

der Deutschen. Wie in der Tierzucht gebe es auch bei Menschen höherstehende und minderwertige „Rassen“.
Die Deutschen seien – laut Hitler – die reinste und hochwertigste „Rasse“ und daher auch berechtigt, die minderwertigen zu beherrschen oder zu vernichten. Für diese erfundene Herrenrasse benutzte Hitler den Begriff „Arier“. „Minderwertige Rassen“ waren für ihn z. B. die Bevölkerung der slawischen Länder. Es bedeutete aber auch eine Ablehnung von Menschen, die nicht den Vorstellungen von körperlicher und geistiger Gesundheit entsprachen.
Antisemitismus: Judenfeindlichkeit war keine „Erfindung“ Hitlers, aber er machte eine besondere Form „populär“: Juden wurden nicht mehr allein aufgrund ihrer religiösen, sondern vermeintlich „rassischen“ Zugehörigkeit abgelehnt. Zentraler Gedanke war, dass alle behaupteten negativen Eigenschaften der Juden als genetisch* angelegt betrachtet wurden. Dies war letztlich ein Instrument der Antisemiten, alles Üble auf der Welt auf die Juden zurückzuführen. Hitler konstruierte in seinem Buch sogar eine „jüdische Weltverschwörung“ gegen die „Arier“, der man sich zu erwehren habe. In seinem Buch sprach er bereits von einer „Vernichtung“ der Juden.
Kampf gegen den Kommunismus*:
Der Kampf gegen den Kommunismus war ein weiterer Bestandteil der Weltanschauung der Nationalsozialisten. Unablässig beschworen sie die Gefahr einer bevorstehenden, Deutschland in Not und Chaos stürzenden kommunistischen Verschwörung. Dieses Schreckensbild diente dabei als Rechtfertigung für das rücksichtslose Vorgehen gegen KPD, SPD und die Gewerkschaften. Ein etwaiger Krieg gegen die Sowjetunion sollte neben der Vernichtung des Kommunismus noch einem anderen Ziel dienen: der Gewinnung von „Lebensraum“ für die deutsche Bevölkerung.

Führer befiehl, wir folgen!

M 5 **Text eines weit verbreiteten NS-Spruchbandes**

Das Führerprinzip

Immer wieder machte Hitler deutlich, dass er das parlamentarische System der Weimarer Republik hasste. Er fand damit die Zustimmung vieler Deutscher. Demokratie, Toleranz anderer Meinungen und Mehrheitsentscheidungen waren für ihn Zeichen der Schwäche. Er setzte die „unbedingte Führerautorität“ dagegen und organisierte das „neue Deutschland“ nach dem Führerprinzip.
Die Probleme Deutschlands am Ende der Zwanzigerjahre hatten wechselnde, demokratisch gewählte Regierungen nicht in den Griff bekommen können. Nun sahen viele Menschen in Adolf Hitler jemanden, dem sie die Lösung aller Probleme zutrauten.

***genetisch**
die Genetik (Vererbungslehre) betreffend; Teilgebiet der Biologie

***Kommunismus**
Weltanschauung, deren Ideal eine Gesellschaft ohne Klassenschranken ist; 1917 wurde Russland durch Revolution ein kommunistisches Land und hieß von da an „Sowjetunion“.

1 Nenne deine Eindrücke zum Lebenslauf Adolf Hitlers (M 3).

2 Erläutere zentrale Elemente von Hitlers Weltanschauung (M 4).

3 Erarbeite Schaubild M 1 und berücksichtige folgende Punkte:
– In welche Ebenen war der Staat eingeteilt?
– Welche Funktionen nahm Hitler ein und was für eine Wirkung dürfte dies gehabt haben?

4 Erläutere, was in einer demokratischen Staatsordnung anders sein müsste.

5 Überlege, aus welchen Gründen viele Menschen in Deutschland eine solche unumschränkte Herrschaft Hitlers akzeptierten oder sogar begrüßten.

6 Ermittele die Botschaft des Plakats M 2 (vgl. S. 156/157):
– An wen richtet es sich?
– Wer ist der Auftraggeber?
– Wie ist Adolf Hitler dargestellt?
– Welche Bedeutung hat der Spruch auf dem Plakat?

7 Stelle einen Zusammenhang zwischen M 2 und M 5 her.

Die Erfassung des Volkes

M 1 Der Weg des „gleichgeschalteten" Staatsbürgers

***SA**
Abkürzung für „Sturmabteilung"; politische Kampf- und Propagandatruppe der NSDAP

***SS**
Abkürzung für: „Schutzstaffel"; zunächst zum persönlichen Schutz Adolf Hitlers eingerichtet, schließlich Übernahme aller Sicherungsaufgaben des NS-Staates und Aufstellung eigener Truppenverbände (Waffen-SS). Die SS entwickelte sich zum Terrorinstrument des NS-Regimes.

***Wehrmacht**
Deutsche Streitkräfte von 1939 bis 1945

Gleichschaltung

Den Nationalsozialisten war bewusst, dass sie von Teilen der Bevölkerung abgelehnt wurden. Deshalb schufen sie ein Herrschaftssystem, das wie ein Netz über das Land gelegt wurde. Bis in das kleinste Dorf sollte es reichen, alle Lebensbereiche umfassen und das Denken der Menschen beeinflussen.

M 2 Durch verschiedene Maßnahmen sollte diese Erfassung erreicht werden:

- Alle Länder des Reichs wurden gleichgeschaltet, d. h. dem Einfluss der Nationalsozialisten unterstellt. Im Gebiet des heutigen Rheinland-Pfalz lagen die NS-Gaue Koblenz-Trier, Hessen-Nassau und Saarpfalz. Parteileitungen der Nationalsozialisten übernahmen hier nun die Macht. Bürgermeister aus anderen Parteien wurden abgelöst und durch NS-Gefolgsleute ersetzt.
- Politische Parteien und Organisationen, die nicht nationalsozialistisch waren, wurden verboten. Hierzu gehörten auch die Gewerkschaften. Gleichzeitig wurde den Menschen verboten, sich zu politischen Zwecken zu versammeln.
- In den Betrieben wurden die Menschen durch die NS-Betriebsorganisation überwacht, in jedem Mietshaus gab es einen **Hauswart**, der die Bewohner kontrollierte und für mehrere Häuser war ein **Blockwart** zur Überwachung eingeteilt. Gegner der Nationalsozialisten wurden nach der Machtübernahme der Nationalsozialisten schnell verhaftet und kamen in sogenannte **Konzentrationslager (KZ)**. Solche Lager gab es in ganz Deutschland. Die Gefangenen lebten in primitiven Verhältnissen, mussten schwer arbeiten und wurden von den Aufsehern misshandelt. Nicht wenige politische Gegner wurden ermordet.
- Statt verschiedener freier Gewerkschaften wurden alle arbeitenden Deutschen nun zur **„Deutschen Arbeitsfront"** zusammengefasst.

M 3 Adolf Hitler über die Erziehung der Jugend:

Diese Jugend, die lernt ja nichts anderes als deutsch denken, deutsch handeln. Und wenn nun dieser Knabe und dieses Mädchen mit ihren zehn Jahren in unsere Organisationen hineinkommen […] und dort nun zum ersten Mal überhaupt eine frische Luft bekommen und fühlen, dann kommen sie vier Jahre später vom Jungvolk in die Hitlerjugend, und dort behalten wir sie wieder vier Jahre, […] dann nehmen wir sie sofort in die Partei, in die Arbeitsfront, in die SA oder in die SS, […] und so weiter. Und wenn sie dort zwei Jahre oder anderthalb Jahre sind und noch nicht ganze Nationalsozialisten geworden sein sollten, dann kommen sie in den Arbeitsdienst und werden dort wieder sechs und sieben Monate geschliffen. Und was dann nach sechs oder sieben Monaten noch an Klassenbewusstsein oder Standesdünkel [...] vorhanden sein sollte, das übernimmt dann die Wehrmacht. Und dann nehmen wir sie, damit sie auf keinen Fall rückfällig werden, sofort wieder in die SA, SS und so weiter. Und sie werden nicht mehr frei ihr ganzes Leben und sie sind glücklich dabei.

Völkischer Beobachter vom 4. 12. 1938, zit. n. Wolfgang, Michalka, (Hg.), Das Dritte Reich, Bd. 1, München (dtv) 1985, gekürzt

Beseitigung der Meinungsfreiheit

Nachdem Hitler seine Macht gesichert hatte, ging es ihm darum, die Menschen zu beeinflussen. Es sollte in der Bevölkerung keinen Widerspruch gegen seine Politik mehr geben. Hitler sprach dabei von der „inneren Erziehung der Menschen". Diese Erziehung sollte das „Reichsministerium für Volksaufklärung und Propaganda" unter Minister Joseph Goebbels übernehmen. Er kontrollierte alle Medien der damaligen Zeit: Presse, Film, Rundfunk und auch das Theater. Nur was sein Ministerium genehmigte, durfte veröffentlicht werden.

Der Trick mit dem „Volksempfänger"

Eine wichtige Rolle bei der Beeinflussung der Menschen spielte das Radio. Das Propagandaministerium legte fest, welche Informationen gesendet werden durften und schrieb allen Sendern das tägliche Programm vor. 1933 wurde ein sehr preiswertes Radio mit dem Namen **Volksempfänger** auf den Markt gebracht. Wenn Reden von Adolf Hitler im Radio übertragen wurden, mussten die Belegschaften von Betrieben gemeinsam zuhören.

M 4 Propagandaminister Joseph Goebbels

M 5 Werbeplakat für den „Volksempfänger" (1936)

Mit Kriegsbeginn 1939 wurde das Abhören ausländischer Sender, sogenannter „Feindsender", verboten und streng bestraft. Trotz der Gefahr, die damit verbunden war, hörten viele Menschen Sender aus dem Ausland und informierten sich auf diesem Weg.

1 Finde Überschriften zu jedem Abschnitt von M 2. Erkläre, durch welche Mittel die Nationalsozialisten die Menschen kontrollieren wollten.

2 Beschreibe den Lebensweg eines Jungen oder Mädchens durch die Organisationen der Nationalsozialisten (M 1).

3 Bearbeite die Rede Adolf Hitlers über die Erziehung der Jugend (M 3):
- Wer spricht? Wann? Um was geht es?
- Schreibe die Schlüsselwörter des Textes heraus.
- Suche die genannten Organisationen in M 1.
- Erläutere den letzten Satz der Rede: „... und sie werden nicht mehr frei ihr ganzes Leben und sie sind glücklich dabei." Schreibe deine eigene Meinung dazu auf.
- Fasse zusammen: Was wollte Hitler mit dieser Rede ausdrücken?

4 Welches Ziel wollten die Nationalsozialisten mit der Verbreitung eines preisgünstigen Radios erreichen?

5 Erarbeite, inwiefern das Plakat (M 5) dieses Ziel unterstützt. Die folgenden Fragen helfen dir dabei:
- Was ist dargestellt?
- Wie ist das Plakat aufgebaut?

6 Überlege, warum es verboten war, ausländische Sender anzuhören.

7 Diskutiert, ob ein solches Verbot heute noch durchsetzbar wäre.

8 Welche Informationsquellen nutzen wir heute?

Jugend im Nationalsozialismus

M 1 Morgenappell in einer Schule (1938)

M 2 Ein Hitlerjugendführer inspiziert das „Jungvolk" (1938)

M 3 „Wir deutsches Jungvolk in der Hitlerjugend" (1938)

Beeinflussung in der Schule

Die Beeinflussung der Kinder und Jugendlichen im Sinne des Nationalsozialismus begann schon im Kindergarten. Dort beteten die Kinder vor dem Essen: „Händchen falten, Köpfchen senken und an Adolf Hitler denken. Er gibt uns täglich' Brot, er hilft aus aller Not."

Der Schulunterricht setzte diese Beeinflussung fort. Die Lehrer wurden deshalb dazu gedrängt, in die NSDAP einzutreten. Wer das nicht wollte, konnte entlassen werden. Alle Fächer sollten nun im nationalsozialistischen Sinn unterrichtet werden. Ein neues Fach „**Rassenlehre**" wurde eingeführt. Der Sportunterricht bereitete die Jungen nun auf den Militärdienst vor, indem z. B. Handgranatenwerfen geübt wurde. Die Erziehung der Mädchen zielte auf ihre spätere Rolle als Hausfrau und Mutter, welche die Nationalsozialisten vor allem für die Frauen vorsah. Sie bekamen frühestens ein Jahr nach der Schulentlassung eine Lehrstelle. 1938 wurde das „**Pflichtjahr**" eingeführt: Alle unverheirateten Frauen unter 25 Jahren mussten ein Jahr in der Haus- oder Landwirtschaft tätig sein, bevor sie einen Beruf ausüben durften.

Das Leben in der Hitlerjugend

Die „Pimpfe" und die „Jungmädel" (vgl. S. 168, M 1) trafen sich wöchentlich für je zwei Stunden zu einem Heim- und einem Sportnachmittag, für die Jungen kamen Gelände- und Schießdienst hinzu. Die Jugendlichen der **HJ** und des **BDM** kamen nur am Abend zusammen, weil sie bereits in einem Ausbildungsverhältnis standen. Monatlich gab es in allen Organisationen je eine Fahrt und einen Gruppenappell. Die Fahrt sollte besonders der Eingliederung aller Mitglieder, die ja aus allen Bevölkerungsschichten kamen, und der Förderung des Gemeinschaftsgeistes dienen. Durch Sportwettkämpfe und Prüfungen (z. B. Jungmädelprobe, JM-Leistungsabzeichen) trat jedoch auch von Anfang an der Wettkampfcharakter in diese Gemeinschaften.

Wenn die Jugendlichen auf Fahrt waren, war das Leben im Lager durch einen strengen Tagesablauf bestimmt. Von ca. 5.30 Uhr morgens bis zum Zapfenstreich um ca. 21.00 Uhr wurden die Jugendlichen in nationalsozialistischer Weltanschauung unterrichtet, sangen, führten Sport- und Geländeübungen durch und

M 4 HJ-Gruppe mit Zugführer (1935)

M 5 BDM-Fahnenzug (1936)

M 6 Hitlerjungen üben den Brandeinsatz im Gaskrieg (um 1943)

mussten z. B. zum „Schuh- bzw. Fingernagelappell“ antreten. Abends saß man am Lagerfeuer und empfand meist in diesen romantisierten sowie gefühlsbetonten Situationen Gemeinschaftsgefühl und Kameradschaft.

Sondereinheiten in der Hitlerjugend

In der HJ konnten sich die Jungen, im Interesse ihrer beruflichen und militärischen Weiterbildung, bestimmten Sondereinheiten anschließen. Das bedeutete – zusätzlich zum üblichen HJ-Dienst – weitere Nachmittage der Ausbildung in der Motor-HJ, Flieger-HJ, Nachrichten-HJ oder der Reiter-HJ. Für die Mädchen bestand die Möglichkeit zur Fortbildung im Gesundheits- oder Haushaltsdienst.

Eine besondere Bedeutung innerhalb der Hitlerjugend kam der Sondereinheit „HJ-Streifendienst“ zu, der dienstliche Vergehen und Disziplinverstöße der Jugendlichen aufdeckte und den jeweiligen Vorgesetzten meldete. Im Anschluss daran konnte der/die Betroffene einer ganzen Reihe von Ordnungsmaßnahmen unterzogen werden, die z. B. von einer einfachen Verwarnung über die Aberkennung eines Dienstgrades bis hin zum kompletten Ausschluss aus der Organisation reichen konnten.

Strenge Ordnung und Disziplin

Gerade diese strenge Ordnung lehnten auch einige Jugendliche ab. So gab es z. B. die „**Swing-Gruppen***“, die durch ihre auffällige Kleidung und Haartracht ihre Sympathie mit der angloamerikanischen Musikrichtung des Swing zum Ausdruck brachten, oder die wilden Cliquen wie die „**Edelweiß-Piraten***“, die sich vor allem unter den Arbeiterkindern in den Großstädten bildeten und die sich den Zwängen der Hitlerjugend entziehen wollten. Diese beiden Gruppierungen konnten die Nationalsozialisten nie ganz für sich vereinnahmen.

***Swing-Gruppen**
Jugendliche der Mittel- und Oberschicht, die sich für die angloamerikanische Swing-Musik begeisterten; entstanden in Norddeutschland (Hamburg), durch ihre auffällige Kleidung und längere Haartracht in Opposition zur nationalsozialistischen Gesellschaft

***Edelweiß-Piraten**
unorganisierte Gruppen von jugendlichen Widerstandskämpfern, überwiegend im Rheinland und im Ruhrgebiet vertreten, aus Arbeiterfamilien stammend; Aktionen vor allem gegen HJ, deren militärischen Drill und organisierte Freizeitgestaltung sie ablehnten

1 Beschreibe M 1. Aus welchem Zusammenhang kennst du das Wort „Appell“? Vermute, wie dieser Appell ablief.

2 Liste auf, womit man sich in der Hitlerjugend beschäftigte und was verlangt wurde.

Die Verfolgung der Juden

M1 Der sogenannte „Judenstern“

M2 Aufruf zum Boykott jüdischer Geschäfte in Essen (1933)

Aus Verleumdung wird Verfolgung

Sofort nach der Machtübertragung an Hitler begann die Verfolgung der Deutschen jüdischen Glaubens. Nicht als Religionsgemeinschaft, sondern als „minderwertige Rasse“ waren sie zum Feind der „arischen“ Volksgemeinschaft erklärt worden. Als Auftakt der systematischen **Judenverfolgung** in Deutschland gilt zum einen die Einführung des sogenannten „Arierparagrafen“*, der Juden aus dem öffentlichen Dienst ausschloss. Zudem war bereits für den 1. April 1933 reichsweit zum **Boykott** jüdischer Geschäfte aufgerufen worden. „Arier“ wurden aufgefordert, auch künftig keine jüdischen Kinos und Theater mehr zu besuchen, sich nicht von Juden unterrichten, ärztlich behandeln oder gesetzlich vertreten zu lassen. In den Folgemonaten wurden an Betriebe von jüdischen Eigentümern kaum noch Aufträge vergeben.

Es zeigte sich aber schnell, dass sich dieses Vorgehen negativ auf die deutsche Gesamtwirtschaft auswirkte, und so stellten die Nazis ihren „Judenboykott“ vorerst ein.

Doch Beschimpfungen und Verfolgungen der Juden im täglichen Leben nahmen weiter zu und veranlassten bis 1938 über 220 000 jüdische Bürger, aus Deutschland auszuwandern. Ihnen folgten bis 1941 weitere 100 000.

***„Arierparagraf“**
Paragraf 3 des sogenannten „Gesetzes zur Wiederherstellung des Berufsbeamtentums“ vom 7. April 1933 verbot – mit wenigen Ausnahmen – die Beschäftigung von „Nichtariern“ im öffentlichen Dienst. Als „nichtarisch" galt, wer einen jüdischen Eltern- oder Großelternteil hatte. Die Nationalsozialisten unterschieden zwischen „Voll-“, „Halb-“ und „Vierteljuden“.

M3 Der damals 16-jährige Gerhard Moss aus Hamburg berichtete rückblickend:

[…] Bis […] 1936 etwa ließ ich als echter HSV-Anhänger kein Fußballspiel […] aus. Bis dann Juden der Besuch von Fußballspielen verboten wurde! – Ich erinnere mich an einen Sonntagnachmittag. Wir fuhren zum Café Randel in Wellingsbüttel, um wie so oft zuvor […] dort Kaffee zu trinken. Aber wir mussten dieses Mal wieder umkehren, denn am Eingang hing ein großes Schild: „Juden ist der Zutritt verboten!“. Wir fanden auch kein anderes Lokal mehr. Überall hingen solche Schilder. Einmal fuhren wir im Sommer an die Ostsee. Da waren Transparente über die Straße gespannt: „Hier scheint den Juden die Sonne nicht.“

Gerhard Moss, Ein Augenzeuge, GEW LVB, Hamburg 1978, S. 22 f.

Die Juden werden zu Sündenböcken

Die von den Nationalsozialisten verbreiteten Vorurteile gegenüber den Juden wurden von vielen Deutschen geteilt oder hingenommen. Seit der Mitte des 19. Jahrhunderts waren sie in Deutschland immer wieder aufgekommen. Sie entstanden unter anderem aus Neid über den Erfolg von Juden in Handel und Bankgewerbe. Auch die herausragende Stellung jüdischer Gelehrter an den Universitäten erweckte Missgunst. Dabei übersahen viele Menschen, dass die Mehrzahl der Juden in ebenso einfachen Verhältnissen lebte wie die übrigen Deutschen. Mit insgesamt etwa 526 000 Personen machten sie eine

Minderheit von 0,8 Prozent der deutschen Bevölkerung aus.

Die Nürnberger Gesetze

Eine neue Stufe der Demütigung und Verfolgung setzte 1935 mit dem Erlass der **„Nürnberger Gesetze"** ein. Sie waren die Grundlage der weiteren Verfolgung der Juden in Deutschland. Darin hieß es unter anderem:

M4 Reichsbürgergesetz

- Reichsbürger ist nur der Staatsangehörige deutschen und artverwandten Blutes, der durch sein Verhalten beweist, dass er gewillt und geeignet ist, in Treue dem Deutschen Reich und Volk zu dienen.
- Nur der Reichsbürger kann als Träger der vollen politischen Rechte das Stimmrecht in politischen Angelegenheiten ausüben und ein öffentliches Amt bekleiden.
- Ein Jude kann nicht Reichsbürger sein. Ihm steht ein Stimmrecht in politischen Angelegenheiten nicht zu; er kann ein öffentliches Amt nicht bekleiden.

Reichsgesetzblatt 100 Jg., 1935, Teil 1, S. 1146 und Walter Hofer (Hrsg.), Der Nationalsozialismus – Dokumente, Frankfurt/M. 1982, S. 285

M5 Anti-jüdischer Karnevalswagen im Mainzer Faschingszug 1936. Verkleidete Narren panschen Wein. Auf der Tafel steht: „Fremde Art hat so bestätigt – deutschen Handel schwer geschädigt."

M6 Gesetz zum Schutz des deutschen Blutes und der deutschen Ehre […]

- Eheschließungen zwischen Juden und Staatsangehörigen deutschen und artverwandten Blutes sind verboten. Trotzdem geschlossene Ehen (Mischehen) sind nichtig. […]
- Juden dürfen weibliche Staatsangehörige deutschen oder artverwandten Blutes unter 45 Jahren nicht in ihrem Haushalt beschäftigen.

Ebenda

Nun waren die Bürger jüdischen Glaubens auch juristisch aus der Volksgemeinschaft ausgeschlossen. Vor jeder Eheschließung oder bei Bewerbungen musste der Nachweis der **„arischen Abstammung"** erbracht werden. Den Juden wurde es verboten, Bibliotheken, Theater, Kinos und Badeanstalten zu besuchen. Parkanlagen und öffentliche Verkehrsmittel blieben ihnen zunehmend verwehrt. Auch wurden auf Veranlassung der Gestapo jüdische Kulturschaffende zur Gründung des „Reichsverbands der jüdischen Kulturbünde in Deutschland" gezwungen. So war es den Nationalsozialisten möglich, die jüdischen Kultur- und Sportvereinigungen noch stärker zu kontrollieren.
1938 wurden Kapitalvermögen und Grundeigentum der Juden eingezogen. Zudem erhielten sie eine Kennkarte mit aufgedrucktem „J" und einen Zwangsvornamen: „Sara" bzw. „Israel". Ab 1941 mussten alle Juden in der Öffentlichkeit einen gelben Stern tragen.

M7 Die SS zwingt Alzeyer Juden, die Wände in der Antoniterstraße von anti-national-sozialistischen Wahlkampfparolen zu säubern (1933).

1 Erläutere, was die Nationalsozialisten mit dem Boykott erreichen wollten.

2 Vermute, warum viele Juden trotz der Verfolgung nicht auswanderten.

3 Überlege, wie es dir an Stelle des 16-jährigen Gerhard Moss wohl zumute gewesen wäre (M3).

4 Diskutiert, welche Folgen die Nürnberger Gesetze für das Leben der Juden in Deutschland hatte.

Massenmord in den Vernichtungslagern

M 1 SS und Polizei bewachen einen Transport von Juden zum Bahnhof (1942).

M 2 Im Viehwagon nach Osten (1942). In den Wagons herrschten unmenschliche Zustände (Enge, Kälte, Hunger, Durst, Tote und Exkremente am Boden).

Warten auf die Deportation

Mit dem Beginn des Zweiten Weltkriegs 1939 änderte sich die Lage für die europäischen Juden dramatisch. Durch die deutsche Besetzung ihrer Heimatländer gerieten etwa sieben der insgesamt zehn Millionen in Europa lebenden Juden unter den Herrschaftseinfluss der Nationalsozialisten. Die Verfolgung begann sofort mit der Besetzung Polens 1939 und war darauf gerichtet, die Juden zunächst in größeren Städten zu konzentrieren. **Gettos*** wurden eingerichtet.

In Deutschland hatte die Phase der Unterbringung in Gettos 1939 mit der Einrichtung sogenannter „Judenhäuser" begonnen. Unter unmenschlichen Bedingungen mussten Juden nun z. B. in Schulgebäuden oder jüdischen Gemeindehäusern wohnen.

Vielen Verfolgten gelang es unterzutauchen: Etwa 10 000 Juden versteckten sich in Deutschland.

***Getto**
abgeschlossene Bezirke, in denen nur Juden lebten und aus denen sie sich nicht entfernen durften; die Lebensbedingungen in den Gettos waren unmenschlich: Es herrschte furchtbare Enge, die Menschen hungerten und die hygienischen Bedingungen waren so schlecht, dass sich Krankheiten ausbreiteten.

Die Wannsee-Konferenz

Am 20. Januar 1942 trafen sich hohe Regierungsbeamte und SS-Führer am Großen Wannsee in Berlin. Sie planten dort in einer Konferenz die sogenannte „**Endlösung der Judenfrage**" in Europa.

M 3 Protokoll der Besprechung in Berlin-Wannsee am 20. Januar 1942:

Geheime Reichssache […]

Unter entsprechender Leitung sollen nun im Zuge der Endlösung die Juden in geeigneter Weise im Osten zum Arbeitseinsatz kommen. In großen Arbeitskolonnen, unter Trennung der Geschlechter, werden die arbeitsfähigen Juden Straßen bauend in diese Gebiete geführt, wobei zweifellos ein Großteil durch natürliche Verminderung ausfallen wird. Der […] verbleibende Restbestand wird, da es sich bei diesem zweifellos um den widerstandsfähigsten Teil handelt, entsprechend behandelt werden müssen.

Reinhard Rürup (Hg.), Topographie des Terrors, 13. Aufl., Berlin (Stiftung Topographie des Terrors) 2001, S. 144, 146 f.

Der Mord an den Juden

Die **Deportation** der deutschen Juden begann 1941. Seit Mitte 1942 gingen die Transporte von Juden in die **Konzentrationslager** und **Vernichtungslager**. Eng zusammengepfercht wurden sie in Güterwagons verschleppt – meistens ohne Versorgung mit Essen oder Trinken.

Inzwischen waren die Konzentrationslager keine reinen Arbeitslager mehr. Besonders in den besetzten Gebieten im Osten waren zusätzliche Vernichtungslager entstanden – z. B. Auschwitz, Belzec, Sobibor, Treblinka, Majdanek. Dort wurden Menschen systematisch durch Giftgas in sogenannten **Gaskammern** ermordet. Häftlinge in diesen Lagern waren – neben den Juden – auch Menschen, die in Opposition zum NS-Staat standen: politische Gefangene, Zeugen Jehovas („Bibelforscher"), Sinti und Roma („Zigeuner"), Homosexuelle.

Nach der Ankunft im Lager wurden die Juden von SS-Ärzten begutachtet und „selektiert", d.h. ausgesondert. Arbeitsfähige brachte man zu Tausenden in primitiven Baracken unter, sie mussten Schwerstarbeit leisten. Diejenigen, die man für zu schwach hielt, um die anstrengende Arbeit zu leisten, wurden sofort in die Gaskammern geschickt. Die Gesamtzahl der jüdischen Opfer in Europa liegt zwischen rund fünf und sechs Millionen Menschen.

M4 Der SS-Offizier Kurt Gerstein berichtete über eine Massenvergasung im Vernichtungslager Belzec:

Tatsächlich kam nach einigen Minuten der erste Zug von Lemberg aus an. 45 Wagons mit 6700 Menschen, von denen 1450 schon tot waren bei ihrer Ankunft. Hinter den vergitterten Luken schauten, entsetzlich bleich und ängstlich, Kinder durch, die Augen voller Todesangst, ferner Männer und Frauen. [...] Ein großer Lautsprecher gibt die weiteren Anweisungen: Sich ganz ausziehen, auch Prothesen, Brillen usw. [...] Dann die Frauen und Mädchen zum Friseur, der mit zwei, drei Scherenschlägen die Haare abschneidet und sie in Kartoffelsäcken verschwinden lässt. [...]

Dann setzt sich der Zug in Bewegung. [...] Mütter mit ihren Säuglingen an der Brust, sie kommen herauf, zögern, treten ein in die Todeskammern! [...] Mütter mit Kindern an der Brust, kleine nackte Kinder, Erwachsene, Männer, Frauen, alle nackt – sie zögern, aber sie treten in die Todeskammern, von den anderen hinter ihnen vorgetrieben oder von den Lederpeitschen der SS getrieben. [...]

Endlich, nach 32 Minuten, ist alles tot! Von der anderen Seite öffnen Männer vom Arbeitskommando die Holztüren. [...] Wie Basaltsäulen stehen die Toten aufrecht aneinandergepresst in den Kammern. [...] Selbst im Tode noch kennt man die Familien. Sie drücken sich, im Tode verkrampft, noch die Hände. [...]

Niederschrift des SS-Obersturmbannführers Kurt Gerstein am 4. Mai 1945, zit. n. Gerhard Schoenberner, Der gelbe Stern. Die Judenverfolgung in Europa 1933–1945, Frankfurt a. M. (Fischer) 1992, S. 189, gekürzt

M5 Auf dem Weg in die Gaskammern (1942)

***Holocaust**
englische Bezeichnung für den Massenmord der Juden in der Zeit des Nationalsozialismus

1 Bearbeite das Protokoll der Wannsee-Konferenz (M3):
   - „Übersetze" den Text: Was ist mit Worten wie „Endlösung", „Judenfrage", „natürliche Vernichtung", „entsprechend behandelt" gemeint?
   - Fasse den Inhalt in wenigen Sätzen zusammen.

2 Analysiere die Sprache und überlege, warum man sich so ausdrückte.

3 Entwirf ein Stufenmodell der Judenverfolgung und beschreibe die einzelnen Stufen. Berücksichtige dabei auch die Seiten 172/173.

4 Beschreibe deine Eindrücke vom Gerstein-Bericht (M4).

5 Welche Einstellung hat Gerstein zum Geschehen?

6 Berichte mithilfe des Textes und M4 über die Vernichtung.

7 Nach dem Ende der Hitler-Diktatur erklärten viele Menschen, dass sie nichts von der Verfolgung und Ermordung der Juden „mitbekommen" hatten. Wie beurteilt ihr diese Aussage?

Andere Opfer der Nationalsozialisten

M 1 Werbung für eine Zeitschrift der NSDAP

Hitlers „Euthanasie*"-Erlass

Zu weiteren Opfern der nationalsozialistischen „**Rassenlehre**" wurden auch Kranke, Behinderte und Menschen, die ein nicht angepasstes Leben führten – sie alle entsprachen nicht dem nationalsozialistischen Ideal eines perfekten Menschen, der als „Arier" bezeichnet wurde und der gesund und kräftig sein sollte.

***Euthanasie** (Griech.: leichter, schöner Tod, Sterbehilfe) bei den Nationalsozialisten in neuer Verwendung: bewusste Herbeiführung des Todes; Vernichtung sogenannten „lebensunwerten" Lebens

M 2 Betreuerin mit behinderten Kindern im St. Josefshaus, Herten

Auf der Grundlage dieser Gedanken wurden mit dem T-4-Erlass Hitlers an seinen Leibarzt Dr. Brandt und an den Chef seines Privatbüros, Philipp Bouler, eine beispiellose Mordaktion ausgelöst. Da deren Dienststelle in der Berliner Tiergartenstraße 4 lag, wurde die Abkürzung „T 4" zum Decknamen für die Tötungsaktionen.
Bald danach besuchten Ärzte die Insassen von Anstalten für körperlich und geistig Behinderte. Diejenigen, die nicht arbeiten konnten, wurde als „lebensunwert" bezeichnet und durch Giftgas getötet. Ihren Angehörigen wurde als Todesursache meistens Blinddarm- oder Lungenentzündung mitgeteilt.
Einige Menschen unterstützten die Euthanasie-Aktion. Der Bruder eines geretteten Mädchens drohte dem Josefshaus mit einer Anzeige, weil „Maßnahmen der Regierung missachtet wurden und die Verlegung seiner Schwester verhindert worden war". Eine Mutter, deren Kind im Josefshaus lebte, sagte zu ihm, als es abgeholt wurde: „Du stirbst halt für den Führer."

Es regt sich Widerstand

Nach und nach wurde bekannt, was mit den Behinderten tatsächlich geschah. Nun begannen Angehörige, unterstützt von Pfarrern und Priestern, zu protestieren. Besonders der katholische Bischof von Münster, Clemens August Graf von Galen sowie der evangelische Landesbischof von Württemberg, Theophil Wurm, erhoben ihre Stimme. Diese Proteste führten dazu, dass Hitler am 24. August 1941 das Ende der Vergasungen befahl. Allerdings setzten Ärzte und Pfleger weiterhin mit Giftspritzen und durch Aushungern das Töten fort. Forscher vermuten, dass 80 000 bis 120 000 Behinderte Opfer der **nationalsozialistischen Vernichtungspolitik** wurden.

Ort	Opfer 1940/1941
Grafeneck (Baden-Württemberg)	9839
Bernburg (Sachsen-Anhalt)	8601
Sonnenstein b. Pirna (Sachsen)	13720
Hadamar (Hessen)	10072
Brandenburg (Brandenburg)	9772
Hartheim b. Linz (Österreich)	18269

M 3 Die Tötungsanstalten und Opfer

Zwangssterilisationen

Zum Rassenwahn der Nationalsozialisten gehörte, dass niemand Kinder bekommen sollte, den sie dafür als nicht geeignet ansahen: Geistesschwache, aber auch Menschen mit erblicher Taubheit oder Blindheit, Alkoholismus oder „asozialen Neigungen". Man forschte z. B. auch dem Verhalten im Alltag nach („vernachlässigt ihre häusliche Arbeit", „in ihm schlummern asoziale Erbanlagen" ...). Nach dem **„Gesetz zur Verhütung erbkranken Nachwuchses"** von 1933/1934 urteilten „Erbgesundheitsgerichte", ob solche Menschen zwangsweise operiert und unfruchtbar gemacht werden sollten. Man schätzt die Gesamtzahl der Opfer auf 200000 bis 500000 Frauen und Männer.

Sinti und Roma

An den Sinti und Roma, die man damals abwertend „Zigeuner" nannte, wurde Völkermord verübt. Aus ganz Europa wurden sie in Vernichtungslager gebracht und getötet. Nach dem Entzug der Bürgerrechte im Jahr 1935 konnten die Sinti und Roma in Deutschland jederzeit verhaftet werden. Von den 30000 Sinti und Roma, die 1939 in Deutschland lebten, überlebten nur 5000 den Massenmord der Nationalsozialisten. Man schätzt die Zahl aller getöteten Sinti und Roma Europas auf 220000 bis auf über 500000. Gegen die massenweise Ermordung der Juden sowie der Sinti und Roma regte sich in Deutschland kaum Widerstand. Viele, die davon wussten, schwiegen.

M 4 Überlebender, namentlich nicht bekannter Sinto, mit eintätowierter KZ-Nummer

M 5 Der damalige Rektor Wilhelm Grein berichtete über die Durchführung der Auslesemaßnahmen im St. Josefshaus, einem Heim für Behinderte in Herten bei Rheinfelden:

Ein Psychiater aus München sollte die Auslese in Herten vornehmen. Vorwegnehmen muss ich, dass sämtliche Psychiater bei der Untersuchung ihr eigenes System hatten.

Der Münchener Psychiater trieb Augendiagnose. Wer unklare Augen hatte, wurde „verlegt". Ich [...] sagte den Schwestern: „Wer unklare Augen hat, darf nicht zur Untersuchung. Geht mit ihnen in den Wald oder an den Rhein." Somit konnten wir viele retten.

Raimund Kagerer, Sankt-Josefshaus ... die Zahlen mussten stimmen: das nationalsozialistische „Euthanasie"-Projekt im Fall des St. Josefshauses Herten, hg. v. Sankt-Josefshaus Herten, Rheinfelden (Hornberger) 1997

Sinti und Roma – eine Internetrecherche

Führt in Kleingruppen eine Internetrecherche zum Thema „Verfolgung und Vernichtung der Sinti und Roma zwischen 1933 und 1945" durch. Berichtet in der Klasse. Ihr könnt diese Recherche in Gruppen auch über folgende Opfergruppen durchführen: Zeugen Jehovas, Homosexuelle, Opfer der Euthanasie (Kranke, Behinderte, Menschen mit unangepasster Lebensführung).

1 Haltet an der Tafel eure Eindrücke über die Inhalte dieser Doppelseite und der vorherigen Seiten unter der Überschrift „Opfer des Nationalsozialismus" fest. Schreibt auch Fragen auf, die euch dazu einfallen, und versucht, diese gemeinsam zu beantworten.

2 Bewerte M 5. Nach welchen Kriterien wurde über Leben und Tod von Menschen entschieden?

3 Wie beurteilst du das Vorgehen der Ärzte und Schwestern?

METHODE

Arbeit mit Tagebüchern

M 1 **Anne Frank (1929–1945) 1933 Flucht aus Deutschland nach Holland; 1944 Deportation ins KZ Bergen-Belsen; sie starb dort im März 1945 an Typhus.**

M 2 **Victor Klemperer (1881–1960) Professor für Romanistik, schrieb in der Zeit des Nationalsozialismus Tagebücher, da er nicht mehr als Wissenschaftler arbeiten durfte.**

Eine einmalige historische Quelle

Tagebücher spielen im Leben vieler Menschen eine wichtige Rolle – auch wenn sich die Form der Aufzeichnung im Laufe der Zeit verändert hat. Die Gründe, warum jemand Tagebuch führt, sind geblieben. Der vielleicht wichtigste ist, dass man einem Tagebuch die geheimsten Gedanken anvertrauen kann.

Ein bekanntes Beispiel ist das Tagebuch des jüdischen Mädchens Anne Frank. Die Familie der Anne Frank war 1933 vor den Nationalsozialisten aus Deutschland in die Niederlande geflohen. Dort musste sie sich 1942, nach der Besetzung der Niederlande durch deutsche Truppen, in einer Geheimwohnung verstecken. Zwei Jahre lebte die damals 13-jährige Anne mit ihrer und einer weiteren Familie auf engstem Raum, bis sie verraten und deportiert wurden. Im Versteck schrieb sie regelmäßig in ihr Tagebuch, um mit der unglaublichen Situation besser fertigzuwerden.

Andere Tagebücher – wie das von Victor Klemperer – wurden mit der Absicht verfasst, Zeugnis abzulegen für „die Zeit danach".

Tagebücher sind ein Teil der historischen Quellen, aus denen wir unser Wissen über die Vergangenheit beziehen. Das gilt für die Tagebücher bekannter Persönlichkeiten ebenso wie für die „einfacher" Leute. Um ihren Inhalt richtig bewerten zu können, muss man sich mit der Person des Schreibers, seiner Weltanschauung, den Lebensumständen und den Motiven für die Tagebuchaufzeichnung beschäftigen.

M 3 **Aus dem Tagebuch der Anne Frank:**

11. Juli 1942: Es beengt mich, dass wir hier gar nicht mehr herauskönnen, und ich habe Angst, dass wir entdeckt und erschossen werden. Tagsüber müssen wir auch sehr leise sein, dürfen nicht laut auftreten und müssen beinahe im Flüsterton sprechen, denn unten […] darf man uns nicht hören.

19. November 1942: Wo sie [die Militärpolizei] einen Juden findet, nehmen sie die ganze Familie fest. Sie schellen an jeder Tür, und ist es vergeblich, gehen sie ein Haus weiter. Manchmal sind sie auch mit namentlichen Listen unterwegs und holen dann systematisch die „Gezeichneten". […] Es ist wie eine Sklavenjagd in früherer Zeit. Ich sehe es oft im Geiste vor mir: Reihen unschuldiger Menschen mit weinenden Kindern […] geschlagen und gepeinigt und vorwärts getrieben. […]

Das Tagebuch der Anne Frank. S. Fischer Frankfurt/M. 1980. S. 46 [übersetzt von Mirjam Pressler und Otto H. Frank]

Arbeitsschritte bei der Analyse von Tagebüchern

1. Schritt:

Wer ist die Autorin/der Autor des Tagebuchs? In welcher Zeit, unter welchen Umständen und aus welchen Gründen wurde das Tagebuch verfasst?

2. Schritt:

Auf welche Ereignisse bezieht sich der Tagebucheintrag?

3. Schritt:

Welche persönliche Meinung vertritt die Autorin/der Autor? Was hat dich an der Darstellung besonders beeindruckt?

4. Schritt:

Ordne die gewonnenen Informationen historisch ein und beurteile die Gedanken der Autorin/des Autors.

Besuch einer Gedenkstätte

METHODE

Konzentrationslager in Hessen

Gleich nach ihrer Machtübernahme sperrten die Nazis Kommunisten, SPD-Anhänger und viele andere in sogenannte „wilde“ Lager, die in alten Fabriken, stillgelegten Arbeits- und Zuchthäusern oder auf ehemaligen Truppenübungsplätzen errichtet wurden. Ab 1934 wurden diese Lager nach und nach aufgelöst.
Eines dieser Lager war das KZ Osthofen, das in der Nähe des damals noch hessischen Worms lag. Durch den Roman „Das siebte Kreuz“ von Anna Seghers, der später verfilmt wurde, wurde es weltweit bekannt. Ab 1934 wurde ein System von Konzentrationslagern errichtet, das mit seinen Außenstellen überall gegenwärtig war. An viele dieser Lager erinnern heute Gedenkstätten.

Besuch einer Gedenkstätte

In den KZ-Gedenkstätten werden die Gräueltaten der Nationalsozialisten und das Leiden der Häftlinge besonders eindrucksvoll verdeutlicht. Den Besuch einer solchen Gedenkstätte sollte man gut planen. Hinweise auf Gedenkstätten in eurer Nähe findet ihr in den beiden Bänden: Heimatgeschichtlicher Wegweiser zu den Stätten des Widerstandes und der Verfolgung 1933–1945, Hessen I bzw. Hessen II, hg. v. Studienkreis Dt. Widerstand, Verlag für Akademische Schriften, Frankfurt, nach denen ihr euch in der Stadt- oder Gemeindebücherei erkundigen könnt.

Planung

- Informationen einholen: Aufbau der Gedenkstätte, Möglichkeiten von Führungen, Organisation der An- und Abreise, Finanzierung (möglicherweise gibt es hierfür Zuschüsse);
- Erwartungen klären: Ein Gedenkstättenbesuch ist kein lustiger Wandertag.

Auswertung

- Gefühle während des Besuchs.
- Was haben wir Neues erfahren, was wussten wir schon?
- Welche Informationen fehlten? Wie können wir sie beschaffen?
- Welche Lehren kann man aus dem Besuch ziehen?

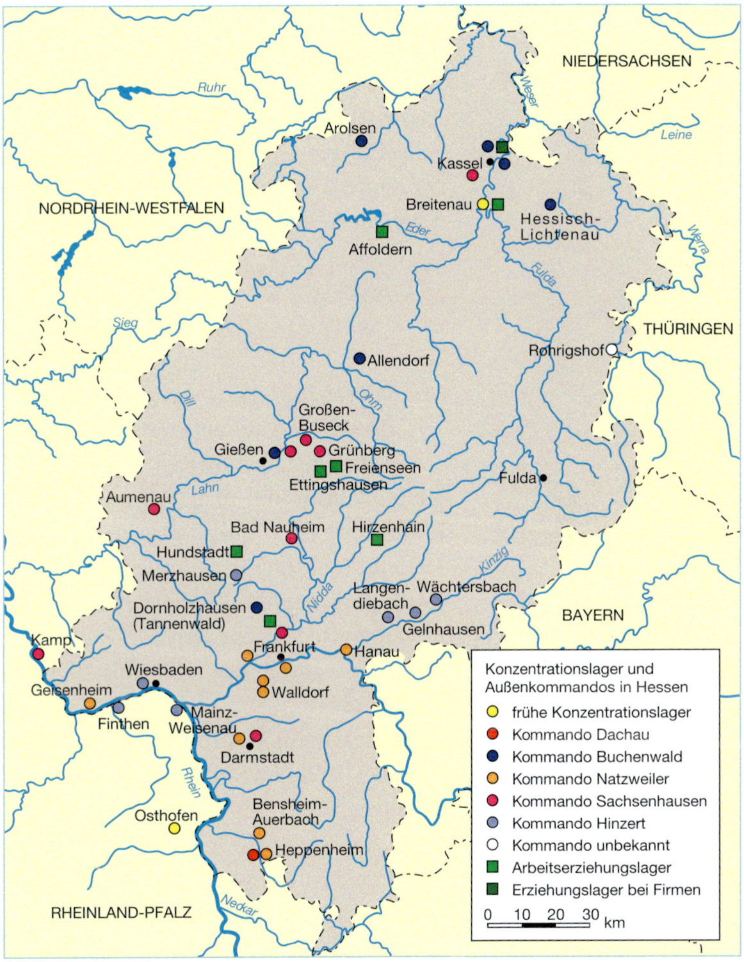

M1 **Karte der Standorte von Konzentrations- und Arbeitslagern auf dem Gebiet des heutigen Hessen zwischen 1933 und 1945**

Vorbereitung und Beginn des Zweiten Weltkriegs

M 1 **Karikatur in der amerikanischen Zeitung „The Nation" zu einer Friedensrede Hitlers im Mai 1933**

Friedensreden und Aufrüstung

Wenige Wochen nach der Ernennung zum Reichskanzler erklärte Hitler 1933 im Reichstag in einer Rede seine Vorstellungen über die Außenpolitik, die er in den folgenden Jahren in ähnlicher Form oft wiederholte.

M 2 **Aus einer Rede Hitlers vor dem Reichstag am 17. Mai 1933:**

Die deutsche Regierung wünscht sich über alle schwierigen Fragen politischer und wirtschaftlicher Natur mit den anderen Nationen friedlich und vertraglich auseinanderzusetzen. Sie weiß, dass jeder militärische Akt in Europa, auch im Falle seines vollständigen Gelingens, gemessen an seinen Opfern in keinem Verhältnis steht zu möglichem, endgültigem Gewinn.

Stenogr. Berichte des Deutschen Reichstags vom 17. 5. 1933, zit. n. Vierteljahreshefte für Zeitgeschichte 6 / 1958, S. 128 ff., 204 ff.

M 3 **Dieser Erklärung standen folgende innen- und außenpolitische Maßnahmen gegenüber:**

1935: Beginn des Baus von U-Booten, Einführung der Wehrpflicht
1936: Einmarsch ins neutrale Rheinland
1938: Einmarsch in Österreich, Angliederung an das Deutsche Reich
1938: Besetzung des tschechischen Sudetenlandes
1939: Besetzung der restlichen Tschechoslowakei (Böhmen und Mähren, aber nicht die Slowakei)

Die gegnerischen Regierungen, z. B. Großbritannien und Frankreich, nahmen Hitlers Vorgehensweise widerwillig hin, obwohl Hitler mit dem Überfall auf die Tschechoslowakei das Völkerrecht brach. Sie hofften, dass er sich mit dem Erreichten zufriedengeben würde und wollten einen Krieg gegen Deutschland vermeiden, denn in Großbritannien und Frankreich war die Erinnerung an den Ersten Weltkrieg mit seinen vielen Opfern noch sehr lebendig. Ihre stillschweigende Duldung bestätigte jedoch die deutschen Kriegsbefürworter in ihrer Überzeugung, dass niemand sie an weiteren Überfällen ernsthaft hindern würde.

Hitler plant einen Eroberungskrieg

Hitlers Kriegsziele waren die Herrschaft Deutschlands über Europa und die Eroberung von Land im Osten. Dort sollten Bodenschätze abgebaut und Menschen aus Deutschland angesiedelt werden.
Aber Hitler konnte nicht einfach einen Krieg beginnen, indem er Truppen befehligte, um die Nachbarländer zu erobern. Er brauchte eine gut ausgerüstete Armee und die Zustimmung der Bevölkerung.

M 4 **Hitler erklärte in einer geheimen Denkschrift über den Vierjahresplan 1936:**

Ähnlich der militärischen und politischen Aufrüstung […] unseres Volkes hat auch eine wirtschaftliche zu erfolgen, und zwar im selben Tempo […] und wenn nötig, auch mit der gleichen Rücksichtslosigkeit. […] Ich stelle damit folgende Aufgabe:
I. Die deutsche Armee muss in vier Jahren einsatzfähig sein.
II. Die deutsche Wirtschaft muss in vier Jahren kriegsfähig sein.

Vierteljahreshefte für Zeitgeschichte 3 / 1955, S. 204 ff.

Auch viele Deutsche erinnerten sich noch gut an die Schrecken des Ersten Weltkrieges, an Tote und Verletzte an der Front sowie an Hungersnöte in der Heimat. Hitler musste also die Stimmung in Deutschland so beeinflussen, dass die Mehrheit der Menschen einen Krieg unterstützen würde. 1938 formulierte er dies in einer geheimen Rede vor deutschen Zeitungsredakteuren.

M 5 Hitlers Rede vor der deutschen Presse über die Aufgabe der Propaganda für die deutsche Außenpolitik, 10. November 1938:
Es war nunmehr notwendig, das deutsche Volk psychologisch allmählich umzustellen und ihm langsam klarzumachen, dass es Dinge gibt, die, wenn sie nicht mit friedlichen Mitteln durchgesetzt werden können, mit Mitteln der Gewalt durchgesetzt werden müssen. [...] Es war notwendig, [...] bestimmte außenpolitische Vorgänge so zu beleuchten, dass die innere Stimme des Volkes selbst langsam nach der Gewalt zu schreien begann. [...] Diese Arbeit hat Monate erfordert.

Vierteljahreshefte für Zeitgeschichte 1958, S. 182ff.

M 6 Hitler erklärte vor Befehlshabern der Wehrmacht am 22. August 1938:
Ich werde propagandistischen Anlass zur Auslösung des Krieges geben, gleichgültig ob glaubhaft. Der Sieger wird später nicht danach gefragt, ob er die Wahrheit gesagt hat oder nicht. Bei Beginn und Führung des Krieges kommt es nicht auf das Recht an, sondern auf den Sieg.

Hohlfeld, Bd. V. Dokumenten-Verlag, Berlin 1951, S. 74ff.

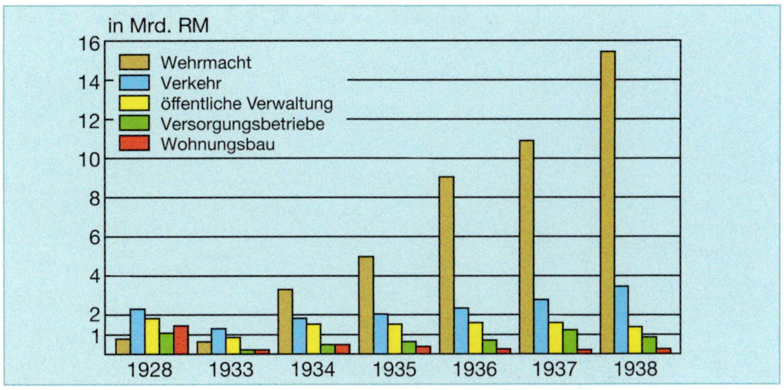

M 7 Ausgaben des Deutschen Reiches in den Jahren 1928–1938

Der 1. September 1939

Das Propagandaministerium war für die Vorbereitung der Bevölkerung auf den tatsächlichen Kriegsbeginn zuständig. Am 10. August 1939 ging eine Anweisung an alle Zeitungen im Deutschen Reich: „Greuelmeldungen [über Polen] müssen von heute ab groß auf der ersten Seite erscheinen." Der Anlass für einen Krieg wurde dann durch das NS-Regime geschaffen: Am Abend des 31. August 1939 überfielen im Auftrag Hitlers SS-Leute den deutschen Radiosender Gleiwitz in der Nähe der polnischen Grenze. Sie gaben eine Meldung durch, die so begann: „Achtung! Achtung! Hier ist Gleiwitz. Der Sender befindet sich in polnischer Hand."
Am **1. September** verkündete Hitler dann im Reichstag, dass Polen Deutschland angegriffen hätte und man nun zurückschieße. So diente der vorgetäuschte Überfall als Rechtfertigung für den **deutschen Angriff.**
Bald darauf erklärten Großbritannien und Frankreich Deutschland den Krieg.

1 Vergleiche die Aussage Hitlers in M 2 mit den Tatsachen (Liste). Erkläre dann die Karikatur M 1.

2 Erläutere die Grafik M 7. Welche Ausgaben sind zurückgegangen, welche Ausgaben sind gestiegen? Begründe diese Veränderungen mit den Aussagen im M 4.

3 Im Jahr 1938, ein Jahr vor Kriegsbeginn, wurde viermal so viel Geld für die Armee (Wehrmacht) ausgegeben wie für Straßen und Eisenbahnen (Verkehr). Beschreibe das Verhältnis von Militärausgaben zu den anderen Ausgaben. Wie ist dieses Verhältnis heute?

4 Stelle die Vorbereitung des Krieges und seine Auslösung mit eigenen Worten dar.

Der Krieg wird zum Weltkrieg

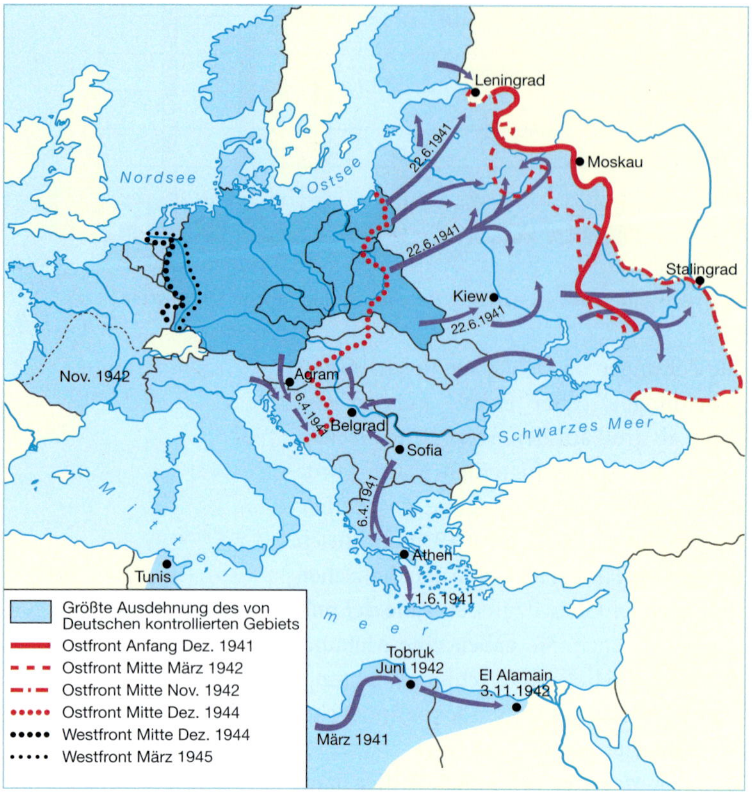

M 1 **Größte Ausdehnung des deutschen Machtbereichs im Verlauf des Zweiten Weltkriegs**

Ein Siegeszug Hitlers?

Zunächst schien es, als ob Deutschland bald ganz Europa in einem **Blitzkrieg*** unterwerfen könne. Mit der Blitzkriegsstrategie wollte die Militärführung verhindern, dass das Deutsche Reich wegen fehlender Rohstoffreserven in einem länger andauernden Krieg besiegt werden würde: Ab April 1940 wurden in weiteren Feldzügen Dänemark und Norwegen besetzt. Das Deutsche Reich kontrollierte nun den Nord- und Ostseehandel. Vor allem aber wurden wichtige Erzlieferungen gesichert.

Im Mai 1940 befahl Hitler den Angriff auf Frankreich: Unter Bruch der **Neutralität** Belgiens stießen die deutschen Panzertruppen nach Westen vor; zudem besetzten Fallschirmjäger und Panzertruppen die Niederlande. Als die französischen Truppen im Juni kapitulierten*, befand sich Hitler auf dem Höhepunkt seiner Macht. Die deutsche Bevölkerung bejubelte seine Erfolge.

Obwohl sich der Machtbereich Hitlers nun weit über den europäischen Kontinent erstreckte, war der Krieg aber noch nicht gewonnen. Denn ein Sieg über Großbritannien, das von den USA durch umfangreiche Rüstungslieferungen Unterstützung erhielt, blieb aus. Auch die im August 1940 begonnene **Bombardierung** britischer Städte durch die deutsche Luftwaffe änderte den Zustand nicht.

Am **22. Juni 1941** überfiel die deutsche Wehrmacht auf Weisung Hitlers überraschend auch die UdSSR und eröffnete damit eine zweite Kriegsfront. Bis zu diesem Zeitpunkt hatte die UdSSR das Deutsche Reich mit Rohstoffen, vor allem Erzen und Getreide, beliefert. Nach ersten Vorstößen kam der Vormarsch der deutschen Truppen mit dem Wintereinbruch zunächst zum Erliegen.

In den eroberten Gebieten errichteten die Deutschen eine **brutale Besatzungsherrschaft**. Beteiligt daran waren neben regulären Truppen der Wehrmacht auch Einheiten der SS und der Polizei. Sie führten insbesondere die Verfolgung von Juden durch, verschleppten sie oder ermordeten sie vor Ort.

Die Ausweitung zum Weltkrieg

Anfang der 1940er-Jahre verband das Deutsche Reich und das **faschistisch*** regierte Italien ein Pakt mit Japan, der unter anderem gegenseitige militärische Unterstützung vorsah.

Bereits seit 1936 führte Japan Krieg gegen China. Nachdem japanische Kriegsverbrechen bekannt geworden waren, versuchte

***Blitzkrieg**
Bezeichnung für einen schnellen, erfolgreichen Angriffskrieg

***kapitulieren**
in aussichtsloser Lage alle Kriegshandlungen aufgeben

***faschistisch**
Faschismus (von Lateinisch: *fasces* = Bund, Bündel): nationalistische Herrschaftsform mit Führerkult in Italien (1922 bis 1945)

der amerikanische Präsident Roosevelt 1941, durch einen Handelsboykott den Verzicht Japans auf eroberte chinesische Gebiete zu erzwingen. Die japanische Regierung entschloss sich daraufhin jedoch zum Angriff auf die USA: Am 7. Dezember 1941 bombardierte die japanische Luftwaffe ohne Kriegserklärung den US-Militärstützpunkt **Pearl Harbour** auf Hawaii. Etwa 3500 Amerikaner kamen bei dem Überraschungsangriff ums Leben. In der Folgezeit gelang es Japan, große Teil des Pazifikraumes und Südostasiens zu erobern.

Nach dem Angriff auf Pearl Harbour erklärten die USA und Großbritannien Japan den Krieg. Die deutsche Führung nahm dies ohne Zögern zum Anlass, den USA ihrerseits den Krieg zu erklären. Sie erwartete, die amerikanischen Streitkräfte würden sich zwischen dem europäischen und dem asiatischen Kriegsschauplatz aufreiben. Präsident Roosevelt jedoch vereinbarte mit dem britischen Premierminister Churchill, die größte Anstrengung zunächst gegen das Deutsche Reich zu richten, das mit seinem Bombenkrieg für die Zivilbevölkerung in den englischen Städten eine massive Bedrohung darstellte. Gemeinsam mit der Sowjetunion gründeten die beiden westlichen Alliierten die **Anti-Hitler-Koalition**.

M2 Winston Churchill (1874–1965), der schon seit 1929 vor den von Hitler drohenden Gefahren gewarnt hatte, war von 1940 bis 1945 britischer Premierminister.

M3 In London nach einem deutschen Luftangriff im September 1940

M4 Auf einer Konferenz in Casablanca im Jahr 1943 erklärten Roosevelt und Churchill:

[...] In Anbetracht der gesamten Kriegslage sind wir mehr denn je davon überzeugt, dass nur eine totale Beseitigung der deutschen und japanischen Kriegsmacht der Welt den Frieden bringen kann. Dies führt zu der einfachen Formulierung der Kriegsziele, welche eine bedingungslose Kapitulation Deutschlands, Japans und Italiens zum Inhalt hat. Die bedingungslose Kapitulation dieser Mächte kann allem Ermessen nach den Weltfrieden für Generationen sichern.

Hans Adolf Jacobsen, Der Zweite Weltkrieg, Wehr und Wissen Verlagsgesellschaft, Bonn 1965, S. 236

1 Fasse mithilfe der Karte M 1 und des Textes das Kriegsgeschehen in Europa bis zum Winter 1941/1942 zusammen.

2 Stelle die Bedeutung der Ereignisse des Jahres 1941 dar.

3 Beschreibe mithilfe von M 4 die Kriegsziele der Amerikaner und Briten.

Verbrechen an der Zivilbevölkerung

M 1 „Vergeltungsaktion" an polnischen Partisanen (1942)

Besatzungsherrschaft der Deutschen

***Freischärler**
eigenständig handelnde Kampftruppen, die nicht einem Armeebefehl unterstanden (z. B. Widerstandskämpfer)

Ende 1942 war das Deutsche Reich auf dem Höhepunkt seiner Macht und hatte große Teile Europas erobert (vgl. Karte, S. 182). In den einzelnen Ländern wurde eine deutsche Besatzungsherrschaft errichtet. In vielen Ländern, die von Deutschland besetzt wurden, kam es zu Kriegsverbrechen an der Zivilbevölkerung – besonders im Osten, vor allem in Polen und in der Sowjetunion.

M 2 Was sind „Kriegsverbrechen"?

Als **Kriegsverbrechen** werden Handlungen von Angehörigen eines kriegführenden Staates betrachtet, die gegen Strafvorschriften des Staates oder internationale Strafbestimmungen verstoßen – z. B. die Führung eines Angriffskriegs, Mord, Grausamkeiten gegen die Zivilbevölkerung, Massaker, systematischer Terror, Misshandlung und Tötung von Gefangenen, Zwangsarbeit fremder Staatsangehöriger und Völkermord.

„Leitlinien für den Krieg im Osten"

Entsprechend den Vorgaben Hitlers erließ die Wehrmachtsführung Anweisungen zur Art der Kriegsführung im Osten.

M 3 In einem Befehl vom 13. 5. 1941 für den Russlandfeldzug stand:

Freischärler* sind durch die Truppe im Kampf oder auf der Flucht schonungslos zu erledigen.
[…] Für die Handlungen, die Angehörige der Wehrmacht und des Gefolges gegen feindliche Zivilpersonen begehen, besteht kein Verfolgungszwang, auch dann nicht, wenn die Tat zugleich ein militärisches Verbrechen oder Vergehen ist.

Wolfgang Michalka, Das Dritte Reich, Bd. 2, München, 1985, S. 175

M 4 Stellvertretend für Verbrechen von Einheiten der SS, aber auch der Wehrmacht stehen vor allem folgende Orte:

Pančevo: Als Vergeltungsmaßnahme für die Erschießung zweier SS-Männer trieben Wehrmachtsangehörige die Einwohner der serbischen Stadt zusammen. Am 22. April 1941 wurden insgesamt 36 Menschen getötet.
Lidice: Als Rache für die Ermordung des deutschen „Reichsprotektors in Böhmen und Mähren", Reinhard Heydrich, ermordete die SS 1942 alle Männer (rund 190 Personen) des tschechischen Dorfes Lidice. Frauen und Kinder wurden in Konzentrationslager verschleppt.
Oradour-sur-Glane: Im französischen Oradour ermordeten im Juli 1944 SS-Einheiten alle 642 Einwohner auf barbarische Weise.
Warschau: Der Aufstand der polnischen Juden im Warschauer Getto wurde im April / Mai 1943 blutig niedergeschlagen. Die Überlebenden wurden in Konzentrationslager gebracht und ermordet. Im August 1944 erschossen Wehrmachtstruppen nach Beginn des Warschauer Aufstandes etwa 15 000 Menschen. Warschau wurde völlig zerstört.

Zwangsarbeit

Die Kriegsjahre zwischen 1939 und 1945 führten zu einem Mangel an Arbeitskräften in Deutschland, denn die Wehrmacht und die SS-Truppen brauchten Männer für den Krieg. Zur Vermeidung eines Zusammenbruchs der Wirtschaft kamen die Nazis auf die grausame Idee, Menschen aus ganz Europa nach Deutschland zu verschleppen, um sie als **Zwangsarbeiter** in den Betrieben einzusetzen. Kriegsgefangene und KZ-Häftlinge wurden zur Arbeit in der Landwirtschaft und der Rüstungsindustrie gezwungen – beispielsweise in Munitionsfabriken. Die im „Arbeitseinsatz“ Befindlichen wurden bei den Bauern oder in der Nähe der Rüstungsbetriebe in Lagern untergebracht.

Die Gesamtzahl der Deportierten und Kriegsgefangenen, die in Deutschland arbeiten mussten, betrug 1942 etwa sechs Millionen. Je nach Herkunft wurden die Zwangsarbeiter sehr unterschiedlich behandelt: Mehr noch als Franzosen oder Niederländer wurden Polen oder Russen misshandelt und gedemütigt.

M5 Der Deutsche Max Kirsten, der als Reparaturschlosser in einem Barackenlager gearbeitet hatte, erinnerte sich später:

[…] Die Wohnbedingungen in den Baracken waren unmenschlich. Es gab keine Bettwäsche, einfache Bretter und darauf Stroh. Das waren die Bettstellen. Zwei Decken hatte jeder – eine zum Zudecken, die andere mussten sie auf das Stroh legen, wenn sie nicht direkt darauf liegen wollten. Sie konnten sich auch nirgendwo anders als in diesem Raum aufhalten. […]

Zit. nach: Hubert Dörr, Zum Vorgehen der faschistischen Betriebsführung des ehemaligen Lauchhammerwerkes Gröditz im Flick-Konzern gegenüber Arbeitern und anderen Werktätigen sowie zwangsverschleppten ausländischen Arbeitskräften, Kriegsgefangenen und KZ-Häftlingen während des Zweiten Weltkriegs (Anlage 14), Dissertation, Dresden 1978, S. 70

M6 Zwangsarbeiterinnen aus dem Osten beim Arbeitseinsatz in Deutschland (1942)

Bei geringsten Verstößen gegen Arbeitsanweisungen, Lagerdisziplin, Verhaltensordnungen wurden die Zwangsarbeiter streng bestraft. Essenentzug, Bunkerhaft, körperliche Misshandlungen waren üblich. Viele der verschleppten Frauen wurden zudem zwangssterilisiert: Damit sollte verhindert werden, dass „fremdvölkische Kinder“ im Deutschen Reich aufwuchsen, gleichzeitig blieb die Arbeitskraft der Frau ohne Unterbrechung erhalten.

In der Frage der Entschädigungen für die geleistete Zwangsarbeit wurde nach dem Krieg zunächst keine allgemeine Lösung gefunden. Viele Menschen blieben ganz ohne Entschädigung. Erst im Jahr 2000 haben die Bundesregierung und die Industrie eine Regelung für alle diejenigen Überlebenden beschlossen, die bis dahin noch nicht entschädigt worden waren.

1 „Übersetze“ den Befehl M3. Was wird darin ausgesagt? Vermute, welchen Zweck dieser Befehl erfüllen sollte.

2 Finde die Orte der Kriegsverbrechen aus M4 im Atlas.

3 Informiert euch in arbeitsteiliger Gruppenarbeit über die genannten Kriegsverbrechen und berichtet darüber.

4 Schildere das Leben der Zwangsarbeiterinnen und -arbeiter (M5, M6, Text).

5 Begründe, warum nur wenige Deutsche versuchten, den ausländischen Menschen zu helfen.

Das Ende rückt näher

M 1 **Friedrich Paulus (geb. 23. 9. 1890, gest. 1. 2. 1957), Feldmarschall und Oberbefehlshaber der 6. Armee vor Stalingrad, wurde 1953 aus der Kriegsgefangenschaft entlassen und ließ sich in der DDR nieder.**

M 3 **Leichen gefallener deutscher Soldaten der 6. Armee vor Stalingrad (1943)**

M 2 **108 000 Mann gingen in russische Kriegsgefangenschaft. 40 000 von ihnen starben noch auf dem Weg in die Lager an Erschöpfung. Zehntausende weitere fielen dort Krankheiten zum Opfer.**

www.dhm.de / lemo / html / wk2 / kriegsverlauf / stalingrad

Stalingrad

1942 wurde an der Ostfront der deutsche Vorstoß gestoppt. Bei **Stalingrad** an der Wolga entbrannte eine Schlacht, in deren Verlauf im November 280 000 deutsche Soldaten eingekreist wurden. Die Schlacht von Stalingrad tobte zwei Monate lang. Sowohl die Kämpfe als auch die furchtbare Kälte (um –30 °C) forderten auf beiden Seiten zahlreiche Opfer. Hinzu kam, dass die Luftunterstützung für die Eingekesselten weitgehend fehlschlug. Die Luftwaffe verlor etwa 8000 Mann und rund 500 Flugzeuge.

Ende Januar 1943 gaben die völlig aufgeriebenen deutschen Truppen auf. Hitler, der eine **Kapitulation** abgelehnt hatte, sprach von „Feigheit vor dem Feind“. Etwa 146 000 Soldaten waren allein auf deutscher Seite ums Leben gekommen; 108 000 wurden in sowjetische Kriegsgefangenschaft überführt, wobei allein auf dem Weg in die Lager 40 000 von ihnen an Entkräftung starben. Bis 1956 kehrten nur 5000 von den ehemals 280 000 Soldaten zurück.

Die Verluste auf sowjetischer Seite wurden auf etwa 500 000 Mann geschätzt. Darüber hinaus waren um 50 000 Bewohner Stalingrads durch die deutsche Belagerung ums Leben gekommen, weitere 65 000 Menschen im Verlauf der Kämpfe als Zwangsarbeiter nach Deutschland verschleppt worden. Die Stadt war völlig vernichtet.

M 4 **Ein geheimer Lagebericht der Gestapo beschreibt die Reaktion der deutschen Bevölkerung auf die Niederlage:**

[…] Die Meldung […] hat im ganzen Volk eine tiefe Erschütterung ausgelöst. […] In erster Linie ist es die Höhe der Blutopfer, nach denen die Bevölkerung fragt. […] Die einen erklären, Gefangenschaft sei schlimmer als der Tod, weil die Bolschewisten die lebend in ihre Hände gefallenen Soldaten unmenschlich behandeln würden. Andere wiederum meinen, es sei doch ein Glück, dass nicht alle gefallen seien, so sei doch noch Hoffnung, dass später einmal ein Teil von ihnen in die Heimat zurückkehre. […] Allgemein ist die Überzeugung vorhanden, dass Stalingrad einen Wendepunkt des Krieges bedeute.

Chronik des Zweiten Weltkrieges, Bertelsmann, Gütersloh / München 1994, S. 223, bearb. von Brigitte Esser und Michael Venhoff

„Totaler Krieg“ …

M5 Am 18. Februar 1943 rief Reichspropagandaminister Goebbels im Berliner Sportpalast ausgesuchte Parteianhänger unter großem Beifall zum „totalen Krieg“ auf:

[…] Die Engländer behaupten, das deutsche Volk habe den Glauben an den Sieg verloren. Ich frage euch: Glaubt ihr mit dem Führer und mit uns an den totalen Sieg des deutschen Volkes? Ich frage euch: Seid ihr entschlossen, dem Führer in der Erkämpfung des Sieges durch dick und dünn und unter Aufnahme auch der schwersten persönlichen Belastungen zu folgen? […] Ich frage euch, wollt ihr den totalen Krieg, wollt ihr ihn wenn nötig totaler und radikaler, als wir ihn uns heute überhaupt nur vorstellen können? […] Ich frage euch, ist euer Vertrauen zum Führer heute größer […] und unerschütterlicher denn je? […]

Iring Fetscher, „Wollt ihr den totalen Krieg?“, Joseph Goebbels im Berliner Sportpalast 1943, EVA, Hamburg 1998

Entgegen der NS-Ideologie wurden nun immer mehr **Frauen dienstverpflichtet**: zu Verwaltungsaufgaben, als „Luftwaffenhelferinnen“ bei der Flugabwehr oder in der Rüstungsindustrie. Millionen von Verschleppten, Kriegsgefangenen und KZ-Häftlingen mussten in Landwirtschaft und Industrie Zwangsarbeit leisten.

… und Kriegsmüdigkeit

Im August 1940 hatte die deutsche Luftwaffe mit der Bombardierung englischer Städte den Luftkrieg gegen die britische Zivilbevölkerung eröffnet. Im Gegenzug erfolgten seit 1943 fast täglich **britische und amerikanische Luftangriffe** auf deutsche Städte. Allein über Berlin wurden bis 1945 mehr als 50 000 Tonnen Bomben abgeworfen. Die Nächte in den Luftschutzkellern, der Verlust von Hab und Gut, extreme Versorgungsengpässe, die Suche nach Vermissten und die Trauer um Tote führten dazu, dass die propagandistischen Durchhalteparolen in der Zivilbevölkerung immer weniger Resonanz fanden. Hinzu kamen die schlechten Nachrichten von der Front: Nach dem Sieg von Stalingrad drängte die sowjetische Armee 1943 die deutschen Truppen zurück. Auf dem Kriegsschauplatz in Nordafrika wurde das deutsche Afrikakorps von einer amerikanisch-britischen Armee zur Kapitulation gezwungen. Im Sommer 1944 landeten alliierte Truppen in der **Normandie** und konnten nach schweren Kämpfen Frankreich von der deutschen Besatzungsmacht befreien.

M6 Koblenz nach einem alliierten Luftangriff (1945)

M7 Begeisterte Zuhörer der Goebbels-Rede im Berliner Sportpalast (1943)

1. In den Texten dieser Doppelseite stehen viele Zahlen. Besprecht gemeinsam, was sich dahinter an Schicksalen verbirgt.
2. Bewerte die Rolle Hitlers in den Geschehnissen um die Schlacht von Stalingrad (Text).
3. Erkläre die verschiedenen Einschätzungen des Schicksals der Kriegsgefangenschaft (M4).
4. Stelle das Ziel der Goebbels-Rede (M5) dar.
5. Überlegt gemeinsam, wodurch die Begeisterung des Publikums zu erklären ist (M5, M7).
6. Finde heraus, welches Ziel die Alliierten mit der massiven Bombardierung der deutschen Städte verfolgten, und berichte darüber.

Nicht alle waren einverstanden

Dietrich Bonhoeffer, evangelisch, sagte:
Die Kirche bekennt ihre Furchtsamkeit, ihr Abweichen, ihre Zugeständnisse. Sie hat […] den Ausgestoßenen und Verachteten die schuldige Barmherzigkeit verweigert. Sie war stumm, wo sie hätte schreien müssen.

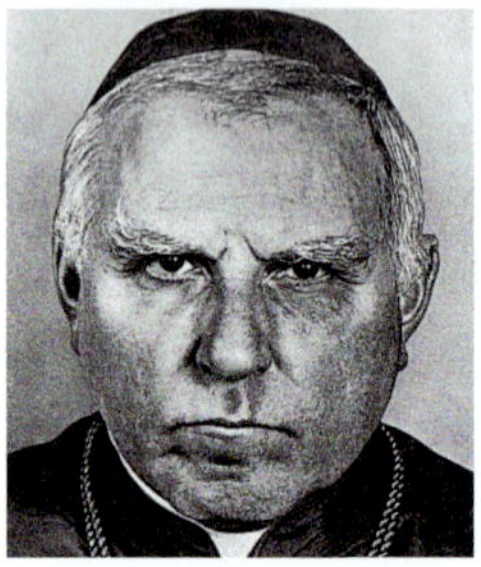

Aus der Predigt des Bischofs von Galen vom 13. Juli 1941:
Keiner von uns ist sicher […], dass er nicht eines Tages in den Kellern und Konzentrationslagern der Geheimen Staatspolizei eingesperrt wird. […] Darum rufe ich laut: Wir fordern Gerechtigkeit. Bleibt dieser Ruf ungehört, so wird unser deutsches Volk und Vaterland […] an innerer Fäulnis und Verrottung zugrunde gehen.

M1 Stellungnahmen aus dem kirchlichen Widerstand gegen die Nationalsozialisten

Was bedeutet Widerstand in einer Diktatur?

Hitler und seine nationalsozialistische Partei trafen von Anfang an auch auf energischen Widerspruch. Kommunisten, Sozialdemokraten, viele freiheitlich denkende oder christlich orientierte Menschen hatten andere Ideale als die neuen Machthaber. Politische Gegner wurden aber nach der „Machtergreifung" von 1933 rasch zum Schweigen gebracht. Die **Geheime Staatspolizei („Gestapo")** und ihre Helfer aus den nationalsozialistischen Organisationen hielten Augen und Ohren offen: Wer allzu deutlich widersprach, war seines Lebens nicht mehr sicher. Ein großer Teil der Bevölkerung nahm die Nationalsozialisten nicht ernst oder war mit der neuen Politik im Großen und Ganzen einverstanden. Erst als die Kriegserfolge ausblieben, wurden viele wach – den Mut zu aktivem Widerstand aber hatten nur wenige. Das Risiko, wie ein Verbrecher behandelt oder als Volksverräterin hingerichtet zu werden, war für viele zu hoch.

Die Gründe der Menschen, die sich dennoch gegen Hitler und die Nationalsozialisten stellten, waren verschieden, ihr Ziel aber war dasselbe: Sie wollten das Ende der nationalsozialistischen Diktatur.

Christlicher Widerstand

Der Widerstand der Christen war nicht in Gruppen organisiert. Es gab einzelne Pfarrer und Priester, die gegen die Diktatur predigten. Ein bekannter Vertreter war der katholische Bischof von Münster, Clemens August **Graf von Galen,** ein anderer der evangelische Pfarrer Dietrich **Bonhoeffer**, der kurz vor Kriegsende, am 9. April 1945, im Konzentrationslager Flossenbürg ermordet wurde.

Widerstand politischer Gruppen

Am besten organisiert war der Widerstand der Kommunisten, Sozialdemokraten und der Gewerkschafter. Sie arbeiteten im Geheimen und verteilten z. B. Flugblätter in Waffenfabriken, auf denen sie dazu aufriefen, langsam und ungenau zu arbeiten. Diese Gruppen verübten auch Anschläge auf Rüstungsbetriebe. Viele büßten ihren Einsatz mit Haft, Folter oder mit dem Tod.

Jugend im Widerstand

Eine der bekanntesten Widerstandsgruppen war die „**Weiße Rose**", eine Vereinigung Münchner Studenten um die Geschwister Hans und Sophie **Scholl** und den Professor Kurt Huber. In Flugblättern forderten sie zum Sturz der Diktatur auf. Am 18. Februar 1943 verteilten Hans und Sophie Scholl Flugblätter in der Münchner Universität. Dabei wurden sie entdeckt und daraufhin angezeigt. Sie wurden verhaftet und vier Tage später hingerichtet.

M2 Aus den Flugblättern der Weißen Rose:

Im Namen der deutschen Jugend fordern wir vom Staat Adolf Hitlers die persönliche Freiheit, das kostbarste Gut […] zurück, um das er uns in der erbärmlichsten Weise betrogen hat. […] Der deutsche Name bleibt für immer geschändet, wenn nicht die deutsche Jugend endlich aufsteht.

J. Hohlfeld, Dokumente der dt. Politik und Geschichte von 1848 bis zur Gegenwart, Bd. IV/V, Berlin (Dokumenten-Verlag) 1951, S. 401 ff.

Widerstand im Militär

Angehörige des Militärs organisierten sich in Gruppen, um die Macht in Deutschland zu übernehmen und das Land vor der Vernichtung zu bewahren. 1944 übernahm

Oberst Claus **Graf von Stauffenberg** die Ausführung eines solchen Plans.

M3 So begründeten von Stauffenberg und seine Mitverschwörer ihr Vorhaben:

Unser Ziel ist die wahre, auf Achtung, Hilfsbereitschaft und soziale Gerechtigkeit gegründete Gemeinschaft des Volkes. Wir wollen Gottesfurcht anstelle von Selbstvergottung, Recht und Freiheit anstelle von Gewalt und Terror, Wahrheit und Sauberkeit anstelle von Lüge und Eigennutz. [...] Wir wollen mit besten Kräften dazu beitragen, die Wunden zu heilen, die dieser Krieg allen Völkern geschlagen hat, und das Vertrauen zwischen ihnen wieder neu zu beleben. [...] Wir erstreben einen gerechten Frieden, der an die Stelle der Selbstzerfleischung und Vernichtung der Völker friedliche Zusammenarbeit setzt.

J. Hohlfeld, a. a. O.

Als hoher Offizier hatte von Stauffenberg Zugang zum Führerhauptquartier. Am 20. Juli 1944 wurde er zu einer Besprechung mit Hitler gerufen. Dabei stellte von Stauffenberg eine Aktentasche mit einer Bombe unter dem Verhandlungstisch neben Hitler ab und verließ den Raum. Die Bombe explodierte und tötete mehrere Menschen, Hitler selbst wurde jedoch nur leicht verletzt. Von Stauffenberg und die anderen beteiligten Offiziere wurden noch in derselben Nacht festgenommen und erschossen.

Widerstand Einzelner

Einzelne Bürger verübten Attentate auf Hitler – beispielsweise der Schreiner Hans Georg **Elser** aus Hermaringen in Württemberg. Er wollte 1939 Hitler im Münchner Bürgerbräukeller mit einer Bombe töten, um den Ausbruch des Zweiten Weltkrieges zu verhindern. Der Anschlag scheiterte jedoch. Insgesamt wurden auf Adolf Hitler 42 Attentate verübt, die er alle überlebte.

Der 17-jährige Helmuth **Hübener** aus Hamburg schrieb auf seiner Schreibmaschine Flugblätter gegen die Nationalsozialisten und den Krieg. Um Informationen zu bekommen, hörte er den Londoner Rundfunk ab. Mit diesem Wissen wollte er Lügen der staatlichen **Propaganda** richtigstellen. 1942 wurde er deshalb zum Tod verurteilt und hingerichtet.

M4 Das Flugblatt Helmuth Hübeners:

> Ja, Hitler ist schuld, dass das Volk muss berappen.
> Von seinem Vorrat, dem ohnehin schon knappen.
> Für Hitlers Irrtum zahlt das Volk nun die Kosten.
> Was hilft's, Russland bleibt ein verlorener Posten.
> Dass Stalin sein Heer jetzt zum Siege hinführt,
> Das hatte der Führer nicht einkalkuliert!
> Im Jahr einundvierzig wird alles gebrochen,
> So hatte der Führer dereinst keck versprochen.
> Jetzt trägt der Soldat für den Irrtum die Leiden,
> während Hitler verspricht: „Dieses Jahr wird entscheiden!"
> Es wird sich entscheiden, wenn alles sich „rührt"!
> (Und dann hat auch Hitler sich auskalkuliert!)

Franz Ahrens, Helmuth Hübener: Vorbild, Opfer, Verpflichtung, Hamburg (Hermes) 1948, S. 17

Geschichtsforscher nennen nicht jede Aktion gegen den Nationalsozialismus „Widerstand". Sie unterscheiden zwischen „Protest", „Verweigerung", „Nichtanpassung" und „Widerstand, der den Sturz der Regierung will".

M5 Weiße Rose

M6 Oberst Claus Graf von Stauffenberg

M7 Helmuth Hübener

1 Auf dieser Doppelseite werden Gruppen vorgestellt, die sich gegen das NS-Regime gestellt haben. Erarbeite mithilfe der Texte und Materialien, welche Gruppen es gab, worin ihr Protest bestand und ggf. ihre Motive. Bedenke dabei, welches Risiko die Menschen eingingen, einem gut organisierten Terrorstaat zu trotzen.

2 Erläutere die Unterschiede zwischen den im Autorentext genannten Begriffen im letzten Absatz.

3 Ordne die aufgeführten Begriffe den Beispielen auf dieser Doppelseite zu. Begründe deine Entscheidungen.

PROJEKT

Unser Schulort 1933 – 1945

M 1 **Postkarten aus Rheinfelden aus der Zeit von 1933 bis 1945. Die Plätze, die damals „Adolf-Hitler-Platz“ und „Horst-Wessel-Platz“ hießen, heißen heute „Oberrheinplatz“ und „Friedrichsplatz“.**

Auch hier bei uns …?

Auch euer Heimatort oder eure Region hat den Nationalsozialismus erlebt. Die zwölf Jahre von 1933 bis 1945 haben ihre Spuren hinterlassen. Um diese Spuren sichtbar zu machen, könnt ihr alle Arbeitstechniken und Methoden anwenden, die ihr in den letzten Jahren gelernt habt. Ein besonders interessantes Ergebnis werdet ihr erhalten, wenn sich mehrere Gruppen bilden, die sich mit speziellen Themen beschäftigen. Diese Fragestellungen könnt ihr z. B. bearbeiten:

M 2 **Die brennende Synagoge in Marburg in der Nacht zum 10. November 1938. Wie hier brandschatzten die Nationalsozialisten fast alle Synagogen im Reichsgebiet. Foto vom 10. November 1938**

Welche Straßen wurden in der Zeit nach 1933 umbenannt?

In den meisten Orten wurde nach 1933 eine Straße oder ein Platz nach Adolf Hitler benannt – auch in eurem Heimatort? Welche Straßennamen wurden noch geändert? Wann war das? Welchen Namen hatten sie vor der Umbenennung? Wie heißt die Adolf-Hitler-Straße heute? Wie kam es zu dem neuen Namen? Gab es noch andere Vorschläge?

Verfolgung

Gab es in eurer Gemeinde oder in der Umgebung Boykottaktionen gegen jüdische Geschäfte am 1. April 1933? Kam es in der Nacht vom 9. auf den 10. November 1938 zu Brandstiftungen oder Zerstörungen? Informationen findet ihr im Gemeindearchiv. Bittet einen Mitarbeiter der Gemeindeverwaltung um Unterstützung. Gab es jüdische Bürger, die ausgewandert sind oder in Konzentrationslager verschleppt wurden? Gab es andere Personengruppen, die unter der Verfolgung durch die Nationalsozialisten zu leiden hatten? Antworten auf diese Fragen findet ihr in Ortschroniken, die ihr in öffentlichen Büchereien ausleihen könnt. Oft haben sich auch Heimatforscher oder Geschichtsvereine mit diesem Thema beschäftigt und die Ergebnisse ihrer Arbeit veröffentlicht.

Kriegsteilnehmer

Mit Sicherheit sind auch aus eurer Gemeinde Männer als Soldaten eingezogen

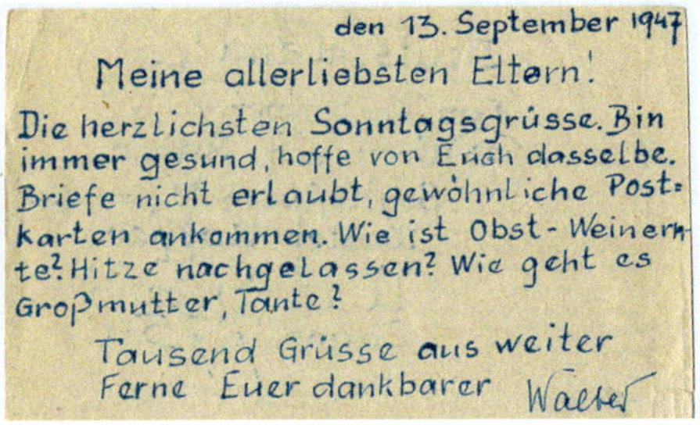
den 13. September 1947

Meine allerliebsten Eltern!

Die herzlichsten Sonntagsgrüsse. Bin immer gesund, hoffe von Euch dasselbe. Briefe nicht erlaubt, gewöhnliche Postkarten ankommen. Wie ist Obst- Weinernte? Hitze nachgelassen? Wie geht es Großmutter, Tante?

Tausend Grüsse aus weiter Ferne Euer dankbarer Walter

M3 **Postkarte aus sowjetischer Kriegsgefangenschaft**

worden und haben am Krieg teilgenommen. Manche von ihnen waren nach Kriegsende kürzere oder längere Zeit in Gefangenschaft. Bittet im Amtsblatt oder in der Lokalzeitung um Feldpostbriefe oder -karten, die sie nach Hause geschrieben haben. Fragt auch nach Post aus der Gefangenschaft. In vielen Familien wurde diese Post aufbewahrt.
Viele Menschen geben solche Dokumente nur ungern aus der Hand. Sie haben Bedenken, dass sie verlorengehen oder beschädigt werden. Bei einer Fotokopie brauchen sie diese Bedenken nicht zu haben. Denkt auch daran, dass in diesen Briefen oft sehr persönliche Dinge angesprochen werden und die heutigen Besitzer der Schriftstücke nicht möchten, dass diese Dinge veröffentlicht werden. Auf einer Fotokopie können entsprechende Textstellen unlesbar gemacht werden.
Über Kriegsgräberstätten, auf denen Soldaten aus eurem Heimatort begraben sind, könnt ihr euch unter www.volksbund.de/graebersuche erkundigen.

Zwangsarbeiter

Gab es in eurer Gemeinde oder in einer Nachbargemeinde Zwangsarbeiter? Wurden sie in der Industrie oder in der Landwirtschaft eingesetzt? Aus welchen Ländern kamen sie? Wo wohnten sie? Wie erging es ihnen während des Krieges und was erlebten sie gegen Kriegsende? Auch hier helfen euch Gemeindearchive und Geschichtsvereine weiter.

M4 **Aufmarsch der Hitlerjugend des Unterwesterwaldkreises in Montabaur am 15. Oktober 1933. Foto**

Denkmäler für die Kriegsopfer

In fast jedem Ort gibt es ein Denkmal für die Teilnehmer am Ersten und am Zweiten Weltkrieg. Was ist dargestellt? Wie wirkt es auf euch? Auf manchen Denkmälern findet man die Namen und Geburtsdaten der Gefallenen und den Ort, an dem sie ums Leben kamen. Diese Orte lassen sich auf einer Landkarte darstellen. Mithilfe der Geburtsdaten kann man ausrechnen, wie alt die Gefallenen waren. Vergleicht das Denkmal in eurem Heimatort mit Denkmälern aus den Nachbarorten. Überprüft auch, ob es auf eurem Friedhof einen eigenen Bereich für Kriegsopfer gibt. Gibt es Gedenkveranstaltungen für die Kriegsopfer – beispielsweise am Volkstrauertag? Wo lebten die Besatzungstruppen?
Nach dem Krieg waren in den meisten Dörfern und Städten Soldaten der Siegermächte untergebracht. Aus welchem Land kamen die Soldaten, die bei euch stationiert waren? Wie viele waren es? Wo waren sie untergebracht? Wie war der Kontakt zur Bevölkerung? Wie lange blieben die Soldaten in eurem Ort? Informationen dazu findet ihr im Gemeindearchiv.

Projektaktivitäten

Gibt es Gebäude, die von den Nationalsozialisten oder von ihren Organisationen genutzt wurden? Was ist heute in diesen Gebäuden untergebracht? Gab es in eurer Nähe ein Konzentrationslager? Gab es in eurem Ort oder für eure Region Widerstand gegen den Nationalsozialismus? Wer leistete Widerstand? Was ist aus diesen Menschen geworden? Wahrscheinlich findet ihr noch mehr Fragen, mit denen ihr euch im Rahmen dieses Projektes beschäftigen könnt.
Weitere Anregungen und Tipps für eure Arbeit erhaltet ihr unter www.lernen-aus-der-geschichte.de.

Kriegsende in Europa und Asien

Führerbefehl!

„Die Stadt Trier ist mit allen Mitteln zu verteidigen!"

Dieser Befehl ist eindeutig und klar. Das Wort hat nur noch die Panzerfaust. Zu reden haben jetzt nur die Waffen in unseren Fäusten. Den Blick bei Tag und Nacht zum Feind, das Herz zum Bersten voll von Wut und Haß, so sperren wir das

TOR ZUR MOSEL!

Mit einem Schrei nach Rache stemmen wir uns immer wieder gegen die **Eindringlinge!** Jede Straße wird ein **Bollwerk!** Jedes Haus eine **Festung!** So ist Trier **uneinnehmbar!**

Wir Westsoldaten haben den Führerbefehl verstanden, wie die Kameraden aus dem Kurland, aus Ostpreußen u. Pommern.

Kein fremder Eindringling kommt in die Stadt und wenn wir ihn totschlagen, wenn wir ihn mit unseren Fäusten erwürgen müßten.

TRIER BLEIBT FREI!

M1 Plakat (1945)

***Volkssturm**
regionale Kampfeinheiten aus allen noch nicht zur Wehrmacht eingezogenen Männern zwischen 16 und 60 Jahren, die meist nur im Umgang mit der Panzerfaust unterwiesen waren; sein Einsatz war Teil des „totalen Krieges", militärisch aber sinnlos.

Deutsche auf der Flucht

Zum Jahreswechsel 1944/1945 hatten die Alliierten die deutschen Grenzen erreicht. Bereits im Oktober war die **Rote Armee** in ostpreußisches Gebiet vorgedrungen. Vor den vorrückenden Soldaten, die sich mit Plünderungen, Vergewaltigungen und Morden für den brutalen Terror der Deutschen in der UdSSR rächten, flohen nun Millionen von Menschen – meist Frauen und Kinder – aus den deutschen Ostgebieten. In scheinbar endlosen **Flüchtlingstrecks** versuchten sie, nach Westen zu gelangen. Doch nicht zuletzt, weil die Nationalsozialisten mit ihren Durchhaltebefehlen die rechtzeitige Flucht der Menschen verhindert hatten, verloren unter den chaotischen Umständen im Winter 1944/1945 Schätzungen zufolge etwa 2,8 Millionen Menschen ihr Leben. Und indem sie Gräueltaten der sowjetischen Soldaten noch ausschmückte, versuchte die nationalsozialistische Führung ein weiteres Mal, durch Propaganda den Widerstandswillen der Bevölkerung zu stärken.

Volkssturm und Verwüstungen

Gegen die heranrückenden Alliierten mobilisierten die Nationalsozialisten den sogenannten **Volkssturm***, in den vor allem Jugendliche und Alte eingezogen wurden. Für kurze Zeit machten in den bereits verlorenen Gebieten junge **Partisanen**, die sich „**Werwölfe**" nannten und unter Führung der SS standen, mit Sabotageakten und Selbstmordanschlägen von sich reden. Gegen Zivilisten und Soldaten, die den Widerstand gegen die Alliierten aufgeben wollten, wurden ohne jegliches Gerichtsverfahren Todesurteile verhängt und vollstreckt.

M2 Am 19. März erließ Hitler für das Reichsgebiet den „Nero-Befehl": Er sah vor, alle militärischen Anlagen, Verkehrs-, Nachrichten-, Industrie- und Versorgungsanlagen sowie Sachwerte zu zerstören. Dazu überliefert ist folgende Äußerung Hitlers:

[…] Wenn der Krieg verloren geht, wird auch das Volk verloren sein. Es ist nicht notwendig, auf die Grundlagen, die das deutsche Volk zu seinem primitivsten Weiterleben braucht, Rücksicht zu nehmen. Im Gegenteil ist es besser, selbst diese Dinge zu zerstören. Denn das Volk hat sich als das schwächere erwiesen, und dem stärkeren Ostvolk gehört ausschließlich die Zukunft. Was nach diesem Kampf übrig bleibt, sind ohnehin die Minderwertigen, denn die Guten sind gefallen. […]

Dokumente zur Deutschen Geschichte, Berlin, VEB Verlag der Wissenschaften, 1977, S. 109

Nach erbitterten Kämpfen trafen sich am 25. April 1945 endlich amerikanische und

Gesamtverluste: rund 55 Millionen Tote (Erster Weltkrieg: rund 10 Millionen Tote)		
Land	**Soldaten**	**Zivilisten**
Deutschland	5 250 000	500 000
Sowjetunion	20 600 000	7 000 000
USA	259 000	
Großbritannien	386 000	62 000
Frankreich	810 000	470 000
Polen	4 250 000	4 200 000
ferner 1,5 Mio. in den von der Sowjetunion 1939 annektierten polnischen Ostgebieten		
Italien	330 000	k. A.
Rumänien	378 000	k. A.
Ungarn	420 000	280 000
Jugoslawien	1 690 000	1 200 000
Finnland	84 000	k. A.
Norwegen	10 000	k. A.
Dänemark	1400	k. A.
Bulgarien	20 000	k. A.
Griechenland	160 000	140 000
Belgien	88 000	76 000
Niederlande	210 000	198 000
Japan	1 800 000	600 000

M3 Die Toten des Zweiten Weltkriegs

sowjetische Einheiten in **Torgau** an der Elbe. Am 7. Mai 1945 wurde die **bedingungslose Kapitulation** durch die Führung der deutschen Wehrmacht in Reims unterzeichnet, sie trat am 9. Mai in Kraft. Hitler hatte zuvor, am 30. April, im Bunker der Reichskanzlei in Berlin Selbstmord begangen. In allen deutschen Gebieten übernahmen nun die Siegermächte die Regierungsgewalt.

Das Kriegsende in Asien

Es gelang den Alliierten bis zum Frühjahr 1945, die Japaner aus vielen ihrer Eroberungsgebiete zu verdrängen. Die Kämpfe wurden unter hohen Verlusten auf beiden Seiten geführt. Doch auch als die USA die Lufthoheit* über Japan bereits errungen hatten, lehnte Kaiser Hirohito die Kapitulation noch ab. Der Krieg ging weiter.

M4 Das zerstörte Hiroshima (1945)

In dieser Situation entschied sich der neue amerikanische Präsident Truman für den Einsatz einer neuen Waffe mit bis dahin ungekannter Zerstörungskraft: Am 6. August 1945 wurde über der japanischen Hafenstadt Hiroshima die erste **Atombombe** gezündet. Durch den sich unmittelbar in der Stadt ausbreitenden Feuersturm starben fast 100 000 Menschen sofort, weitere 40 000 erlagen innerhalb weniger Monate ihren Strahlenverletzungen und Verbrennungen.
Hiroshima war fast völlig zerstört. Doch erst nachdem auch die UdSSR Japan den Krieg erklärt und die USA am 9. August mit einer weiteren Atombombe die Stadt Nagasaki zerstört hatte, war Japan zur Kapitulation bereit – damit war der Zweite Weltkrieg beendet.

***Lufthoheit**
(im militärischen Sinn) die Kontrolle des Luftraums eines Landes, sodass in diesem kein Angriff von gegnerischen Flugzeugen befürchtet werden muss; der Boden unter diesem Luftraum kann jedoch noch von dem Gegner kontrolliert werden.

1 Berichte über die Situation der Zivilbevölkerung in den letzten Kriegsmonaten.

2 Diskutiert mithilfe von M2 und eurem Vorwissen über die NS-Ideologie die Einstellung Hitlers zum deutschen Volk.

3 Informiere dich in der Schulbibliothek oder im Internet über die Auswirkungen des Abwurfs der Atombomben.

4 Nimm Stellung zu der von US-Präsident Truman vertretenen Auffassung, die Atombombe sei als „militärische Waffe" einzusetzen und habe den Krieg gegen Japan verkürzt.

ZUSAMMENFASSUNG

Seit 1933

Durch Terror und gezielte Propagandamaßnahmen errichteten die Nationalsozialisten eine „Volksgemeinschaft".

1. September 1939

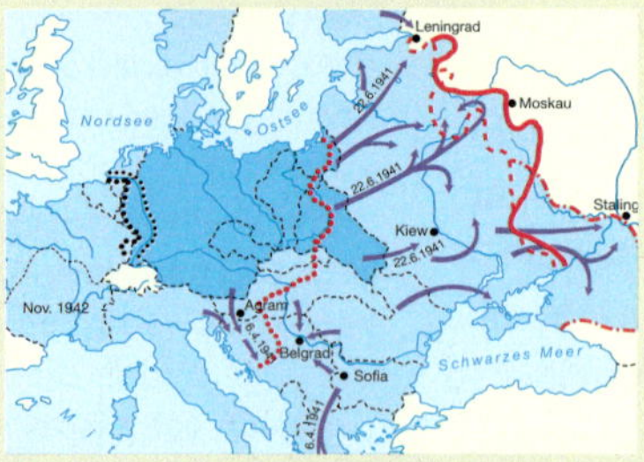

Mit dem deutschen Überfall auf Polen beginnt der Zweite Weltkrieg.

8./9. Mai 1945

Bedingungslose Kapitulation Deutschlands

6. August 1945

Atombombenabwurf über Hiroshima

Gleichschaltung und Erfassung des Volkes

Nach ihrer Machtübernahme festigten die Nationalsozialisten bis zum Sommer 1934 durch **Propaganda**, **„Gleichschaltung"** und **Terror** gegen die politische Opposition ihre Macht. Diejenigen, die den Führungsanspruch Hitlers und der NSDAP nicht anerkannten, wurden verfolgt und in **„Konzentrationslagern"** (**KZs**) inhaftiert. Gesinnung prägende NS-Organisationen erfassten die propagierte „Volksgemeinschaft", aus der gesellschaftliche Randgruppen sowie Menschen, die nicht dem „Rassenideal" entsprachen, gezielt ausgeschlossen waren.

Von der Verfolgung zum Völkermord

Seit 1933 gingen die rassistische NS-Ideologie und die gesellschaftliche Ausgrenzung der Deutschen jüdischen Glaubens in Reichsgesetze ein. Durch die 1935 erlassenen **„Nürnberger Gesetze"** wurden Juden zu Menschen minderen Rechts gestempelt. Seitdem häuften sich willkürliche Verhaftungen, Beschlagnahmungen und Abschiebungen. Im Januar 1942 beschloss die Parteiführung den systematischen **Völkermord**, der nach Beginn des Zweiten Weltkriegs auch in den besetzten Gebieten vollzogen wurde: In **Vernichtungslagern** und durch Massenmorde in Kriegsgebieten starben fast 6,5 Millionen Juden, Sinti und Roma.

Der Zweite Weltkrieg

Seit 1933 hatten die deutsche Wirtschafts- und Außenpolitik auf den Krieg hingearbeitet, der 1939 mit dem Einmarsch deutscher Truppen in Polen begann. Nach Eroberungserfolgen auf dem europäischen Kontinent erklärte Deutschland 1941 zunächst Russland, dann den USA den Krieg. In den von Deutschen besetzten Gebieten verübten Einheiten von Wehrmacht und SS Verbrechen an der Zivilbevölkerung; Millionen von Menschen wurden als **Zwangsarbeiter** nach Deutschland verschleppt. Bereits 1943 zeichnete sich die **deutsche Niederlage** ab, doch erst am **8./9. Mai 1945** kapitulierte die Führung der Wehrmacht bedingungslos.

Widerstand in Deutschland

Nachdem bereits 1933 politische Gegner brutal verfolgt worden waren, entwickelte sich in Deutschland kein breiter **Widerstand** gegen das NS-Regime. Diejenigen, die sich vor allem während des Krieges auflehnten, waren unterschiedlich motivierte Einzelne oder kleinere Gruppen (z. B. die „Weiße Rose"). Den Sturz Hitlers konnten Widerstandskreise aber nicht erreichen.

Nationalsozialismus und Zweiter Weltkrieg

Arbeitsbegriffe

- ✓ Faschismus
- ✓ NS-Ideologie
- ✓ „Machtergreifung"
- ✓ Antisemitismus
- ✓ Rolle von Frau und Familie
- ✓ Hitlerjugend
- ✓ SS und SA
- ✓ Konzentrationslager
- ✓ Holocaust
- ✓ Zweiter Weltkrieg 1939–1945
- ✓ Luftkrieg
- ✓ Vertreibung
- ✓ Zwangsarbeit
- ✓ 9. November 1938
- ✓ 20. Juli 1944

M1 Wichtige Arbeitsbegriffe

M2 Typische Uniformen von HJ und BDM

M3 Kinder im KZ Auschwitz 1945

1 Erkläre wesentliche Elemente der nationalsozialistischen Ideologie.

2 Welche Folgen hatte der Reichstagsbrand vom 27. 2. 1933?

3 Erläutere, was „Gleichschaltung" bedeutet.

4 Beschreibe, welche Aufgaben das Propagandaministerium unter Joseph Goebbels hatte.

5 Berichte über die Funktion der HJ und des BDM im NS-Staat.

6 Zähle wesentliche Stationen der Verfolgung der jüdischen Bevölkerung auf.

7 Nenne andere Bevölkerungsgruppen – außer den Juden –, die von den Nationalsozialisten verfolgt und ermordet wurden.

8 Die NS-Machthaber sorgten für einen wirtschaftlichen Aufschwung. Welches Ziel verfolgten sie dabei hauptsächlich?

9 Berichte über Formen des Widerstands gegen das NS-Regime.

10 Beschreibe das Schicksal der Zwangsarbeiter in Deutschland.

11 Entwirf ein Plakat zu einem dieser Themen: Bilanz des Zweiten Weltkrieges; Nie wieder Krieg!; Millionen Tote mahnen; Das wahre Gesicht des Nationalsozialismus; Schon vergessen?

9 Deutschland nach 1945

Am 3. Oktober 1990 versammelten sich Menschen aller Altersgruppen vor dem Reichstagsgebäude in Berlin, um die wiedergewonnene Einheit Deutschlands zu feiern. 45 Jahre waren seit dem Ende des Zweiten Weltkriegs vergangen – Jahre, in denen das Leben der Menschen in Deutschland intensiv von dem Gegensatz zwischen Ost und West geprägt war. Auch die Lebensentwürfe und Zukunftschancen der Jugendlichen stellten sich in den beiden deutschen Staaten unterschiedlich dar.

Wie die Deutschen die Nachkriegszeit erlebten, wie es zur Teilung Deutschlands und schließlich zur Wiedervereinigung kam, erfahrt ihr auf den folgenden Seiten.

1 Fragt eure Eltern oder ältere Geschwister, was sie mit dem 3. Oktober 1990 verbinden, und berichtet darüber.

In Trümmern und Baracken

M 1 Kriegszerstörungen in deutschen Städten

M 2 Deutsche Städte (1945)

Kriegsende

Am 8. Mai 1945 unterzeichnete die deutsche Wehrmachtsführung die bedingungslose Kapitulation. Die Regierungsgewalt der Nationalsozialisten war vollständig zusammengebrochen. Deutschland wurde nun durch die verbündeten Siegermächte (**Alliierte**) USA, Sowjetunion und Großbritannien besetzt. Frankreich wurde nachträglich zur Siegermacht bestimmt und besetzte ebenfalls einen Teil Deutschlands.

Trümmerfrauen

Die deutschen Städte waren zerbombt. 400 Millionen Kubikmeter Schutt bedeckten das Land. 41 Prozent des Wohnraums waren zerstört oder schwer beschädigt. Über-

M 3 Trümmerfrauen beseitigen den Kriegsschutt (1946).

all mangelte es an Wohnraum. Um das Chaos zu beseitigen und neuen Wohnraum zu gewinnen, begannen die Menschen mit dem Aufräumen – vor allem Frauen, denn viele Männer befanden sich noch in Kriegsgefangenschaft. Oft mit bloßen Händen sowie vor Verletzungen und Unfällen nicht geschützt, wurde in harter, mühsamer Arbeit Ordnung geschaffen. Noch verwertbare Steine sammelten und befreiten sie mit einfachem Werkzeug von Mörtel- und Zementresten. Die Steine konnte man dann wieder zum Häuserbau verwenden. Die **„Trümmerfrauen"** wurden deshalb zum Symbol des beginnenden Wiederaufbaus in Deutschland.

M 4 **Ein Zeitzeuge berichtete über die Einweisung in eine Wohnung:**

Die Wohnung bestand aus fünf schönen, hellen Zimmern, der Küche und der Toilette. Die einzige Wasserstelle war in der Küche. Die Westfenster (zwei Zimmer) waren vernagelt, denn die Scheiben waren in den letzten Kriegstagen durch Explosionen am Bahnhof zerstört worden. Bevor meine Schwester und ich ankamen, waren in die Wohnung eingewiesen wor-

den: eine Familie mit Großmutter, Mutter und Kind und eine zweite Familie, bestehend aus einer Frau mit ihren beiden Kindern. Nach unserer Aufnahme wohnten nun neun Personen in der Wohnung. Einige Zeit später kam auch meine Tante mit ihren zwei Kindern aus dem Osten. Nun waren zwölf Leute in der Wohnung.
Die Kälte war barbarisch und unser Holz reichte nur noch zum Essenkochen. […] Ich kroch oft schon nach dem Mittagessen mit einem Buch ins Bett. Mit Mütze und Handschuhen war es da ganz gut auszuhalten. Wenn ich morgens aufwachte, war oft auf der Decke im Atembereich eine dichte Raureifschicht. Wegen des Kohlenmangels war auch die Schule geschlossen. […]

Interview mit Karl-Heinz Müller, in: Thomas Berger; Karl-Heinz Müller, Lebenssituationen 1945–1948, Frankfurt a. M. (Hirschgraben) 1984, S. 78

Sorge um Nahrung

Nahrung war die größte Sorge der Menschen in den ersten Nachkriegsjahren. Die Versorgungslage war katastrophal. Überall herrschte großer **Hunger**. An die Bevölkerung wurden **Lebensmittelkarten** ausgegeben. Man konnte nur die Mengen kaufen, die für einen bestimmten Zeitpunkt angegeben waren. Doch auch mit den Lebensmittelkarten reichte die Versorgung nicht aus.

„Hamstern"

Da die Ernährungslage auf dem Land besser war, machten sich viele Menschen mit Zügen, Fahrrädern oder zu Fuß auf, um bei den Bauern gegen Wertgegenstände Lebensmittel zu „hamstern". Getauscht wurde z. B. ein ganzes Kaffeeservice gegen ein Pfund Mehl. Viele Menschen, die nichts mehr zum Tauschen hatten, mussten hungern.

M 5 „Hamsterzug"

M 7 Frauenalltag in einer Wellblechbaracke

M 6 Menschen flüchten aus Worms (1945).

Brot	8000 g
Fleisch	600 g
Fett	650 g
Käse	62,5 g
Quark	125 g
Nährmittel	2000 g
Zucker	500 g
Marmelade	250 g
Magermilch	3 l

M 8 Lebensmittelration für einen Jugendlichen für 28 Tage

1 Beschreibe, wie 1945 deutsche Städte (M 2) aussahen.

2 Erkläre den Begriff „Trümmerfrauen" mithilfe von M 3 und des Textes.

3 Berechne, wie viel Eisenbahnwagen nötig wären, um den Schutt in ganz Deutschland zu beseitigen, wenn in einen Wagen 40 Kubikmeter Schutt passen.

4 Beschreibe anhand von M 4 bis M 7 den Alltag der Menschen nach dem Krieg.

5 Erkläre den Ausdruck „hamstern" und überlege, wonach man ihn benannt hat.

6 Rechne anhand von M 8 aus, wie viele Lebensmittel für einen Jugendlichen einen Tag ausreichen sollten.

7 Beschafft euch diese Tagesration (Aufgabe 6) und euer Tagesessen. Legt beide Rationen auf zwei Teller und vergleicht.

8 Überlege, welche Probleme auftreten, wenn die Wohnverhältnisse sehr beengt sind. Mehrere Familien benutzen gemeinsam Toilette, Bad und Küche.

Flucht und Vertreibung

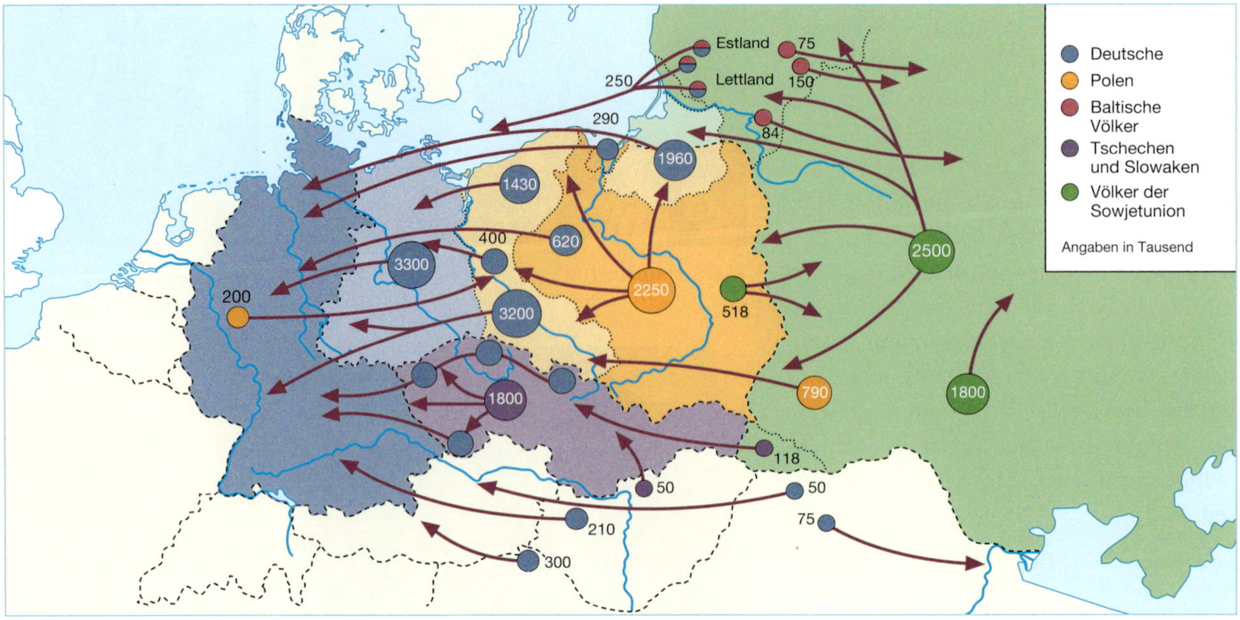

M1 **Flucht, Vertreibung und Umsiedlung 1945–1950**

Flucht als Folge des verlorenen Krieges

Zu Beginn des Zweiten Weltkriegs lebten in Ostpreußen, Pommern, Brandenburg, Schlesien und Danzig rund 9,9 Millionen Deutsche.

In der Sowjetunion, in Polen, in der Tschechoslowakei, in Ungarn, in Rumänien sowie in Jugoslawien und in den baltischen Staaten lebten etwa weitere neun Millionen Deutsche oder Deutschstämmige als nationale Minderheiten.

Als sich die deutsche Niederlage an fast allen Fronten abzeichnete, flohen ab Mitte 1944 Deutsche und Deutschstämmige aus Rumänien und Jugoslawien vor den russischen Truppen.

Im Winter 1944/1945 wurde die **Flucht** vieler Deutscher vor den russischen Truppen aus Ostpreußen aufgrund der mangelnden Vorbereitung und der Durchhalteparolen der Nationalsozialisten zur Katastrophe.

In einer großen Rettungsaktion gelang es jedoch, 1,5 Millionen Menschen aus dem eingeschlossenen Ostpreußen über die Ostsee in den Westen Deutschlands zu bringen. Aus Schlesien flohen die Menschen zunächst nach Böhmen und Mähren. Ab März 1945 räumten die deutschen Truppen die besetzte Tschechoslowakei und veranlassten die Flüchtlinge unter oft chaotischen Umständen, nach Süddeutschland weiterzuziehen. Nicht wenige Sudetendeutsche blieben aber in ihrer Heimat. Nach der deutschen Kapitulation (Mai 1945) versuchten viele Flüchtlinge, wieder in ihre Heimat zurückzukehren, da sie sich eine endgültige **Vertreibung** aus ihrem Zuhause nicht vorstellen konnten.

Die Gebiete der heutigen ostdeutschen Bundesländer, die damalige Sowjetische Besatzungszone (SBZ), wurde im Spätsommer 1945 von Flüchtlingsströmen überrannt. Im November 1945 zählte man bereits eine Million Flüchtlinge aus dem

M2 Auf der Flucht (1945)

Osten. Insgesamt blieben 3,5 Millionen Flüchtlinge und Vertriebene aus dem Osten in der SBZ, etwa drei Millionen zogen nach kurzem Aufenthalt weiter in die westlichen Besatzungszonen.

Vertreibung

Bereits im Juni 1945 setzten in Polen, in den polnisch verwalteten Gebieten und in der Tschechoslowakei „wilde“ Vertreibungen ein.

Eine neue Flüchtlingswelle von etwa 2,5 Millionen Menschen gelangte unter schlimmen Umständen in den Westen. 1946 wurden, entsprechend den Vereinbarungen der Siegermächte, fast alle Deutschen aus den Gebieten östlich von Oder und Neiße, aus Ungarn und der Tschechoslowakei planmäßig vertrieben. Die Sieger waren sich darin einig, „dass diese Überführung auf eine geregelte und menschliche Weise erfolgen soll“.

Hals über Kopf mussten die Menschen ihre Heimat verlassen und durften nur so viel mitnehmen, wie sie tragen konnten. Historiker schätzen, dass etwa zwei Millionen Menschen infolge von Hunger, Entkräftung und eisiger Kälte starben. Bei der Vertreibung kam es zu schweren Verbrechen und furchtbaren Racheakten.

Schwierige Lebensbedingungen

Am Ende wurden zwölf Millionen Vertriebene in Deutschland gezählt. Die westlichen Zonen nahmen etwa acht Millionen Flüchtlinge und Vertriebene auf. Die Menschen waren meist mittellos, und so lebten sie anfänglich in größter materieller Not. Schon die Unterbringung bereitete Probleme. Es fehlte an Wohnraum und Arbeit. Die Integration der Menschen ging nur langsam voran – zu unterschiedlich waren die Lebenssituationen.

Gelungene Integration

Bis zum Ende der 1950er-Jahre entspannte sich die Situation. Rückblickend bezeich-

M 3 **Aufnahme von Flüchtlingen in den Ländern der Bundesrepublik bis 1950**

M 4 **Flüchtlingsfrau in Köln (1945)**

M 5 **Polen, die aus Sibirien in die Westgebiete umgesiedelt werden (1946)**

nen viele Vertriebene und Flüchtlinge die **Integration** als gelungen, was angesichts der großen Zahl der aufzunehmenden Menschen und der Not in Deutschland nicht selbstverständlich war.

Da die Flüchtlinge und Vertriebenen alles verloren hatten, mussten sie sich im Laufe der Zeit völlig neu einrichten. Ihre Nachfrage nach Baumaterialien, Einrichtungs- und Konsumgütern war ein nicht unwesentlicher Impuls für die Wirtschaft der Bundesrepublik.

1 Unterscheide die Begriffe „Flucht“ und „Vertreibung“.

2 Erläutere die verschiedenen Fluchtbewegungen anhand der Karte M 1. Berechne die Zahl der betroffenen Menschen.

3 Überlege, was die Integration der neu angekommenen Menschen erschwert haben könnte, und kommentiere.

4 Erkundigt euch, ob auch eure Heimatgemeinde nach dem Krieg Flüchtlinge aufgenommen hat, und berichtet darüber.

Abrechnung mit dem NS-Regime

M 1 **Die Hauptangeklagten im Nürnberger Prozess 1945/1946; in den ersten Reihen die Verteidiger, dahinter in zwei Reihen die Angeklagten**

Abrechnung mit dem Nationalsozialismus

Am Ende des verlorenen Krieges – nach Verbrechen gegen die Menschlichkeit ohne Beispiel – mussten sich die Deutschen mit ihrer Vergangenheit auseinandersetzen und Ideen für die Zukunft ohne Hass und Gewalt entwickeln. Zunächst jedoch hatten die Sieger das Wort, die auf eine politische und juristische Abrechnung mit „Nazideutschland" drängten.

M 2 **Richtlinien des Generalstabs der amerikanischen Streitkräfte über die Besatzungspolitik in Deutschland vom 26. April 1945:**

Das Hauptziel der Alliierten ist es, Deutschland daran zu hindern, je wieder eine Bedrohung des Weltfriedens zu werden. Wichtige Schritte zur Erreichung dieses Ziels sind die Ausschaltung des Nazismus und des Militarismus in jeder Form, die sofortige Verhaftung der Kriegsverbrecher zum Zwecke der Bestrafung [...] und die Vorbereitung zu einem späteren Wiederaufbau des deutschen politischen Lebens auf demokratischer Grundlage. [...] Alle Mitglieder der Nazipartei, die nicht nur nominell in der Partei tätig waren, alle, die den Nazismus oder Militarismus aktiv unterstützt haben, [...] sollen entfernt und ausgeschlossen werden aus öffentlichen Ämtern und aus wichtigen Stellungen.

Informationen zur politischen Bildung, Heft 224: Die Entstehung der Bundesrepublik Deutschland, Bonn, 1989, S. 5

Die Nürnberger Prozesse

Am 20. November 1945 wurde vor einem **Militärgerichtshof in Nürnberg** der Prozess gegen die 22 Hauptverbrecher eröffnet. Dem internationalen Gerichtshof gehörten Richter und Ankläger der vier Siegermächte an. Angeklagt waren Mitglieder der NS-Regierung, Führer der NSDAP und Befehlshaber der Wehrmacht. Ihnen wurde Folgendes vorgeworfen:

- **Kriegsverbrechen** (Mord und Misshandlungen an Kriegsgefangenen, Tötung von Geiseln und Zivilpersonen)
- **Verbrechen gegen die Menschlichkeit** (Grausamkeiten und Verfolgungen aus rassischen Gründen, Ausrottung oder Versklavung)
- **Verbrechen gegen den Frieden** (Vorbereitung, Einleitung und Durchführung eines Angriffskrieges)

Alle Hauptangeklagten erklärten sich für nicht schuldig. Der Prozess ging im Herbst 1946 mit zwölf Todesurteilen, sieben Haftstrafen und drei Freisprüchen zu Ende.
Weil es ein Gericht der Sieger über die Besiegten war, gab es viel Kritik über die Rechtmäßigkeit, denn die Kriegsverbrechen anderer Staaten blieben ausgespart.

Entnazifizierung

In der amerikanischen, französischen und britischen Zone wurden seit 1946 etwa zwölf Millionen ehemalige Mitglieder der NSDAP oder ihrer Unterorganisationen einem **Entnazifizierungsverfahren** unterworfen. Auf einem Fragebogen mussten sie 131 Fragen zur Person, zu privaten oder beruflichen Aktivitäten oder zur Mitgliedschaft in der Partei oder anderen Organisationen während der NS-Zeit beantworten. Eine Spruchkammer entschied, ob man als hauptschuldig, belastet, minderbelastet, als Mitläufer oder Entlasteter zu gelten hatte. Kaum jemand gab zu, ein Nazi gewesen zu sein. Nur etwa zehn Prozent der Angeklagten wurden verurteilt.

Anfang der 1950er-Jahre endete die Entnazifizierung in den westlichen Zonen dann abrupt. Nicht nur kleine Nazis, sondern auch viele, die in leitenden Positionen lebensvernichtende Entscheidungen getroffen, verbrecherische Urteile gefällt oder Menschen zu Tode gequält hatten, wurden jetzt entlastet oder gar nicht mehr verfolgt. Oft kamen die wirklichen Hauptschuldigen mit geringen Strafen davon.

M 3 Plakat zur Anwerbung von Neulehrern in der Sowjetischen Besatzungszone (SBZ) 1945

In der sowjetischen Zone wurde klar zwischen Nazis und Mitläufern unterschieden und man entfernte bis 1948 etwa 520 000 Personen aus ihren bisherigen Stellungen. In der Justiz waren dies beispielsweise 85 Prozent des bisherigen Personals. Auch hier blieben „kleinere" NS-Mitglieder häufig unbestraft.

Schlussstrich unter die Vergangenheit?

Die von vielen Deutschen in die Politik der Nazis gesetzten Hoffnungen waren total gescheitert. Das löste Enttäuschung, Resignation und Verdrängung aus. Oft war jetzt die Meinung zu hören: „Politik ist ein schmutziges Geschäft. Ich kümmere mich um gar nichts mehr …!" Viele alte Nazis waren zudem bald in Wirtschaft und Verwaltung „wieder eingegliedert".
Schwierigkeiten im Nachkriegsalltag, Enttäuschung über den Verlust der nationalen Träume und Probleme im Umgang mit den Schuldvorwürfen an die Adresse der Deutschen – all das machte die Menschen unwillig. So stürzte man sich in den Wiederaufbau des Landes und erinnerte sich ungern an die Jahre zuvor.

1 Erkläre das Hauptziel der amerikanischen Besatzungspolitik (M 2). Wie sollte dieses Ziel erreicht werden?

2 Blättere zurück zum Kapitel 8 und finde dort Beispiele für die Anklagepunkte in den Nürnberger Prozessen.

3 Wie versuchte man, eine Entnazifizierung in der Bevölkerung durchzuführen?

4 Welche Vorstellungen verbindest du mit den Begriffen „hauptschuldig", „belastet", „minderbelastet", „Mitläufer" und „Entlasteter"?

5 Beschreibe M 3 und erläutere, welchen Eindruck es vermittelt.

Deutschland wird geteilt

M 1 Ländergründungen in den Besatzungszonen Deutschlands

Politischer Neubeginn

Schon im Mai 1945 bildete sich die **SPD** in allen Besatzungszonen neu. Im Dezember 1945 entstand die **CDU** mit der **CSU** als bayerischer Schwesterpartei. Im Dezember 1948 erfolgte die Gründung der **FDP**. In der sowjetisch besetzten Zone gründete eine kommunistische Gruppe um Walter Ulbricht die **KPD**, die es schon in der Weimarer Republik gegeben hatte. Ein Jahr später wurden die SPD und KPD zwangsweise zur **SED** vereinigt. Die übrigen Parteien spielten dort untergeordnete Rollen.

Nach dem Zusammenbruch hatten erst einmal die Gemeinden politische Verantwortung übernommen. Die Besatzungsmächte ordneten dann die Länder neu. Sie übertrugen ihnen weitgehende Vollmachten. Auch erlaubten sie Parteigründungen. 1946/1947 gab es erste freie Wahlen in den Gemeinden.

Gründung der Bundesländer

Von 1946 an wurden in den vier Besatzungszonen Bundesländer errichtet, die mit eigenen Verfassungen, Länderparlamenten, Landesregierungen und Verwaltungen ausgestattet wurden. Die Länderparlamente bekamen das Recht, in bestimmten Bereichen eigene Gesetze zu erlassen. Mit der Errichtung von **Bundesländern** wollte man auch den geschichtlichen, sprachlichen, wirtschaftlichen oder landschaftlichen Besonderheiten gerecht werden. Dieses Prinzip wird **Föderalismus*** genannt.

Die Gründung Hessens

M 2 Frank-Lothar Kroll schreibt zur Situation 1945/1946

[...] Die folgenreichste Entscheidung war die auf amerikanische Initiative am 19. September 1945 vollzogene Gründung des Landes „Groß-Hessen". Landeshauptstadt wurde das vergleichsweise intakt gebliebene Wiesbaden, das bis heute den Hessischen Landtag beherbergt. Das Territorium des neuen Staates umfasste all jene hessischen Gebiete, die in der amerikanischen Zone lagen, also die ehemals preußische Provinz Hessen-Nassau sowie den früheren Volksstaat Hessen-Darmstadt. Allerdings blieben einige alte hessische Gebiete infolge der amerikanischen Entscheidung außerhalb des großhessischen Staatsterritoriums. Dies waren die vier zu Nassau zählenden Landkreise Ober- und

Unterwesterwald, Unterlahn und St. Goarshausen sowie das zu Hessen-Darmstadt gehörende linksrheinische Rheinhessen mit Bingen, Mainz, Worms und Alzey. Sie wurden später dem aus der französischen Besatzungszone gebildeten Land Rheinland-Pfalz zugeschlagen. [...]

Frank-Lothar Kroll, Die Geschichte Hessens, C.H.Beck, München 2006, S. 88f.

Bundesrepublik Deutschland

Nachdem der sowjetische Vertreter 1948 den Alliierten Kontrollrat verlassen hatte, gingen die Siegermächte endgültig getrennte Wege in der Deutschlandpolitik. Nirgendwo war in den vergangenen Jahren der Gegensatz zwischen den Siegermächten so spürbar geworden wie in Deutschland. Die westlichen Alliierten begannen schon bald damit, ihren Besatzungszonen untereinander eine immer engere Zusammenarbeit zu erlauben. Das wirkte sich besonders auf wirtschaftlichem Gebiet günstig aus.

Ein Staat für die Westzonen

Am 1. September 1948 begann in den Westzonen der **Parlamentarische Rat** – das war eine Versammlung aus 65 Abgeordneten der Bundesländer – mit der Erarbeitung einer vorläufigen Verfassung. Am **23. Mai 1949** wurde das **Grundgesetz** verkündet. Vorübergehende Hauptstadt wurde **Bonn**.

Am **14. 9. 1949** wurde der erste deutsche Bundestag gewählt. Bundeskanzler wurde Konrad **Adenauer**, erster Bundespräsident Theodor **Heuss**.

Stellvertretend für das gesamte Volk

In der Einleitung des Grundgesetzes wurde ausdrücklich betont, dass es sich um eine vorläufige Vereinbarung handelt.

Nach und nach wurde die Kontrolle der Besatzungsmächte abgebaut, bis Westdeutschland 1951 die volle Unabhängigkeit und Handlungsfreiheit zurückerhielt. Außenpolitisch schloss sich die neue Regierung eng an die Westmächte an (1955 Eintritt in die NATO, 1957 Mitglied der Europäischen Wirtschaftsgemeinschaft).

M3 Konrad Adenauer (CDU), erster Bundeskanzler, mit Ludwig Erhard (links im Bild), Wirtschaftsminister

M4 Theodor Heuss, erster Bundespräsident

Deutsche Demokratische Republik

Die sowjetische Besatzungszone kapselte sich mehr und mehr vom Westen ab. Im Ostteil Deutschlands sollte eine sogenannte „Volksdemokratie" nach sowjetischem Muster mit der Vorherrschaft der dortigen kommunistischen Partei entstehen. Am **7. Oktober 1949** wurde die **Deutsche Demokratische Republik** ausgerufen. Hauptstadt war **Ost-Berlin**.

Die DDR schloss sich dem militärischen Bündnis der kommunistischen Länder des Ostens, dem „**Warschauer Pakt**" an.

M5 Wilhelm Pieck, erster Staatspräsident der DDR und Vorsitzender der SED

***Föderalismus:** (Lat.: *foedus* = Bund) eine Zusammenfassung mehrerer Staaten unter einer gemeinsamen Regierung, wobei den einzelnen Mitgliedern weitgehend die Selbstverwaltung gelassen wird

1 Lege eine Tabelle an, aus der hervorgeht, welche Bundesländer in welchen Besatzungszonen entstanden sind. Notiere in Klammern die Landeshauptstädte.

2 Wo erkennst du Unterschiede zu den heutigen Bundesländern?

3 Vergleiche die Entstehung der beiden deutschen Staaten.

4 Überlege, zu welchen Problemen das Vorhandensein zweier deutscher Staaten führen könnte.

Marktwirtschaft kontra Planwirtschaft

M 1 Plakat: Der Marshallplan aus westlicher Sicht

***Deutsche Mark (DM)** von 1948 bis 1990 Zahlungsmittel in der Bundesrepublik Deutschland, nach der Wiedervereinigung bis 1999/2002 von Deutschland; sie wurde vom Euro abgelöst.

Der Marshallplan

Auch noch zwei Jahre nach Kriegsende war die wirtschaftliche Lage in Europa schlecht. Die amerikanische Regierung stellte ein Hilfsprogramm in Aussicht, das der Außenminister **Marshall** entwickelt hatte. Alle europäischen Staaten, die Hilfe benötigten, sollten Rohstoffe, Geld, Maschinen und Nahrungsmittel erhalten. Neben der Idee zu helfen war es aber vor allem ein wichtiges Ziel, den Einfluss der kommunistischen Sowjetunion in Europa zurückzudrängen. Auch würden langfristig in Europa neue Absatzmärkte für amerikanische Produkte geschaffen.

Die Sowjetunion sah ihre Macht in Europa durch den **Marshallplan** gefährdet und lehnte ihn deswegen ab. Die sowjetische Regierung zwang allerdings auch die unter ihrem Einfluss stehenden Staaten Osteuropas, die Teilnahme am Marshallplan zu verweigern.

M 2 Karikatur: Der Marshallplan aus sowjetischer Sicht

Erste Folgen der Teilung

Es wurde nun immer deutlicher, dass sich zwischen Ost und West ein „**Eiserner Vorhang**" herabsenkte. In Osteuropa waren Staaten nach kommunistischem Vorbild entstanden, die immer straffer von Moskau aus organisiert wurden. Alle wichtigen Lebensbereiche wurden von dort aus gesteuert. Kontakte zum Westen wurden erschwert, bis sie in den 1960er-Jahren nahezu völlig unmöglich wurden.

M 3 Sowjetische Wirtschaftspolitik im DDR-Schulbuch:

Nach der Beendigung des Krieges waren besonders wichtig […] die Fortschritte in der Elektrifizierung des Landes, der Mechanisierung im Kohlenbergbau und Eisenhüttenwesen und die Einführung moderner Maschinen. Die kapitalistischen Länder hofften wieder einmal vergeblich, die Sowjetunion würde der wirtschaftlichen Schwierigkeiten nicht Herr und die sozialistische Gesellschaftsordnung könne beseitigt werden.

Geschichte, Lehrbuch für Klasse 10, Teil I, Berlin (Volk und Wissen Volkseigener Verlag) 1974

Währungsreform und Wirtschaftswunder

Als Folge der nationalsozialistischen Kriegswirtschaft war Geld in der Nachkriegszeit nahezu wertlos. Der Tauschhandel auf dem „schwarzen Markt" blühte. Geschäftsleute hielten Waren zurück, weil niemand daran interessiert war, gegen Geld zu verkaufen. Eine Reform war dringend notwendig.

Am 24. Juni 1948 wurde die alte Reichsmark (RM) durch die **Deutsche Mark*** (**DM**) ersetzt. Jeder Bürger erhielt zunächst

40 DM „Kopfgeld“. Ersparnisse wurden im Verhältnis 10 (RM) : 1 (DM) eingetauscht. Das neue Geld half dabei, die Wirtschaft in kürzester Zeit wieder aufzubauen und vielen Menschen einen bescheidenen Wohlstand zu bringen. In der Bevölkerung herrschte aufgrund der Zerstörungen ein riesiger Nachholbedarf an Kleidung, Möbeln und anderen Gebrauchsgütern. Produziert wurde, was die Käufer – also der Markt – verlangte. Diese Form nennt man „Marktwirtschaft“.

Planwirtschaft und Volkseigentum

In Ostdeutschland wurde der Sozialismus nach sowjetischem Vorbild in alle Lebensbereiche übernommen. Anstelle der „Marktwirtschaft“ sollte eine staatlich gelenkte „**Planwirtschaft**“ eingeführt werden. Hierbei legen Behörden fest, was wann und in welcher Menge wo und von wem produziert werden soll.

Banken, Industrie- und Handelsunternehmen wurden verstaatlicht und in „**Volkseigene Betriebe**“ (**VEB**) umgewandelt. Die früheren Besitzer enteignete man ohne Entschädigung.

Schon im September 1945 waren die Großgrundbesitzer enteignet worden. Auf den Gütern arbeiteten nun Menschen, die oft aus anderen Berufen kamen und von Landwirtschaft keine Ahnung hatten. Später traten auch Kleinbauern unter Zwang in neu geschaffene „**Landwirtschaftliche Produktionsgenossenschaften**“ (**LPG**) ein.

Während der Westen alle wirtschaftliche Hilfe der Amerikaner erhielt, ließ die Sowjetunion Industrieanlagen in ihrer Besatzungszone abbauen (Demontage). Sie beanspruchte darüber hinaus einen Teil der Betriebserträge. So konnte die Wirtschaft im Osten weit weniger erfolgreich werden als im Westen.

M4 **Plötzlich waren die Schaufenster wieder voll (1948).**

M5 **Propagandatafel zur Kollektivierung der Landwirtschaft (1961)**

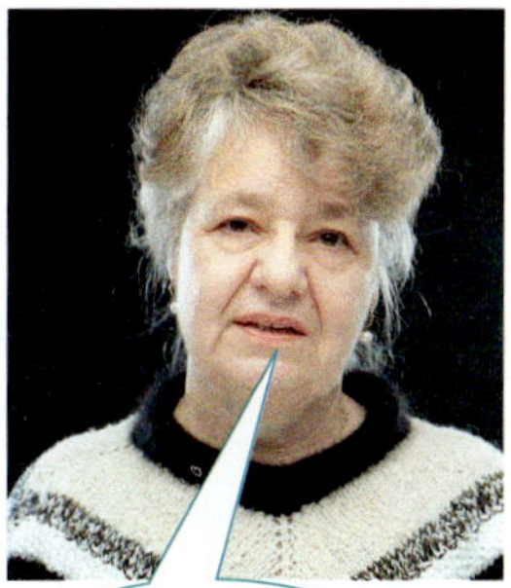

Es war unglaublich. Plötzlich waren die Läden und Schaufenster wieder voll. Alles Waren, die wir schon jahrelang nicht mehr gesehen hatten. Jetzt lohnte es sich wieder zu arbeiten, weil man ja für sein Geld was Ordentliches kaufen konnte.

1 Deute die Darstellungen M 1 und M 2 und vergleiche.

2 Vermute, warum die Amerikaner von ihrer ursprünglichen Vorstellung, Deutschland wirtschaftlich am Boden zu halten, abrückten und es auf dem Weg zurück zu einer Industrienation unterstützten.

3 Arbeite heraus, auf welche wirtschaftlichen Maßnahmen die USA setzten (Text).

4 Erarbeite mithilfe von M 3, auf welche wirtschaftlichen Schwerpunkte die Sowjetunion in ihrem Machtbereich setzte.

5 Nenne Auswirkungen der Währungsreform in Westdeutschland.

6 Erkläre den Begriff „Wirtschaftswunder“ für die Entwicklung im Westen.

7 Überlege, welche Wirkung die Planwirtschaft haben könnte; vergleiche mit der Marktwirtschaft.

Jugend in Ost und West

M 1 Junger Kriegsheimkehrer in Dresden (1946)

M 2 Junge Pioniere beim Auftritt auf einer Parteiversammlung (1953)

Jugend nach dem Krieg

Das tägliche Überleben war schwierig. Die größeren Städte in der Sowjetischen Besatzungszone (SBZ) und somit der Wohnraum vieler Menschen war zerstört. Flüchtlinge bevölkerten die Straßen, die Angst vor Seuchen, Überfällen und die Frage, wie man Lebensmittel beschaffen könnte, quälten die Menschen. Die meisten Familien hatten im Krieg Angehörige verloren, die Männer befanden sich in Kriegsgefangenschaft. So mussten oft auch die Kinder für ihre Familie sorgen. Es gab überdies eine nicht unerhebliche Zahl von Waisen, die auf sich gestellt blieben.

Zahlreiche Jugendliche schlossen sich in lokal gebildeten Jugendgruppen zusammen, um ihre Notlage gemeinsam überwinden zu können.

Um dieser Entwicklung entgegenzuwirken und die Jugend vielmehr für ihre Sache zu gewinnen, bildete die Kommunistische Partei (KPD) Ende 1945 in der SBZ mehrere Jugendausschüsse. In diesen sollten die Kinder und Jugendlichen im Alter von sechs bis 21 Jahren erfasst werden, um sie auf „zukünftige Aufgaben“ vorzubereiten.

M 3 Demonstration am 11. Juli 1952 auf dem Marx-Engels-Platz in Ostberlin: Mitglieder der FDJ vor der Ehrentribüne

Die Erwartungen der Partei auf einen Mitgliederansturm erfüllten sich jedoch nicht, da die Mehrheit der Jugend der Roten Armee und den von ihr eingesetzten Verwaltungsbehörden ablehnend gegenüberstand.

Umgestaltung des politischen Lebens in Ostdeutschland

Der Großteil der Jugend hatte den Nationalsozialismus durch Mitgliedschaften in verschiedenen NS-Organisationen (Deutsches Jungvolk, Hitlerjugend, BDM) und Wehrmacht noch aktiv miterlebt. Sie galt daher als vom nationalsozialistischen Gedankengut beeinflusst. Die politische Führung der sowjetischen Besatzungsmacht war daher der Überzeugung, dass eine grundlegende ideologische Umerziehung im Sinne der neuen Machthaber unbedingt notwendig sei.

Als erste große politische Jugendorganisation der sowjetischen Besatzungszone wurde die **Freie Deutsche Jugend (FDJ)** im März 1946 gegründet und Erich **Honecker** zu ihrem Ersten Vorsitzenden gewählt.

Die Jugend sollte ferner verstärkt in den „gesellschaftlichen Aufbauprozess“ eingebunden werden. Auch die Kontaktmöglichkeiten zu den Jugendlichen in den **„sozialistischen Bruderländern“** wurden verstärkt, so zur ČSSR, der VR Polen und zum großen Vorbild, der Sowjetunion.

Zwischen Freiheit und Tradition im Westen

Weil viele Kinder und Jugendliche nach dem Zweiten Weltkrieg ohne Vater aufwuchsen und die Mütter die Versorgung der Familie übernehmen mussten, blieben sie zunächst weitgehend sich selbst überlassen. Erst als einige Väter aus der Kriegsgefangenschaft zurückkehrten und das

M4 „Halbstarke“ (1953)

M5 Zuschauer bei einem Johnnie-Ray-Konzert (1958)

M6 Junge Pioniere in Ostberlin bei der Schießausbildung (1956)

In der FDJ gab es immer wieder Initiativen wie die „Jugendobjekte“ (Arbeitseinsatz im Bauwesen oder in der Landwirtschaft), Aktionen wie „Jugend auf die Traktoren!“, „Hugo Leichtsinn“ (Fahndung nach fahrlässig handelnden Verkehrsteilnehmern) oder „Ochsenkopf“ (Umdrehen von nach Westen gerichteten Fernsehantennen). Die FDJ war in der Bundesrepublik seit 1951 wegen ihrer Verfassungsfeindlichkeit verboten.

beginnende Wirtschaftswachstum Mütter an den häuslichen Herd zurückzwang, konnten traditionelle Erziehungsformen und -werte erneut zur Geltung gebracht werden. Viele Kinder und Jugendliche verloren dabei die Freiheit, die sie in der Nachkriegszeit genossen hatten. Die Eltern knüpften an die Regeln und Normen der Vorkriegsfamilie an. Die Heranwachsenden hatten nun wieder genau Auskunft zu geben, was sie taten, mit wem sie sich wann und wo trafen.

Jugendkrawalle in Westdeutschland

Von Frühjahr 1956 bis 1958 entlud sich in Westdeutschland die aufgestaute Wut vieler Jugendlicher in den sogenannten **Rock'n' Roll-Krawallen**. Im Anschluss an Konzerte bekannter Rock'n' Roll-Musiker und Vorführungen amerikanischer Kino- und Musikfilme mit James Dean, Elvis Presley oder Bill Haley kam es in etlichen Großstädten zwischen Jugendlichen und Polizei zu Schlägereien, die damals für großes Aufsehen und Empörung sorgten. Über das Phänomen der **„Halbstarken“** waren die Erwachsenen sehr beunruhigt. Wissenschaftliche Studien versuchten, die Hintergründe der von amerikanischen Vorbildern geprägten neuen Jugendkultur zu ergründen. Im Kern ging es den Jugendlichen um Selbstverwirklichung und das Erproben eigener Möglichkeiten. So plötzlich die Jugendrevolte ausbrach, so plötzlich flaute sie auch wieder ab. Die Heranwachsenden passten sich schnell an die vorherrschenden gesellschaftlichen Wertvorstellungen an. Denn in den 1950er-Jahren stand für die Jugendlichen das Streben nach Wohlstand und individuellem Glück im Vordergrund.

1 Versetze dich in die Lage des jungen Kriegsheimkehrers (M 1) und beschreibe die Situation der jungen Menschen im Nachkriegsdeutschland.

2 Betrachte M 3 und beschreibe, welchen Eindruck dieses offizielle Foto vermitteln sollte.

3 Frage ältere Verwandte und Bekannte, wie sie ihre Jugend in der Nachkriegszeit und in den 1950er-Jahren erlebt haben.

Eskalationen

M 1 „Rosinenbomber" über West-Berlin (1948)

Stadt am Tropf

Im Juni 1948 riegelte die Sowjetregierung alle Zufahrtswege nach West-Berlin ab. Weder zu Wasser noch zu Lande konnten Waren und Personen die Stadt erreichen, die wie eine Insel im Gebiet der DDR lag. Mit dieser „**Berlin-Blockade**" wollte die UdSSR ihren Anspruch auf die Zugehörigkeit von ganz Berlin zum sowjetischen Sektor durchsetzen.

Unter US-amerikanischer Regie wurde zur Rettung West-Berlins eine gigantische Hilfsaktion in Gang gesetzt. Eine ganze Großstadt mit 2,2 Millionen Einwohnern wurde komplett mit Lebensmitteln, Brennstoffen und Gebrauchsgütern aus der Luft versorgt. Rund 200 000 Flüge amerikanischer und britischer „**Rosinenbomber**" brachten 1,44 Millionen Tonnen Fracht in die Stadt. Erst im Mai 1949 wurde die Blockade aufgehoben, ohne dass die Sowjetunion ihr Ziel erreicht hatte. Diese Aktion ging als „**Luftbrücke**" in die Geschichte ein.

M 2 Sowjetische Panzer in Ost-Berlin (1953)

Volksaufstand in der DDR

Die wirtschaftliche Lage in der 1949 gegründeten DDR war schwierig. Gebrauchsgüter waren knapp und teuer. Nun sollten die Arbeitsnormen (Mengen, die am Tag, im Monat, im Jahr produziert werden mussten) ohne Lohnausgleich heraufgesetzt werden. Dagegen demonstrierten am 16. Juni 1953 einige Ostberliner Arbeiter. Schnell breitete sich die Protestwelle am folgenden Tag im ganzen Land zu einem **Volksaufstand** aus. In allen größeren Städten kam es zu Unruhen.

Berlin, 17. Juni 1953

Den ganzen Vormittag zogen Demonstrationszüge durch den Ostteil der Stadt. Immer mehr Menschen schlossen sich an. Vereinzelt kam es zu Aktionen wie Verbrennen von Bildern der politischen Führer oder Zerschlagen staatlicher Symbole. Gegen Mittag fielen erste Schüsse von Volkspolizei und Sowjetsoldaten. Sowjetische Panzer hatten begonnen, die Demonstranten aufzuhalten. Es flogen Steine. Besonders Mutige sprangen auf die Panzer und verstopften die Rohre der Geschütze. Der Aufstand wurde blutig niedergeschlagen. Er kostete zahlreiche Menschenleben (die Angaben schwanken zwischen 125 und 500 Todesopfern). 21 Anführer wurden noch am selben Tag hingerichtet. In der Folgezeit kam es zu weiteren Todesurteilen und langjährigen Haftstrafen bei rund 1500 Verhaftungen.

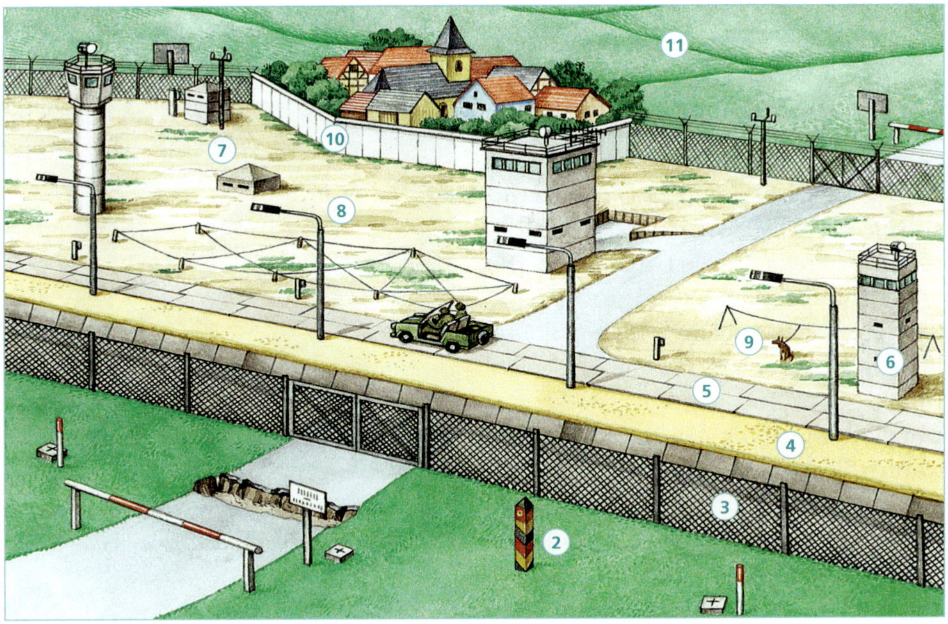

1 eigentlicher Grenzverlauf
2 DDR-Markierungssäule
3 Metallgitterzaun (mit Selbstschussanlage bis 1984)
4 Spurensicherungsstreifen (6 m breit)
5 Kolonnenweg
6 betonierter Beobachtungsturm
7 Betonbeobachtungsbunker
8 Lautsprecher und Lichtanlagen
9 Hundelaufanlage
10 Betonsperrmauer/Sichtblende
11 Sperrgebiet (15 km tief)

M 3 Grenzsperranlagen der DDR zur Bundesrepublik Deutschland bis 1990

In der Bundesrepublik Deutschland wurde der **17. Juni** bis zur Wiedervereinigung als „**Tag der Deutschen Einheit**" begangen – zum Gedenken an die Opfer und in der Hoffnung auf Beendigung der Teilung.

Eingemauert: 13. August 1961

Die wirtschaftliche Lage hatte sich seit dem 17. Juni 1953 nicht wesentlich verbessert. Immer mehr unzufriedene Bürger der DDR flüchteten in den Westen. Allein im Juli 1961 waren es rund 30 000. In erster Linie gingen Fachkräfte weg, die der eigenen Wirtschaft fehlten. Die Regierung der DDR löste das Problem durch vollständige Abriegelung aller Grenzen.
Im Stadtgebiet von Berlin errichtete man ab dem **13. August 1961** eine **Mauer**. Alle U- und S-Bahnverbindungen wurden gekappt. Bei den geräumten Häusern auf der Grenzlinie mauerte man Türen und Fenster zu. Im übrigen Land verstärkte man die Grenze durch Zäune, Wachtürme und Selbstschussanlagen. Auf Flüchtlinge wurde scharf geschossen. Die Grenze wurde zum **Todesstreifen**.

Eine Zeitlang waren Besuche zwischen West- und Ost-Berlinern nicht möglich. Erst nach und nach wurden die Bestimmungen gelockert, sodass wenigstens an Feiertagen oder zu besonderen Anlässen Passierscheine ausgestellt wurden.

1 Als die Nachricht von der Blockade bekannt wird, sitzt eine Familie (oder ein Freundeskreis) sorgenvoll zusammen. Spielt das Gespräch.

2 Versuche eine Erklärung für den Begriff „Rosinenbomber" (Text, M 1).

3 Überlege, welches Interesse Amerikaner und Briten an der Rettung West-Berlins haben mochten.

4 Überlege, was eine Normerhöhung für die Arbeiter und deren Familien bedeutete.

5 Schildere den Verlauf des Aufstands mit eigenen Worten.

6 Besprecht die Krisensituation „17. Juni": Welche Folgen hätte ein militärisches Eingreifen der Westmächte vermutlich gehabt?

7 Befragt ältere Leute, die sich noch an die Tage um den 17. Juni 1953 oder an den 13. August 1961 erinnern, nach ihren damaligen Gefühlen und Eindrücken.

8 Erläutere das Schaubild M 3.

Widerstand und Mauerfall

M 1 Schlange stehen in der DDR (1988)

Unser Staat hat immer die Schwerindustrie bevorzugt. Um Rohstoffe im Ausland beziehen zu können, braucht man bekanntlich „hartes" ausländisches Geld. Das beschaffte man sich, indem der allergrößte Teil unserer Produktion z. B. von Elektroartikeln oder Textilien exportiert wurde. So fanden sich bei uns produzierte Kühlschränke in westlichen Versandhauskatalogen zu niedrigen Preisen. Und bei uns waren sie nicht zu bekommen. Auch auf ein Telefon oder ein Auto musste man bis zu 15 Jahre warten!

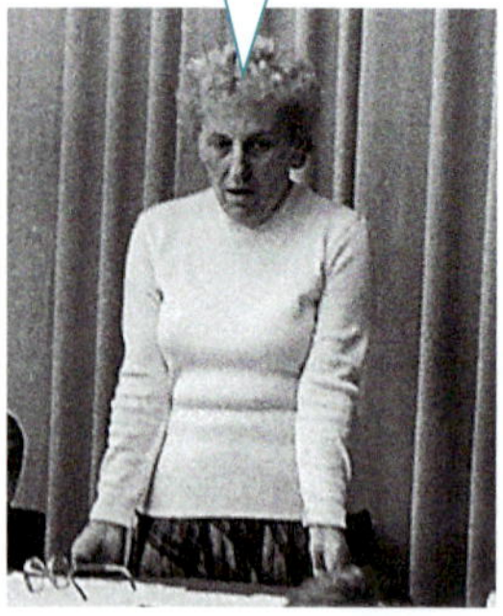

Wirtschaft und Politik in der DDR

Durch die Übernahme der Planwirtschaft nach sowjetischem Vorbild entwickelte sich die Wirtschaft in der DDR nur schleppend. Die Preise für alle Grundnahrungsmittel und die Mieten wurden vom Staat niedrig gehalten. Um die Wohnungsnot zu lindern, wurden billige Wohnblocks errichtet.

Um die Leistung der Arbeiter zu steigern, wurden Ehrungen und Prämien geschaffen. Auch gab es flächendeckend Kindertagesstätten, um den Frauen die Ausübung eines Berufs zu ermöglichen. In den wenig rationell arbeitenden Betrieben und Verwaltungen fand jeder Bürger eine Arbeit. Doch diese Maßnahmen kosteten viel Geld und belasteten den Staatshaushalt. Im gesamten Ostblock war die DDR zwar der wirtschaftlich erfolgreichste Staat. Doch seit den 1970er-Jahren verschlechterte sich die wirtschaftliche Lage weiter. Die Bundesrepublik gewährte dem Nachbarstaat immer wieder hohe Kredite. Die Unzufriedenheit der Menschen wuchs. Viele sahen das verbotene Westfernsehen mit all seinen Verlockungen. Nicht nur wirtschaftliche Gründe sorgten für Verdrossenheit. Die SED ließ die Bürger durch das **Ministerium für Staatssicherheit** („**Stasi**") bespitzeln. 80 000 festangestellte und mehr als 100 000 inoffizielle Mitarbeiter („IM") speicherten persönliche Daten von über sechs Millionen DDR-Bürgern. Sie hörten Telefone ab und kontrollierten Briefe. Sie überwachten Kirchen, Schulen, Jugendverbände und Betriebe.

Nach dem Mauerbau 1961 war es fast unmöglich, in den Westen zu reisen. Erst im Rentenalter erhielt man eine Besuchserlaubnis. Durch Todesstreifen und **Schießbefehl** bezahlten bis zur Öffnung der Grenzen insgesamt 1065 Menschen ihre Fluchtversuche mit dem Leben. Die Bürger fühlten sich eingesperrt.

M 2 Überfülltes Gelände der Botschaft der Bundesrepublik Deutschland in Prag (1989)

Massenflucht

Im Jahr 1985 wurde Michail **Gorbatschow** zum Generalsekretär der Kommunistischen Partei der Sowjetunion gewählt. Um den wirtschaftlichen Niedergang des Landes zu stoppen, strebte er radikale Neuerungen im Staat an. Seine Schlagworte „**Glasnost**" (Offenheit) und „**Perestroika**" (Umbau) leiteten in fast allen sozialistischen Staaten Reformen ein. Nur in der DDR wehrte sich die Regierung unter der Staatsführung von Erich Honecker dagegen, Veränderungen vorzunehmen.

Die Grenze weicht auf

Immer mehr DDR-Bürger kehrten nun ihrem Staat den Rücken. Allein im Sommer 1989 stellten 120 000 Menschen einen Ausreiseantrag. Als Gründe wurden vor allem die fehlende Meinungs- und Reisefreiheit, die ständige Kontrolle durch den Staat und die schlechte Wirtschaftslage genannt. Im Mai 1989 entfernte Ungarn die Grenzzäune nach Österreich. Viele DDR-Bürger, die im „Bruderland" Urlaub ge-

M 3 **Massendemonstration am 9. Oktober 1989 in Leipzig**

M 5 **Karikatur zur Massenflucht (1989)**

macht hatten, nutzten diese Chance zur Flucht. Andere besetzten die Botschaften der Bundesrepublik in Prag, Warschau und Budapest, um so ihre Ausreise zu erzwingen. Nach zähen Verhandlungen erreichte der bundesdeutsche Außenminister Hans-Dietrich **Genscher**, dass die Massen von Botschaftsflüchtlingen in die Bundesrepublik ausreisen durften.

Fall der Mauer: 9. November 1989

Seit Beginn der 1980er-Jahre hatten sich in der DDR Menschenrechts-, Umwelt- und Friedensgruppen gebildet. Sie versammelten sich meist in Kirchenräumen, wo man einigermaßen ungestört diskutieren konnte. Viele Mitglieder dieser Gruppen wurden von der Staatssicherheit bespitzelt. Sie erhielten Gefängnisstrafen oder wurden in die Bundesrepublik abgeschoben.

M 4 **Die Berliner Mauer in der Nacht vom 9. auf den 10. November 1989**

Seit September 1989 fanden in Leipzig an jedem Montag Demonstrationen („**Montagsdemonstrationen**") statt, auf denen Versammlungs- und Reisefreiheit gefordert wurden. Die Zahl der Teilnehmer stieg bis Ende Oktober auf über 300 000. Anfangs wurden Demonstranten zwar von der Polizei auseinandergetrieben oder verhaftet, doch die Staatsmacht wagte es nicht, auf friedliche Bürger schießen zu lassen.
Im Oktober und November 1989 gingen nun auch in anderen Städten der DDR Menschen auf die Straße. Sie trugen immer häufiger Schilder mit der Aufschrift „Wir sind das Volk!". Schließlich musste Erich Honecker als Staatsratsvorsitzender zurücktreten. Am **9. November 1989** wurden die Grenzen zur Bundesrepublik geöffnet.

1 Überlege, was die „Sicherheitsmaßnahmen" über das Vertrauen der DDR-Führung in die Bewohner der DDR aussagen können.

2 Deute die Karikatur M 5.

3 Überlege, welche Gefühle und Hoffnungen die Menschen in M 3 hatten.

4 Stelle Vermutungen darüber an, was eine linientreue DDR-Zeitung über die Demonstrationen berichtet hätte .

5 Führt für eine westdeutsche Zeitung ein „Interview" mit einem Teilnehmer aus M 3.

Die Wiedervereinigung

*DA
Demokratischer Aufbruch = politische Gruppierung in der DDR, die sich im Oktober 1989 bildete

M1 **Bundeskanzler Kohl auf einer Wahlveranstaltung in Erfurt (1990)**

Die ersten freien Wahlen in der DDR

Mit dem Ruf „Deutschland – einig Vaterland“ forderten nach dem 9. November 1989 immer mehr Bürger die **Wiedervereinigung** der beiden deutschen Staaten. Die meisten Menschen glaubten nicht mehr an politische und wirtschaftliche Reformen in der DDR. In der Bundesrepublik erkannte die Regierung unter Bundeskanzler Helmut **Kohl** (CDU) und Außenminister Hans-Dietrich Genscher (FDP) jetzt ebenfalls die Chancen einer Vereinigung und trieb den Prozess mit großem Tempo voran.

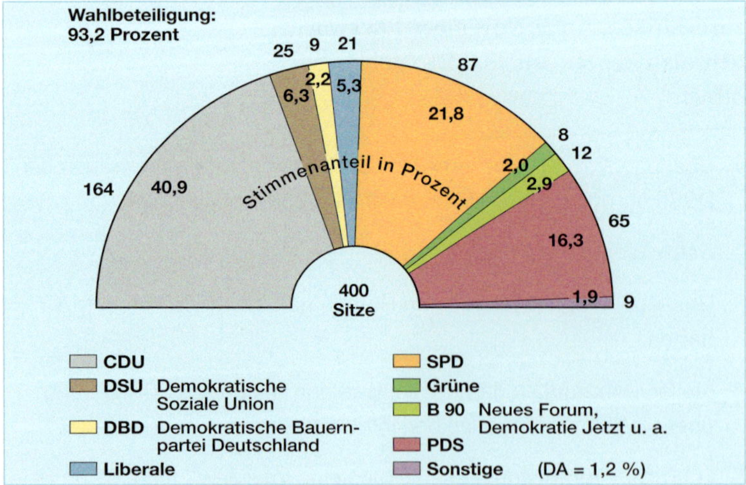

M2 **Ergebnis der Volkskammerwahlen vom 18. März 1990**

Bei den ersten freien Wahlen zur Volkskammer der DDR am 18. März 1990 siegten die unter der Bezeichnung „Allianz für Deutschland“ (CDU, DSU, DA*) angetretenen Parteien. Sie hatten sich im Wahlkampf stets für die Wiedervereinigung ausgesprochen. Die im Bündnis 90 zusammengeschlossenen Oppositionsgruppen hatten keine Chance, während die Nachfolgepartei der SED, die Partei des Demokratischen Sozialismus (PDS), einen hohen Stimmenanteil bekam. Die neue Regierung wurde aus einer Großen Koalition von CDU, DSU, DA, Liberalen und SPD unter der Führung des Ministerpräsidenten Lothar **de Maizière** (CDU) gebildet.

Wirtschafts-, Währungs- und Sozialunion

M3 **In einem Geheimbericht hatten DDR-Experten schon am 27. 10. 1989 festgestellt:**

Im internationalen Vergleich der Arbeitsproduktivität liegt die DDR gegenwärtig um 40 Prozent hinter der BRD zurück. [...] Die Verschuldung [...] ist auf eine Höhe gestiegen, die die Zahlungsfähigkeit der DDR infrage stellt. [...] Allein ein Stoppen der Verschuldung würde im Jahr 1990 eine Senkung des Lebensstandards um 25 bis 30 Prozent erfordern und die DDR unregierbar machen.

Demokratie in Deutschland 1949–1999, Wochenschau, Nr. 1/2 1999, S. 32

Um weitere Übersiedlungen von Ost nach West zu verhindern, schlossen die beiden deutschen Staaten einen Vertrag über die Einführung der Deutschen Mark in der DDR, die Übernahme der sozialen Marktwirtschaft (Privateigentum, freie Preisbildung, Wettbewerb, Gewerbefreiheit) und des Sozialsystems (Kranken-, Renten-, Ar-

M4 **Forderungen bei einer Demonstration in Leipzig (1989)**

M5 **Deutsch-sowjetische Verhandlungen über die deutsche Vereinigung; am Tisch von links: Außenminister Genscher, Staats- und Parteichef Gorbatschow, Bundeskanzler Kohl (1990)**

beitslosenversicherung, Streikrecht, Mitbestimmung). Damit bestand eine **Wirtschafts-, Währungs- und Sozialunion.**

„2-plus-4"-Verhandlungen

In Verhandlungen zwischen den beiden deutschen Staaten und den vier Siegermächten des Zweiten Weltkriegs (USA, Sowjetunion, Großbritannien und Frankreich) wurden die letzten Hindernisse auf dem Weg zur deutschen Vereinigung beseitigt. In Gesprächen zwischen der deutschen Seite und dem sowjetischen Staats- und Parteichef Gorbatschow am 15. und 16. Juli 1990 wurde der Verbleib der Bundesrepublik im westlichen Verteidigungsbündnis (NATO) anerkannt. Dafür sollte die Bundeswehr von 500 000 auf 370 000 Soldaten reduziert werden.

Deutschland verzichtete auf alle Gebietsansprüche gegen andere Staaten und erklärte, dass von deutschem Boden in Zukunft nur Frieden ausgehen solle. Kurze Zeit später wurde in einem Vertrag mit Polen der Grenzverlauf zwischen Deutschland und Polen endgültig bestätigt.

Am 23. August 1990 beschloss die Volkskammer den Beitritt der DDR zur Bundesrepublik. Das für manchen Unvorstellbare, wurde wahr: Am **3. Oktober 1990** feierte man vor dem Reichstagsgebäude in Berlin die **Wiedervereinigung Deutschlands.**

1 Kläre, welche Grundstimmung in M 1 sichtbar wird.

2 Überlege zu M 2: Wie hoch ist der Stimmenanteil der „Allianz für Deutschland" insgesamt? Wie ist der hohe Stimmenanteil der PDS zu erklären? Warum wurde eine „Große Koalition" gebildet?

3 Erkläre, wie in M 3 der Zustand der DDR-Wirtschaft gesehen wird.

4 Erläutere, warum in M 3 befürchtet wird, die DDR könnte „unregierbar" werden.

5 Kläre, was die Demonstranten in M 4 zum Ausdruck bringen wollten.

6 Überlege, was die Einführung der Wirtschafts-, Währungs- und Sozialunion in der DDR für den Einzelnen bedeutete. Denke dabei z. B. an die Themen Einkaufen, Eigentum, Arbeit.

7 Fasse zusammen, welche Bedingungen für die Vereinigung beider deutscher Staaten galten. (Was bekam Deutschland, welche Zugeständnisse musste man machen?)

8 Schreibe die Stationen der Wiedervereinigung 1989/1990 in Stichworten auf.

METHODE

Zeitzeugen befragen

M 1 **Mit Trabi, Lada und Wartburg* auf dem Weg nach Westen. Foto vom ersten Wochenende nach der Maueröffnung am 9. November 1989**

***Trabi, Lada, Wartburg** Kraftfahrzeuge in der DDR; Trabant (Trabi) und Wartburg wurden in der DDR hergestellt, der Lada in der Sowjetunion.

Zeitzeugen berichten

Nachdem am 9. November 1989 die Mauer geöffnet worden war, wollten zahllose DDR-Bürger diese Gelegenheit möglichst schnell in Anspruch nehmen.

1. Schritt: Befragung vorbereiten

- Thema, Probleme klären, z. B. Ereignisse um den 9. November 1989, Maueröffnung, Einheit am 3. Oktober 1990.
- Informationen zur Vorbereitung sammeln, zunächst aus diesem Kapitel; weitere Materialien heranziehen (Bücher, , Zeitungen, Fernsehbeiträge); einen ersten Überblick gewinnen.
- Fragen vorbereiten: Fragebogen. Beispielfragen: „Wie haben Sie die Maueröffnung erlebt? Was ist Ihnen am stärksten in Erinnerung geblieben? Welche Gefühle hatten Sie damals? Wie standen Sie zur Einheit? Welche Meinung haben Sie heute?“
- Befragung zur Probe einmal durchspielen; eventuell Fragen umformulieren.

2. Schritt: Kontakte mit Zeitzeugen aufnehmen

- Zeitzeugen in der Familie, Verwandtschaft, im Bekanntenkreis suchen.
- Anfragen auch bei Parteien, Gewerkschaften, Kirchen, Gemeinde- oder Stadtverwaltungen; wenn möglich: Personen aus West und Ost befragen, um Aussagen vergleichen zu können.
- Klären: Ort, Zeit, Ablauf der Befragung; wie dürfen Aussagen verwendet (ausgewertet) werden?

3. Schritt: Befragung durchführen

- Befragung gut vorbereiten: angenehme Atmosphäre schaffen, Begrüßung, Dauer der Befragung absprechen, Gesprächsleitung klären, Aufnahmegeräte oder Protokollführung sichern, Fotos anfertigen (mit dem Gast klären).
- Fragen stellen, Aussagen festhalten, gestellte Fragen auf der Liste streichen, Nachfragen stellen, dem Befragten Gelegenheit zum freien Erzählen geben.
- Dank und Verabschiedung.

4. Schritt: Ergebnisse auswerten, präsentieren und kritisch beurteilen

- Nachbereitung: Wie ist die Befragung gelaufen?
- Welchen Eindruck haben Zeitzeuge oder Zeitzeugin gemacht?
- Welche Informationen haben wir erhalten? Welche Informationen sind neu? Stimmen sie mit unseren Kenntnissen aus den Materialien (Büchern usw.) überein? Lassen sich die Unterschiede erklären? Wo sind „Lücken“ zu erkennen? Wie sind sie zu schließen?
- Müssten wir etwas an unseren Befragungen ändern?
- Art der Dokumentation, Präsentation klären; mögliche Formen: Text- und Bilddokumentation („Zeitzeugen-Mappe“), Wandzeitung, Tonband- oder Video-Collage, Ausstellung, Mitarbeit des Zeitzeugen bei der Dokumentation.

Probleme der Einheit

Soziale Probleme der deutschen Einheit

In der DDR war **Arbeitslosigkeit** nahezu unbekannt. Es war für die Menschen ein Schock, als nach der Wende mit der Privatisierung der Wirtschaft plötzlich viele Menschen arbeitslos wurden. Vor allem Ältere und Frauen waren davon betroffen und ihre Chancen auf einen Arbeitsplatz stehen auch heute nicht gut. Gemessen an westlichen Maßstäben gab es in den Verwaltungen und Betrieben der DDR viel zu viele Arbeitsplätze. Deswegen fielen nach der Wende etwa vier Millionen Arbeitsplätze als „überflüssig" weg.

M 2 **Feier zur deutschen Einheit am 3. Oktober 1990**

M 1 **Über die Entwicklung nach 15 Jahren schrieb „Der Spiegel" im Oktober 2005:**

15 Jahre nach der Wiedervereinigung haben Politiker beim Festakt ein kritisches Resümee gezogen. Bundestagspräsident Thierse und Landespremier Platzeck erinnerten vor allem an die dramatische Lage auf dem Ost-Arbeitsmarkt. […]

„Der Osten ist kein Jammertal und auch kein Milliardengrab", betonte Thierse mit Blick auf sanierte Städte oder die Modernisierung der Infrastruktur. Allerdings werde die **Angleichung der Lebensverhältnisse** mehr Zeit brauchen als 1990 erhofft. Nach 15 Jahren Aufbauarbeit sei „die Mitte des Weges erreicht". Er erinnerte an die mit durchschnittlich 18,4 Prozent noch immer fast doppelt so hohe Arbeitslosenquote wie im Westen.

Auch Platzeck nannte die Arbeitslosigkeit das größte Problem der neuen Länder. „In den Zwischenbilanzen zum Aufbau Ost kommen stets diejenigen zu kurz, die ohne Arbeitsplatz dastehen". […] Im Interesse Deutschlands müsse es gelingen, auch in den neuen Ländern eine wettbewerbsfähige Wirtschaftsstruktur zu schaffen.

Bundeskanzler Schröder sicherte den neuen Ländern auch künftig Unterstützung zu. Dabei bleibe die Bereitschaft der Menschen im Westen zur Hilfe unentbehrlich. Bundespräsident Köhler unterstrich, „nicht überall in Deutschland" könnten gleiche Lebensbedingungen geschaffen werden.

Der Spiegel, Oktober 2005

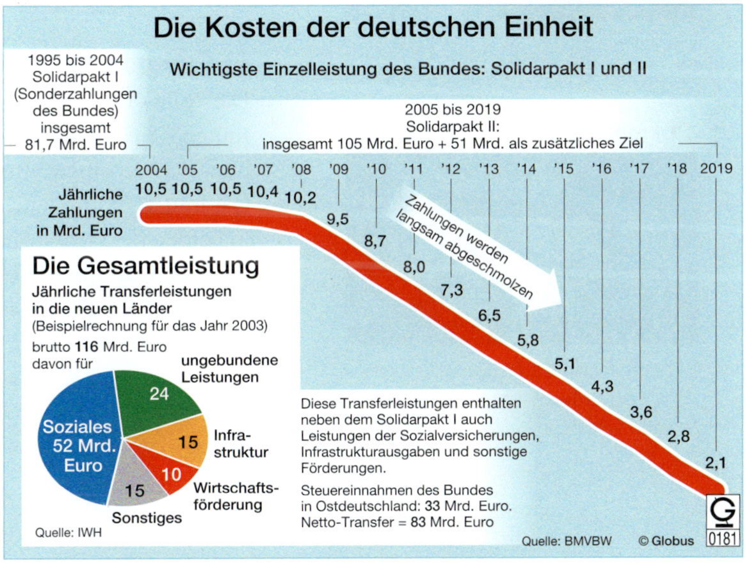

M 3 **Die Kostenentwicklung der deutschen Einheit**

ZUSAMMENFASSUNG

17. 6. – 2. 8. 1945

Die „Großen Drei" bei der Potsdamer Konferenz

1961

Die DDR schließt die gesamte Grenze zur Bundesrepublik durch Mauer, Zäune, Wachtürme und Schießanlagen.

9. / 10. November 1989

Der Fall der Mauer an einem Berliner Grenzübergang

3. Oktober 1990

Mit dem Inkrafttreten der Einigungsverträge werden die zwei deutschen Staaten vereinigt.

Überleben und orientieren

In den Jahren zwischen 1945 und 1949 war das Leben der Menschen von der allgemeinen Not im **besiegten Nachkriegsdeutschland** bestimmt. Hunger und Kälte, die oft notdürftige Unterbringung und die ungewisse politische Zukunft in den vier **Besatzungszonen** prägten den Alltag. Nur langsam kam das öffentliche Leben wieder in Gang; in den meisten Ländern öffneten die Schulen im Herbst 1945 wieder.

Zwei deutsche Staaten

Im Herbst 1949 wurde in den drei westlichen Besatzungszonen die **Bundesrepublik Deutschland** gegründet, wenig später in der sowjetisch besetzten Zone (SBZ) die **Deutsche Demokratische Repubik** (DDR). Während die Bundesrepublik sich am westlichen Modell der parlamentarischen Demokratie mit freien Wahlen und einer marktwirtschaftlichen Ordnung orientierte, folgte die DDR dem Modell einer sozialistischen Gesellschaftsordnung, in dem eine sozialistische Einheitspartei, die SED, allein die Politik und die Gesellschaftsordnung prägte. Die Wirtschaft wurde nach dem Vorbild der sowjetischen **Planwirtschaft** organisiert.

Im Westen bestimmte das „**Wirtschaftswunder**" den Alltag. In der DDR führte die Planwirtschaft nach anfänglichen Erfolgen zu wirtschaftlichen und sozialen Problemen. Seit Ende der 1950er-Jahre kam es infolgedessen zu vermehrten Fluchtbewegungen aus der DDR. Durch den **Bau der Mauer 1961** verschärfte sich die Lage der Menschen in der DDR, viele wollten das Land verlassen, wurden aber mit Gewalt daran gehindert.

Auf dem Weg zur Wiedervereinigung

Die Politik der Anerkennung des Status quo zwischen den Blöcken im Kalten Krieg und den beiden deutschen Staaten führte zwischen 1970 und 1989 zu einem Ausbau der Kontakte zwischen den Menschen in Ost und West und auch zu einem verstärkten Kontakt der Menschen in beiden deutschen Staaten.

Die **Vereinigung beider deutschen Staaten 1990** nach dem Zusammenbruch der SED-Herrschaft brachte vor allem für die Jugendlichen und Frauen im Osten große Umstellungsprobleme. Auch zwanzig Jahre nach der Überwindung der Teilung sind die großen Unterschiede im Alltag in beiden Teilen Deutschlands noch nicht eingeebnet.

Deutschland nach 1945

1. In welchem Jahr wurde die Bundesrepublik gegründet?
a) 1945
b) 1949
c) 1948
d) 1989

2. Welches Wirtschaftssystem hat die Bundesrepublik?
a) Planwirtschaft
b) soziale Marktwirtschaft
c) Dreifelderwirtschaft
d) Wirtschaftswunder

3. Bringe die folgenden Begriffe in ihre zeitliche Reihenfolge:
a) Fall der Berliner Mauer
b) Gründung der DDR
c) Einführung der D-Mark
d) Bau der Mauer

4. Wofür steht die Abkürzung „DDR“?
a) Demokratisches Deutsches Reich
b) Deutsche Demokratische Republik
c) Demokratische Deutsche Republik
d) Demokratischer Deutscher Rechtsstaat

5. Wann fiel die Berliner Mauer?
a) 1945
b) 1949
c) 1961
d) 1989

6. Was bedeutet „SED“?
a) Soziale Einheitspartei Deutschlands
b) Soziale Einheitspartei für Demokratie
c) Sozialistische Einheitspartei Deutschlands
d) Sicherheitsexperten für Deutschland

M1 Ein Quiz zu Deutschland

Arbeitsbegriffe
✓ Besatzungszonen
✓ Bundesrepublik Deutschland
✓ Deutsche Demokratische Republik
✓ soziale Marktwirtschaft
✓ Planwirtschaft
✓ Fall der Mauer 9. November 1989
✓ Deutsche Einheit 3. Oktober 1990
✓ Flüchtlinge und Vertriebene
✓ Potsdamer Konferenz
✓ Entnazifizierung
✓ Teilung Deutschlands

M2 Wichtige Arbeitsbegriffe

1 Entwickelt weitere Fragen zu diesem Kapitel und führt dann ein Quiz mit zwei Mannschaften durch. Die Antwort muss innerhalb einer Minute gegeben werden. Welche Gruppe kann die meisten oder sogar alle Fragen beantworten?

2 Erläutere, wie der Alltag der Menschen nach Kriegsende aussah.

3 Wohin gingen die Menschen, die aus ihrer Heimat geflüchtet sind oder vertrieben wurden?

4 Beschreibe den Weg zur Gründung der Bundesrepublik Deutschland in den Westzonen.

5 Erkläre, was der Mauerbau 1961 für die Beziehungen zwischen den beiden deutschen Staaten bedeutete.

10 Wirtschafts- und Sozialpolitik

Jeder Unternehmer freut sich, wenn seine Geschäfte gut verlaufen. Dann kann selbst der Staat weitgehend entspannt sein. Denn auch er profitiert von den Einnahmen der Firmen. Gute Einnahmen wiederum wirken sich positiv auf die Arbeitnehmer aus. Wenn der Unternehmer gut verdient, sollte er doch auch seine Mitarbeiter daran teilhaben lassen – oder etwa nicht?

Was passieren kann, wenn Arbeitgeber und Arbeitnehmer unterschiedlicher Meinung sind, erfahrt ihr in diesem Kapitel. Hier könnt ihr euch auch darüber informieren, wie diejenigen geschützt sind, die nicht zu den Reichen und Mächtigen gehören und trotzdem wichtige Beiträge für die Gesellschaft leisten.

1 Beschreibe Einzelheiten des Fotos auf dieser Doppelseite. Gehe insbesondere auf die Plakate ein, auf denen du Beschriftungen erkennen kannst.

2 Hast du eine Vermutung, warum diese Menschen sich hier versammelt haben? Gib eine begründete Antwort.

Die Wirtschaftsordnung Deutschlands

M 1 Die 1950er-Jahre in der Bundesrepublik

M 2 Neuanfang nach 1945
Die „Stunde null"

Der Zweite Weltkrieg war mit der „bedingungslosen Kapitulation" der deutschen Wehrmacht am 8. Mai 1945 zu Ende gegangen.

Infolge des Krieges waren Verkehrs- und Transporteinrichtungen zerstört, Eisenbahn und Post waren lahmgelegt, fast alle Behörden und Dienststellen hatten sich aufgelöst. Die großen Städte, aber auch viele mittlere und kleine, lagen in Trümmern, rund fünf Millionen Wohnungen waren total oder erheblich zerstört.

Man hat die damalige Situation der Deutschen mit dem Wort von der „Stunde null" gekennzeichnet: Fast alles war zerstört. Verbreitet war die Einstellung, man könnte nun die Vergangenheit völlig hinter sich lassen und mit der Gestaltung der Zukunft bei null anfangen.

nach: H. M. Müller, Deutsche Geschichte in Schlaglichtern, Mannheim, 1996

Schaffung einer Wirtschaftsordnung

Nach dem Zweiten Weltkrieg musste für die Bundesrepublik Deutschland nicht nur ein neues Regierungs- und Gesellschaftssystem gefunden werden, sondern auch eine Wirtschaftsordnung.

In der Wirtschaftsordnung ist die politische und rechtliche Form festgelegt, in der wirtschaftliche Tätigkeiten innerhalb eines Staates ablaufen. Sie ordnet die Beziehungen zwischen den Produzenten, die jährlich unzählige Güter herstellen, und den Verbrauchern, die bestimmte Bedürfnisse und Wünsche haben.

Die Wirtschaftsordnung muss aber auch dafür sorgen, dass die demokratischen Grundrechte, die im Grundgesetz verankert sind, nicht verletzt werden.

Die Wirtschaftsordnung der Bundesrepublik Deutschland orientiert sich an dem Modell der **Marktwirtschaft**. In der Marktwirtschaft können Unternehmer und Verbraucher frei und selbstständig entscheiden, was sie herstellen bzw. konsumieren wollen. Sie sind dabei in erster Linie an ihrem eigenen Vorteil interessiert.

Soziale Marktwirtschaft

Nach dem Zweiten Weltkrieg wollte man in Deutschland nicht wieder zu einer freien Marktwirtschaft wie zu Beginn der Industrialisierung zurückkehren. Man hatte die Erfahrung gemacht, dass sich auf dem freien Markt sehr schnell **Monopole** herausbilden, die dem **Wettbewerb** schaden. Zudem besteht in einer freien Marktwirtschaft die Gefahr, dass die sozialen Gegensätze innerhalb der Gesellschaft immer größer werden. **Soziale Konflikte** führen aber schnell auch zu politischen Unruhen. Soziale Gerechtigkeit ist eine wesentliche Grundlage für das friedliche Zusammenleben von Menschen in einem Staat.
Ziel der Bundesrepublik Deutschland war es, nach dem Zweiten Weltkrieg eine stabile Demokratie aufzubauen. Deshalb entschloss man sich zu einer Wirtschaftsordnung, die das Modell der Marktwirtschaft ergänzte durch den sozialen Aspekt: die **soziale Marktwirtschaft**. In der sozialen Marktwirtschaft kann, wie bei der freien Marktwirtschaft, jeder über sein Privateigentum verfügen und der ungehinderte Wettbewerb auf den Märkten ist möglich. Daneben spielen aber auch soziale Aspekte eine wichtige Rolle. Wenn einzelne Bürger sozial benachteiligt sind (z. B. durch Krankheit, Arbeitslosigkeit, Alter), hat der Staat die Aufgabe, für einen sozialen Ausgleich zu sorgen.

Die Rolle des Staates

Der Staat hat die Aufgabe, die „Spielregeln" festzulegen, nach denen die soziale Marktwirtschaft funktionieren kann. Gesetze und Verordnungen vor allem der Finanz- und Sozialpolitik sollen dafür sorgen, dass die Einkommens- und Vermögensverteilung geregelt ist und ein sozialer Ausgleich für die Benachteiligten geschaffen wird.

Freiheitliche Prinzipien, z. B.

- Art. 2 GG; „Freie Entfaltung der Persönlichkeit", z. B.: Konsum-, Gewerbe-, Handlungs-, Vertragsfreiheit beim Abschluss von Kaufverträgen.
- Art. 9 GG; „Vereinigungsfreiheit", z. B. Interessenvertretung durch Arbeitgeberverbände und Gewerkschaften.
- Art. 12 GG; „Freie Berufswahl und Berufsausübung", d. h.: Auswahlrecht bei der Besetzung eines Arbeitsplatzes haben Arbeitnehmer und Arbeitgeber.
- Art. 14 GG; „Sozialpflichtigkeit des Eigentums", d. h.: Wer über Eigentum verfügt, kann dadurch auch Verpflichtungen gegenüber der Allgemeinheit haben.

Soziale Prinzipien, z. B.

- Schutzvorschriften schützen den Verbraucher, z. B. bei Fernabsatz-, Haustürgeschäften oder bei Abschluss von Kreditverträgen.
- Tariflicher Schutz, z. B. Lohn- und Manteltarifverträge, sowie deren Allgemeinverbindlichkeit, Tarifautonomie der Sozialpartner.
- Technischer und sozialer Arbeitsschutz schaffen Rechtssicherheit, z. B.: Arbeitsstättenverordnung, Jugendarbeitsschutzgesetz, Kündigungsschutzgesetz.
- Enteignung des Eigentums ist möglich, wenn das Interesse der Allgemeinheit höher zu bewerten ist als das Einzelinteresse. Der Eigentümer ist zu entschädigen.

M3 Merkmale der sozialen Marktwirtschaft

Die in wirtschaftlich guten Jahren errungenen Sozialleistungen können jedoch in schlechteren Jahren zu Problemen führen – nämlich dann, wenn sie die Haushalte von Bund, Ländern und Gemeinden stark belasten.

1 Nenne Gründe, warum ein Staat eine Wirtschaftsordnung braucht.

2 Erkläre, warum man sich nach dem Zweiten Weltkrieg für die soziale Marktwirtschaft entschieden hat (M2, Text).

3 Nenne Merkmale der sozialen Marktwirtschaft. Wo werden Freiheiten eingeschränkt (M3, Text)?

4 Informiere dich über die „Väter" der sozialen Marktwirtschaft (M4, Lexikon, Internet).

Deutschland – ein Sozialstaat

Zeittafel Sozialpolitik

1883: Krankenversicherung
1884: Unfallversicherung
1889: Rentenversicherung
1924: Sozialhilfe-Regelung
1927: Arbeitslosenversicherung
1954: Kindergeld
1960: Jugendarbeitsschutzgesetz
1971: BAföG-Regelung
1985: Erziehungsgeld, Erziehungsurlaub
1994: Pflegeversicherung
1996: Freie Wahl der Krankenkasse
2003: Reform der Sozialversicherungen

Art. 20 Grundgesetz
(1) Die Bundesrepublik Deutschland ist ein demokratischer und sozialer Bundesstaat.

***Subsidiaritätsprinzip**
Nach diesem Prinzip wird die nächsthöhere Instanz (z. B. der Staat) erst dann aktiv, wenn die untere Ebene (z. B. die Familie) mit der Erfüllung der Aufgabe überfordert ist.

M 1 Proteste gegen drohende Altersarmut am 15. 05. 2007 in Düsseldorf

Soziale Sicherung – für wen?

Mit dem Begriff „Sozialstaat" verbinden viele nur Alte, Kranke oder Arbeitslose. Wer jung und gesund ist und viele Pläne hat, ärgert sich höchstens über die Steuern und Sozialabgaben. Doch wer genau hinsieht, merkt, dass der Sozialstaat für alle da ist. Schon der Jugendliche, der einen Ausbildungsplatz sucht, greift auf Einrichtungen der Bundesagentur für Arbeit zurück und mit dem ersten Arbeitsvertrag ist er in die soziale Sicherung eingebunden.

Das soziale Netz wird geknüpft

Bis in die zweite Hälfte des 19. Jahrhunderts hinein war die soziale Sicherheit durch die **Familie** garantiert. Die Kinder wuchsen in der Großfamilie heran und wurden von Eltern und Großeltern versorgt. Nach der Ausbildung begannen sie zu arbeiten und sorgten nun für die ältere Generation der Eltern und Großeltern.
Mit der zunehmenden **Industrialisierung** lösten sich die Großfamilien mehr und mehr auf. Die Eltern hatten überlange Arbeitszeiten und auch viele Kinder mussten arbeiten. Viele Arbeiterfamilien verarmten. Die Gefahr von sozialen Unruhen nahm ständig zu. Deshalb forderte Kaiser Wilhelm I. während einer Rede am 17. November 1881 in einer „Kaiserlichen Botschaft" die Regierung dazu auf, Gesetze zum Schutz der Arbeiter gegen Krankheit, Unfall, Invalidität und im Alter zu beschließen.
Dies wird als die Geburtsstunde der deutschen **Sozialversicherung** angesehen. Der Staat übernahm nun soziale Aufgaben, die die Familien nicht mehr leisten konnten. Man handelte nach dem Subsidiaritätsprinzip*.
In den folgenden Jahrzehnten wurde das System der Sozialversicherungen nach den Prinzipien Vorsorge, Versorgung und Fürsorge weiter ausgebaut. Nach dem Zweiten Weltkrieg verankerte die Bundesrepublik Deutschland im Grundgesetz, dass sie ein Sozialstaat ist.

Vorsorge	Versorgung	Fürsorge
Leistungen, z. B. Gesundheitsvorsorge, Altersrente Finanzierung: Versicherungsbeiträge, Steuern	Leistungen, z. B. Kindergeld, Wohngeld, Gewaltopferversorgung Finanzierung: Steuern	Leistungen, z. B. soziale Grundsicherung, Jugendhilfe Finanzierung: Steuern

M 2 Organisationsformen der sozialen Sicherung

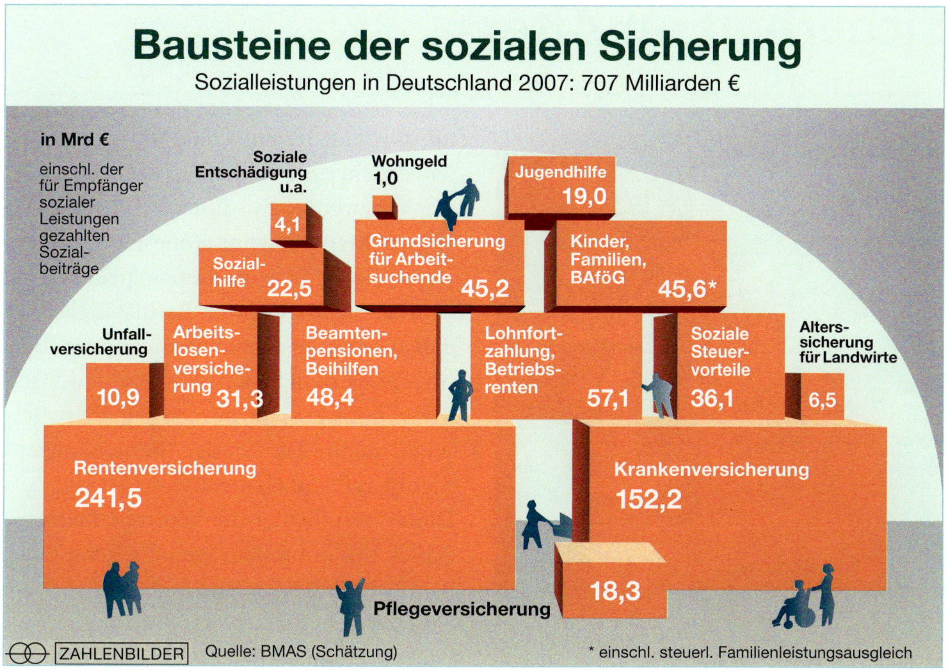

M 3 Sozialleistungen in Deutschland

***Solidaritätsprinzip**
Mit den Beiträgen aller Versicherten werden die notwendigen Leistungen für bedürftige Einzelne finanziert.

So funktioniert das Sozialsystem

Die Sozialversicherungen in Deutschland sind nach dem Solidaritätsprinzip* organisiert. Jeder Arbeitnehmer ist **Pflichtmitglied** in der gesetzlichen Sozialversicherung. Die Beiträge in die Sozialversicherungen werden je zur Hälfte von dem Arbeitnehmer und dem Arbeitgeber bezahlt. Die Höhe der Beiträge richtet sich nach dem Bruttoeinkommen, d.h., wer mehr verdient, muss auch höhere Beiträge zahlen. Mit den Beiträgen aller Versicherten werden die Leistungen derjenigen bezahlt, die sie benötigen.

In den Jahrzehnten der Vollbeschäftigung verfügten die Sozialversicherungen über sehr hohe Einnahmen bei relativ niedrigen Ausgaben. In dieser Zeit wurden die Sozialleistungen weiter ausgebaut. Seit einigen Jahren nimmt nun aber die Zahl der Beschäftigten ab, viele Menschen sind arbeitslos und die Einnahmen sinken. Gleichzeitig sind mehr Menschen auf soziale Unterstützung angewiesen. Das machte eine **Reform der Sozialsysteme** erforderlich.

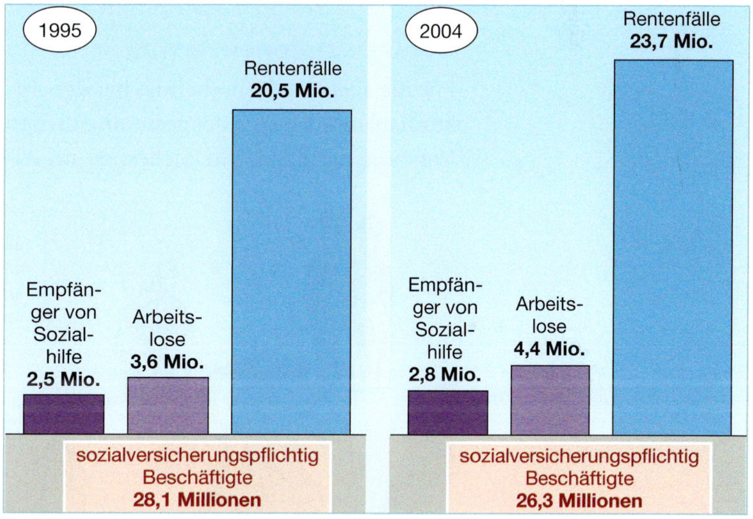

M 4 Größere Lasten auf weniger Schultern

1 Erkläre anhand je eines Beispiels, was man unter dem „Subsidiaritäts-" und dem „Solidaritätsprinzip" versteht.

2 Informiere dich über die Bausteine der sozialen Sicherung in Deutschland (M 3, Zeitung, Internet) und berichte der Klasse.

3 Was veranlasste die Menschen in M 1 zu demonstrieren?

4 Werte M 4 aus. Welche Folgen ergeben sich für die Sozialpolitik?

Sicherheit im Alter

M 1 Ältere Menschen genießen ihren Ruhestand

Der Generationenvertrag

Für die meisten Menschen ist bei der Zukunftsplanung neben der gesundheitlichen Vorsorge die finanzielle Sicherheit im Alter am wichtigsten. Die gesetzliche Rentenversicherung bildet die Grundlage für die Versorgung von über 90 Prozent der älteren Menschen im Ruhestand. Sie erwarben sich ihre **Rentenansprüche**, indem sie während ihrer Berufstätigkeit in die gesetzliche Rentenversicherung Beiträge eingezahlt haben. Ausbezahlt werden ihnen jedoch nicht ihre angesparten Beiträge, denn das heutige Rentenkonzept beruht auf dem Generationenvertrag.

Dieser verpflichtet die heutigen Beitragszahler, mit ihren Beiträgen die Renten der heutigen Ruheständler zu bezahlen. Die eingezahlten Beträge werden im gleichen Jahr in vollem Umfang an die Rentner ausbezahlt. Es werden keine Gelder angespart für die Zukunft. Wenn die heutigen Beitragszahler ins Rentenalter kommen, sind ihre Beiträge aufgebraucht. Ihre Renten müssen dann von der **nachrückenden Generation** der Erwerbstätigen bezahlt werden, der Generation ihrer Kinder.

M 2 Der Generationenvertrag – ein Bündnis zwischen Alt und Jung

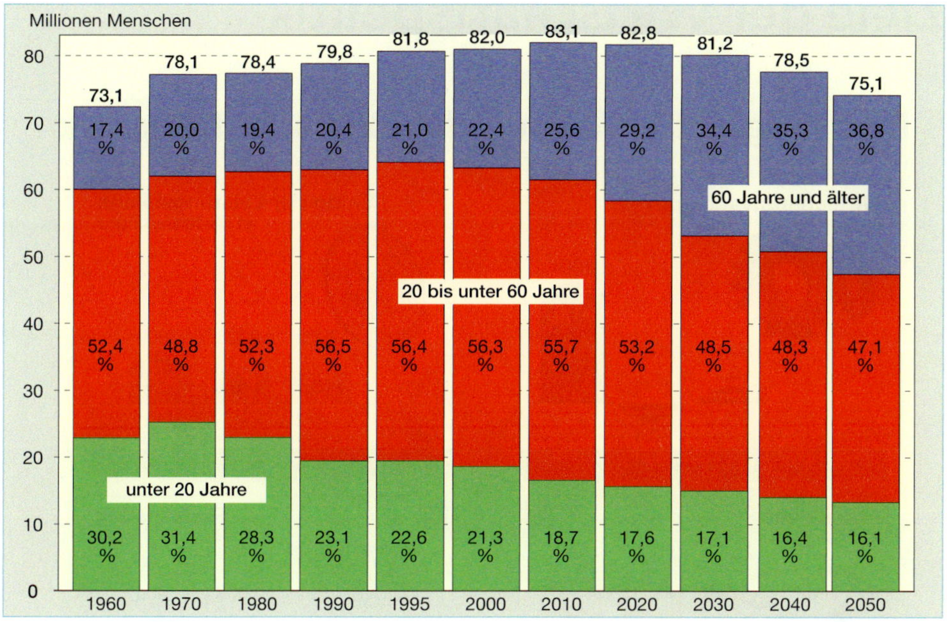

M 3 **Alterung der Bevölkerung in Deutschland**

Doppelbelastung der mittleren Generation

Der Generationenvertrag fordert von der mittleren, im Erwerbsleben stehenden Generation, dass sie sowohl die Renten der Älteren finanziert als auch für die Erziehung der Kinder aufkommt, die ja die künftigen Beitragszahler sind.

Rentensystem in der Krise

Da einer immer größeren Zahl von Rentnern eine immer kleinere Zahl an erwerbstätigen Beitragszahlern gegenübersteht, ist das Rentensystem in die Krise geraten.

Damit Arbeitgeber und Arbeitnehmer nicht durch steigende Beiträge zur Rentenversicherung belastet werden müssen, bemüht man sich um eine **Reform des Rentensystems**. Neben der gesetzlichen Rentenversicherung muss jeder durch private Zusatzversicherungen dafür sorgen, dass er im Alter ausreichend abgesichert ist. Doch bei einem weiteren Rückgang der Erwerbspersonen wird auch diese Maßnahme nicht ausreichen.

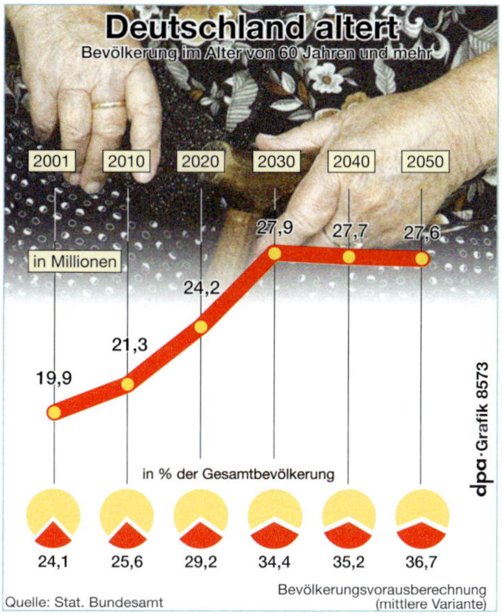

M 4 **Zunahme des Anteils der über 60-Jährigen**

1. Fasse die Aussagen von M 2 in einem Text zusammen.
2. Diskutiert in der Klasse: Ist der Generationenvertrag gerecht?
3. Werte M 3 und M 4 aus. Wie verändert sich die Zusammensetzung der Bevölkerung und welche Auswirkungen hat das für die gesetzliche Rentenversicherung?
4. Informiere dich über die Reform der Rentenversicherung.

Ziele der Wirtschaftspolitik

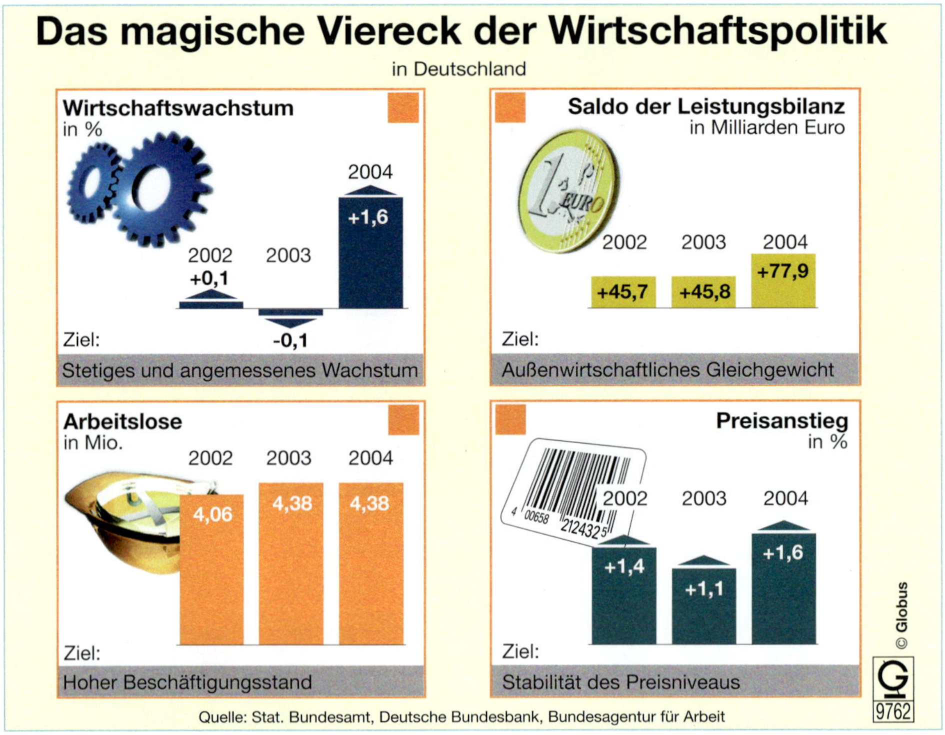

M 1 Das magische Viereck

§ 1 Stabilitäts- und Wachstumsgesetz

Bund und Länder haben […] die Erfordernisse des gesamtwirtschaftlichen Gleichgewichts zu beachten. Diese Maßnahmen sind so zu treffen, dass sie im Rahmen der marktwirtschaftlichen Ordnung gleichzeitig zur Stabilität des Preisniveaus, zu einem hohen Beschäftigungsstand und außenwirtschaftlichen Gleichgewicht bei stetigem und angemessenem Wirtschaftswachstum beitragen.

Vier Eckpunkte

Die Wirtschaftspolitik hat die Aufgabe, das Wirtschaftsleben zu ordnen und so zu beeinflussen, dass die Ziele, die im „Stabilitäts- und Wachstumsgesetz“ (1967) festgelegt sind, verwirklicht werden können.

Stabilität des Preisniveaus: Angestrebt wird, dass die Preise um weniger als zwei Prozent im Jahr steigen.

Hoher Beschäftigungsstand: Das Ideal wäre, dass alle Menschen, die arbeiten wollen, auch einen Arbeitsplatz finden. Doch selbst in Zeiten, in denen die wirtschaftliche Entwicklung sehr gut war, gab es Arbeitslosigkeit. Sie betraf jedoch wesentlich weniger Menschen als heute und dauerte für die Betroffenen weniger lang.

***Handelsbilanz**
Sie erfasst die Werte aller Einfuhren (Importe) und Ausfuhren (Exporte) eines Landes.

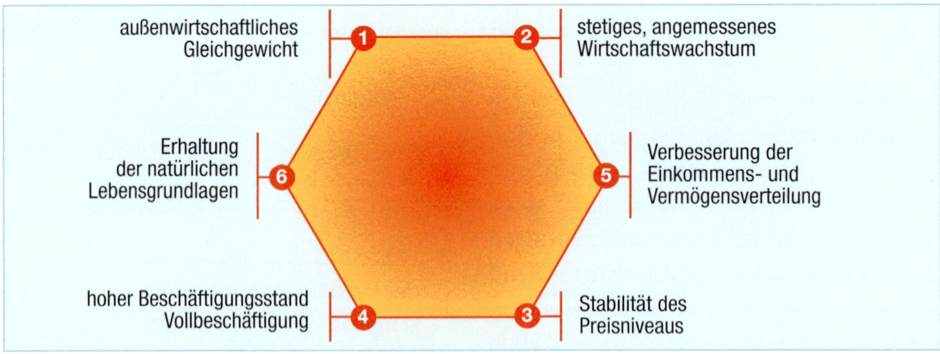

M 2 Das magische Sechseck

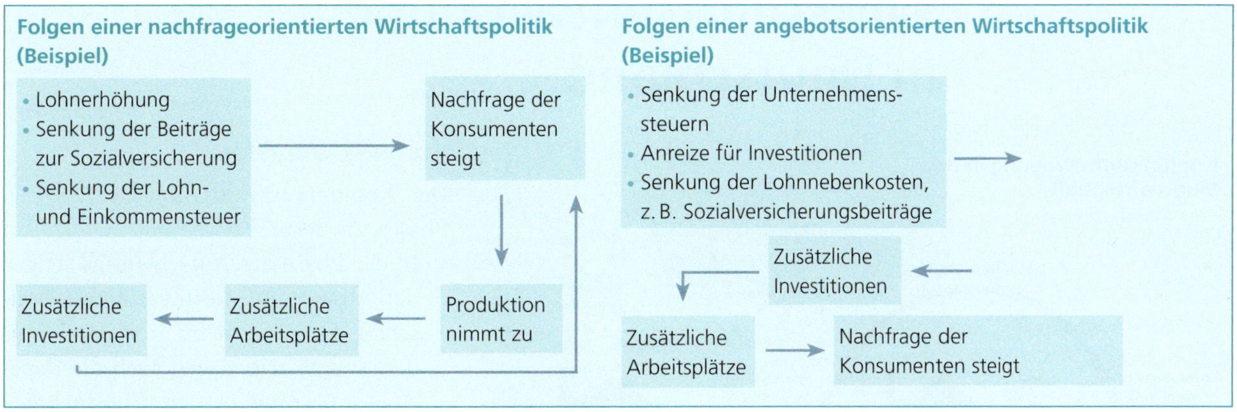

M 3 Möglichkeiten der Einflussnahme durch die Wirtschaftspolitik

Außenwirtschaftliches Gleichgewicht: Angestrebt wird, dass die Wirtschaftsbeziehungen mit dem Ausland eine ausgeglichene Handelsbilanz* aufweisen. Der Wert der exportierten Waren sollte den der importierten nicht übersteigen – und umgekehrt.

Stetiges, angemessenes Wirtschaftswachstum: Das Wirtschaftswachstum wird mit dem Bruttoinlandsprodukt gemessen. Ein Wachstum liegt vor, wenn in einem Jahr mehr Produkte und Dienstleistungen hergestellt bzw. angeboten werden als in den zurückliegenden. Angestrebt wird ein Wachstum von zwei bis drei Prozent pro Jahr, denn erst dann werden zusätzliche Arbeitsplätze entstehen.

M 4 Wirtschaftsentwicklung in Deutschland

Das magische Sechseck

Über die Vorgaben des magischen Vierecks hinaus verfolgt die Wirtschaftspolitik heute noch zwei **weitere Ziele**. Zum einen sollten die natürlichen Lebensgrundlagen der Menschen erhalten und die Umwelt geschützt werden. Zum anderen soll die Wirtschaftspolitik z. B. mit der Steuer- und Sozialpolitik dafür sorgen, dass Einkommen und Vermögen möglichst gerecht verteilt werden.

Da in der Praxis nie alle Ziele gleichzeitig und in gleichem Umfang verwirklicht werden können, spricht man vom **magischen Vier- bzw. Sechseck**, denn man bräuchte schon magische Kräfte, um dies zu erreichen. Die Wirtschaftspolitik muss jeweils entscheiden, welche Ziele im Augenblick besonders gefährdet sind und deshalb besonders verfolgt werden müssen.

1 Diskutiert in der Klasse die sechs Ziele der Wirtschaftspolitik und die Möglichkeiten der Einflussnahme (M 1 bis M 3). Bildet dazu Interessengruppen (z. B. Umweltschützer, Verbraucher, Arbeitslose).

2 Informiere dich über die aktuelle wirtschaftliche Situation. Welches der Ziele sollte momentan vorrangig verfolgt werden?

Wirtschaftsentwicklung in Deutschland

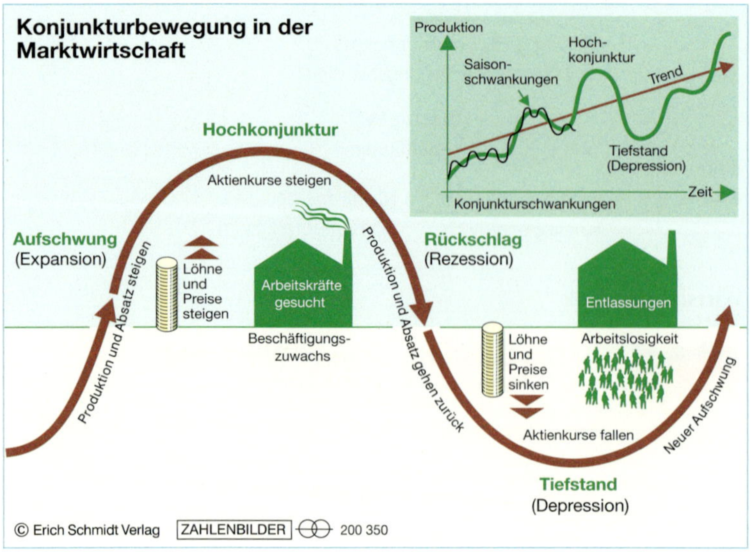

M 1 **Konjunkturell bedingte Schwankungen in der Marktwirtschaft**

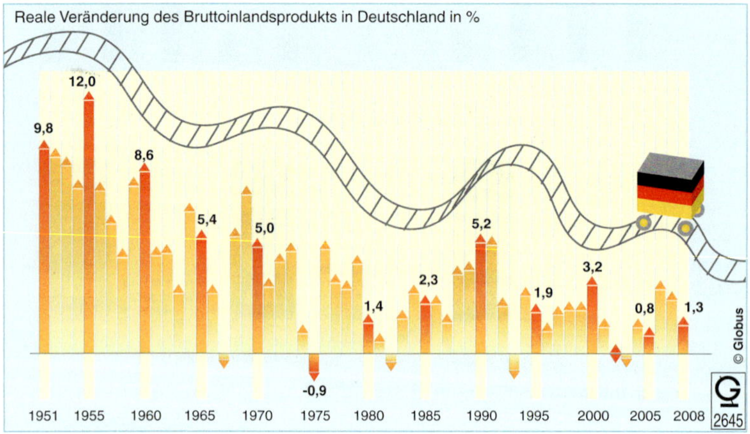

M 2 **Berg- und Talfahrt der Konjunktur**

In den letzten Jahrzehnten wuchs unsere Wirtschaft recht kräftig. Dieses Wachstum verlief allerdings nicht gleichmäßig, sondern in Wellen. Solche Phasen des **Auf- und Abschwungs** bezeichnet man als „Konjunktur".

Konjunkturzyklen

Der Konjunkturzyklus lässt sich in vier Phasen gliedern:

- In der Phase des **Aufschwungs** steigen der Absatz und die Investitionsbereitschaft. Es muss mehr produziert werden, sodass zeitversetzt auch die Kapazitätsauslastung in den Unternehmen steigt. Die Verbraucher bekommen mehr Vertrauen in die Zukunft und erhöhen den Konsum.
- In der Phase der **Hochkonjunktur** (Boom) ist eine Produktionssteigerung kaum noch möglich, da die Kapazitäten voll ausgelastet sind. Es werden neue Investitionen erforderlich. Die Arbeitslosenzahlen sind gering. Wegen der großen Nachfrage in Bezug auf Arbeitskräfte steigen die Löhne und Gehälter. Dadurch steigen die Kosten der Unternehmen, die wiederum die Preise erhöhen. Auch wegen der hohen Nachfrage kommt es zu Preissteigerungen.
- In der Phase des **Abschwungs** (Rezession) schlägt die Grundstimmung um. Investitionen erweisen sich als unrentabel, nachlassende Nachfrage führt zu Absatzschwierigkeiten. Die Gewinne sinken und viele Unternehmen geraten in Schwierigkeiten. Sie müssen Arbeitskräfte entlassen und die Arbeitslosigkeit steigt. Den Verbrauchern steht weniger Geld zur Verfügung, sodass die Nachfrage sinkt.
- In der Phase des **Tiefstands** (Depression) herrscht eine pessimistische Zukunftserwartung vor. Die Verbraucher konsumieren immer weniger und die Nachfrage sinkt zunehmend. Viele Unternehmen machen Verluste. Es kommt zu Betriebsschließungen und Massenentlassungen. Die Arbeitslosigkeit ist hoch.

Der öffentliche Haushalt

Der Staat kann mit einer gezielten Steuerung seiner Einnahmen und Ausgaben auf die Konjunktur einwirken und sie bremsen oder ankurbeln. Aber nicht nur dafür brauchen die öffentlichen Haushalte des Bundes, der Länder und Gemeinden viel Geld. Straßen und öffentliche Einrichtungen wie Schulen, Kindergärten, Sporthallen und Schwimmbäder sowie Krankenhäuser müssen ebenso finanziert werden wie die finanziellen Hilfen für Rentner, kinderreiche Familien, Arbeitslose oder andere Bedürftige. Die Gehälter und Pensionen der Beamten müssen bezahlt und öffentliche Gebäude und Grünflächen gepflegt und unterhalten werden.
Die wichtigste Einnahmequelle des Staates stellen die **Steuereinnahmen** dar. Man unterscheidet zwischen **direkten Steuern** wie der Lohn- oder Einkommensteuer und **indirekten Steuern** auf Waren wie Tabak und Mineralöl. Da gerade in wirtschaftlich schlechteren Phasen auch die Steuereinnahmen sinken, müssen die öffentlichen Haushalte Kredite aufnehmen, um ihren finanziellen Verpflichtungen nachkommen zu können – die Staatsverschuldung steigt.

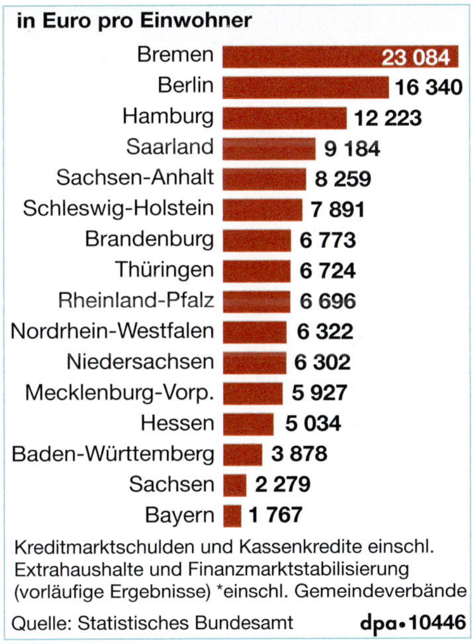

M3 Der staatliche Schuldenberg 2008

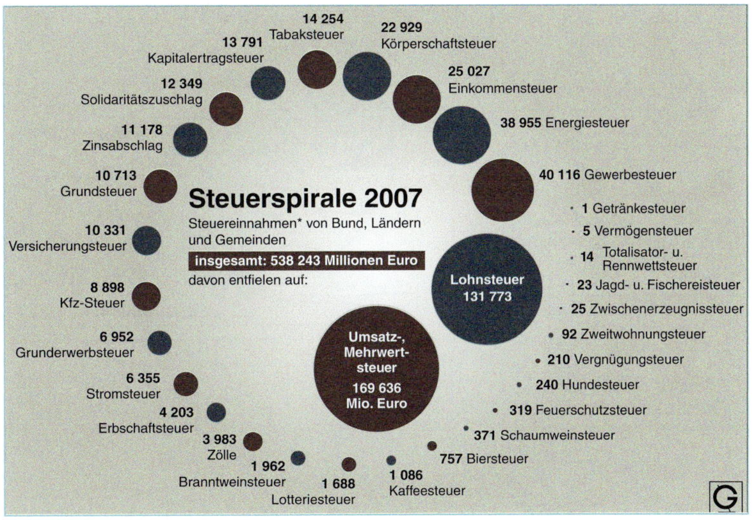

M4 Steuereinnahmen 2007

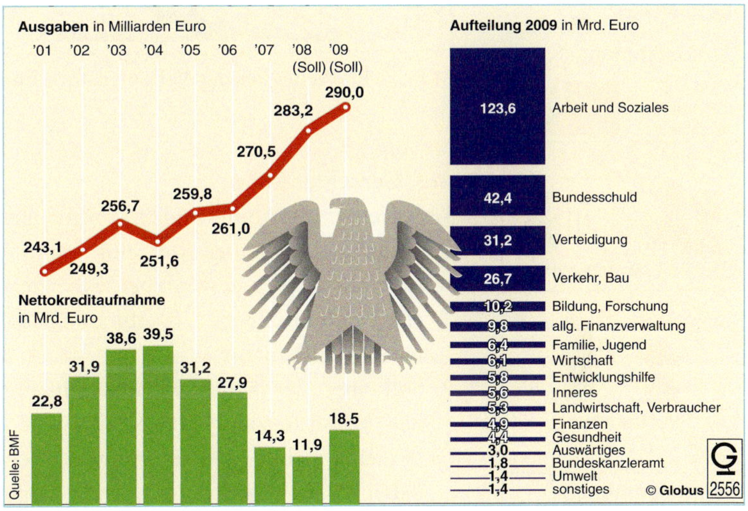

M5 Der Haushalt der Nation

1 Werte M1 sowie M2 aus und beschreibe die Konjunkturzyklen.

2 Fasse die Aussagen von M3 in einem zusammenhängenden Text zusammen.

3 Erstelle eine Tabelle der öffentlichen Finanzen: Die wichtigsten Steuereinnahmen; die wichtigsten Aufgabenfelder (M4, M5).

4 Informiere dich in den Medien, in welcher Konjunkturphase sich die deutsche Wirtschaft gerade befindet, und berichte darüber.

Wer bestimmt den Lohn?

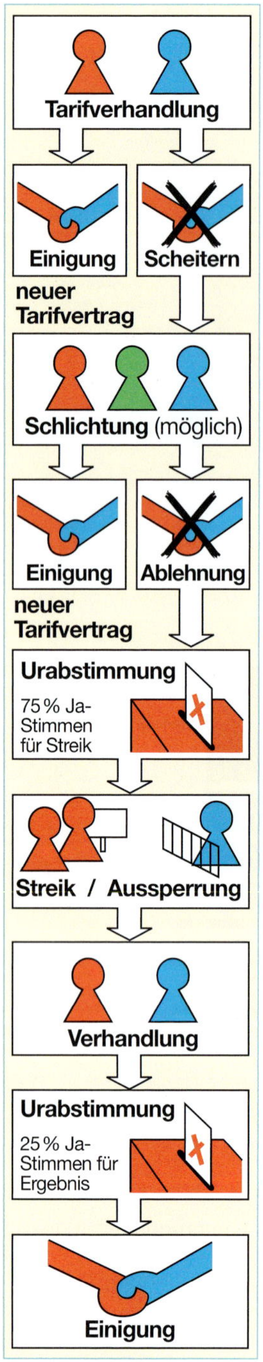

M 1 **Ablauf einer Tarifverhandlung**

M 2 **Nichts Neues aus der Verhaltensforschung.** *Karikatur: Haitzinger*

M 3 **Gerechter Lohn?**

1. Soll einer mit Abitur und Studium mehr verdienen als einer, der nur Hauptschulabschluss hat, wenn beide die gleiche Position haben, z. B. Abteilungsleiter im Kaufhaus?
2. Soll einer, der längere Berufserfahrung hat, besser bezahlt werden, als jener, der eine Arbeit neu übernimmt, sich dabei sehr anstrengt und gute Leistungen erbringt?
3. Ist es gerecht, wenn jemand, der wesentlich älter ist und dessen Arbeitsleistung nicht höher ist, mehr Gehalt bekommt?
4. Ist ein älterer Arbeitnehmer weniger leistungsfähig als ein jüngerer? (Problematik bei verschiedenen Berufen: Facharbeiter, Autoreparaturschlosser, Arzt, Architekt, Arbeiter im Walzwerk)
5. Ist es gerecht, wenn ein Arbeitnehmer den gleichen Lohn erhält wie ein anderer Arbeitnehmer, der die gleiche Tätigkeit verrichtet, aber unter schwereren Arbeitsbedingungen?
6. Ist es gerecht, wenn ein Arbeitnehmer den gleichen Lohn erhält wie ein anderer, der aufgrund seiner körperlichen Kraft und Energie die Arbeit mit weitaus geringerer Anstrengung verrichtet?
7. Ist es gerecht, wenn ein lediger Arbeitnehmer bei ähnlicher Arbeit genauso viel verdient wie ein Familienvater mit fünf Kindern (sozialbedingter Lohn)?

Der Betrieb – Wirkungsstruktur und Entscheidungsbereich. Köln, 1990

Tarifautonomie und Tarifverträge

In Tarifverträgen vereinbaren Gewerkschaften und Arbeitgeberverbände Löhne, Gehälter und Arbeitsbedingungen. Um diese Verträge zu schließen, finden in regelmäßigen Abständen Tarifverhandlungen statt. Die Gewerkschaften vertreten dabei die Interessen der Arbeitnehmer, die Arbeitgeberverbände die Interessen der Arbeitgeber. Beide, Arbeitgeber und Gewerkschaften, nennt man **Tarifparteien** oder auch **Sozialpartner**. Sie müssen über ihre unterschiedlichen Ziele verhandeln und zu einer Vereinbarung gelangen. Der Staat darf dabei nicht mitwirken. Das nennt man **Tarifautonomie**.

Tarifverträge können für Branchen, Regionen oder einzelne Unternehmen getroffen werden. Sie schaffen Rechtssicherheit und bringen in der Regel für beide Seiten Vorteile: Da die tariflichen Vereinbarungen als **Mindestnorm** gelten, sind die Arbeiter vor Konkurrenz um Arbeitsplätze geschützt. Der im Tarifvertrag vereinbarte Lohn darf überschritten, niemals aber unterschritten werden. Auch die Arbeitgeber haben Vorteile. Sie können sicher sein, dass ihre Konkurrenzfirmen die gleichen Löhne zahlen und deshalb mit den gleichen Lohnsätzen kalkulieren. Zudem herrscht während der Laufzeit eines Tarifvertrages Friedenspflicht, d.h., weder Gewerkschaft noch Arbeitgeber dürfen Kampfmaßnahmen ergreifen.

Ablauf einer Tarifverhandlung

Können sich die Tarifparteien nicht auf den Abschluss eines neuen Tarifvertrags einigen, so kann eine **Schlichtung** eingeleitet werden. Der Schlichter ist eine unabhängige Person, die das Vertrauen beider Seiten genießt. Er unterbreitet einen Kompromissvorschlag. Wird dieser Kompromissvorschlag nicht angenommen, beginnt ein Arbeitskampf.

Bei einem **Streik** verweigern die Angehörigen eines Betriebes ihre Arbeitsleistung, um durch den Schaden, der durch den Produktionsausfall entsteht, die Arbeitgeber zur Annahme ihrer Forderungen zu zwingen.

Gewerkschaftsmitglieder erhalten von ihrer Gewerkschaft **Streikgeld** als Ersatz für den entgangenen Lohn. Ein Streik darf nur begonnen werden, wenn 75 Prozent der Gewerkschaftsmitglieder in einer **Urabstimmung** zugestimmt haben. Für seine Beendigung reichen 25 Prozent Ja-Stimmen in der Urabstimmung aus.

Die **Aussperrung** ist die Antwort der Arbeitgeber auf einen Streik oder eine Streikdrohung. Mit ihr werden alle Belegschaftsmitglieder eines Betriebes von der Arbeit ferngehalten, wobei kein Lohn für die Zeit der Aussperrung gezahlt wird.

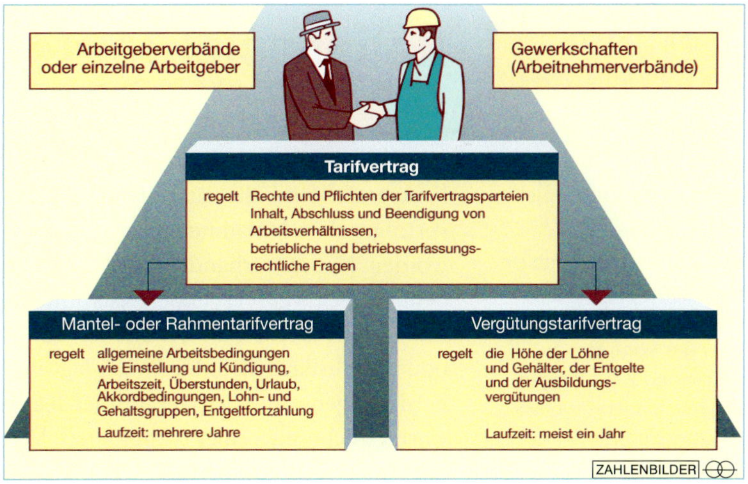

M4 Tarifverträge

> **Art. 9 Grundgesetz (GG) [Koalitionsrecht]**
>
> (3) Das Recht, zur Wahrung und Förderung der Arbeits- und Wirtschaftsbedingungen Vereinigungen zu bilden, ist für jedermann und für alle Berufe gewährleistet.

1. Ist das gerecht? Nehmt Stellung zu den in M3 geschilderten Fällen.
2. Tarifverträge werden nach Inhalt und Laufzeit unterschieden. Erläutere anhand von M4.
3. Erkläre den Ablauf von Tarifverhandlungen mithilfe von M1.
4. Begründe die Regelung einer Urabstimmung bei der Durchführung eines Streiks (M1, Text).
5. Kommentiere die Karikatur M2.

METHODE

Rollenspiel Tarifkonflikt

Was ist ein Rollenspiel?

Ausgangspunkt eines Rollenspiels ist ein Problem oder Konflikt. Ziel ist es, eine Lösung des Problems oder des Konfliktes zu finden und zu überlegen, wie man dabei vorgehen will. Gespielt wird in kleinen Gruppen.

Fragen zur Auswertung des Rollenspiels

- Waren die Argumente beider Gruppen einleuchtend und überzeugend?
- An welcher Forderung ist ein Kompromiss gescheitert?
- Was hat den Kompromiss möglich gemacht?
- Welche Rolle hat der Machtwille einzelner Personen gespielt?
- Wie wichtig ist es, bei Verhandlungen gut reden zu können?
- Was konntet ihr für künftige Verhandlungen aus dem Spiel lernen?

Ausgangssituation

Fristgemäß sind die auslaufenden Tarifverträge der Metallindustrie gekündigt worden. Neu zu verhandeln sind zwischen dem Arbeitgeberverband Gesamtmetall und der Gewerkschaft IG Metall Lohn- und Gehaltstarife. Die IG Metall legt ihre Forderungen vor (M 1); Gesamtmetall antwortet nicht mit einem konkreten Verhandlungsangebot, sondern mit einem „Fünf-Punkte-Programm“ (M 2) mit eigenen Zielen.

Ziel: Herausgefunden werden soll in einem Rollenspiel, ob sich die gegenseitigen Forderungen von Gesamtmetall und IG Metall ohne Streik und Aussperrung durchsetzen lassen.

1. Schritt: Verteilung der Rollen, Gruppenbildung

Beteiligt sind an dieser Auseinandersetzung:

a. Vertreterinnen und Vertreter der Gesamtmetall: Manager von Großunternehmen und mittelständische Unternehmer.

b. Angehörige des Bundesvorstandes und einer Bezirksleitung der IG Metall.

Benötigt wird ferner eine Spielleitung, die als Schlichter in den Tarifkonflikt eingreifen kann und die Diskussionen leitet.

2. Schritt: Erarbeitung der Rollen und Durchführung der Verhandlung

Das Rollenspiel findet in mehreren Runden statt.

a. In der ersten Runde treffen sich die beiden Tarifparteien in getrennten Sitzungen, um einen gemeinsamen Standpunkt zu finden und die Sitzungen vorzubereiten. Dabei geht es um die Frage, ob man nachgeben oder es auf einen Streik ankommen lassen soll. Ziel ist es, in der eigenen Gruppe einen Kompromiss zu finden und eine Gesprächsstrategie zu entwickeln, mit der ihr die andere Seite von euren Argumenten überzeugen wollt.
   Informationen findet ihr auf den vorhergehenden Seiten sowie auf den Rollenkarten auf der Seite 235.
   Die Gruppe der Gegenseite darf bei dieser vorbereitenden Sitzung nicht im Klassenraum sein.

b. In der zweiten Runde treffen die Tarifparteien aufeinander. Sie tauschen ihre Argumente aus und versuchen, sich gegenseitig zu überzeugen.
   Die Spielleitung kann selbstständig oder auf Wunsch einer Gruppe die Verhandlung unterbrechen. Die Gruppen können so ihre Strategien neu überdenken.

3. Schritt: Konfliktlösung und Auswertung

Das Rollenspiel soll zu einer Entscheidung führen. Es geht um die Frage: Lohnt sich ein Streik für die Durchsetzung eigener Forderungen oder ist es besser, nach einem Kompromiss zu suchen? Kommt es nicht zu einer einvernehmlichen Lösung, wird abgestimmt. Jede Gruppe hat eine Stimme, auch die Spielleitung als Schlichter stimmt mit ab.

Und am Schluss nicht vergessen: Wichtig ist die Auswertung des Rollenspiels (Fragen zur Auswertung findet ihr in der Randspalte auf dieser Seite.).

M1 Forderungen der IG Metall

Wir wollen die Einkommen erhöhen und Arbeitsplätze sichern.
Darum fordern wir:

1. Bis zu sechs Prozent höhere Löhne und Gehälter sowie deutlich höhere Ausbildungsvergütungen.
2. Eine verbesserte soziale Komponente zugunsten der unteren Lohn- und Gehaltsgruppen.
3. Die 35-Stunden-Woche – wie vereinbart.
4. Statt Überstunden Neueinstellungen.

M2 Fünf-Punkte-Programm der Arbeitgeber

In dieser Tarifrunde müssen wir zwei Dinge richtig anpacken:
Für die Beschäftigten eine Lohn- und Gehaltserhöhung vereinbaren.
Für die Arbeitslosen neue Arbeitsplätze schaffen.
Dafür haben wir fünf Vorschläge:

1. Verteilung der Arbeit entsprechend der oft schwankenden Auftragslage, längere Arbeitszeiten bei bestimmten Aufgaben und an manchen Arbeitsplätzen.
2. Verschiebung der 35-Stunden-Woche oder Verzicht auf den Lohnausgleich. Zumindest müssen diese Kosten in Höhe von 2,8 % über mehrere Jahre gestreckt werden.
3. Betriebe sollen bei schlechter Wirtschaftslage die Möglichkeit haben, zeitweise vom Tarifvertrag abweichen zu können. Dafür erhalten die Mitarbeiter Beschäftigungsgarantien.
4. Verlängerung des Tarifvertrages zur Beschäftigungssicherung.
5. Für Langzeitarbeitslose einen besonderen Einstiegslohn vereinbaren.

Mittelständische Unternehmerin

Ein Streik wäre das Schlimmste. Gerade jetzt haben wir viele Aufträge. Bei uns macht die 35-Stunden-Woche kein Problem, die Leute arbeiten ja gerne länger und bekommen dafür Überstunden bezahlt. Hauptsache, wir können jetzt liefern. Die Kosten lassen sich durch die gute Auftragslage auffangen. Wenn wir 2,5 % anbieten und die Gewerkschaft 6 % will, einigen wir uns bei 3 %. Jeder Tag Streik ist teurer als diese Lohnerhöhung, die wir auf die Preise schlagen. Wenn gestreikt wird, verlieren wir Aufträge für immer. Den Großbetrieben macht ein Streik nichts, uns bringt er in große wirtschaftliche Gefahr.

Mitglied der Bezirksleitung der IG-Metall

Die Kolleginnen und Kollegen erwarten mehr Geld, alles ist teurer geworden. Steuern und Abgaben sind dieses Jahr schon wieder gestiegen. In den Betrieben können die Kolleginnen und Kollegen „35-Stunden-Woche" nicht mehr hören. Alle arbeiten länger und brauchen das Geld. In den letzten Lohnrunden hat es schon keine ausreichenden Lohnerhöhungen mehr gegeben. Wir sollten 6 % verlangen ohne Wenn und Aber und dafür die 35-Stunden-Woche um ein Jahr verschieben. Dann hätten die Kolleginnen und Kollegen endlich mal einen richtigen Schluck aus der Pulle. Dann würden auch wieder mehr Leute Mitglied in der Gewerkschaft werden. Arbeitslos zu sein, ist schlimm. Aber Einstellen und Entlassen können nun mal nur die Arbeitgeber. Wir können nur für die Leute im Betrieb was tun. 6 % oder Streik!

Manager Großindustrie

Hohe Kosten und kurze Arbeitszeiten gefährden die Wettbewerbsfähigkeit Deutschlands im internationalen Vergleich. Die Zustimmung zur 35-Stunden-Woche vor Jahren war ein Fehler, diese muss auf jeden Fall verschoben oder besonders teuer verkauft werden. Wenn 35-Stunden-Woche, dann 0 % Lohnerhöhung. Lieber einen Streik riskieren, als jetzt noch einen Fehler machen. Wenn es hart auf hart kommt, können wir die Produktion auch in das billigere Ausland verlagern und die Betriebe hier schließen.

Mitglied des Bundesvorstandes IG-Metall

Die 35-Stunden-Woche, für die wir seit zehn Jahren kämpfen und die vertraglich zugesagt ist, ist der Fall für einen Streik. Keiner nimmt uns noch ernst, wenn wir jetzt nachgeben oder sie verschieben. Dann glaubt jeder, mit uns könne man es ja machen. Unsere Linie muss sein: 35-Stunden-Woche und eine Lohnerhöhung von 6 %. Dann werden wir uns hoffentlich irgendwo bei 3 % einigen. Lieber weniger Lohn als unser großes Ziel, die 35-Stunden-Woche, aufgeben. Auf das Gerede von mehr Einstellungen bei einer geringen Lohnerhöhung gehen wir gar nicht ein. Das versprechen sie jedes Mal und es folgen Entlassungen.

M3 Rollenkarten

Mitbestimmung im Betrieb

M 1 **Niemand hat die Absicht, die betriebliche Mitbestimmung abzuschaffen.** *Karikatur: Heiko Sakurai*

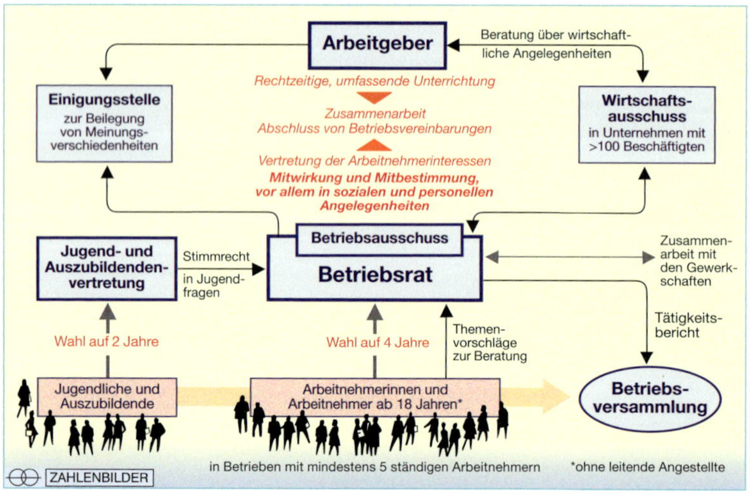

M 2 **Das Betriebsverfassungsgesetz (BetrVG)**

Soziale Angelegenheiten nach § 87 BetrVG

z. B. Lage der Arbeitszeit (Überstunden), Unfallverhütungsvorschriften, Betrieb technischer Einrichtung zu Leistungs- und Verhaltenskontrolle

Mitbestimmung – zu viel oder zu wenig?

Die Mitbestimmung für Arbeitnehmer gehört zu den Eckpfeilern einer sozialen Marktwirtschaft. Je nach Interessenlage wird sie unterschiedlich bewertet. Da Mitbestimmung für das Management bedeutet, nicht mehr alle Entscheidungen alleine treffen zu können, geht sie vielen Arbeitgebern zu weit. Betriebsräte hingegen stellen oft fest, dass es nur wenige Bereiche gibt, in denen sie wirklich mitentscheiden können. Solche **echten Mitbestimmungsrechte** bestehen nur in sozialen Angelegenheiten. In personellen Angelegenheiten hat der Betriebsrat ein Zustimmungsrecht. Er kann z. B. bei einer Kündigung die Zustimmung verweigern.
In vielen Unternehmen arbeiten Geschäftsleitung und Betriebsrat trotzdem vertrauensvoll zusammen. Der Betriebsrat versteht sich nicht als Gegner, sondern als **Co-Manager** und wird auch entsprechend wahrgenommen.

M 3 **Betriebliche Mitbestimmung**

Betriebsräte werden alle vier Jahre von der Belegschaft gewählt.
Betriebsräte genießen besonderen Kündigungsschutz. Sie dürfen wegen ihrer Tätigkeit beruflich nicht benachteiligt werden und sind in Unternehmen ab einer bestimmten Mitarbeiterzahl für die Betriebsratsarbeit freizustellen. Einen unmittelbaren Einfluss auf die Betriebsführung und ihre wirtschaftlichen Entscheidungen hat der Betriebsrat nicht.
Wenn sich bei Angelegenheiten, die der zwingenden Mitbestimmung unterliegen, Betriebsrat und Geschäftsleitung nicht einigen, muss die Einigungsstelle angerufen werden. Diese ist eine Schlichtungsstelle (paritätisch besetzt mit neutralem Vorsitzenden).
Mitbestimmung findet ihren Niederschlag oft in Betriebsvereinbarungen zwischen Arbeitgeber und Betriebsrat. Betriebsräte wachen darüber, dass Gesetze und Vorschriften zum Schutze der Arbeitnehmer sowie Tarifverträge eingehalten werden.

H. Büscher u. a.: Wirtschaft heute. Mannheim, 1999, S. 302

M4 Was sagt das Betriebsverfassungsgesetz?

Fall A: In einem Unternehmen der chemischen Industrie hat sich der Gewinn erheblich verringert. Die Personalchefin schlägt vor, eine stärker leistungsbezogene Entlohnung einzuführen, um Kosten zu senken. Welche Rechte hat der Betriebsrat?

Betriebsverfassungsgesetz, 1. Teil, §§ 87, 90

Fall B: In einem Betrieb mit 20 Mitarbeitern soll ein Betriebsrat gewählt werden. Wie viele Personen dürfen gewählt werden?

Wie viele Betriebsräte werden zur Interessenvertretung von ihren betrieblichen Aufgaben freigestellt?

Betriebsverfassungsgesetz, 1. Teil, §§ 8, 9, 38

Fall C: In einem Betrieb mit 520 Mitarbeitern arbeiten 12 Mitarbeiter und 12 Auszubildende unter 18 Jahren, 23 Auszubildende, die zwischen 19 und 25 Jahre alt sind, und 5 Auszubildende, die älter als 25 Jahre alt sind. Die Jugendvertretung möchte eine eigene Sprechstunde einrichten. Der Arbeitgebervertreter lehnt dies ab, da die gesetzlichen Voraussetzungen nicht erfüllt seien. Stimmt dies?

Betriebsverfassungsgesetz, 1. Teil, §§ 60, 6

Pro

- In einer Demokratie darf die Mitbestimmung nicht vor den Betrieben Halt machen.
- Mitarbeiter(innen), die sich kritisch in ein Unternehmen einmischen, stärken dieses.
- Neue Themen für eine Mitbestimmung sind vor allem Beschäftigungssicherung, Qualifizierung, Flexibilisierung der Arbeitszeit.
- Mehr Entscheidungsspielraum des Einzelnen am Arbeitsplatz verlangt mehr Mitsprache.
- Betriebe funktionieren nur als Mannschaftsspiel, deshalb müssen auch alle Möglichkeiten der Mitbestimmung haben.
- Mitbestimmung stärkt das Betriebsklima und den Betriebsfrieden.
- Mitbestimmung erhöht die Identifikation der Arbeitnehmer mit dem Unternehmen und fördert so die Motivation der Beschäftigten.
- Mitbestimmung bringt einen Standortvorteil.

Kontra

- Mitbestimmung ist in einer modernen Wirtschaft nicht mehr zeitgemäß.
- Mitbestimmung verursacht nur zusätzliche Kosten für die Unternehmen.
- Mitbestimmung verunsichert ausländische Investoren.
- Mitbestimmung ist bürokratisch und behindert unternehmerisches Handeln gerade in Kleinbetrieben und im Handwerk.
- In Zeiten der Arbeitsplatzsicherung und der internationalen Konkurrenz ist betriebliche Mitbestimmung eher ein Hindernis als eine Unterstützung für unternehmerisches Handeln.
- Ein Unternehmer muss rasch entscheiden und neue Ideen entwickeln, sonst sind die Aufträge weg. Betriebsräte sind da eher die Bremser, die nur auf Sicherheit bedacht sind.
- Zur Motivation und Beteiligung der Beschäftigten ist die Unternehmensmitbestimmung überflüssig geworden.
- In wirtschaftlichen Angelegenheiten soll nur der entscheiden, der das Geld zur Verfügung stellt.

M6 Pro und Kontra Mitbestimmung

Befragung von Managern zur Mitbestimmung

Die Zusammenarbeit mit Betriebsräten wird von Managern mit großer Mehrheit als „gut bis sehr gut" bezeichnet. Dies ergab eine Befragung von von 400 deutschen Managern, die im Auftrag der Bertelsmann-Stiftung durchgeführt wurde. Zwar verlangsame die Mitbestimmung das Tempo der Entscheidung, sie verbessere allerdings die unternehmensinterne Information und Kommunikation. Außerdem fänden Beschlüsse der Führungsetage eine größere Akzeptanz.

M5 Artikel aus: *Frankfurter Rundschau 9. 3. 2001*

1. Entschlüssele die Aussage der Karikatur M 1. Wie werden die Aufgaben, Befugnisse und Mitbestimmungsmöglichkeiten von Betriebsräten dargestellt?
2. Überprüfe die Darstellung des Betriebsrates in M 1 mithilfe der Materialien M 2, M 3 und M 5.
3. Beantworte die Fragen in M 4 mithilfe des Betriebsverfassungsgesetzes. Im Internet findest du das Gesetz unter: **www.soliserv.de/betrvg.htm**.
4. Setze dich mit den Pro- und Kontra-Argumenten in M 6 auseinander. Weitere Informationen findest du in M 5 sowie unter: **www.dgb.de** und **www.bda-online.de**.

Wirtschafts- und Sozialpolitik

Waagerecht:

3 (Versuch einer) Konfliktlösung – manchmal auch recht „ergreifend"
5 Hierauf richtet sich die Nachfrage.
7 Wenn dies geschieht, geht es eigentlich allen finanziell gut.
10 Altersruhegeld
11 Maßnahme organisierter Arbeitnehmer im Arbeitskampf (dann ruht die Arbeit)
12 ökonomische Ordnung; dabei befinden sich die Produktionsmitteln (und die Produktion) überwiegend in Privatbesitz
13 Geld der deutschen Regierung für ihre gesamtgesellschaftlichen Aufgaben
14 das Auf und Ab der Wirtschaft infolge der Geschehnisse am Markt

Senkrecht:

1 informelles Abkommen zwischen alten und jungen Menschen
2 nicht nur, wenn auf Sommerzeit umgestellt wird, sondern auch wenn es um einen Streik geht
3 Gesamtheit der (finanziellen) Sicherungseinrichtungen in einem Staat
4 demokratisch gewählte Arbeitnehmervertretung in einem größeren Unternehmen
6 in der Umschreibung zu „waagerecht 5" bereits vorhanden
8 Deutschland und die meisten europäischen Länder dürfen wegen ihrer Einrichtungen und Regelungen zum Wohle aller so bezeichnet werden
9 beitragspflichtige Arbeitnehmerorganisation, die im „Fall der Fälle" auch Streikgeld zahlt, ihr Dachverband ist der DGB

Nicht in das Buch schreiben!

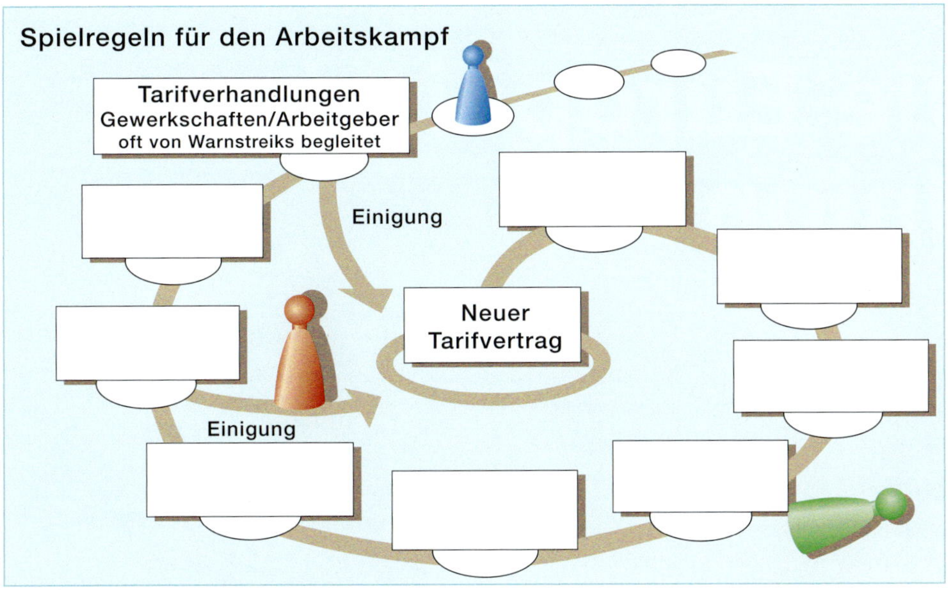

M2 Ablaufschema einer Tarifverhandlung

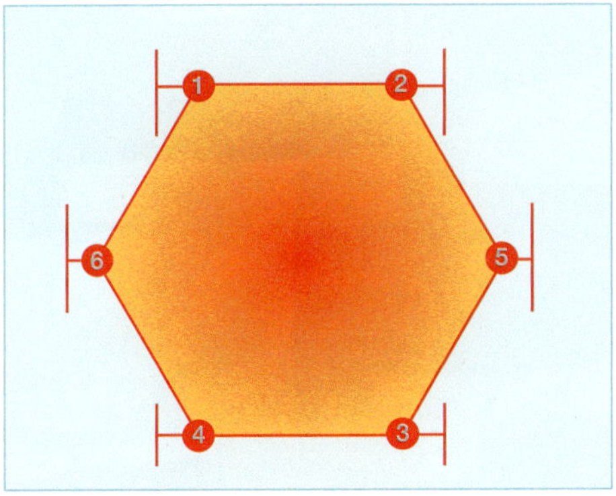

M3 Das magische Sechseck

M5 **„Kannst du noch ein paar Schilder malen.“** *Karikatur: Haitzinger*

	Krankenversicherung
	Unfallversicherung
	Rentenversicherung
	Sozialhilfe-Regelung
	Arbeitslosenversicherung
	Kindergeld
	Jugendarbeitsschutzgesetz
	BAföG-Regelung
	Erziehungsgeld, Erziehungsurlaub
	Pflegeversicherung
	Freie Wahl der Krankenkasse
	Reform der Sozialversicherungen

M4 Zeittafel Sozialpolitik

1 Fotokopiere das Kreuzworträtsel und löse es (M1).

2 Übertrage das Schema M2 in dein Arbeitsheft und vervollständige es dort.

3 Am „magischen Sechseck“ M3 fehlen noch ein paar Begriffe, wenn es wirklich magisch werden soll. Notiere sie in deinem Arbeitsheft.

4 Ordne die fehlenden Jahreszahlen in M4 in deinem Arbeitsheft zu.

5 Interpretiere die Karikatur (M5). Welchen Konflikt spricht sie an?

11 Die Europäische Union

Die Europäische Union ist eine Staatengemeinschaft, die nach dem Ende des Zweiten Weltkriegs gebildet wurde. Ausgehend von zunächst nur wenigen mittel- und westeuropäischen Staaten wurde die Gemeinschaft im Laufe der Jahrzehnte immer größer. Dabei wechselte sie auch zuweilen ihre Bezeichnung.
Gegenwärtig wird die Europäische Union auch als „EU-27" bezeichnet, weil ihr 27 Staaten angehören.
Infolge der immer größer gewordenen Gemeinschaft wuchs auch der organisatorische Aufwand, der für Abstimmungen und Regelungen in Bezug auf die Mitgliedsstaaten notwendig ist.
Die Europäische Union brachte für viele Bürgerinnen und Bürger mancherlei Veränderungen mit sich. Einige werden sehr begrüßt, andere eher als Nachteile empfunden. In diesem Kapitel erfahrt ihr mehr zu den Einzelheiten.

1 Welche Flaggen kannst du den zur EU-27 gehörenden Staaten zuordnen und benennen?

2 Sammelt eure eigenen Wünsche, aber auch Befürchtungen in Hinblick auf die Entwicklung Europas.

Europa – Kontinent mit vielen Gesichtern

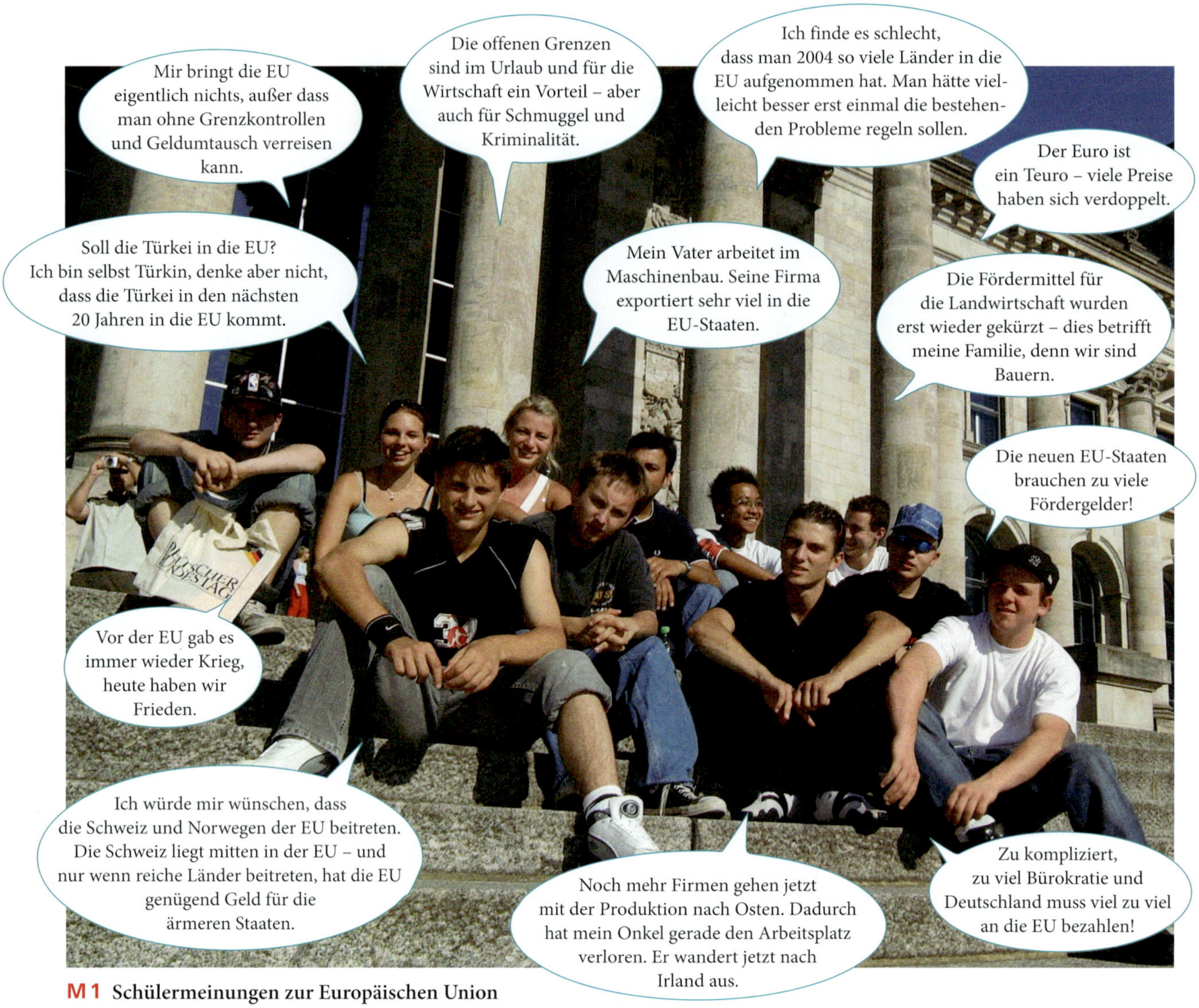

M 1 **Schülermeinungen zur Europäischen Union**

Was ist Europa?

Aus dem Weltraum betrachtet erscheint Europa wie eine westliche Halbinsel Asiens. Dennoch wurde Europa immer als **eigener Kontinent** betrachtet: Eine gemeinsame Geschichte und Kultur verbindet die Völker, die Staaten arbeiten wirtschaftlich und politisch eng zusammen. Dessen ungeachtet sind bei den Menschen die Meinungen darüber, wie eng die Zusammenarbeit oder wie groß die Eigenständigkeit der europäischen Staaten sein sollte und wer überhaupt zur Europäischen Union gehören sollte, äußerst unterschiedlich.

Viele Staaten – ein Kontinent

Betrachtet man eine politische Weltkarte, so fällt auf, dass in keinem anderen Raum der Erde von vergleichbarer Größe so viele Staaten anzutreffen sind. Europa sieht wie ein bunter Flickenteppich aus: 2006 zählte man **46 Staaten**. Manche dieser Staaten sind flächenmäßig sehr groß, andere – wie Andorra, Monaco oder Liechtenstein – bezeichnet man als „Zwergstaaten“, da das Staatsgebiet äußerst klein ist. Aber auch die Bevölkerungsverteilung ist sehr unterschiedlich.

Dieser Staatenreichtum hat zur Folge, dass in Europa über **60 Sprachen** gesprochen werden – die Dialekte sind dabei nicht einmal mitgezählt. Selbst die Europäische Union hat 21 Amtssprachen. Auch die Schrift ist in Europa nicht einheitlich: Es gibt das lateinische, das griechische und das kyrillische Alphabet.

Kulturelle Vielfalt

Europa wird vielfach als „Abendland“ bezeichnet – im Gegensatz zum Orient, dem sogenannten „Morgenland“. Jedes europäische Land hat seine eigene Geschichte und damit auch seine Sitten und Gebräuche, eigene Rechtsvorstellungen und politische Ideen sowie geschichtliche Erfahrungen und Bildungswerte. Der **kulturelle Reichtum** in Europa ist auf der Welt einzigartig. Europäische Dichter und Philosophen, Komponisten, Wissenschaftler, Maler und Erfinder gaben der Welt entscheidende Impulse. Aber trotz aller Unterschiede haben die Europäer doch ähnliche Lebensweisen und Wertvorstellungen, die vom Christentum geprägt sind.

Trotz gemeinsamer Ideale und Vorstellungen führten die europäischen Völker zahllose **Kriege** gegeneinander. In deren Verlauf oder als Folge der Kriege kam es immer wieder zu neuen Grenzziehungen und sogar neuen Staatsgründungen.

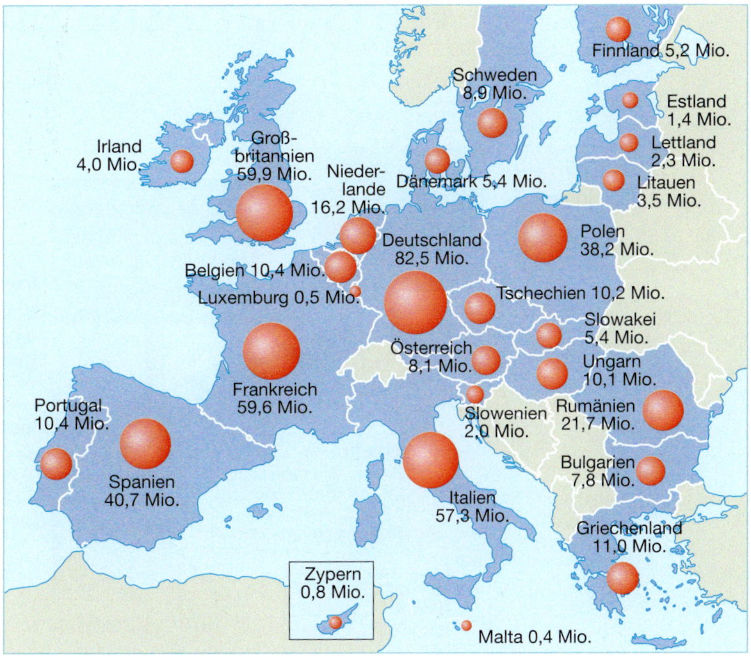

M 2 Bevölkerung der EU-Staaten

Der Tag wird kommen, da die Kugeln und Bomben durch Stimmzettel, durch das allgemeine Wahlrecht zu einem europäischen Parlament abgelöst werden.

Victor Hugo, französischer Schriftsteller, 1849

Das kann doch so nicht ewig weitergehen. Schon zum zweiten Mal in meinem Leben stehe ich mit meiner Familie vor dem Nichts. Warum können denn die Politiker unserer Nachbarländer nicht endlich mal so eine Art Vertrag schließen, der wenigstens für die nächste Zeit Frieden garantiert?

Anna W., 43 Jahre, Hausfrau, im Juni 1945

M 3 Meinungen zu Europa

1 Werte M 1 aus: Stelle in einer Tabelle zusammen, welche Aussagen die Europäische Union eher positiv und welche sie eher negativ bewerten.

2 Diskutiert in der Klasse, welchen Aussagen ihr zustimmen würdet, welchen eher nicht (M 1).

3 Nenne die drei bevölkerungsreichsten und -ärmsten Staaten der EU. Wie könnten sich die unterschiedlichen Einwohnerzahlen auf die Stellung innerhalb der EU auswirken (M 2)?

4 Welche gemeinsame Hoffnung haben Victor Hugo und Anna W. (M 3)? Erläutere, von welchen Kriegen die Rede ist.

Wirtschaftliche und politische Einheit

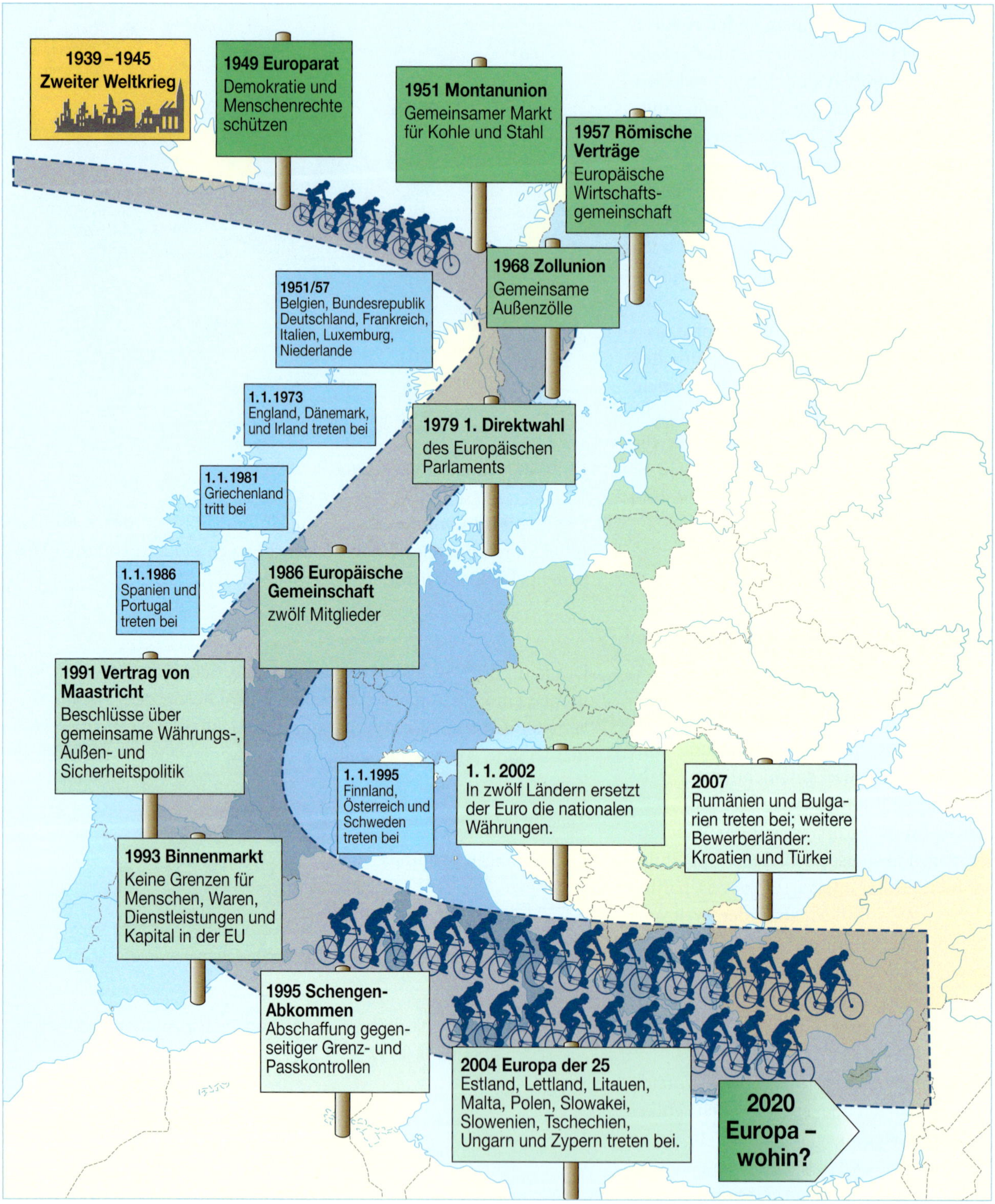

M 1 Stationen der europäischen Einigung

Erste Schritte der Einigung

Die Idee, aus den vielen Einzelstaaten ein vereintes Europa zu schaffen, tauchte immer wieder auf. Doch erst nach den beiden schrecklichen Weltkriegen, die Millionen von Toten forderten und Städte, Dörfer und Fabrikanlagen zerstört zurückließen, griffen auch mehr und mehr Politiker den Gedanken auf. Die Völker Europas sollten sich nie wieder als Feinde in einem Krieg gegenüberstehen, sondern als **Partner** gemeinsam an einer besseren Zukunft arbeiten.

EGKS – die Montanunion

Stahl und Kohle waren für den Wiederaufbau nach dem Zweiten Weltkrieg besonders wichtige Güter. Da es im Laufe der Geschichte immer wieder zu Auseinandersetzungen zwischen Frankreich und Deutschland um die Montanindustriegebiete **(Kohle- und Stahlindustrie)** Lothringen, Elsass und Saarland gekommen war, wollte man die Montanindustrie nach dem Vorschlag des französischen Außenministers Robert Schuman unter eine gemeinsame politische Kontrolle stellen. So unterschrieben am 18. April 1951 die sechs europäischen Staaten Bundesrepublik Deutschland, Frankreich, Italien, Luxemburg, Belgien und die Niederlande den Vertrag über die Gründung der „Europäischen Gemeinschaft für Kohle und Stahl" (EGKS), der Montanunion. Die Staaten, die den Vertrag unterzeichnet hatten, waren sich schon damals einig, dass die EGKS nur ein erster Schritt auf dem Weg zur europäischen Einigung war. Weitere Zusammenschlüsse sollten folgen, die auch, ebenso wie die Montanunion, anderen europäischen Staaten offenstehen sollten.

Wäre jemals ein vereintes Europa imstande, sich das gemeinsame Erbe zu teilen, dann genössen seine drei- oder vierhundert Millionen Einwohner Glück, Wohlstand und Ehre in unbegrenztem Ausmaße.
Und welches ist der Zustand, in den Europa gebracht worden ist? In weiten Gebieten starren ungeheure Massen zitternder menschlicher Wesen gequält, hungrig und verzweifelt auf die Ruinen ihrer Städte und Behausungen. Und doch gibt es ein Mittel, das in wenigen Jahren ganz Europa frei und glücklich machte. Es ist die Neuschöpfung der europäischen Völkerfamilie. Wir müssen eine Art Vereinigte Staaten von Europa errichten.

Winston Churchill, britischer Premierminister, am 19. 9. 1946 in Zürich [gekürzt]

M2 Idee von einem vereinten Europa

Europa lässt sich nicht mit einem Schlage herstellen. Die Vereinigung der europäischen Nationen erfordert, dass der jahrhundertealte Gegensatz zwischen Frankreich und Deutschland ausgelöscht wird.
Die französische Regierung schlägt vor, die Gesamtheit der französisch-deutschen Kohle- und Stahlproduktion einer gemeinsamen Hohen Behörde zu unterstellen, in einer Organisation, die den anderen europäischen Ländern zum Beitritt offensteht. Die Solidarität der Produktion, die so geschaffen wird, wird bekunden, dass jeder Krieg zwischen Frankreich und Deutschland nicht nur undenkbar, sondern materiell unmöglich ist.

Robert Schuman, französischer Außenminister, am 9. 5. 1950 [gekürzt]

M3 Der Schumanplan – die Montanunion

M4 Plakat von 1955

1 Erkläre, warum Churchill und Schuman den Zusammenschluss Europas fordern (M 2 und M 3).

2 Erläutere, warum die europäische Einigung ausgerechnet mit der Montanindustrie ihren Anfang nahm.

3 Stelle anhand des Plakats fest, mit welcher Zielrichtung 1955 für Europa geworben wurde (M 4).

4 Fasse die Etappen der europäischen Einigung in einem kurzen mündlichen Vortrag zusammen (M 1).

5 M 1 kann als Grundlage für Referate dienen z. B. zu folgenden Themen:
- Stationen der wirtschaftlichen Einigung,
- Etappen der politischen Integration.

Europa ohne Grenzen

M 1 Beseitigung von Grenzanlagen

Von der EWG über die EG zur EU

Die sechs Mitgliedsstaaten der Montanunion wollten die wirtschaftliche Zusammenarbeit weiter ausbauen. Sie unterzeichneten 1957 die **Römischen Verträge**, in denen sie die Gründung der Europäischen Wirtschaftsgemeinschaft (EWG) und der Europäischen Atomgemeinschaft (EURATOM) zur friedlichen Nutzung der Atomenergie beschlossen. Ziele der EWG waren u. a. die schrittweise Errichtung eines gemeinsamen Marktes durch die Abschaffung der Zölle zwischen den Mitgliedsstaaten und gemeinsame Regelungen in der Landwirtschaft zur Sicherstellung der Ernährung.

Zehn Jahre später wurden EGKS, EWG und EURATOM zur **Europäischen Gemeinschaft (EG)** zusammengeschlossen. In den folgenden Jahren traten der EG weitere Staaten bei. 1992 gelang durch die Unterzeichnung des Vertrags über die **Europäische Union (EU)** in Maastricht (Niederlande), der am 1. 11. 1993 in Kraft trat, ein weiterer Schritt der Zusammenarbeit der europäischen Staaten. Aus der Wirtschaftsgemeinschaft wurde eine politische Union. Ziele waren u. a. eine gemeinsame Wirtschafts-, Außen- und Sicherheitspolitik sowie eine gemeinsame Währung.

M 2 Plakat zum Europatag

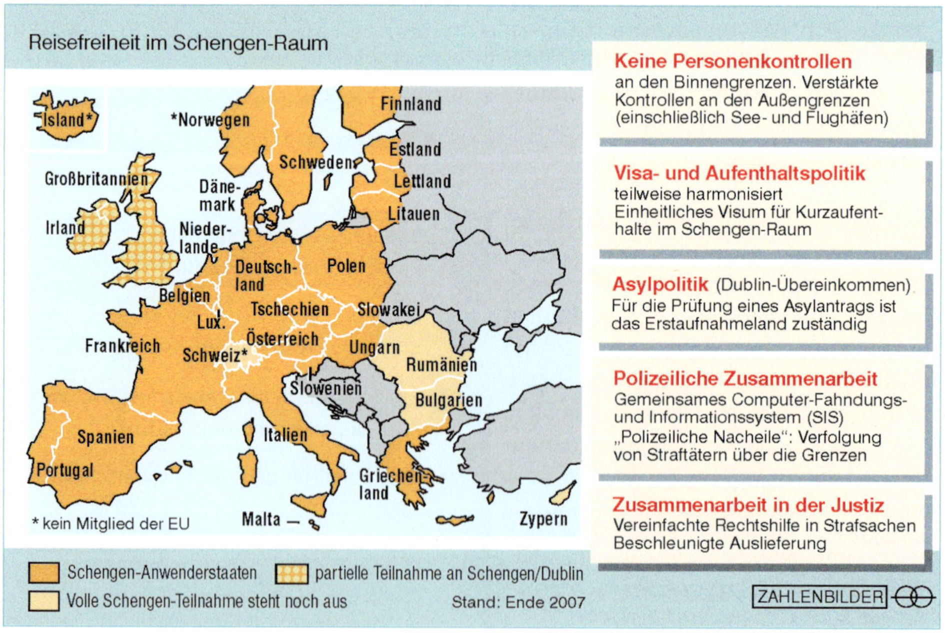

M 3 Das Schengener Abkommen

M 4 Die „vier Freiheiten" des Binnenmarktes

In Schengen (Luxemburg) vereinbarten 1985 Belgien, Deutschland, Frankreich, Luxemburg und die Niederlande freien Warenverkehr und die Abschaffung von Personenkontrollen an den gemeinsamen Grenzen. Es vergingen aber noch zehn Jahre, bis das Abkommen, dem sich weitere Staaten anschlossen, in Kraft trat.

Die **Abschaffung der Grenzkontrollen** erleichtert den Warenaustausch und den Reiseverkehr innerhalb der EU, erschwert aber auch die Überwachung. Um die Sicherheit zu gewährleisten, müssen die Außengrenzen der EU deshalb strenger überwacht werden.

Der Binnenmarkt

Seit 1993 ist der Europäische Binnenmarkt mit seinen „vier Freiheiten" verwirklicht. Seitdem gibt es innerhalb der EU weder für Waren noch für Personen Grenzkontrollen.

Durch den **Wegfall der Binnengrenzen** können die Waren in Europa wesentlich preisgünstiger hergestellt werden. Zudem kann sich nun jede Region auf die Herstellung der Produkte spezialisieren, die sie besonders kostengünstig erzeugen kann, andere Produkte können eingeführt werden. Das hat zu einer erheblichen Zunahme des Güterverkehrs auf den Straßen innerhalb der EU geführt.

Die **Einführung des Euro** als Zahlungsmittel hat den Binnenhandel wesentlich erleichtert, denn sowohl die Risiken durch sich verändernde Wechselkurse als auch die Aufwendungen für den Geldumtausch sind weggefallen.

Auch die **unterschiedlichen Normen** und Zulassungsbestimmungen in den einzelnen Ländern haben den Warenaustausch zwischen den Ländern erschwert. So brauchten Autos in Frankreich z. B. gelbes Scheinwerferlicht, in Italien Blinker seitlich an den Kotflügeln und in Deutschland gab es wieder andere Sicherheitsvorschriften. Besonders vielfältig sind die nationalen Normen im Bereich der Lebensmittel. Das hat immer wieder zu Streitigkeiten zwischen den Mitgliedsstaaten geführt, die vor dem Europäischen Gerichtshof (EuGH) geklärt werden müssen.

Urteilsbegründung des EuGH

Ein Erzeugnis darf grundsätzlich ungehindert verkauft werden, wenn es in einem Mitgliedsstaat rechtmäßig hergestellt und in den Verkehr gebracht worden ist. Importierte Erzeugnisse dürfen verkauft werden, auch wenn das Einfuhrland andere Anforderungen an das Erzeugnis stellt. Inländische Erzeuger bleiben jedoch an die nationale Gesetzgebung gebunden.

1. Erläutere die Regelungen des Schengener Abkommens (M 3).
2. Berichte über die vier Freiheiten des europäischen Binnenmarktes (M 4) und gibt zu jeder der Freiheiten je zwei konkrete Beispiele an.
3. Erläutere, warum der Zusammenschluss zu einem Binnenmarkt für die Wirtschaft der EU-Staaten auch im internationalen Vergleich eine Notwendigkeit darstellt.
4. Erkläre das Urteil des Europäischen Gerichtshofes (EuGH) mit eigenen Worten und informiere dich über Produkte, für die in der nationalen Gesetzgebung andere Vorschriften gelten als auf dem europäischen Binnenmarkt.

Aufgaben und Organe der EU

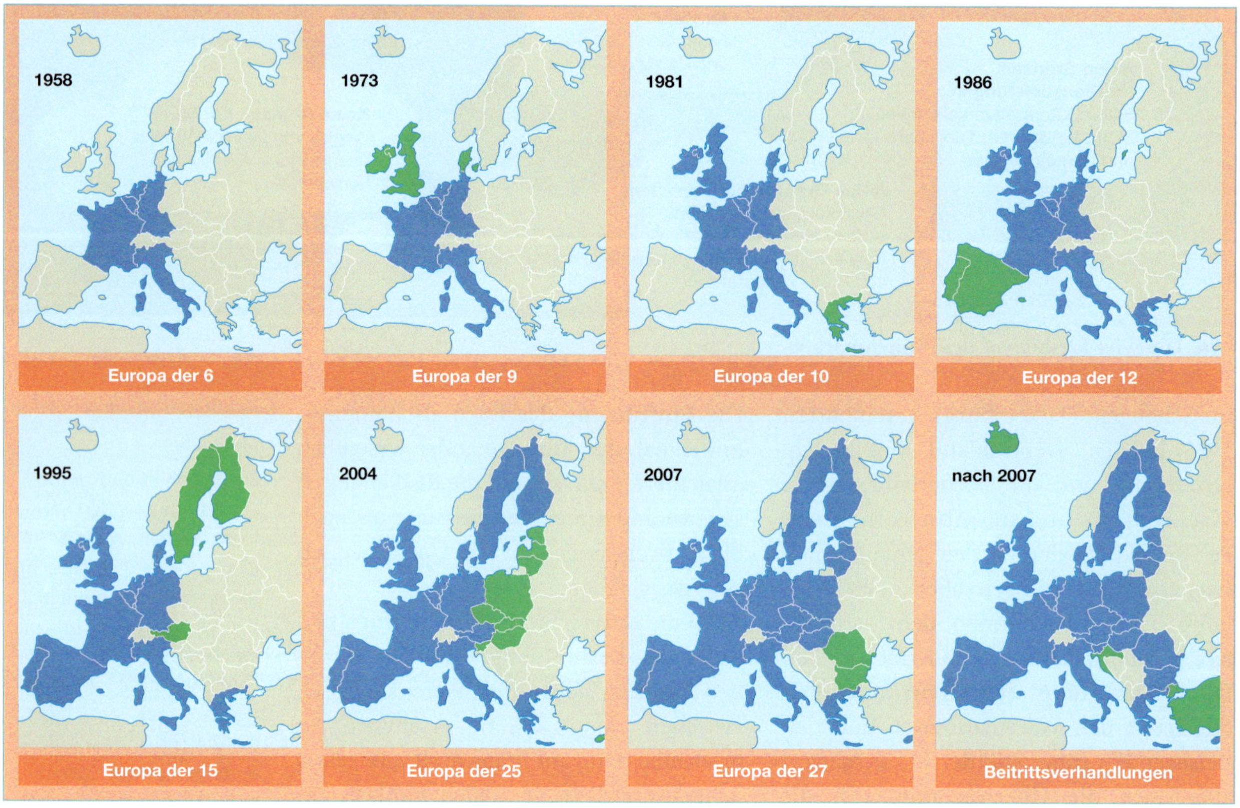

M1 Die EU – Gründungsstaaten und Erweiterungsschritte

M2 Die drei Säulen der Europäischen Union

Wer regiert Europa?

Seit 1957 gibt es das Europäische Parlament. Seine Mitglieder wurden zunächst durch die Parlamente der EU-Staaten bestimmt, seit 1979 werden sie alle fünf Jahre direkt durch die Bevölkerung gewählt.

Da bei wichtigen Entscheidungen noch immer **Einstimmigkeit** vorgeschrieben ist, ist das Regieren in der EU mit jeder Erweiterung schwieriger geworden. Damit die EU auch in Zukunft handlungsfähig und demokratisch bleibt, haben die Staats- und Regierungschefs der Mitgliedsstaaten im Juni 2004 eine **europäische Verfassung** verabschiedet, welche die Rechte des Europäischen Parlaments stärkt und den Entscheidungsprozess vereinfacht. Diese Verfassung trat jedoch nie in Kraft, da ihr nicht alle Mitgliedsstaaten zugestimmt

M 3 Die Organe der EU

haben. Die wichtigsten Entscheidungen innerhalb der EU fallen in den Konferenzen der Staats- und Regierungschefs sowie der Fachminister. Heute sind das die Organe des Europäischen Rates und des Ministerrats.

1 Beschreibe ausführlich die einzelnen Schritte der EU-Erweiterung mithilfe von M 1.

2 Erkläre die Aufgaben der Organe der EU und befragt euch gegenseitig (M 3). Sucht aktuelle Beispiele, an denen sich das Handeln der Organe veranschaulichen lässt.

Reiche Länder – arme Länder

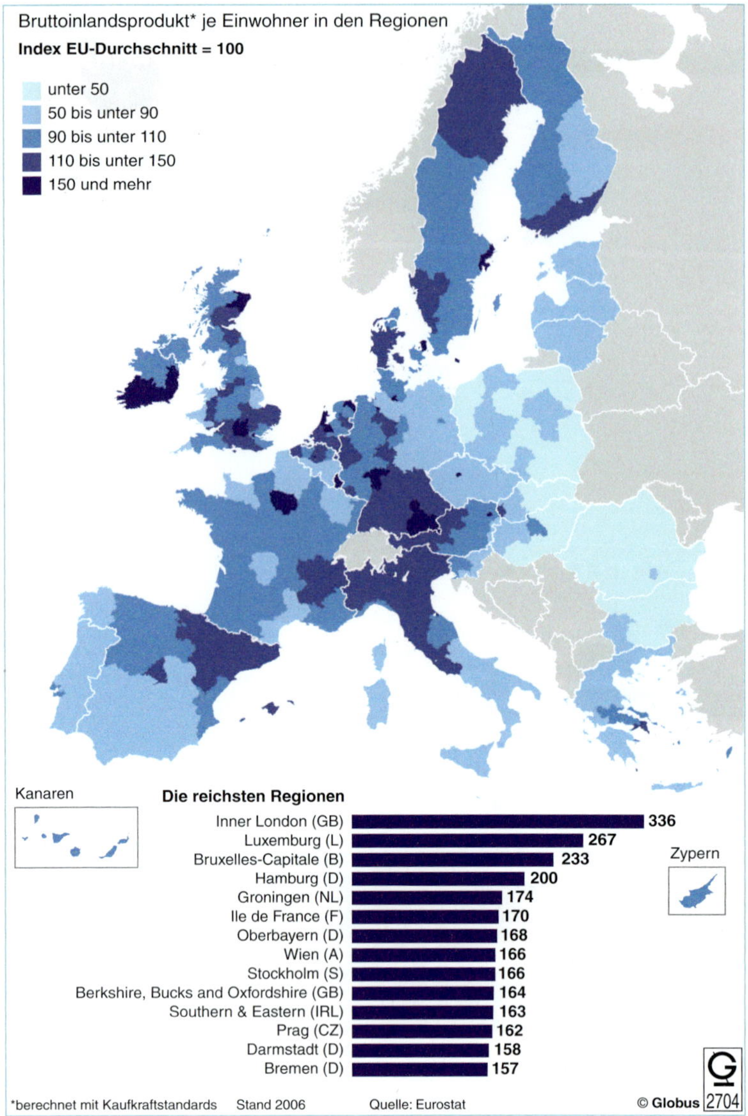

M1 Arm und Reich in der EU

- Räume, die von der Natur benachteiligt sind (z. B. Gebirge; Norden Skandinaviens)
- ländliche Räume mit wenig ertragreicher Landwirtschaft
- Regionen mit Kohleförderung sowie Eisen- und Stahlindustrie, in denen der Strukturwandel noch nicht erfolgreich abgeschlossen ist
- Regionen mit ungünstiger Verkehrslage
- Küstengebiete, die einseitig von der Fischerei abhängig sind
- Grenzräume – auch ehemalige
- Gebiete mit einer besonderen politischen Problematik (z. B. Konflikträume)

M2 Problemräume in Europa: Ursachen

Wirtschaftliche Vielfalt

So vielfältig wie die Landschaften, die Vegetationszonen und das Klima, so vielfältig ist auch die **Wirtschaft** in Europa. Neben Regionen, die in erster Linie landwirtschaftlich genutzt werden, gibt es hochgradig industrialisierte Räume.

Europa war reich an Bodenschätzen. Auf dieser Grundlage entwickelten sich in England, Nordfrankreich und Deutschland schon im 19. Jahrhundert ausgedehnte **Industriegebiete**. Hier wurden die ersten Maschinen entwickelt und die moderne Wissenschaft nahm ihren Anfang, sodass Europa wirtschaftlich lange Zeit weltweit führend war. Die Eisen- und Stahlindustrie, der Schiff- und Fahrzeugbau sowie die Textilindustrie waren die wichtigsten Wirtschaftszweige. In den letzten Jahrzehnten ist deren Bedeutung jedoch zurückgegangen. Moderne Wachstumsindustrien sind die chemische Industrie sowie die Elektronik- und Kommunikationstechnologien. Da diese Wirtschaftszweige nicht mehr an Rohstoffvorkommen, sondern eher an das Vorhandensein **qualifizierter Arbeitskräfte** gebunden sind, findet man industrielle Ballungsgebiete heute weitläufig über den Kontinent verteilt vor allem im Umkreis der großen Städte (vgl. Kapitel 12).

Regionale Unterschiede

Die Menschen in Europa leben unter sehr unterschiedlichen wirtschaftlichen und sozialen Bedingungen. Neben äußerst reichen Regionen gibt es auch Gebiete, in denen die Menschen in großer Armut und Not leben.

Mit dem Beitritt der mittel- und osteuropäischen Staaten zur Europäischen Union hat sich das **Einkommensgefälle** innerhalb der Gemeinschaft deutlich vergrößert. Zu den reichsten Regionen innerhalb der EU gehören einige Hauptstädte von EU-Staaten, die einen hohen Zustrom von Pendlern haben. Hier liegt das Pro-Kopf-Einkommen deutlich über dem Durchschnittswert der EU. Die Hauptstädte können eine Vielzahl von sehr gut bezahlten Arbeitsplätzen im Dienstleistungssektor bereitstellen. In London sind das vor allem Arbeitsplätze im Finanzwesen, in Brüssel in der EU-Verwaltung.

In den **armen Regionen** Europas ist in der Regel die Arbeitslosigkeit hoch. Es fehlen Wachstumsindustrien, die Arbeitsplätze bereitstellen könnten. Oft sind die armen Regionen noch stark landwirtschaftlich geprägt, was z. B. in großen Teilen der neuen osteuropäischen Mitgliedsstaaten der Fall ist. Aber auch einige der altindustrialisierten Räume, in denen jahrzehntelang die Schwerindustrie vorherrschte, sind heute von hoher Arbeitslosigkeit geprägt. Da die Menschen in den EU-Mitgliedsstaaten in jedem EU-Land leben und arbeiten dürfen, wandern viele Menschen aus den Problemgebieten in die Wachstumsregionen ab.

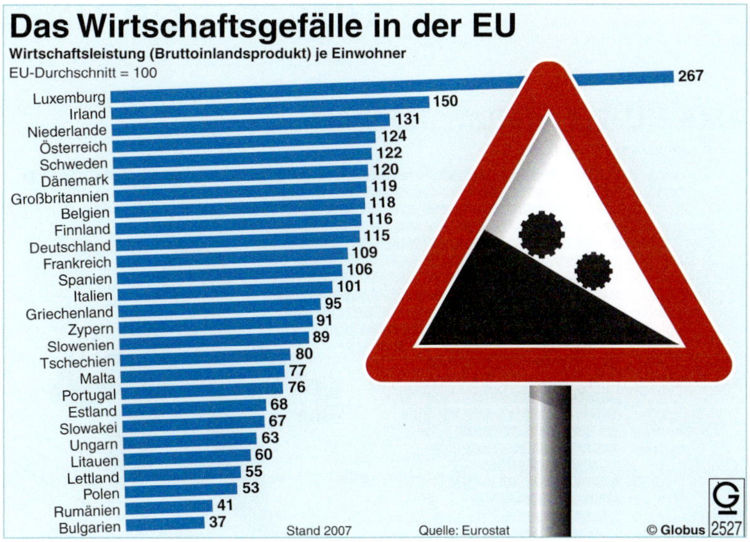

M4 Wirtschaftskraft – ungleich verteilt

M3 Noch nicht in der EU angekommen

Trostlosigkeit, leere Straßen, in manchen Geschäften sind durch verschmierte Scheiben kaum die Auslagen zu erkennen. Auf dem Parkplatz vor dem Rathaus von Narwa warten Taxis auf Fahrgäste, die nicht kommen. Sieht man von Zypern ab, dann ist Narwa die östlichste Stadt der Europäischen Union. Narwa ist die Stadt der traurigen Superlative. Was immer man aus Estland an Erfolgsmeldungen zu hören bekommt, für Narwa, die drittgrößte Stadt Estlands, gilt es nicht. Hier ist die Arbeitslosigkeit doppelt so hoch wie im restlichen Estland. Hier stehen zwei Ölschieferkraftwerke, die 95 Prozent des Staubes in ganz Estland produzieren. Hier ist der Drogenumschlagplatz Nummer 1. Narwa, direkt an der russischen Grenze, ist Teil der Europäischen Union, aber längst nicht in Europa angekommen.
Vizebürgermeisterin Reet Välja ist die Sozialexpertin im Rathaus. „Der EU-Beitritt war ein glückliches Ereignis", sagt sie optimistisch. Denn jetzt sprudeln die Fördergelder. Mit einer Million Euro wurde gerade der Ausbau des Berufsbildungszentrums gefördert.

Tobias Zell, Perspektiven 1/2005, Bayerische Landeszentrale für politische Bildungsarbeit

1 Beschreibe die geographische Lage der reichsten und der ärmsten Regionen Europas (M 1).

2 Auch innerhalb von Staaten gibt es arme und reiche Regionen. Nenne drei Staaten, die sowohl reiche als auch ganz arme Regionen haben (M 1).

3 Liste die fünf ärmsten Mitgliedsstaaten der EU auf (M 4) und versuche, ihnen jeweils eine der Ursachen aus M 2 zuzuordnen.

4 Werte M 3 aus: Welche Probleme werden angesprochen, welche Ursachen werden genannt und was erhofft man sich von der EU-Mitgliedschaft?

5 Begründe, warum ein Strukturausgleich zwischen den Regionen eine der wichtigsten Aufgaben der EU-Politik ist.

Unterschiede überwinden

M 1 Wirtschaftswachstum in der EU

Artikel III-220

Die Union entwickelt und verfolgt weiterhin ihre Politik zur Stärkung ihres wirtschaftlichen, sozialen und territorialen Zusammenhalts, um eine harmonische Entwicklung der Union als Ganzes zu fördern.

Die Union setzt sich insbesondere zum Ziel, die Unterschiede im Entwicklungsstand der verschiedenen Regionen und den Rückstand der am stärksten benachteiligten Gebiete zu verringern.

Unter den betreffenden Gebieten wird den ländlichen Gebieten, den vom industriellen Wandel betroffenen Gebieten und den Gebieten mit schweren und dauerhaften natürlichen oder demografischen Nachteilen, wie den nördlichsten Regionen mit sehr geringer Bevölkerungsdichte sowie den Insel-, Grenz- und Bergregionen, besondere Aufmerksamkeit geschenkt.

Artikel III-221

Die Mitgliedsstaaten führen und koordinieren ihre Wirtschaftspolitik in der Weise, dass auch die in Artikel III-220 genannten Ziele erreicht werden.

Die Union unterstützt diese Bemühungen auch durch die Politik, die sie mithilfe der Strukturfonds (Europäischer Ausrichtungs- und Garantiefonds für die Landwirtschaft, Europäischer Sozialfonds, Europäischer Fonds für regionale Entwicklung), der Europäischen Investitionsbank und der sonstigen vorhandenen Finanzierungsinstrumente führt.

M 2 Vertrag über eine Verfassung für Europa vom 29. 10. 2004 (Auszug)

Regionalförderung in der EU

Die großen Unterschiede zwischen den armen und den reichen Regionen führen dazu, dass viele Menschen ihre Heimat verlassen, um in den reicheren Regionen Arbeit zu finden. Da die meisten Gebiete den Entwicklungsrückstand nicht aus eigener Kraft aufholen können, bemüht sich die Regionalförderung der EU mit verschiedenen Fördermaßnahmen darum, eine wirtschaftliche und soziale Angleichung aller Regionen zu erreichen. Sie will damit zum einen den Bewohnern der ärmeren Gebiete aus ihrer wirtschaftlichen und sozialen Benachteiligung heraushelfen. Zum anderen werden aber auch die Zusammenarbeit und der Zusammenhalt aller Regionen gestärkt, wenn die Kluft zwischen den reicheren und den ärmeren Regionen überwunden wird.

Mit den **Fördergeldern** der EU wird vor allem die Schaffung neuer Arbeitsplätze gefördert, aber auch die Verbesserung der Bildungs- und Ausbildungssysteme, die Überwindung von Problemen in Regionen mit tiefgreifendem wirtschaftlichem Strukturwandel, die grenzüberschreitende Zusammenarbeit sowie der Umweltschutz.

EU-Osterweiterung

Mit der EU-Osterweiterung wurden vor allem Staaten Mitglieder, die zu den armen Regionen Europas gehören. Nach dem Zusammenbruch der Sowjetunion befindet sich ihre Wirtschaft häufig noch in einer **Umbauphase.** Damit die Anpassung an den EU-Durchschnitt möglichst rasch gelingt, bekommen diese Regionen fast alle die höchsten Fördersummen.

Dafür werden viele Regionen Mittel- und Westeuropas keine oder nur noch geringe Fördermittel von der EU bekommen, da sie inzwischen nicht mehr zu den armen Regionen gehören.

Rumänien: Der Bau von Kläranlagen wird wie auch der Bau von Krankenhäusern oder Verkehrswegen sowie Umweltschutzmaßnahmen durch Finanzhilfen unterstützt.

Irland: Das durch die EU unterstützte „Cavan Innovation and Technology Centre" soll dortige Unternehmensneugründungen fördern.

Deutschland: Die grenzüberschreitende Zusammenarbeit bei der Erforschung und Umsetzung von umweltschonenderen kontrollierten Anbaumethoden im Obst- und Gemüseanbau wird von der EU unterstützt.
Das Bild zeigt einen mit Fördergeldern unterstützten Verkaufsstand zur Direktvermarktung in Ravensburg.

M 3 Beispiele für Fördermaßnahmen

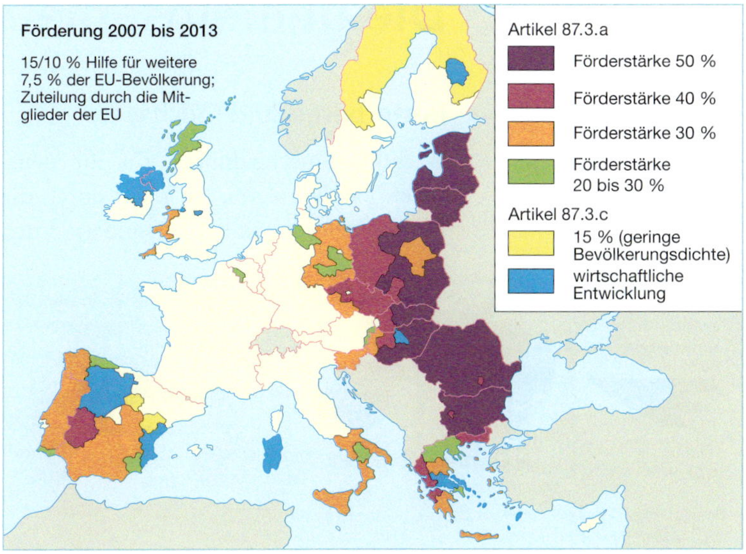

M 4 Regionalförderung in der EU ab 2007

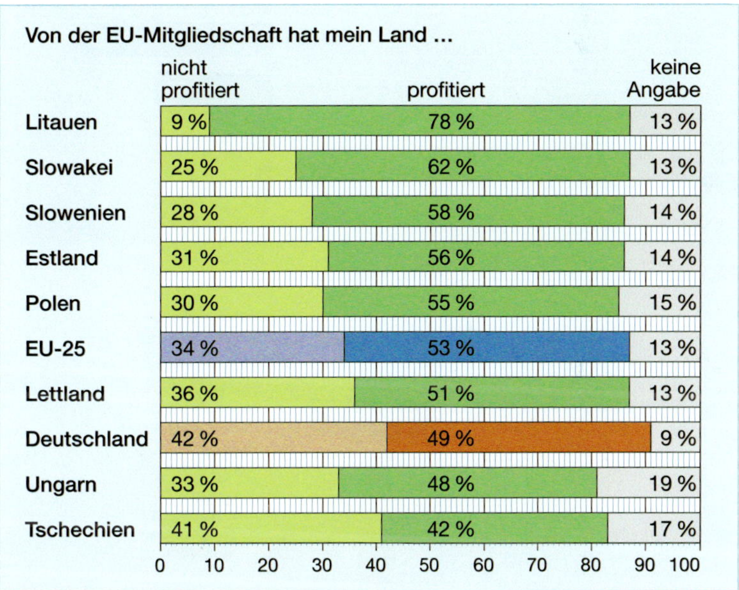

M 5 EU-Mitgliedschaft als Gewinn? Eurobarometer Herbst 2005

1 Werte die Karte M 4 aus. Welche Staaten der EU haben Regionen, die ab 2007 mit dem Höchstsatz gefördert werden? Welche Staaten haben gar keine Förderregionen? Wo liegen in den 15 „alten" EU-Staaten Regionen mit hoher Förderung?

2 Nenne die Ziele der Strukturförderung mithilfe von M 2.

3 In M 3 werden Beispiele für Fördermaßnahmen aufgezeigt. Berichtet darüber. Informiert euch über weitere Förderprojekte der EU: ec.europa.eu/regional_policy/index_de.htm.

Die gemeinsame Agrarpolitik

Butterberge und Milchseen

Wichtige Entscheidungen für die deutschen Landwirte werden nicht durch die Bundesregierung in Berlin, sondern durch die EU in Brüssel getroffen. Schon seit Gründung der EWG bestehen Verträge über eine gemeinsame Agrarpolitik.

Ziel der gemeinsamen Agrarpolitik der EU war es, die Nachteile der Landwirtschaft gegenüber anderen Wirtschaftszweigen auszugleichen, ihre Produktivität zu steigern und den Bauern durch ein einheitliches Preisniveau ihr Einkommen zu sichern.

So wurden für bestimmte landwirtschaftliche Produkte Mindestpreise festgelegt. Sank der Marktpreis unter den Garantiepreis oder konnten die Bauern einen Teil der Ernte nicht verkaufen, half die EU. Sie kaufte die überschüssigen Produkte auf und lagerte sie ein.

Auf diese Weise wurden die Landwirte zu Produktionssteigerungen angeregt, was durch zunehmende Mechanisierung und Spezialisierung auch gelang. Es kam zu

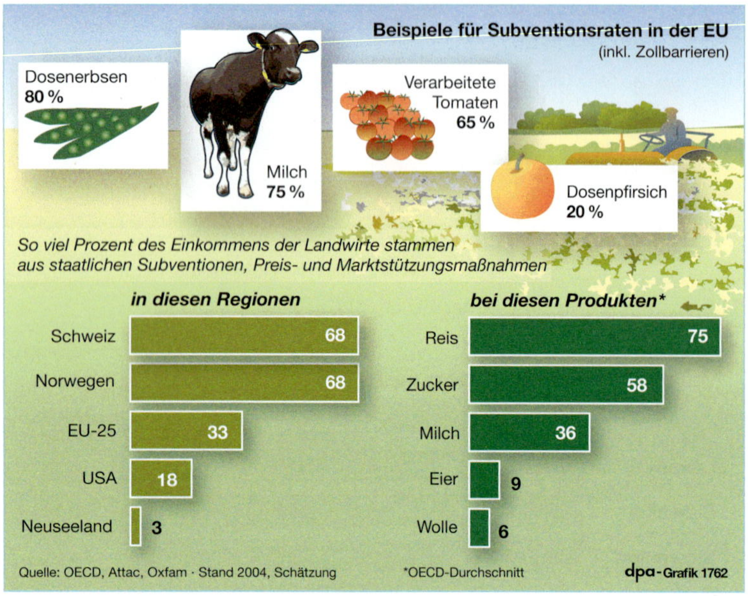

M 1 Unterstützung für die Landwirtschaft

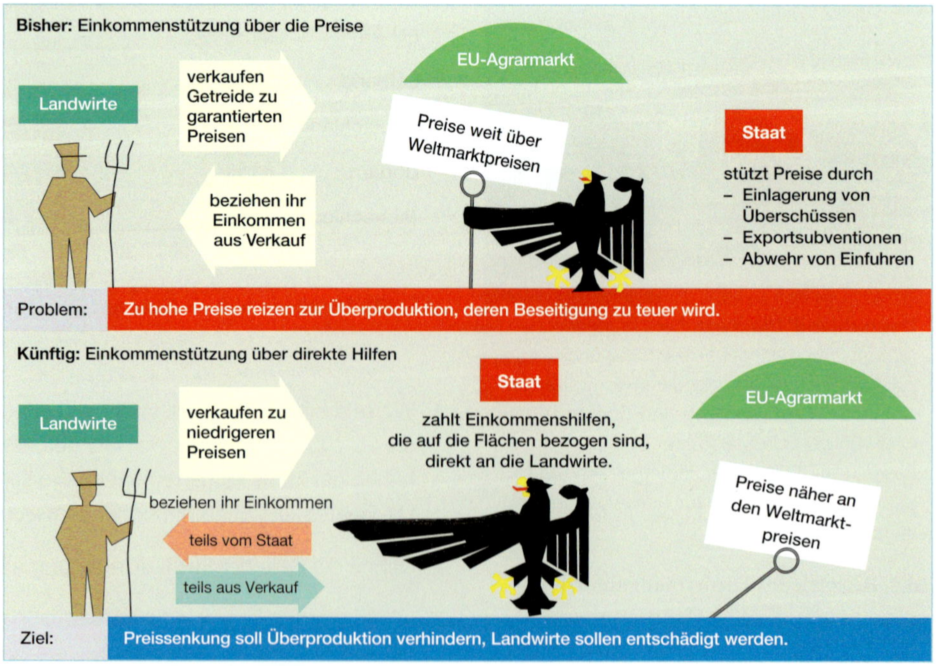

M 2 Die Agrarreform der EU ab 2005

einer Überproduktion: Es entstanden Butterberge, Milchseen und Getreideberge, was für die Lagerhaltung und die Garantiepreise erhebliche Kosten verursachte. Zeitweise wurden zwei Drittel aller Ausgaben der Europäischen Gemeinschaft nur in die Landwirtschaft investiert.

Neue Ziele der EU-Agrarpolitik

2005 trat eine EU-Agrarreform in Kraft, nach der bis 2013 alle direkten Zuschüsse an die Landwirte für Agrarprodukte wie Getreide, Milch oder Rindfleisch gestrichen werden sollen. Stattdessen erhalten die europäischen Landwirte finanzielle Zuschüsse, die sich nach der Größe der Betriebsflächen richten. Gleichzeitig wurden in 19 EU-Verordnungen neue Richtlinien zum Tier- und Umweltschutz festgelegt. Die vollen Betriebszuschüsse bekommt nur der Landwirt, der diese Tier- und Umweltschutzauflagen einhält.

Die Agrarpolitik der EU verfolgt folgende Ziele:

- Anpassung an die Weltmarktpreise
- Unterstützung und Einkommenssicherung der europäischen Landwirte
- Festlegung einer Obergrenze für Agrarausgaben im EU-Haushalt
- Förderung des Tier- und des Umweltschutzes.

Das deutsche Kombimodell

Bei der Umsetzung der neuen Agrarreform haben die EU-Mitgliedsstaaten große Spielräume. Deutschland hat sich für ein Kombimodell entschieden, um seinen Landwirten den Übergang bis 2013 zu erleichtern. Die direkten Zuschüsse für die Erzeugung von Agrarprodukten (betriebsindividuelle Prämien) betragen 2005 noch 50 Prozent. Bis 2013 werden sie schrittweise reduziert, sodass nur noch flächenbezogene Zuschüsse gezahlt werden und das „reine Regionalmodell“ in Kraft tritt.

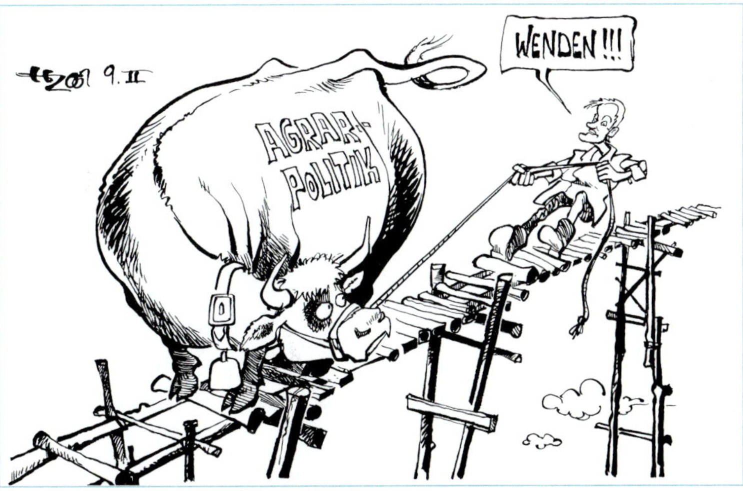

M3 Wende in der Agrarpolitik. *Karikatur: Haitzinger*

Betriebsdaten: 50 ha Ackerland, 50 ha Grünland, 10 Bullen, 70 Kühe, 560 000 kg Milchquote	
Bis 2005	**Direktzahlungen in Euro**
Milchprämie: 3,55 Cent pro kg	19 880
Ackerbau: 350 € pro ha	17 500
Schlachtprämie: 28 Kühe mal 100 €	2800
Bullenprämie: 310 € pro Bulle	3100
Gesamt	***43 280***
Ab 2005 beginnt in Deutschland das Kombimodell	
Ackerland: 301 € [1] pro ha	15 050
Grünland: 79 € [1] pro ha	3950
Milchprämie: 3,55 Cent pro kg	19 880
Bullenprämie: 210 € pro Bulle	2100
Gesamt	***40 980***
Ab 2013 gilt nur noch das Regionalmodell	
Einheitliche Flächenprämie von 328 € 1 pro ha	32 800
Gesamt	***32 800***

[1] Hierbei handelt es sich jeweils um die Bundesdurchschnittswerte. Je nach Bundesland unterscheiden sich diese Prämien.

M4 Veränderungen der Zuschüsse am Beispiel eines Milchbetriebes

1 Erläutere die Folgen der bisherigen Agrarpolitik der EU (M 1, M 2).

2 Beschreibe die Ziele und die Veränderungen der Agrarreform 2005 (M 2).

3 Erläutere, was sich vom Kombimodell hin zum „reinen Regionalmodell“ ändert (M 4).

4 Bewerte die Reform der gemeinsamen Agrarpolitik 2005 (M 2, M 4).

Der EU-Außenhandel

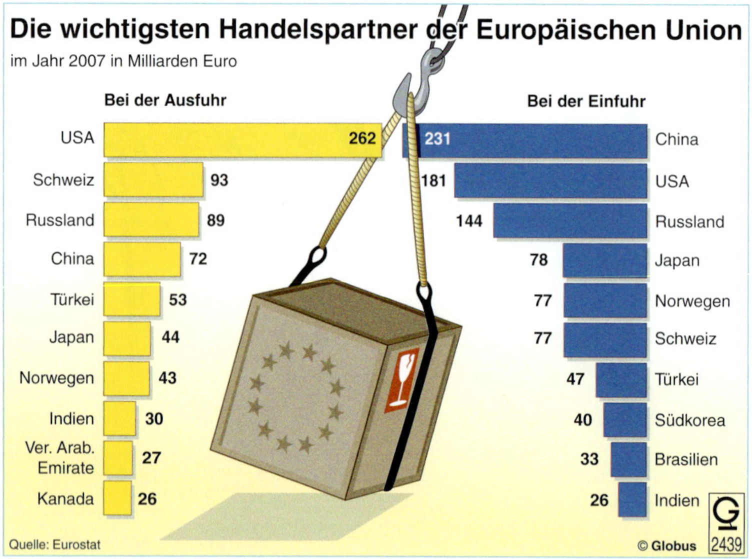

M 1 Handelspartner der EU

Ziele der Handelspolitik

Die Europäische Union ist mit einem Anteil von ca. 20 Prozent am weltweiten Import und Export die bedeutendste Welthandelsregion. Laut EG-Vertrag gehört die **Handelspolitik** zu den gemeinschaftlichen Politikbereichen: Alle Entscheidungen werden auf EU-Ebene getroffen.

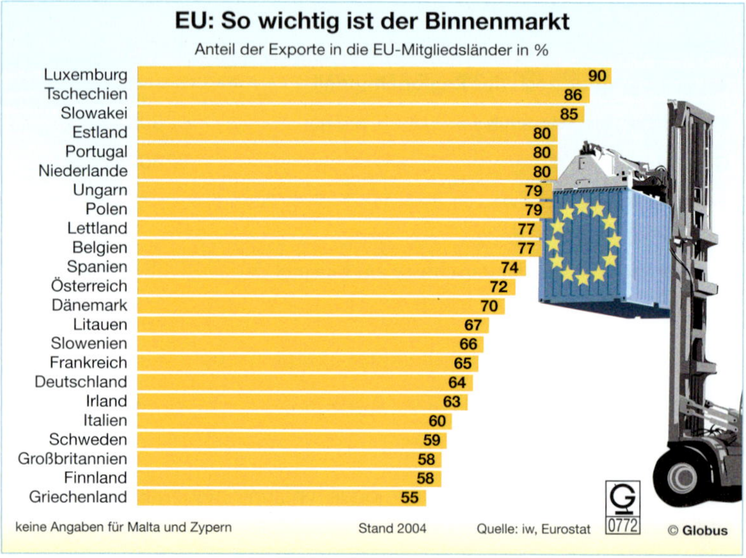

M 2 Handel innerhalb der EU

Ein wichtiges Ziel der EU-Handelspolitik ist es, **Absatzmärkte** für europäische Ausfuhren zu öffnen. Dies geschieht zum einen auf internationaler Ebene in der Welthandelsorganisation (WTO). Zum anderen hat die Europäische Union zahlreiche Freihandelsabkommen mit anderen Staaten oder Handelsbündnissen abgeschlossen, um dieses Ziel zu erreichen.

Handelsregeln sind international, der Handel selbst jedoch findet zwischen Käufern und Verkäufern, Exporteuren und Importeuren statt. Aus diesem Grund hat die EU auch ein Netz aus Handelsabkommen mit einzelnen Ländern und Regionen in der ganzen Welt geknüpft – z. B. mit ihren Nachbarn im Mittelmeerraum und mit Russland und den anderen Republiken der ehemaligen Sowjetunion.

Ihren Wohlstand verdankt die EU maßgeblich dem **Abbau von Handelshemmnissen**: Sie setzt sich daher auch nachdrücklich für die Liberalisierung des Welthandels ein.

Mit der Aufhebung der Handelszölle zwischen den Mitgliedsstaaten wurden auch die Zölle gegenüber Einfuhren aus Drittländern vereinheitlicht. Das bedeutet, dass auf Waren, die in die EU eingeführt werden, einheitliche Einfuhrzölle erhoben werden – unabhängig davon, ob sie über Genua oder Hamburg eingeführt werden. Dadurch kann ein Fahrzeug aus Japan, auf das bei der Einfuhr nach Deutschland eine Zollgebühr erhoben wird, nach Belgien oder in die Niederlande gebracht und dort genauso verkauft werden wie ein in Deutschland produziertes Fahrzeug. Es werden keine zusätzlichen Zölle erhoben. Die EU hat mit einem Durchschnittszoll von vier Prozent auf die Einfuhren gewerblicher Erzeugnisse das niedrigste Zollniveau weltweit.

Europa darf nicht in Protektionismus verfallen. Protektionismus erhöht die Preise für Unternehmen und Verbraucher und verringert die Auswahl. Mittelfristig binden Maßnahmen, die einzelne Branchen vor auswärtiger Konkurrenz schützen sollen, Ressourcen, die produktivere Wirtschaftszweige besser verwenden könnten. Unser Wohlstand hängt vom Handel ab, deshalb würden Handelsschranken, die andere als Reaktion auf protektionistische Maßnahmen errichten könnten, unserer Wirtschaft nur schaden.

Kommission der EU, Brüssel, 4. 10. 2006

M 3 Offenheit der Märkte

Die EU-Kommission wirft China und Vietnam vor, mit Dumpingpreisen den Markt für europäische Schuhmarken zu unterlaufen.

Ausgenommen von den Strafzöllen sind lediglich Sportschuhe, die in Europa kaum noch hergestellt werden. Die Zölle gelten vorerst für eine Dauer von zwei Jahren. Die EU-Kommission wollte ursprünglich fünf Jahre durchsetzen. Für China wird eine Zusatzabgabe von 16,5 Prozent fällig, für Vietnam von zehn Prozent. Bereits seit April galten vorläufige EU-Strafzölle gegen die beiden Länder.

Die 25 EU-Staaten einigten sich nur mit einer hauchdünnen Mehrheit auf die umstrittenen Zölle. Während sich 13 Mitgliedsländer dafür aussprachen, waren zwölf dagegen. Bisher war eine Mehrheit von freihändlerischen Mitgliedsstaaten – darunter auch Deutschland und Großbritannien – gegen dauerhafte Strafzölle aufgetreten. An der Spitze der Zollbefürworter steht Italien, wo es noch viele kleine Schuhhersteller gibt, die sich bedroht sehen. Auch Spanien und Portugal befürworten das harte Vorgehen. Sie sehen ihre heimischen Hersteller durch die asiatischen Billigschuhe bedroht.

Zeit online, 4. 10. 2006

M 4 Strafzölle gegen China und Vietnam

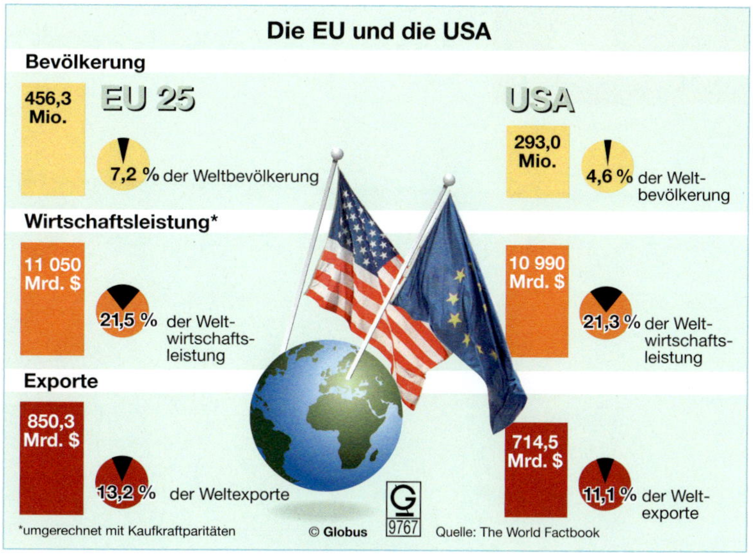

M 5 Die EU und die USA – ein Vergleich

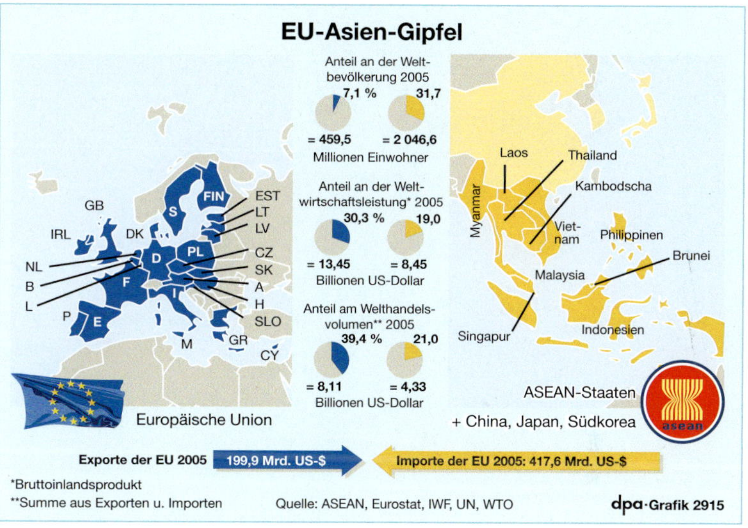

M 6 Die EU und Asien – ein Vergleich

1 Werte M 1 aus: Welche Staaten sind die wichtigsten Handelspartner der EU?

2 Vergleiche die USA, den asiatischen Wirtschaftsraum und die EU: Bevölkerung, Wirtschaftsleistung und Exporte (M 5, M 6).

3 Erläutere die Ziele der EU-Handelspolitik (M 3).

4 Werte M 4 aus: Ist die darin geschilderte Maßnahme mit den Zielen der EU-Handelspolitik vereinbar? Diskutiert darüber in der Klasse.

5 Für viele EU-Staaten ist die EU der wichtigste Handelspartner (M 2). Nenne Vorteile und Gefahren.

Europa wächst zusammen

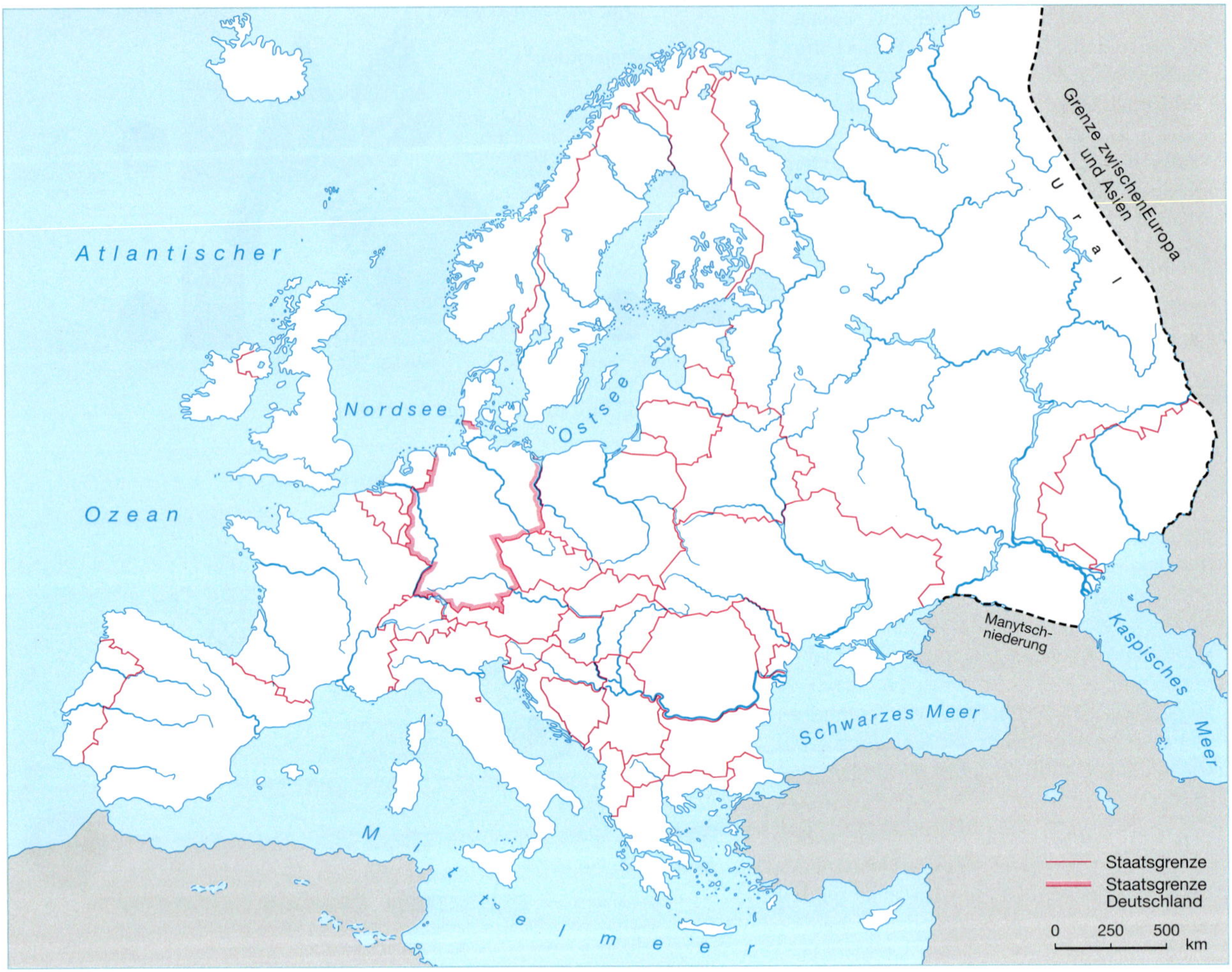

M1 Europa

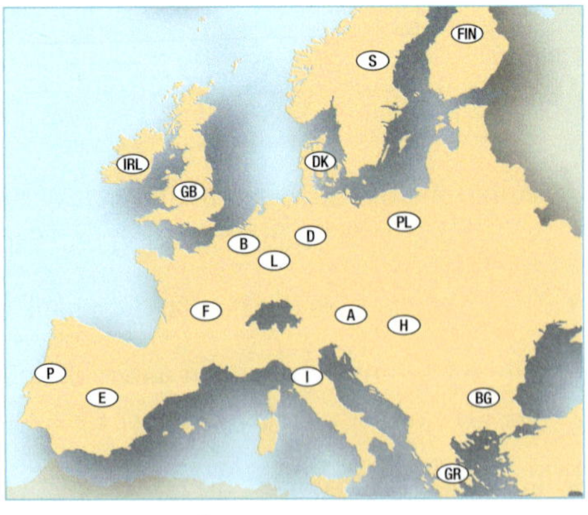

M2 Ausgewählte Staaten Europas

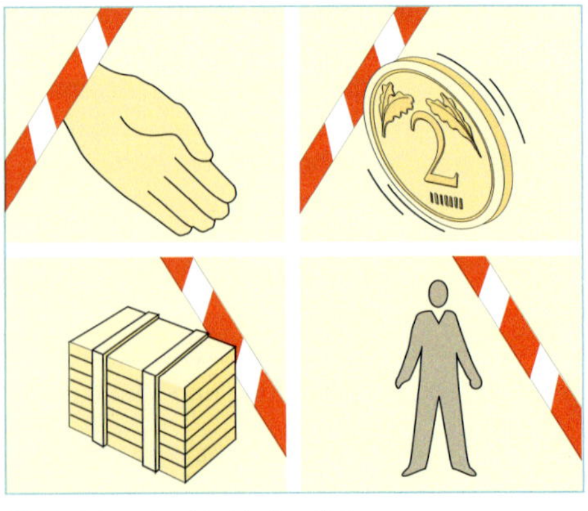

M3 Die „vier Freiheiten" Europas

Nicht in das Buch schreiben!

M4 Ein Airbus

M5 Karikatur von Walter Hanel

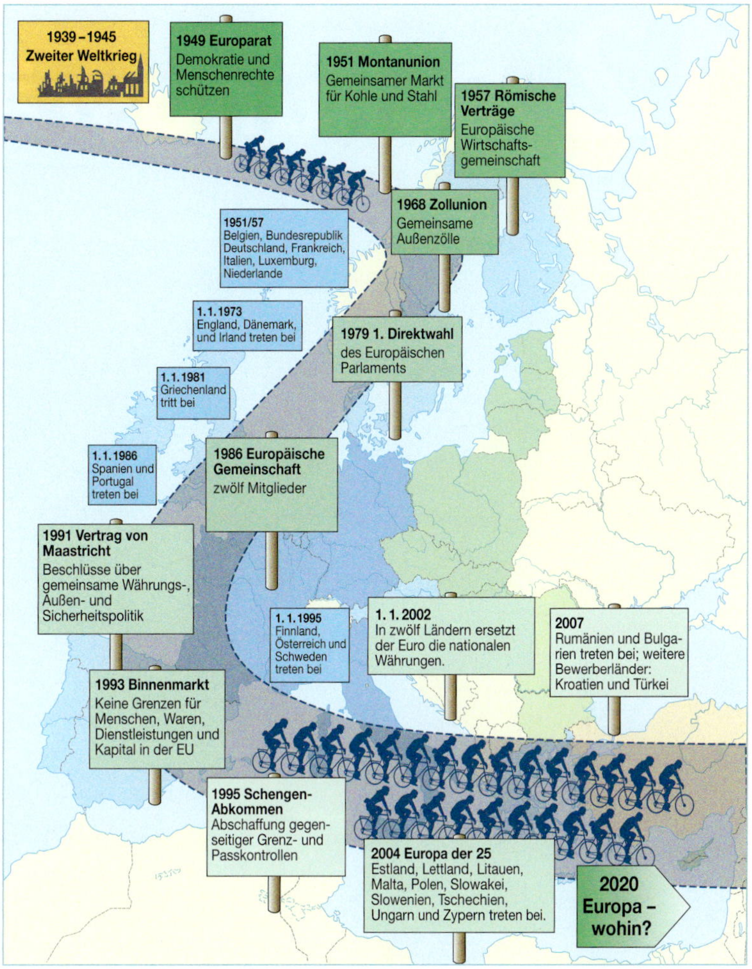

M6 Stationen der europäischen Einigung

1. Fotokopiere die Europakarte (in leichter Vergrößerung) und mache daraus eine thematische Karte: „Vom Europa der 6 zum Europa der 27" (M1). Wie sieht deine Legende zur Karte aus?
2. Nenne a) die Einwohnerzahlen der Staaten in der Abbildung M2
   b) deren Hauptstädte
   c) die europäischen Teilräume, in denen sich diese Staaten befinden.
3. Erläutere die „vier Freiheiten" Europas (M3).
4. Der Airbus ist ein bemerkenswertes Beispiel einer erfolgreichen Zusammenarbeit in Europa (M4). Recherchiere darüber im Internet und gestalte eine Präsentation dazu.
5. Welche Anforderungen müssen Staaten erfüllen, die Mitglied der EU werden möchten (M5)?
6. Ergänze die fehlenden Angaben zu den Stationen der europäischen Einigung in M6.

12 Ballungsräume

Das Foto (die Fotomontage) auf dieser Doppelseite ist eine Zusammensetzung aus mehreren Fotos, die in den Nachtstunden über den wolkenlosen Teilen Europas entstanden (Satellitenaufnahmen). Die vielen Lichtpunkte zeigen, wo zusammenhängende Siedlungsgebiete bestehen – die sogenannten „Ballungsräume“. In weiten Teilen Europas gibt es solche Ballungsräume. Sie entstanden mitunter schon vor mehreren Jahrzehnten oder sogar Jahrhunderten.

Vorzüge und Nachteile der Ballungsräume werdet ihr in diesem Kapitel erarbeiten. Im Mittelpunkt des Kapitels steht der Ballungsraum Frankfurt/Rhein-Main, der unter verschiedenen Blickwinkeln betrachtet wird.

Auch der Zusammenhang zwischen Ballungsräumen und der Umwelt wird in diesem Kapitel thematisiert.

1 Versuche, die Stadt Frankfurt/Main in dem Lichtermeer des Doppelseitenfotos zu finden. Lässt sie sich eher gut oder eher schlecht erkennen?

2 Welche anderen Städte bzw. Ballungsräume kannst du erkennen? Nenne drei in verschiedenen Regionen Europas.

Ballungsräume in Deutschland

M1 Unterschiedliche Merkmal im ländlichen Raum und im Ballungsraum

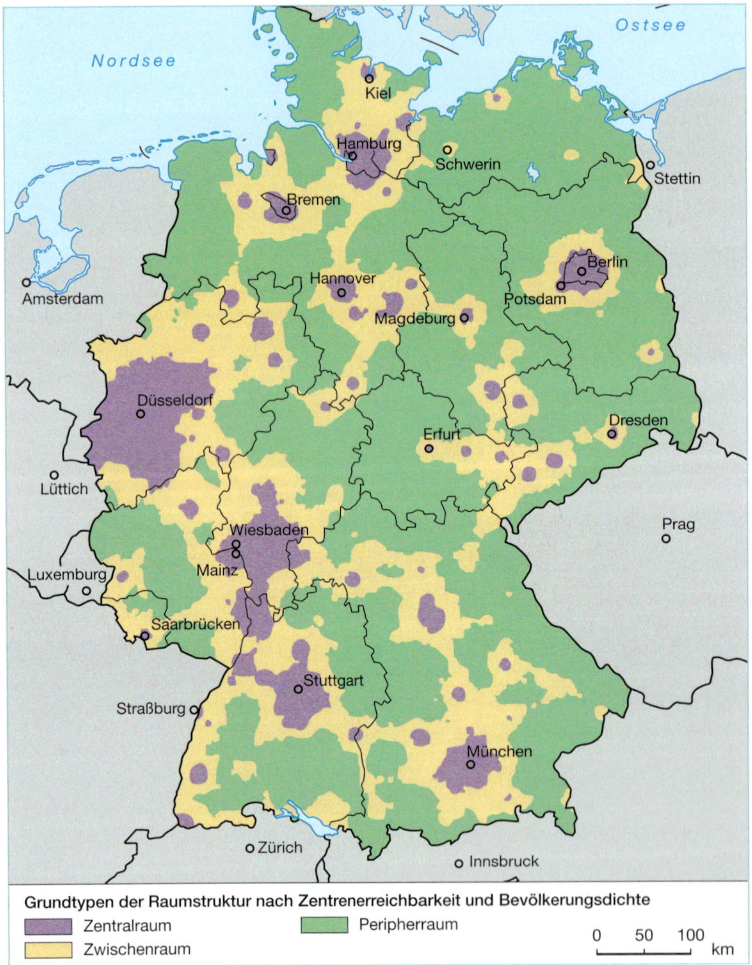

M2 „Dreigeteiltes" Deutschland

Regionen mit hoher Bevölkerungs- und Arbeitsplatzdichte, die durch größere Zentren geprägt und räumlich stark verflochten sind, werden als **Ballungsräume** bezeichnet.

Mit durchschnittlich 231 Einwohnern je Quadratkilometer gehörte Deutschland im Jahr 2006 nach den Niederlanden, Belgien und Großbritannien zu den am dichtesten besiedelten Ländern der Europäischen Union. Innerhalb Deutschlands schwankt die Bevölkerungsdichte jedoch erheblich.

Zusammenhängende oder vereinzelte hoch verdichtete Räume sind über ganz Deutschland verteilt. Gleichzeitig sind die Zentren und verdichteten Räume untereinander verflochten und bilden größere zusammenhängende Räume mit ähnlichen Merkmalen.

Deutschland wird von den Raumplanern in drei Typen eingeteilt. Am dichtesten besiedelt sind die **Zentralräume** (Ballungsräume), die geringste Dichte in Bezug auf Einwohner und Arbeitsplätze weisen die **Peripherräume*** auf.

Im Übergangsbereich befinden sich die sogenannten **Zwischenräume**, die eine mittlere Bevölkerungs- und Arbeitsplatzdichte aufweisen.

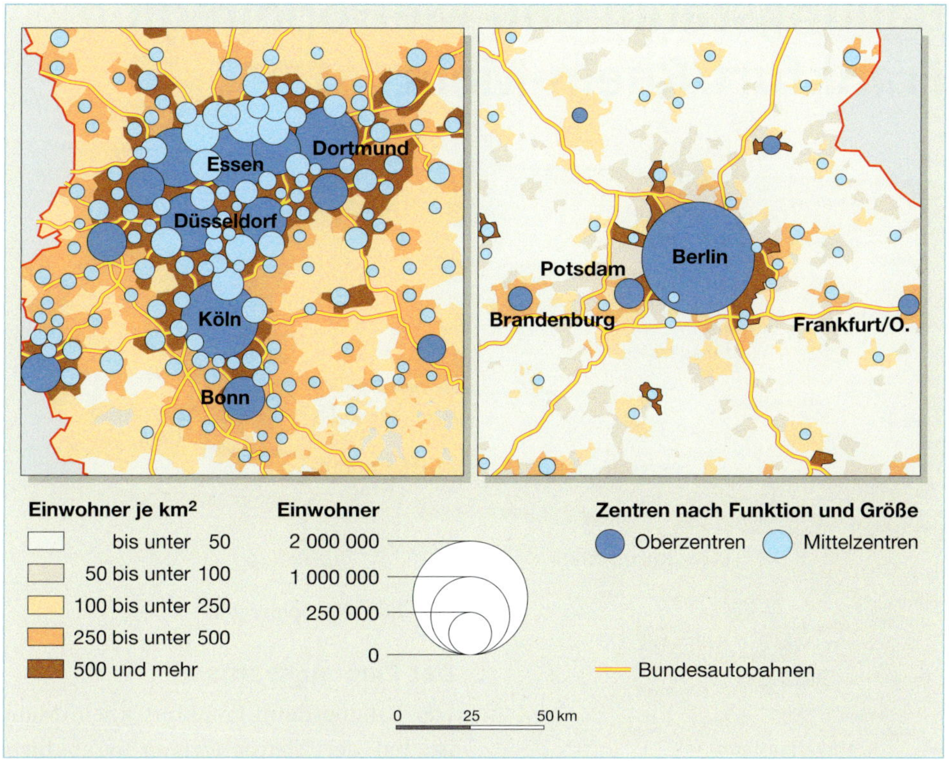

M3 Ballungsräume mit mehreren und wenigen Oberzentren

Zentrale Orte

Ballungsräume können um ein einziges Zentrum oder mehrere Zentren herum entstehen. In Bezug auf die Bedeutung eines Zentrums unterscheidet man zwei Grundttypen: **Oberzentren** sind die größten und großen Städte, wo sich z. B. Landesregierungen, höhere Gerichte, Universitäten, Spezialkliniken, Großkaufhäuser, Veranstaltungshallen usw. befinden.

In den **Mittelzentren** hingegen gibt es zwar auch noch eine Reihe wichtiger Einrichtungen, ihre Anzahl ist jedoch deutlich kleiner als die in den Oberzentren.

Ober- und Mittelzentren gehören zu den **zentralen Orten**. Zentrale Orte zeichnen sich dadurch aus, das Menschen aus dem Umland (Einzugsgebiet) regelmäßig dorthin fahren (z. B. Berufspendler, Studenten, Fachschüler) oder diese Orte gelegentlich aufsuchen, wenn sie etwa einen speziellen Arzt aufsuchen oder eine nicht alltägliche Anschaffung machen wollen.

Ballungsraum – Belastungsraum?

Infolge der großen Bevölkerungs- und Arbeitsplatzdichte bestehen in Ballungsräumen mancherlei Herausforderungen im Zusammenhang mit der Ver- und Entsorgung. Die ökologischen Belastungen in Ballungsräumen sind weitaus höher als in ländlichen Gebieten. So entwickeln sich in Ballungsräumen im Hochsommer in längeren Zeiträumen windstiller heißer Sonnentage sogenannte luftblastetete „Wärmeinseln“, was zu starken gesundheitlichen Beeinträchtigungen führen kann.

***Peripherie**
Rand, Randgebiet

1 Beschreibe die Unterschiede zwischen den Fotos in M 1.
2 Erläutere die „Dreiteilung" Deutschlands (Text, M 2).
3 Finde mithilfe einer Atlaskarte die Namen der Orte in einem deutschen Zentralraum deiner Wahl heraus (M 2).
4 Eläutere den Begriff „zentraler Ort" (Text, M 3).
5 Nimm Stellung zu der Frage, inweit Ballungsräume auch Belastungsräume sind. Bieten Ballungsräume auch Vorteile?

Ballungsraum und Metropolregion Frankfurt/Rhein-Main

M 1 Der Ballungsraum Frankfurt/Rhein-Main

M 3 Die Metropolregion

***Metropolregion**
Eine Metropolregion ist eine stark verdichtete Großstadtregion von hoher internationaler Bedeutung.

***Flächennutzungsplan**
kartographische Darstellung der beabsichtigten städtebauliche Entwicklung einer Gemeinde

***Landschaftssplan**
kartographische Darstellung des beabsichtigten Naturschutzes und der Landschaftspflege

Fläche:	2458,5 km²
Einwohner [31.12.2007]:	2 194 184
Einwohnerdichte [je km²]:	892,5
Beschäftigte* [30.06.2007]:	970 026
davon Dienstleistungsbereich:	80 %
BIP [2006; pro Kopf]:	44 660 €
Kfz-Bestand [1.01.2008]:	1 348 234
Wohnungen [31.12.2007]:	1 075 412
Wohnungsfläche [pro Kopf]:	40,7 m²

* sozialversicherungspflichtig

[Quelle: Planungsverband Ballungsraum Frankfurt/Rhein-Main]

M 2 Der Ballungsraum in Zahlen

Der Planungsverband

Der Ballungsraum Frankfurt/Rhein-Main ist Teil der Metropolregion* Frankfurt/Rhein-Main. 2001 wurde für ihn der **Planungsverband Ballungsraum Frankfurt/Rhein-Main** gegründet. Dieser Planungsverband führt die Interessen seiner 75 Mitgliedsstädte und -gemeinden zusammen und stimmt sie mit regionalplanerischen Belangen ab. Seine Hauptaufgaben sind es, einen **Regionalen Flächennutzungsplan*** sowie einen **Landschaftsplan*** zu erstellen.

Bereits 1975 gab es mit dem Umlandverband Frankfurt eine ähnliche Planungsorganisation. Denn auch schon zu jener Zeit war es den Politikern bewusst, dass die Verflechtungen zwischen der Stadt Frankfurt und ihrem Umland planerisch gelöst werden müssten. Hierzu gehörten und gehören weiterhin: eine gemeinsame Flächennutzungsplanung, ein Generalverkehrsplan, der öffentlicher Nahverkehr, Planungen für das Trink- und Abwasser, den Umweltschutz, die Wirtschaftsförderung, überörtliche Sport- und Erholungszentren sowie eine Verbesserung der Krankenhausversorgung.

M4 **Frankfurt/Main und sein Umland**

Gefahr der Zersiedelung

In Deutschland werden jährlich rund 129 Hektar pro Tag für zusätzliche Flächen für die Siedlung und den Verkehr in Anspruch genommen. Besonders in den Ballungsräumen und Metropolregionen sind solche Entwicklungen zu beobachten.
674 Quadratkilometer (das sind 27,4 Prozent) der Gesamtfläche des Planungsverbandsgebietes sind bereits Siedlungs- und Verkehrsflächen. In den einzelnen Kommunen gibt es allerdings große Unterschiede.
Während der Siedlungs- und Verkehrsflächenanteil in der Kernstadt Frankfurt rund 57 Prozent beträgt, liegt er in den angrenzenden Kommunen zwischen 30 und 50 Prozent.
Zwischen den Jahren 2000 und 2007 wurden im Gebiet des Planungsverbandes pro Jahr durchschnittlich 300 Hektar Boden – meist auf ehemals landwirtschaftlicher Fläche – für Siedlungszwecke in Anspruch genommen.
Da sich traditionelle Familienstrukturen auflösen und immer mehr Singles und Senioren allein leben, nimmt die Zahl der Haushalte und ihrer Wohnfläche zu.

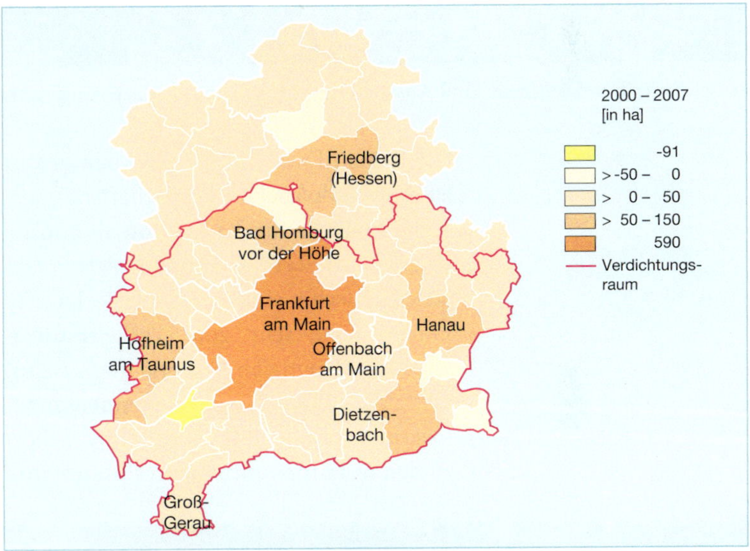

M5 **Veränderung der Siedlungs- und Verkehrsflächen**

1 Beschreibe den Ballungsraum Frankfurt/Rhein-Main mithilfe einer Atlaskarte (M1, M2, M4, Text).

2 Erläutere die Aufgaben und den Nutzen des Planungsverbandes Ballungsraum Frankfurt/Rhein-Main (Text).

3 Erkläre Unterschiede und Gemeinsamkeiten in Bezug auf den Ballungsraum und die Metropolregion Frankfurt/Rhein-Main (M1–M3, Text).

4 Berichte über die Gefahr einer Zersiedlung (Text, M4, M5).

Wirtschaftsraum Frankfurt/Rhein-Main

M 1 Blick über das Messe- und Ausstellungsgelände auf die City von Frankfurt/Main

Die Region Frankfurt/Rhein-Main gehört zu den europäischen Wirtschaftsräumen, deren Chancen für die Zukunft als günstig eingeschätzt werden können. Ausschlaggebend hierfür sind: die zentrale Lage in Europa, eine sehr gute **Verkehrsinfrastruktur** (Flughafen, Autobahnen, Bahn) sowie die zur Verfügung stehenden qualifizierten Arbeitskräfte. Frankfurt gehört zu den in Europa führenden **Finanz- und Messeplätzen**. Hier haben die Deutsche Bundesbank und andere private deutsche Großbanken ihren Hauptsitz, was der Stadt den Spitznamen „Bankfurt" eingebrachte.

M 2 Einer der größten Arbeitgeber der Region: die Adam Opel AG

Im Vergleich deutscher Großstädte hat Frankfurt am Main die höchste **Arbeitsplatzdichte** (die Zahl der Arbeitnehmer bezogen auf die Zahl der Einwohner).

Die in dieser Region ansässigen Firmen gehören zu den High-Tech-Unternehmen (mit eigenen Abteilungen für Forschung und Entwicklung), Europazentralen global tätiger Unternehmen, europäischen Behörden und Verbänden (Europäische Zentralbank (EZB), Europäisches Raumfahrtkontrollzentrum (ESOC), Europäische Agentur für Wettersatelliten (EUMETSAT)) bis hin zu Handel und Handwerk.

In dieser Region entstanden Netzwerke für Biotechnologie, Finanzen, Kommunikationstechnik, Medien, , Materialtechnik, Automobiltechnologie und Unternehmensberatung. Größte Arbeitgeber in der

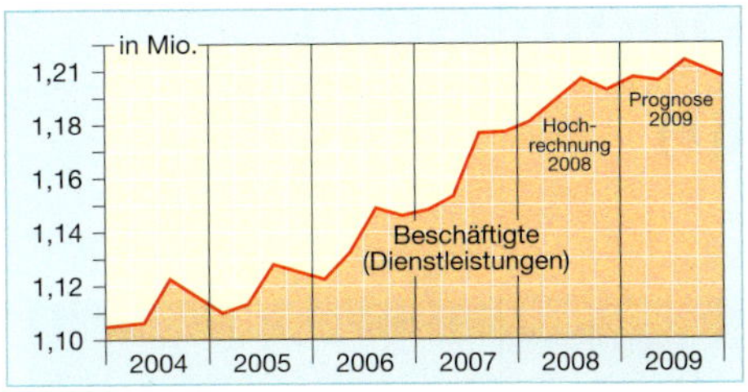

M3 Beschäftigte im Dienstleistungsbereich

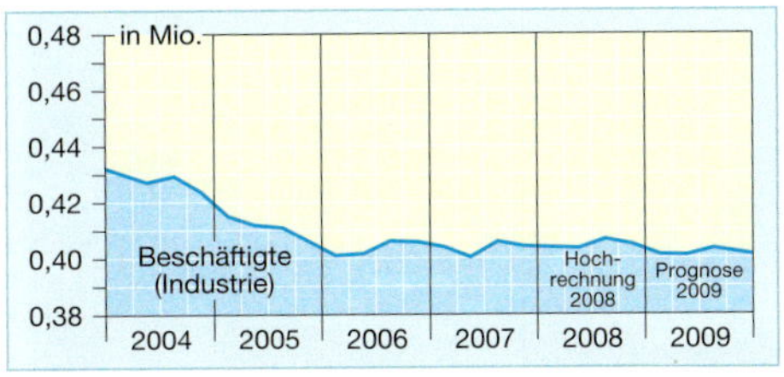

M4 Beschäftigte in der Industrie

Region sind die Adam Opel AG in Rüsselsheim (mit rund 18 000 Beschäftigen) sowie die Fraport AG mit etwa 1700 Beschäftigen (Frankfurt Airport insgesamt ca. 70 000 Mitarbeiter).

Mit einem Bruttoinlandsprodukt (BIP) von rund 44 660 Euro je Einwohner liegt das Gebiet des Planungsverbandes deutlich über dem hessischen Durchschnitt von 34 435 Euro je Einwohner. Die Kaufkraft liegt mit 22 319 Euro je Einwohner ebenfalls höher als der Landesdurchschnitt (20 202 €).

Nach einer Umfrage einer Arbeitsgemeinschaft der Industrie- und Handelskammern im Raum Frankfurt/Rhein-Main sind die zu hohen Arbeitskosten ein Hindernis zur Schaffung von weiteren Arbeitsplätzen. Vor allem das Baugewerbe, das Gastgewerbe (jeweils 64 Prozent), der Einzelhandel (63 Prozent) und das Verkehrsgewerbe (61 Prozent) sehen die zu hohen Arbeitskosten als das Haupthindernis zur Arbeitsplatzschaffung an. Aber auch Versicherungsunternehmen (58 Prozent) geben dies als Haupthindernis an. Bei den Versicherungsunternehmen verteuern Sonderzahlungen und die betriebliche Altersversorgung die Arbeitskosten.

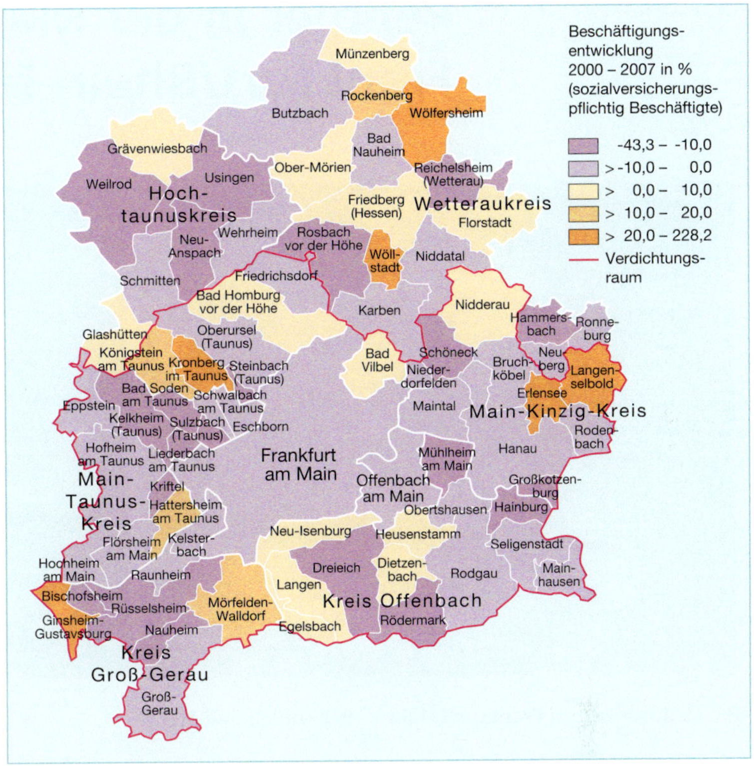

M5 Entwicklung im Wirtschaftsraum Frankfurt/Rhein-Main

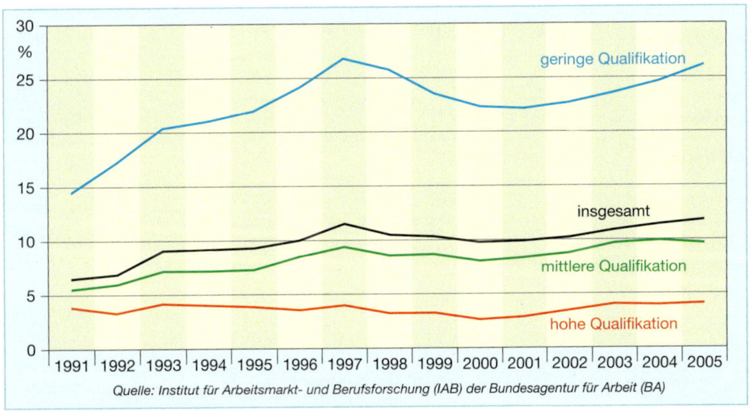

M6 Arbeitslosenquoten 1991–2005

1 Nenne Merkmale und Besonderheiten des Wirtschaftsraumes Frankfurt/Rhein-Main (Text, M1/M2).

2 Beschreibe die Entwicklung der Zahl der Arbeitsplätze in den Bereichen Dienstleistung und Industrie sowie die Entwicklung der Arbeitslosenzahlen (M3, M4, M6).

3 Erläutere die Entwicklung der Beschäftigten auf mithilfe der thematischen Karte M5.

Pendler in der Metropolregion Frankfurt/Rhein-Main

M 1 Autoverkehr in Frankfurt/Main – 1972 (links) und 2007

Stadt	Auspendler	Einpendler	Pendlersaldo*
Aschaffenburg	11 015	29 734	18 719
Darmstadt	20 374	58 721	38 347
Frankfurt	60 753	305 356	244 603
Mainz	27 821	59 889	32 068
Offenbach	23 487	31 145	7 658
Wiesbaden	34 976	67 061	32 085
Worms	12 233	12 429	196

M 2 Pendler

*Saldo
in der Buchführung der Unterschied (die Differenz) zwischen der Soll- und der Habenseite eines Kontos; allgemein: Unterschied zwischen zwei mathematischen Größenverhältnissen

Die Pendler...

In der Metropolregion Frankfurt/Rhein-Main liegen diese sieben kreisfreie Städte: Aschaffenburg, Darmstadt, Frankfurt, Mainz, Offenbach, Wiesbaden sowie Worms. In diesen Städten arbeiten rund 1,2 Millionen Menschen, die Hälfte davon in Frankfurt.

Mehr als 564 000 dieser Arbeitnehmer pendeln täglich in die sieben kreisfreien Städte ein und nur etwa 191 000 pendeln aus.

... und der fließende Verkehr ...

Die große Zahl dwer Pendler im Ballungsraum bzw. in der Metropolregion Frankfurt/Rhein-Main ist eine Herausforderung für die Stadt- und Verkehrsplanung.

Viele Arbeitnehmerinnen und Arbeitnehmer benutzen ein eigenes Auto für den Weg zu ihrer Arbeitsstätte und zurück. Da die meisten Autos nur von einer einzigen Person genutzt werden, führt eine hohe Zahl von Pkw-Pendlern auch zu einer hohen Zahl von Autos.

Hohe Verkehrsdichten und stockender Straßenverkehr in den Spitzenzeiten eines Arbeitstages am Morgen und am Abend („Rushhours") sind eine direkte Folge dieses Sachverhaltes. Doch auch wenn ein Fahrzeugführer sein Ziel erreicht hat, ergibt sich schon ein weiteres Problem: Wohin mit dem Auto?

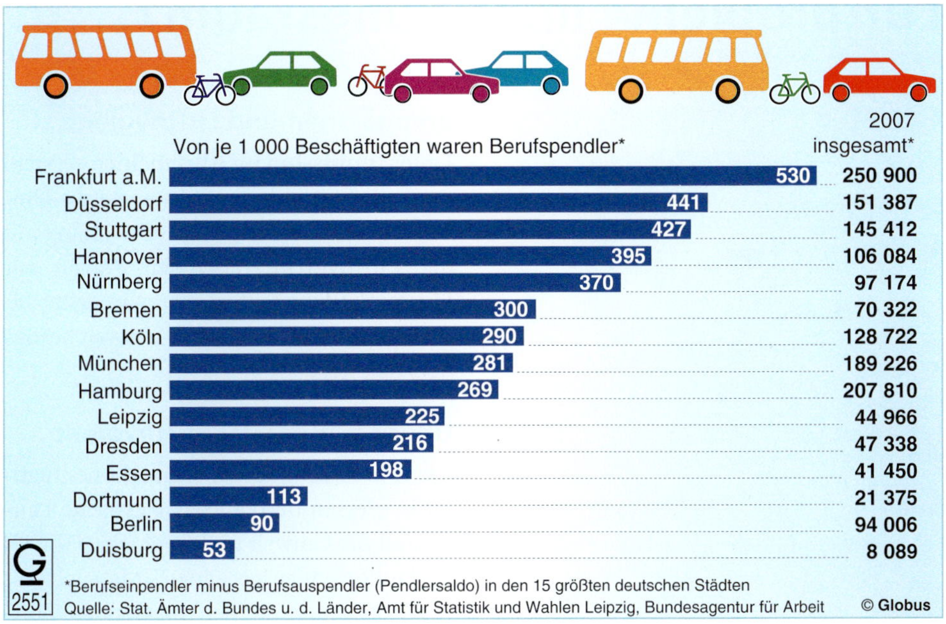

M 3 Pendler deutscher Großstädte

***ruhender Verkehr**
Gesamtheit aller geparkten bzw. nicht fahrbereiten Fahrzeuge in einem bestimmten (Stadt-)Gebiet

… und der ruhende Verkehr* …

Die zahlreichen Fahrzeuge, die morgens in eine Stadt oder einen Stadtteil bewegt werden, bedeuten auch einen großen Bedarf an Parkraum. Zu diesem Zweck bedarf es in der Regel einer sinnvollen **Parkraumbewirtschaftung**.

Parkraumbewirtschaftung ist eine (innerstädtische) steuernde Maßnahme, wenn die Nachfrage in Bezug auf Parkplätze das Angebot übersteigt (Nachfrageüberschuss). Mithilfe von Parkhäusern und kostenpflichtigen Parkplätzen wird in vielen Städten versucht, den **ruhenden Verkehr** in Grenzen zu halten. Auch die Einrichtung von Parkzonen kann dazu beitragen, dass Anwohner nicht von Pendlern verdrängt werden oder dass Pendler zumindest für einen Parkplatz Geld an eine Kommune zahlen müssen.

Um die von Berufspendlern, die mit einem Auto zu ihrer Arbeitsstätte fahren, ausgehende Problematik einzugrenzen, kann die Bildung von Mitfahrgemeinschaften und/oder eine Kombination von Verkehrsmitteln (z. B.: Park-and-Ride) ein wirksamer Ansatz sein.

M 4 Rushhour am Frankfurter Hauptbahnhof

1 Kommentiere die beiden Fotos in M 1 vor dem Hintergrund des Begriffes „Berufspendler".

2 Berichte über die Besonderheit Metropolregion Frankfurt/Rhein-Main im Zusammenhang mit dem Thema „Pendler" (M 1–M 4, Text).

3 Gruppenarbeit: Denkt euch eine Strategie aus, wie man Berufspendler mit Autos für eine stärkere Nutzung der öffentlichen Verkehrsmittel gewinnen könnte. Skizziert die Inhalte einer entsprechenden Broschüre (welche Grafiken, Fotos, Fakten würdet ihr dort verwenden?).

Luftprobleme im Ballungsraum?

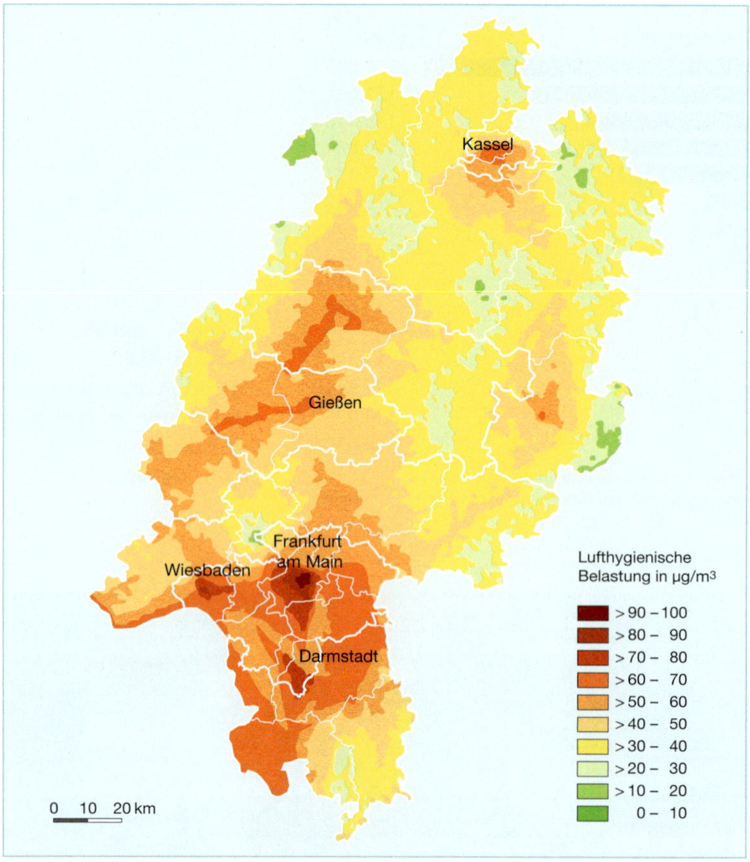

M 1 **Stickstoffdioxid im Januar 2009**

M 2 **Ozonalarm in Hessen im Sommer 1995 (an der A5 Frankfurt–Basel)**

Immissionen und Lufthygiene

Unter **Immission** im Allgemeinen versteht man alle Störfaktoren, mit denen die Umwelt belastet wird. Im Zusammenhang mit der **Lufthygiene** (also den Fragen zur Luftreinhaltung) interessieren in erster Linie einige Gase, welche die Umwelt besonders belasten.

Überwachung der Lufthygiene

Zur Überwachung der Immissionssituation in Hessen betreibt das Hessische Landesamt für Umwelt und Geologie (HLUG) ein landesweit ausgerichtetes Messnetz mit rund 30 kontinuierlich messenden Luftmessstationen. Mehrmals täglich werden die erfassten Messdaten an die Messnetzzentrale des HLUG übertragen. Die Ergebnisse aus dem Immissionsmessnetz werden regelmäßig in den „Lufthygienischen Monatsberichten" des HLUG veröffentlicht, die man auch per Internet herunterladen kann.

Stickstoffoxide

Zu den Stickstoffoxiden gehören das Stickstoffmonoxid (NO), das Stickstoffdioxid (NO_2) und das Distickstoffdioxid (N_2O; auch als „Lachgas" bezeichnet). Etwa zur Hälfte ist der Straßenverkehr für den Stickstoffdioxidgehalt aller Abgase Verursacher.

Stickstoffoxide wirken beim Menschen schädigend auf die Atemwege. Ist er diesem Gas längere Zeit in höherer Konzentration ausgesetzt, so kann er erkranken (z. B. an Bronchitis) oder die Empfindlichkeit gegenüber Atemwegsinfektionen kann sich erhöhen.

Auch auf Tiere und Pflanzen wirken Stickstoffoxide schädigend. Sie greifen beispielsweise die Oberschicht von Blättern sowie Nadeln an und führen zu sogenanntem „sauren Regen" (Salpetersäure).

Ozon und Sommersmog

Ozon (O_3) ist ein in der Atmosphäre vorkommendes Gas. Es besteht aus drei Sauerstoffmolekülen und schützt in einer Höhe von 15 bis 50 Kilometern (Ozonschicht) die Erde vor der gefährlichen ultravioletten Strahlung der Sonne.

Bodennahes Ozon hingegen ist eine Umweltbelastung. Insbesondere windstilles hochsommerliches Wetter kann zur Bildung von Sommersmog führen. „Smog" ist ein Begriff, der aus den Bestandteilen *smoke* (Rauch) und *fog* (Nebel). Tatsächlich tragen Fahrzeuge mit Verbrennungsmotoren in hohem Maße zur Ozonbildung bzw. zu Sommersmog bei. Durch einen geregelten Katalysator kann das Ozonbildungspotential jedoch um 80 bis 95 Prozent vermindert werden.

In mehreren Ländern Europas gibt es Gesetze, die beim Überschreiten festgelegter Ozonkonzentrationen geringere Geschwindigkeiten oder Fahrverbote bewirken können. In Deutschland sind die Länder hierfür verantwortlich. Erstmalig wurde in Deutschland am 26. Juli 1994 für Hessen ein „Ozonalarm" ausgelöst, da die Konzentration von 180 Mikrogramm pro Kubikmeter überschritten worden wa. Es galt drei Tage lang Tempo 90 auf Autobahnen und Tempo 80 auf Landstraßen.

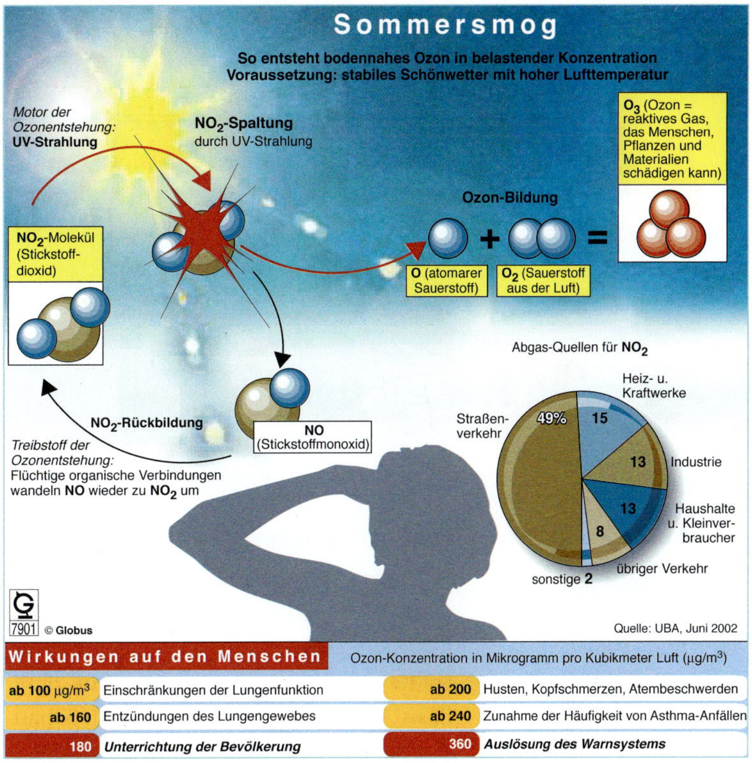

M4 Entstehung und Wirkung von Sommersmog

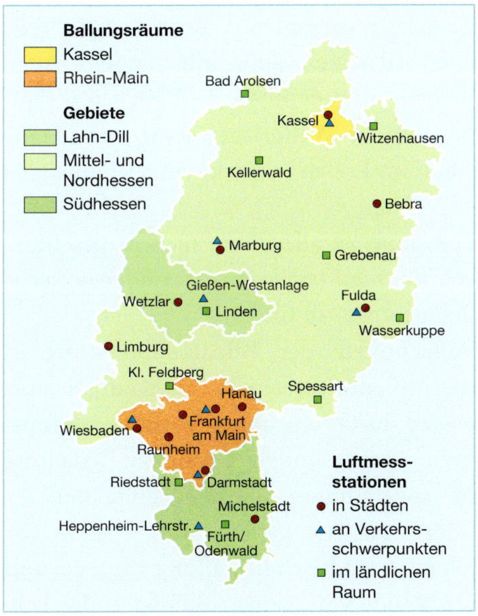

M3 Luftmessstationen in Hessen

M5 Pkw-Katalysator zur Abgasreinigung (hier aufgesägt)

http://www.hulg.de

1 Beantworte mit deinen Worten und mit einer Begründung die Frage in der Überschrift dieser Doppelseite (nutze dazu auch M1).

2 Erläutere die Entstehung von Sommersmog und was man dagegen tun kann (Text, M3–M5).

3 Arbeitet zu zweit: Informiert euch über die aktuelle lufthygienische Situation in Hessen und präsentiert das Ergebnis eurer Recherche.

Umweltzonen in den Städten

M 1 (Euro-)Umweltplaketten 2 bis 4

***Emission**
Aussendung von Störfaktoren (z. B. Lärm, giftigen Gasen) in die Umwelt (Emissionen aussenden = emittieren)

***Partikel**
kleinste Teilchen

M 3 Straßenbeschilderung

Umweltzonen

Seit März 2007 gilt bundesweit die sogenannte „Kennzeichnungsverordnung für Kraftfahrzeuge".
Städte und Gemeinden können auf dieser Basis Autos und Lastwagen je nach Schadstoffausstoß in vier Emissionsklassen* einteilen und so für bessere Luft in ihren Innenstädten sorgen.
Die neue Verordnung ist eine zentrale Voraussetzung für die sogenannten **Umweltzonen**, die viele Städte im Kampf gegen den **Feinstaub** und andere Luftschadstoffe einrichten wollen.

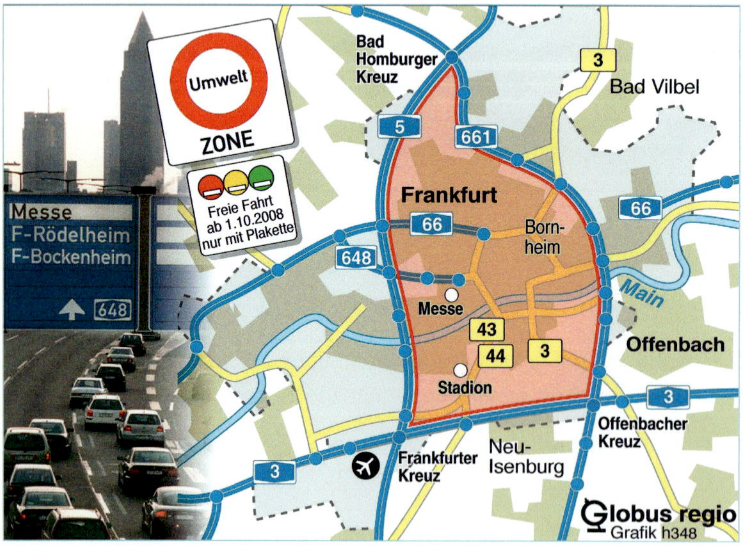

M 2 Umweltzone in Frankfurt

Besonders hoch emittierende Fahrzeuge (wie Dieselfahrzeuge ohne Partikelfilter* und Pkw mit Benzinmotoren, aber ohne Katalysator) werden nach der neuen Regelung keine Plakette erhalten – sie dürfen also nicht in die Umweltzone fahren.

Schadstoffklassen

Je nach europäischer Schadstoffklasse (EURO 1 bis 4) erhalten die Fahrzeuge eine rote, gelbe oder grüne Plakette.
Halter eines Dieselfahrzeugs können durch nachträglichen Einbau eines Partikelminderungssystems jedoch die Einstufung ihres Diesel-Fahrzeuges verbessern.
Für „Benziner" gibt es nur zwei Einstufungen: Schadstoffgruppe 1 (keine Plakette) – für Fahrzeuge schlechter als EURO 1 – und Schadstoffgruppe 4 (grüne Plakette) für alle übrigen Fahrzeuge, die einen geregelten Katalysator haben.

Feinstaub

Als „Feinstaub" bezeichnet man Teilchen in der Luft, die nicht sofort zu Boden sinken, sondern eine gewisse Zeit in der Atmosphäre verweilen. Diese winzigen Teilchen (Partikel) sind mit bloßem Auge nicht wahrzunehmen. Lediglich während bestimmter Wetterlagen kann man Feinstaub im Freien in Form einer „Dunstglocke" sehen.
Feinstaub ist allerdings auch in geschlossen Räumen (egal ob privat oder gewerblich genutzt) zu finden.
Spitzenwerte der Feinstaubbelastung in der Außenluft treten an Orten auf, die entweder durch ein hohes Verkehrsaufkommen – insbesondere bei hoher Bebauung in sogenannten „Straßenschluchten" – oder industriell geprägt sind. Dies ist vor allem in städtischen Ballungsräumen und am Rande von Industriegebieten der Fall. Niedrige Feinstaubwerte werden üblicher-

weise in ländlichen Räumen – fernab von Emissionsquellen – gemessen.
Großräumig treten erhöhte Feinstaubwerte von Zeit zu Zeit auf, wenn Feinstaub – z.B. aus der Sahara oder von Waldbränden in der Ukraine – nach Deutschland transportiert wird oder meteorologische Bedingungen wie niedrige Windgeschwindigkeit und bestimmte winterliche (windstille) Wetterlagen vorherrschen, die zu einer Anreicherung von Feinstaub in den unteren Luftschichten führen.

Feinstaub – ein Gesundheitsrisiko

Es ist erwiesen, dass das Einatmen von Feinstaub negativ auf den Gesundheitszustand des Menschen wirkt. Dies ist nicht nur dann der Fall, wenn sich an der Oberfläche von Stäuben gefährliche Stoffe anlagern. Auch die Staubpartikel selbst stellen ein Gesundheitsrisiko dar: Je kleiner die Staubpartikel sind, desto größer ist das Risiko zu erkranken. Kleine Partikel dringen nämlich tiefer in die Atemwege ein als größere. Dadurch gelangen sie in Bereiche, von wo sie beim Ausatmen nicht wieder ausgeschieden werden. Sie sind deshalb besonders gesundheitsschädlich.
Äußerst feine Partikel können sogar über die Lungenbläschen in die Blutbahn vordringen und sich über das Blut im Körper verteilen.
Die Weltgesundheitsorganisation (WHO) hat in Untersuchungen festgestellt, dass es keine Feinstaubkonzentration gibt, unterhalb derer keine schädigende Wirkung zu erwarten ist. Hierin unterscheidet sich Feinstaub von vielen anderen Schadstoffen wie Schwefeldioxid oder Stickstoffdioxid, für die man Werte angeben kann, unter denen keine schädlichen Auswirkungen zu erwarten sind.

M4 Feinstaubmessung in Frankfurt

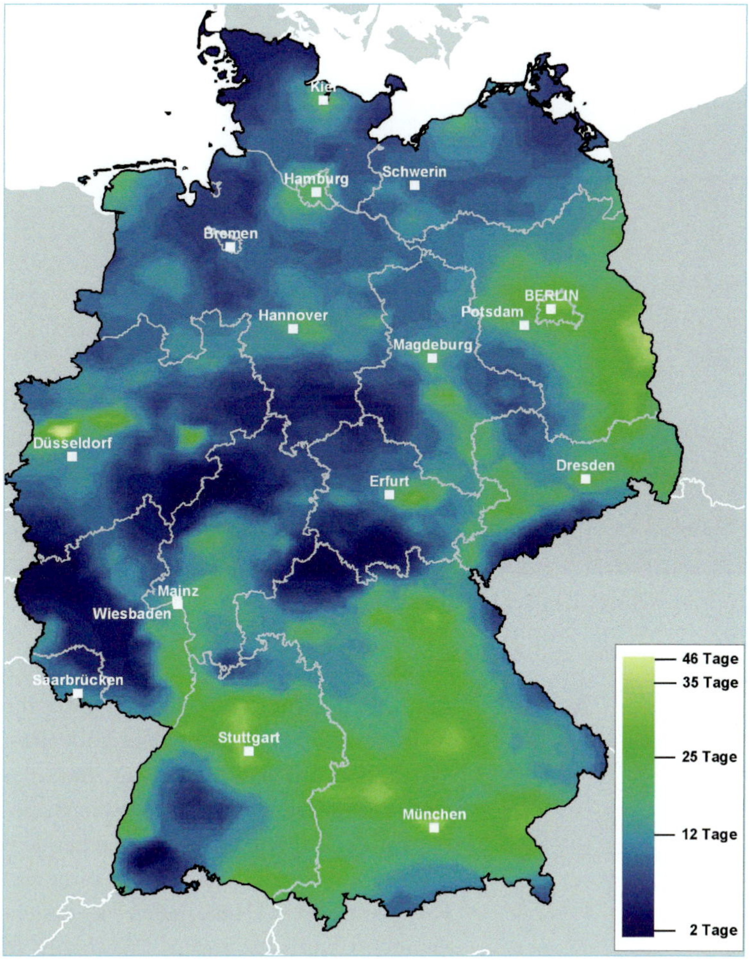

M5 Partikelkonzentration > 50 µ/m³ (2006 – Zahl der Tage)

Grenzwert beim Feinstaub

Ein Tagesmittelwert von 50 µg/m³ darf jährlich nicht öfter als 35 mal erreicht werden.

1. Erläutere die Bedeutung von Umweltzonen im Zusammenahng mit Feinstaub (M 1–M 5, Text).
2. Finde heraus, welche Gemeinden in Hessen Umweltzonen eingerichtet haben.
3. M 5: Wo befinden sich die Räume mit den größten Feinstaubkonzentrationen. Erkläre, ob es sich durchweg um Ballungsräume handelt.

Auto-mobil in die Zukunft?

M 1 Verkehrsstau in der Innenstadt

Mit dem Auto in die Zukunft?

Ein Leben ohne Auto können sich die meisten von uns gar nicht mehr vorstellen. Wir haben uns daran gewöhnt, dass das eigene Auto jederzeit zum Einsteigen bereit vor der Tür steht. Wir können bequem direkt zu unserem Ziel fahren, ohne auf Fahrpläne oder Haltestellen Rücksicht nehmen zu müssen. Deshalb wird auch in Zukunft der Individualverkehr – der durch private Fahrzeuge hervorgerufene Verkehr – weiter zunehmen.

Der Verkehr der Zukunft wird sich aber einigen Problemen stellen müssen:

- Erdöl ist nicht unbegrenzt verfügbar.
- Immer mehr Menschen weltweit fahren Auto und verbrauchen Energie.
- Die Autoabgase schädigen die Umwelt und das Klima.
- Der immer dichter werdende Verkehr muss sinnvoll gelenkt werden.

Autos ohne Benzin – die Lösung?

Erdöl gehört zu den Rohstoffen, die nicht nachwachsen und somit nicht erneuerbar sind. Gegenwärtig geht man davon aus, dass die Versorgung mit Erdöl nur noch einige Jahrzehnte gesichert sein wird. Deshalb entwickeln alle Automobilproduzenten neue Motoren, die ohne Benzin betrieben werden.

Heute schon auf dem Markt sind kleine Elektroautos, die jedoch mit einer Batteriefüllung noch keine große Reichweite haben und deshalb hauptsächlich in Städten eingesetzt werden.

Dieselkraftstoffe werden immer häufiger durch Biodiesel ersetzt – ein Kraftstoff, der aus pflanzlichen und somit erneuerbaren Rohstoffen gewonnen wird. Da sich damit gute Geschäfte machen lassen, werden weltweit immer mehr Felder zum Anbau der Rohstoffe für Biodiesel genutzt. Das Ackerland geht für den Anbau von Nahrungspflanzen verloren, was zu stark gestiegenen Lebensmittelpreisen geführt hat. Gerade in den armen Ländern der Erde sind die Menschen deshalb noch mehr als zuvor vom Hunger bedroht.

Noch in der Entwicklung sind Autos, die durch Brennstoffzellen angetrieben werden. Der Rohstoff für die Brennstoffzelle ist Wasserstoff, der unter anderem in Wasser vorkommt.

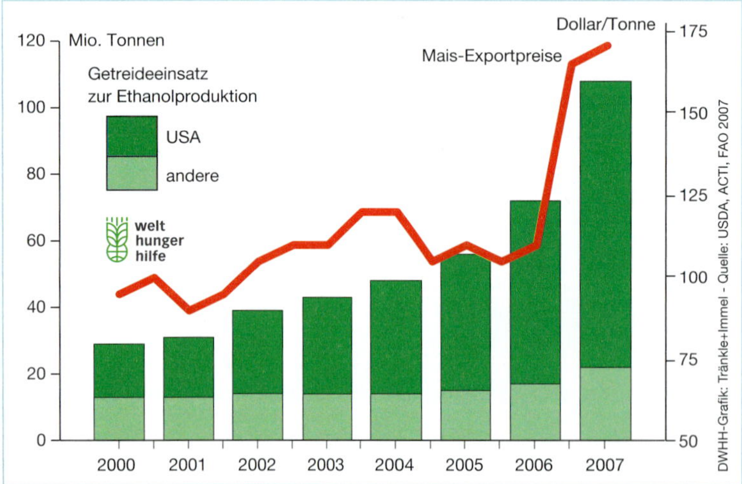

M 2 Benzin aus Getreide – Mangel an Nahrungsmitteln

Mobil – ohne Auto?

Energiesparende und umweltfreundliche Alternativen zum eigenen Auto sind der öffentliche Personennahverkehr (Busse, U- und S-Bahnen, Straßenbahn) und die Bahn. Diese Verkehrsmittel haben jedoch den Nachteil, dass man sich an Fahrpläne halten muss und der direkte Transport von Tür zu Tür in der Regel nicht möglich ist. Beim Umsteigen muss man häufig mit längeren Wartezeiten rechnen. Eine Forderung an den öffentlichen Personennahverkehr der Zukunft lautet deshalb, dass die einzelnen Verkehrsträger optimal aufeinander abgestimmt sein müssen und in kurzen Zeitspannen fahren (zum Beispiel alle 10 Minuten), damit möglichst wenig Zeit durch das Umsteigen verlorengeht.

Der Architekt und Städteplaner Peter Haimerl wollte diese Fragen lösen: Wie können wir mobil sein, ohne im Stau zu stehen? Wie befreien wir unsere Städte von den vielen parkenden und fahrenden Autos? Was kann man gegen die vielen Abgase tun? Herausgekommen ist Zoomtown. […] Die Autos hat er abgeschafft und sie durch sogenannte „Floater" ersetzt. Das sind kleine, leichte, elektrobetriebene Fahrzeuge, die maximal 30 km/h schnell fahren. Für jeden Zweck und jeden Geschmack gibt es solche Geräte: z. B. ganz leicht und flexibel wie ein Segway. Das ist ein sich selbst balancierender Roller mit einer Radachse, der eine Person befördern kann. […] Sein Zoomtown-Konzept umfasst noch mehr: Da gibt es auch noch den „Zoomliner". Das ist ein Hochgeschwindigkeitszug, in den jeder seinen Floater mit hinein nehmen kann – sozusagen das Fahrzeug im Fahrzeug. Darum ist es auch egal, wenn der Floater nur maximal 30 km/h schafft. Mit ihm muss man nur kurze Strecken fahren – bis zur nächsten Zoomliner-Station. […]
Haimerl will das Zoomliner-Netz so engmaschig knüpfen, dass keiner weiter als zwei Kilometer fahren muss, um eine Zoomliner-Station zu erreichen. Zwischen den Metropolen fahren die „Zoomliner" mit 400 km/h. […]

Arno Trümper, www.daserste.de, 30. 03. 2008

M3 Zoomtown – Stadt der Zukunft

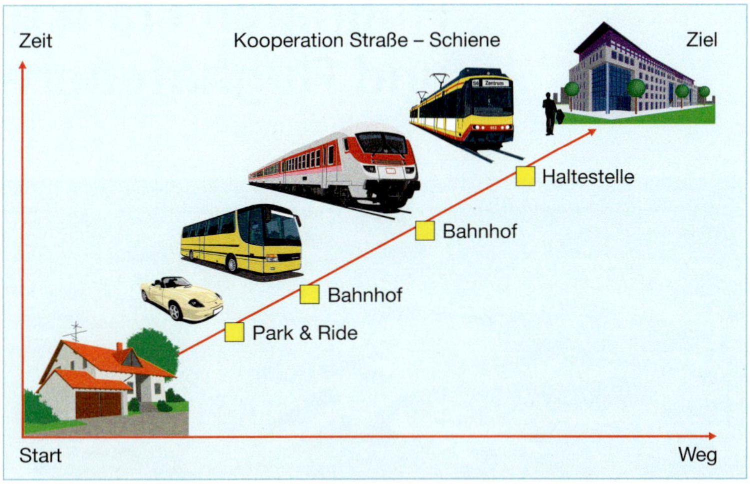

M4 Mit dem öffentlichen Personennahverkehr unterwegs

M5 Mit dem Segway unterwegs in der Stadt

1 Beschreibe den Stadtverkehr heute. Nenne alle Verkehrsmittel, die daran beteiligt sind. Welche Verkehrsmittel sind stark vertreten (M 1)?

2 Berichte, wie die Automobilindustrie darauf reagiert, dass das Erdöl immer knapper und teurer wird (Text).

3 „Hunger durch den Durst der Autos" – erläutere diese Schlagzeile (M 2).

4 Erstelle eine Tabelle mit Vor- und Nachteilen des öffentlichen Personennahverkehrs und stelle danach zusammen, welche Voraussetzungen er erfüllen sollte (M 4, Text).

5 Diskutiert umweltgerechte Alternativen zum Individualverkehr.

6 Segway oder Floater als Nahverkehrsmittel? – kannst du dir das für die Zukunft vorstellen? Begründe (M 3, M 5).

Flughafen Frankfurt am Main und Flughafenerweiterung

M 1 Der Flughafen Frankfurt am Main

http://www.fraport.de

In einer Pressemitteilung vom Ende März 2009 informiert die Betreibergesellschaft des Frankfurter Flughafens (Fraport) darüber, dass mit Aufnahme des Sommerflugplans 304 Ziele in 106 Ländern angesteuert sowie 4400 Passagier- und 210 Cargoflüge (Luftfracht und Luftpost) wöchentlich durchführt werden.

In Bezug auf das Passagieraufkommen steht der Flughafen Frankfurt im weltweiten Vergleich auf Rang vier (knapp hinter dem Amsterdamer Flughafen). Beim Cargo-Aufkommen war der Frankfurter Flughafen im Jahr 2007 mit 2,2 Millionen Tonnen die Nummer zwei in Europa – hinter Paris (2,3 Mio. t) – und weltweit die Nummer acht.

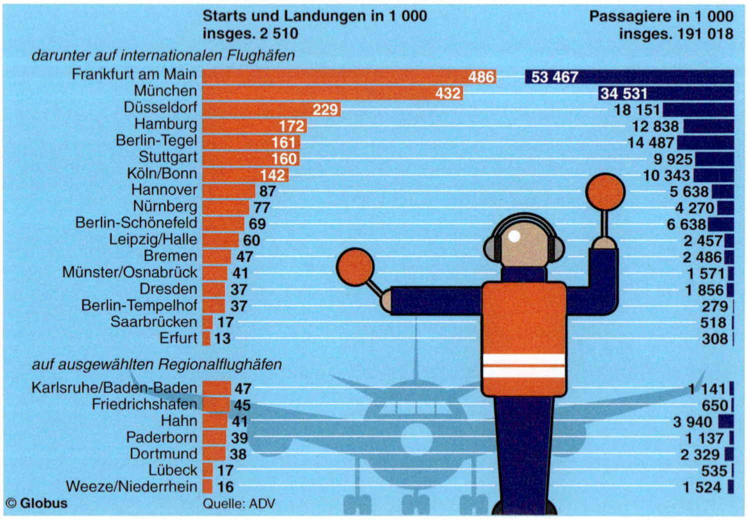

M 2 Deutschlands Flughäfen im Jahr 2008

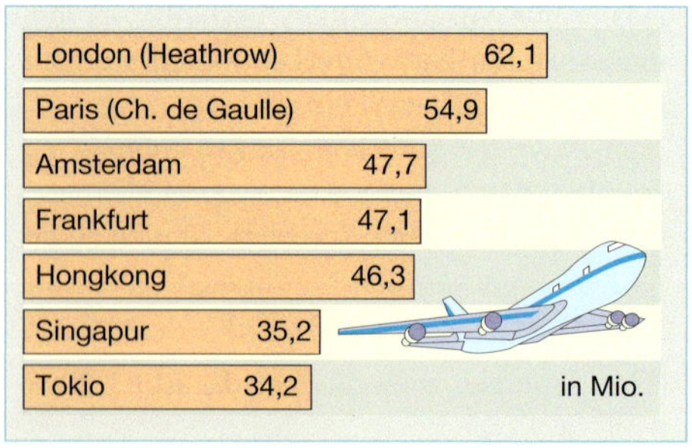

M 3 Passagiere (2007)

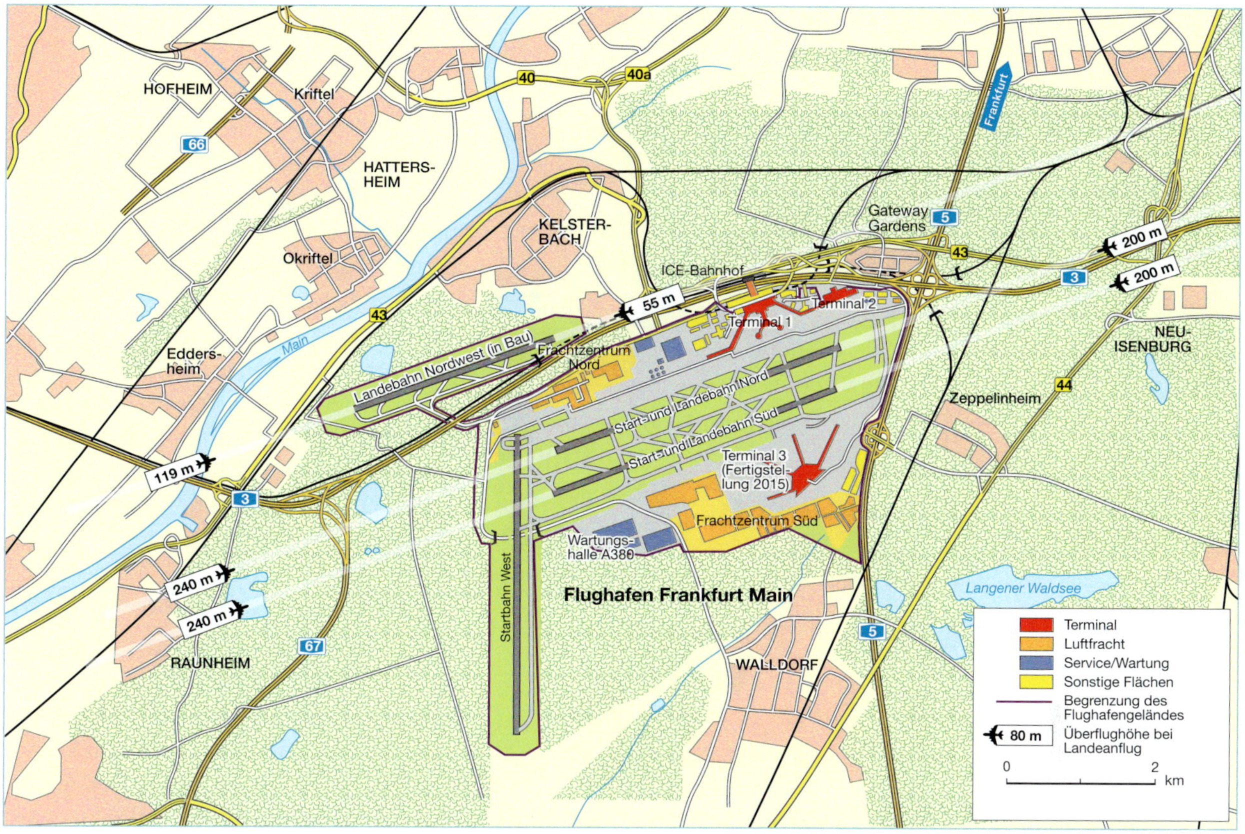

M4 **Bestand und Planungen am Flughafen Frankfurt am Main**

Flughafenerweiterung

Die Betreibergesellschaft sieht in einer Erweiterung eine notwendige Maßnahme, um den Flughafen für die Zukunft im globalen Wettbewerb zu ertüchtigen. Hierfür sind ihrer Ansicht nach der Bau einer neuen Landebahn im Nord-Westen des Flughafens sowie eines dritten Passagierterminals auf dem Gelände der ehemaligen US-Air Base im Süden des Airports geplant. Im Jahr 2020 sollen so bei jährlich etwa 700 000 Flugbewegungen bis zu 88 Millionen Passagiere abgefertigt werden können. Vorgesehen ist eine neue Landebahn Nord-West mit einer geplanten Länge von 2800 Metern, die zum Winterflugplan 2011/2012 fertiggestellt werden soll. Darüber hinaus soll ein neues Terminal (3) mit 75 Abstellpositionen für Flugzeuge gebaut werden, dessen Fertigstellung abschnittweise bis 2015 geplant ist.

Der Flughafen als Arbeitgeber

Nach Angaben der Fraport waren im Jahr 2006 durchschnittlich mehr als 17 000 Mitarbeiter/-innen (ohne Auszubildende und freigestellte Mitarbeiter/-innen) im Konzern* in Frankfurt beschäftigt.

Insgesamt arbeiteten rund 68 500 Menschen (Stand August 2006) bei über 500 Firmen und Institutionen auf dem Frankfurter Flughafen.

***Konzern**
Zusammenschluss mehrerer rechtlich selbstständiger Unternehmen zu einer wirtschaftlichen Einheit

1 Berichte über Hintergund und Umfang der geplanten Flughafenerweiterung in Frankfurt (Text, M4).

2 Ordne den Frankfurter Flughafen im Weltvergleich ein (Text, M 2/M 3).

3 Nimm Stellung zum Thema: „Der Flughafen als Arbeitgeber" (Text).

4 Erstelle eine Liste von Fakten, welche wirtschaftliche Bedeutung ein Flughafen für eine Metropole hat. Gehe dabei auch auf den Personen- und den Cargoverkehr ein.

Bürger protestieren

M 1 Protest... 2005 (Zehntausende Einwendungen in Kartons)

M 2 Protest... 2007 (vor der Staatskanzlei in Wiesbaden)

M 3 Protest... 2009 (Pressekonferenz am 23.03.2009 in Kelsterbach)

Lärm – im Allgemeinen

Nach Informationen des Umweltbundesamtes ist Lärm Spitzenreiter bei den Nennungen zu äußersten oder starken Belästigungen bzw. Störungen zu finden. Von hundert Befragten nennen 17 Verkehrslärm, sieben Fluglärm, sechs Lärm von Nachbarn, fünf Schienenverkehrslärm sowie vier Industrie- und Gewerbelärm. Nur Autoabgase mit 16 Nennungen (Rang 2) sowie Abgase und Abwässer von Fabriken (5 Nennungen und Rang 5) haben nichts mit Lärm zu tun.

Fluglärm – im Besonderen

Infolge seiner hohen Zahl von Flugbewegungen (Starts und Landungen) ist das Thema „Fluglärm“ schon jetzt (vor einem Ausbau) aufs Engste mit dem Frankfurter Flughafen verbunden. Besonders betroffen sind die Kommunen in direkter Verlängerung der beiden parallelen Start- und Landebahnen, auf denen die meisten Flugbewegungen durchgeführt werden.

Da weltweit (aufgrund flugtechnischer Gegebenheiten) immer „gegen den Wind“ gestartet und gelandet wird, kann ein Flughafen nicht „nach Belieben“ Start- und Landebahnen nutzen.

Im langjährigen Durchschnitt der Windverhältnisse herrscht in rund 75 Prozent der Zeit eine West-Betriebsrichtung, d. h., vom Parallelbahnsystem wird in Richtung Westen gestartet und von Osten her gelandet. In der restlichen Zeit verlaufen die Flugbewegungen umgekehrt. Von der („Nur-“)Startbahn West Richtung Süden starten – weniger abhängig von den Windverhältnissen – etwa sechs von zehn Flugzeugen.

In der West-Betriebsrichtung wirkt sich der Fluglärm insbesondere auf die Stadtgebiete östlich von Mainz (Gustavsburg, Rüsselsheim und Raunheim), in der Ost-

Betriebsrichtung über Frankfurt, Offenbach am Main und Hanau aus.

Abhängig von den Verkehrsverhältnissen und Tageszeiten (Nacht/Tag) sind Flugzeuge nach dem Start (oder beim Landeanflug) auf verschiedenen, aber streng festgelegten Flugrouten (sog. „Korridore" = Verkehrswege in Ballungsräumen) unterwegs, die ihnen die Fluglotsen anweisen. Auch deswegwen tritt Fluglärm in bestimmten Gebiete geballt auf.

Messung von Fluglärm

Die Messung von Fluglärm ist ein komplexes Thema. Ein zentraler Begriff ist in diesem Zusammenhang der „äquivalente Dauerschallpegel": Diese Kenngröße berücksichtigt den maximalen Schallpegel eines Einzelgeräusches sowie Dauer und Häufigkeiten der Einzelgeräusche. Sie wird in „Dezibel" – dB(A)* – angegeben. Unter Berücksichtigung von Bewertungsfaktoren für Tag und Nacht sind nach dem Fluglärmgesetz die Fluglärmereignisse der verkehrsreichsten sechs Monate eines Jahres zu summieren (in Frankfurt i. d. R. Mai bis Oktober) und über diesen Zeitraum zu mitteln.

Nähe zum Flughafen Frankfurt

Die Nähe zu einem Flughafen kann nicht nur ein wirtschaftlicher Standortortvorteil sein, sondern sie kann auch zu einer Belastung für Mensch und Umwelt werden.

Raunheim ist nach Darstellung des Statistischen Landesamtes die jüngste Stadt Hessens (dortiger Durchschnitt: 38,5 Jahre (Stand 2007), Landesdurchschnitt: 42,7 Jahre) und auch eine schnell wachsende Stadt (vgl. S. 265 M 5) in der Nähe zum Frankfurter Flughafen.

Bei bestimmten Windverhältnissen fliegen die Flugzeuge in ca. 300 Metern Höhe über die Stadt. Infolgedessen gehört Raunheim zu den am stärksten durch Fluglärm belasteten Kommune im Bereich des Frankfurter Flughafens.

M 4 Nach einem Landeanflug über Raunheim (im Mai 2006)

Bürgerinitiativen

Gegen einen Flughafenausbau in Frankfurt kämpfen schon seit Jahrzehnten zahlreiche Bürgerinitiativen und andere Interessengruppen. Dabei spielt das Problem des Fluglärms eine wichtige Rolle.

Aber auch andere Aspekte wie Luftverunreinigungen (Abgase und Reifenabriebe landender Flugzeuge), Flugsicherheit sowie Flächenumwidmungen (Abholzungen und Umwandlung naturnahen Raumes in Siedlungsfläche, Flächenversiegelungen) stehen im Mittelpunkt der Diskussionen.

***dB(A)**
„dB" ist eine Abkürzung für „Dezibel" einem Maß u. a. zur Erfassung von Schalldruckpegeln; das „A" in Klammern zeigt an, dass zur Messung ein bestimmter Filter (hier: A) verwendet wurde

http://www.flughafen-bi.de/

http://www.fraport.de

1 Stelle mithilfe des Textes das Phänomen „Lärm" als eine „besondere Umweltbelastung" heraus.

2 Erläutere den Zusammenhang von Fluglärm-Messung und „äquivalentem Dauerschallpegel" (Text).

3 Informiere dich über aktuelle Aktivitäten der Bürgerinitiativen und Interessengruppen im Zusammenhang mit dem Flugfhafenausbau (Text, M1–M3) und berichte darüber.

4 M4: Welches Ereignis könnte diesem Foto vorausgegangen sein? Begründe deine Antwort.

5 Führt eine Pro-und-Kontra-Diskussion durch. Thema: „Flughafenerweiterung in Frankfurt – ja oder nein?"

Berlin – ein „alter" Ballungsraum

M 1 Berlin-Charlottenburg um 1900

Eine große **Zuwanderung** erlebte Berlin im 19. Jahrhundert. Aus allen Teilen des Deutschen Reichs zogen Menschen in diese Stadt. Aus ländlichen Gebieten stammend erhofften sie sich, Arbeit und Wohlstand zu finden. Bis 1875 kamen über 80 000 Menschen aus Schlesien, beinahe 60 000 aus Pommern, über 50 000 aus Ost- und Westpreußen, über 40 000 aus Posen. Eine besondere Sogwirkung übte Berlin auf **Brandenburg** aus. In der zweiten Hälfte des 19. Jahrhunderts verließen hier knapp 190 000 Menschen ihre Wohnorte, um nach Berlin zu ziehen.

Schon bald nach der Bildung **Groß-Berlins** im Jahr 1920 dehnte sich die Stadt als Siedlungsgebiet über die neue Gemeindegrenze hinweg ins Umland aus. Bis zum Ausbruch des Zweiten Weltkriegs erfasste die Siedlungstätigkeit große Flächen.

Im Berliner **Umland**, so wird geschätzt, waren Siedlungsflächen für mehr als zwei Millionen Interessenten in Planung. Die Einwohnerzahl erreichte vor dem Zweiten

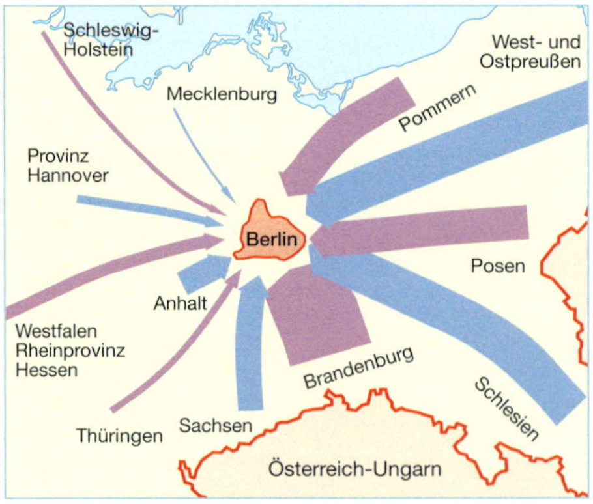

M 2 Herkunft der Berliner (Ende 19. Jahrhundert)

M 3 Dichte Blockbebauung in Berlin

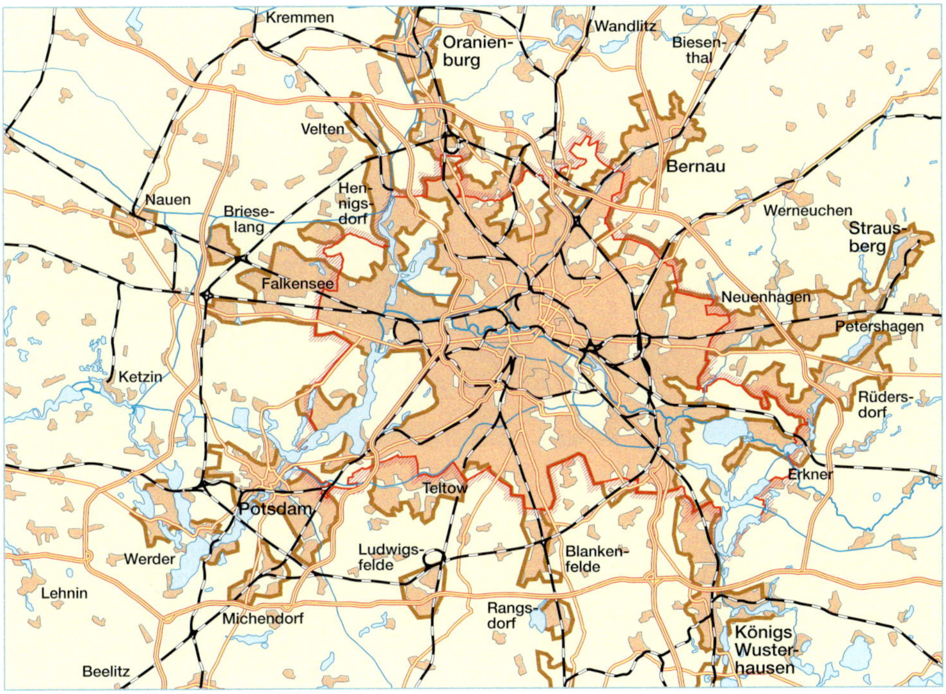

M4 **Der Berliner „Siedlungsstern"**

Weltkrieg mit 4,3 Millionen in der Kernstadt und rund 900 000 im Umkreis von 50 Kilometern um die Stadtgrenze ihren bis heute nicht wieder erreichten Höhepunkt.

Viele der **Umlandgemeinden** waren durch Busse, Straßenbahnen und Vorortzüge angebunden. Durch die Elektrifizierung der S-Bahn ab Mitte der 1920er-Jahre waren die Siedlungen nun wesentlich schneller zu erreichen, sodass wachsende Ansprüche an eine bessere Wohnumgebung ermöglicht werden konnten.

Das **Wohnen im Grünen** wurde eine reizvolle Vorstellung für viele Berliner. Zudem konnten im Umland die Lebenshaltungskosten gesenkt werden. Somit ergab sich gleichsam eine umgekehrte Zuwanderung aus Berlin ins Umland. Diese „nach außen gerichtete" Zuwanderung war auch eine Folge der Verdrängung von Wohnbevölkerung aus der rasch wachsenden Berliner Innenstadt.

Die Zahl der **Arbeitspendler** stieg bis zum Zweiten Weltkrieg um etwa 100 000 auf schätzungsweise eine Viertelmillion, das waren fast zwei Drittel der Erwerbstätigen im Umland.

Ende der 1930er-Jahre war die Flächenausdehnung des Ballungsraums etwa doppelt so groß wie das Stadtgebiet Berlins innerhalb der Verwaltungsgrenze von 1920.

Die Ausdehnung der Siedlungsfläche war auch bedingt durch eine **„Randwanderung" der Industrie** in den 1930er-Jahren. Diese erneute Randwanderung zielte auf die vielen schon bestehenden Industrieansiedlungen im Berliner Umland.

1 Beschreibe die dichte Blockbebauung Berlins um 1900 (M 1/M 2).

2 Erläutere die Zuwanderung nach Berlin sowie das Kartogramm M 3.

3 Erkläre die Stadt-Umland-Beziehung zwischen Berlin und Brandenburg (Stichworte: „Wohnen im Grünen" und „Randwanderung der Industrie") sowie die dafür geeigneten Verkehrsanbindungen (Text).

4 Beschreibe den Berliner „Siedlungsstern" und vervollständige die noch fehlende Zeichenerklärung (Legende) zur Karte mithilfe einer Atlaskarte (M 4).

Berlin – auf dem Weg in die Zukunft

M1 Am Potsdamer Platz 1990 …

M2 … und 2009

M3 Universal Music

Die über viele Jahrzehnte geteilte Stadt Berlin stand nach der **Wiedervereinigung** (vgl. Kapitel 9) vor vielen großen planerischen Aufgaben. Beide Stadthälften mussten zu einer funktionierenden Einheit zusammengeführt werden. Auch mit dem Bundesland Brandenburg, in dessen Zentrum die Stadt sich befindet, mussten abgestimmte raumplanerische Maßnahmen entwickelt werden.
Äußerst positiv für die Entwicklung Berlins wirkte sich der sogenannte **Hauptstadtbeschluss** des Deutschen Bundestages vom 20. Juni 1991 aus.
Die Verlegung des Bundestagssitzes von Bonn nach Berlin führte nicht nur zu einem Umzug des Parlaments und zahlreicher Ministerien (Bundesbehörden), sondern auch viele Verbände zogen nach und nach an die Spree.

Mediaspree

„Mediaspree" ist eine der Berliner Zukunftskonzeptionen*, die aus den 1990er-Jahren stammt. Ziel dieser Planungen ist es, Medienunternehmen sowie Unternehmen der Kommunikationsbranche entlang eines Teils des Spreeufers anzusiedeln. Auf zahlreichen bislang noch nicht oder nicht mehr genutzten Grundstücken sollen auch dazu passende Neubauten und/oder attraktive Umbauten (Büros, Lofts*, Hotels) entstehen. Einige Medienunternehmen sind inzwischen hierher gezogen – so die Deutschlandzentralen des Musikkonzerns Universal Music und des Fernsehsenders MTV.

Potsdamer Platz

Auf einer teilungsbedingten Brachfläche wurde ebenfalls in den 1990er-Jahren der Potsdamer Platz neu bebaut.

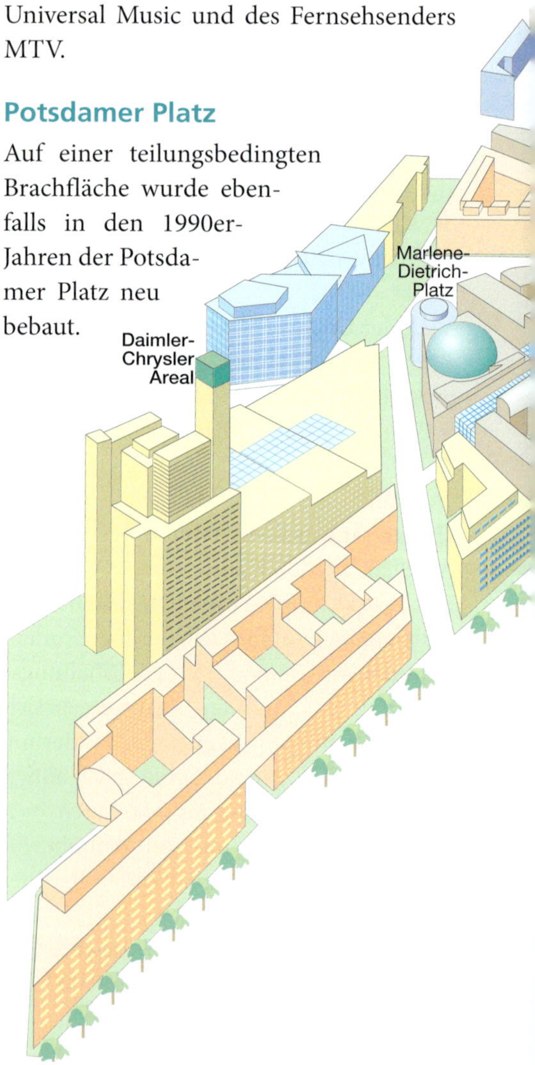

***Konzeption**
geistiger oder künstlerischer Einfall; Entwurf eines Werkes

***Loft**
Kurzform von „Loftwohnung" (Lagerraum oder gewerblicher Raum, der in eine Wohnung umfunktioniert wurde)

Im geographischen Zentrum Berlins wurden Hochhäuser verschiedener namhafter Architekten errichtet, die aufgrund ihrer Gebäudehöhe und baulichen Verdichtung manch einen an Großstädte in den USA erinnern. Es entstanden hier zahlreiche Arbeitsplätze des Dienstleistungsgewerbes (u. a. ein Spielcasino, Luxushotels, Kinos und ein großes Einkaufszentrum). Auch hier haben Großunternehmen wie die Deutsche Bahn AG und SONY ihre Deutschlandzentralen eingerichtet.

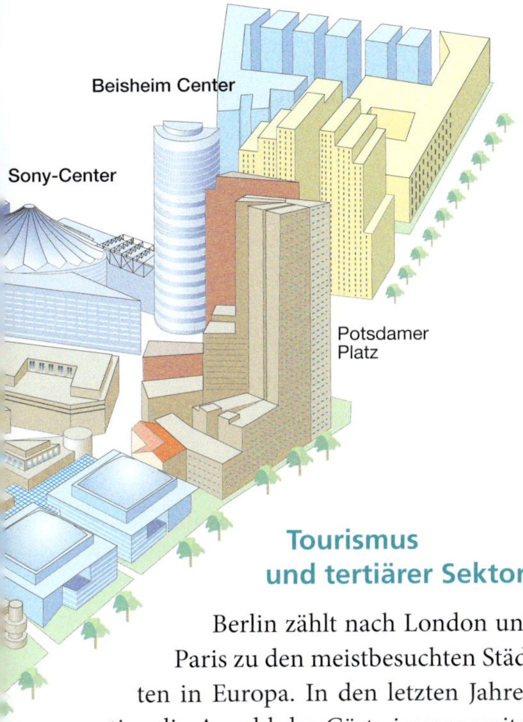

Tourismus und tertiärer Sektor

Berlin zählt nach London und Paris zu den meistbesuchten Städten in Europa. In den letzten Jahren stieg die Anzahl der Gäste immer weiter an. 2007 wurden mehr als 17 Millionen Übernachtungen in Berliner Beherbergungsbetrieben gezählt (7,5 Mio. Gäste). Es wird geschätzt, dass jährlich rund 140 Millionen Tagesbesucher in diese Stadt kommen.

Als Kongressveranstalter nimmt Berlin im weltweiten Vergleich den zweiten Rang ein. Das Berliner ICC (Internationales Congress Centrum) ist das größte Konferenzzentrum in Europa.

Im Laufe der letzten Jahre entstanden viele Arbeitsplätze im tertiären Sektor, die Zahl der Arbeitsplätze im verarbeitenden Gewerbe nahm hingegen ab.

Beide Teile Berlins (Berlin-West und die Hauptstadt der DDR Berlin-Ost) kamen im geteilten Deutschland in den Genuss vieler Bevorzugungen und finanzieller Unterstützungen (Subventionen).

Eine sogenannte „Berlinzulage“ (1974 bis 1994) war zu Zeiten der Deutschen Teilung ein staatlicher Zuschuss zu Lohn oder Gehalt für alle in West-Berlin beschäftigten Arbeitnehmer. Sie wurde als Ausgleich für die längeren Wege ins „Umland“ und die durch längere Transportwege der Waren bedingten höheren Lebenshaltungskosten gezahlt. Längst steht auch Berlin in einem globalisierten Wettbewerb und muss sich dort – nach dem Wegfall vieler Zuschüsse – mehr oder minder „aus eigener Kraft“ behaupten.

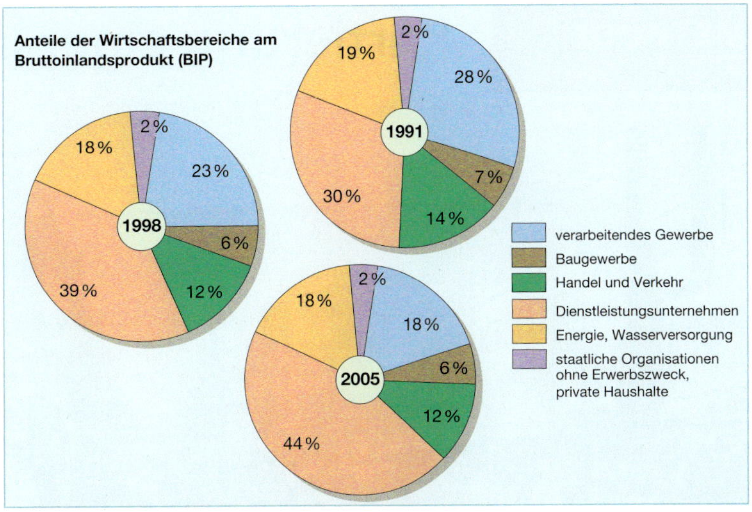

M4 **Wirtschaftlicher Strukturwandel Berlins**

1 Fasse kurz mündlich zusammen, welche unmittelbaren Auswirkungen die Wiedervereinigung Deutschlands für Berlin hatte.

2 Mediaspree und Potsdamer Platz – welche städteplanerischen Ideen stecken dahinter (M1–M3, Text)?

3 Werte M4 aus und berichte – auch mithilfe des Textes – über den wirtschaftlichen Strukturwandel Berlins.

4 Erläutere den Begriff „Berlinzulage“ – was wurde daraus?

METHODE

Kartierung einer Innenstadt

M1 In einer Fußgängerzone

- Kaufhaus/Warenhaus
- Einzelhandel für den täglichen Bedarf (z. B. Bäcker, Lebensmittel)
- Einzelhandel für den mittelfristigen Bedarf (z. B. Geschenkartikel, Kosmetik, Schuhe, Bekleidung, Schreibwaren, Arzneiartikel)
- Gaststättengewerbe (z. B. Restaurant, Hotel, Café, Imbiss)
- Vergnügungsbetriebe (z. B. Kino, Spielhalle, DVD-Verleih)
- private Dienstleistungen (z. B. Arzt, Architekt, Anwalt, Friseur, Reinigung, Reisebüro, Steuerberater, Versicherung, Bank)
- öffentliche Dienstleistungen (z. B. Stadtverwaltung, kirchliche Einrichtung, Polizei, Rotes Kreuz)

M2 Einteilungen nach Branchen*

*Branche (aus der französischen Sprache: *branche* = Zweig) Geschäfts- bzw. Gewerbezweig

Eine **Kartierung** ist eine zumeist zeichnerische Verarbeitung von raumbezogenen Informationen.
Sinn einer Kartierung ist es, die Eigenschaften eines Gebietes so darzustellen, dass schnell Zusammenhänge, Ähnlichkeiten und Strukturen zu erkennen sind. Zu diesem Zweck ist es nützlich, verschiedene Farben einzusetzen.

Die Kartierung einer Innenstadt kann hilfreich sein, um die verschiedenen Dienstleistungen gut sichtbar zu machen.
Eine vorherige Einteilung nach Branchen und/oder eine Festlegung auf bestimmte Nutzungsschwerpunkte (z. B. „Friseur" – auch wenn dort noch zusätzlich Haarpflegemittel verkauft werden) bewahrt davor, sich beim Kartieren zu verzetteln bzw. den

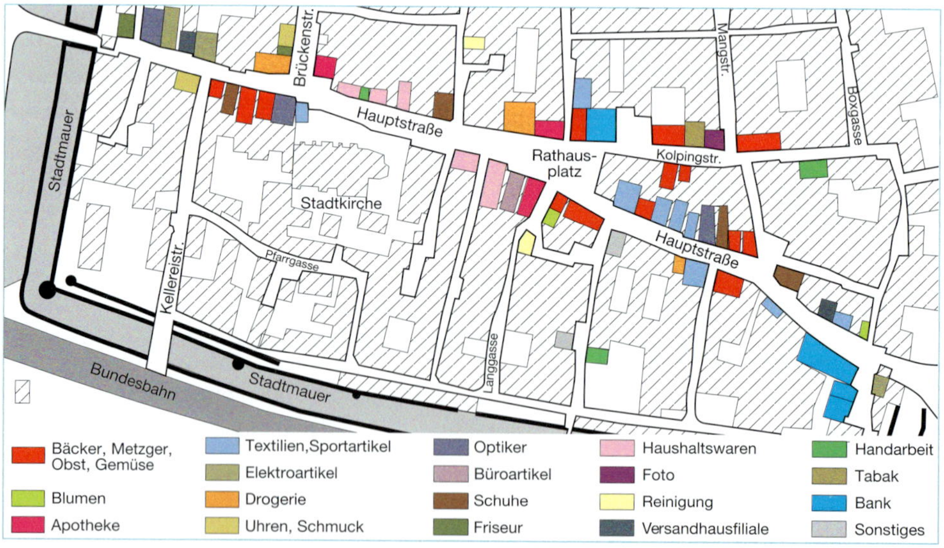

M3 Ergebnis der Kartierung einer Geschäftsstraße (Erdgeschossnutzungen)

M4 Firmenschilder

M5 Mehrgeschossige Nutzung eines Geschäftshauses

Überblick zu verlieren. Im Anschluss an eine solche Einteilung werden Signaturen (Kartenzeichen) festgelegt.

Grad der Kartierung

Je nachdem, wie detailliert eine Kartierung durchgeführt werden soll, wird die Auswahl der Arbeitsmittel getroffen.

Ist die Kartierung der Erdgeschossnutzungen beabsichtigt, bietet es sich an, eine Grundkarte zu verwenden, in der bereits Straßen sowie Gebäudegrundrisse dargestellt sind, und darin weitere Eintragungen vorzunehmen (vgl. M3). Es kann jedoch auch nützlich sein, selbst eine Straßenskizze mit Schaufensterfronten anzufertigen und für die Kartierung zu verwenden.

Sollen auch die (gewerblichen bzw. nichtgewerblichen) Nutzungen über das Erdgeschoss hinaus kartiert werden, ist die Verwendung einer schematischen Skizze (auf kariertem Papier) empfehlenswert.

Gerade bei der Einbeziehung höherer Gebäude-Etagen können Firmenschilder hilfreich sein, die sich oft von außen sichtbar an Eingängen befinden (vgl. M4).

Im Rahmen der Kartierung einer Innenstadt sind genaueste statistische Angaben nicht möglich. So werden weder die Größen der Unternehmen (z. B. Verkaufsfläche) noch die Zahl der Beschäftigten oder die Kundefrequenz (Anzahl der Kunden in einer bestimmten Zeiteinheit) erhoben. Die Kartierung einer Innenstadt dient in erster Linie einer aktuellen Bestandsaufnahme und Festellung einer Branchenpräsenz (welches Gewerbe ist in welchen Straßen der Innenstadt vertreten).

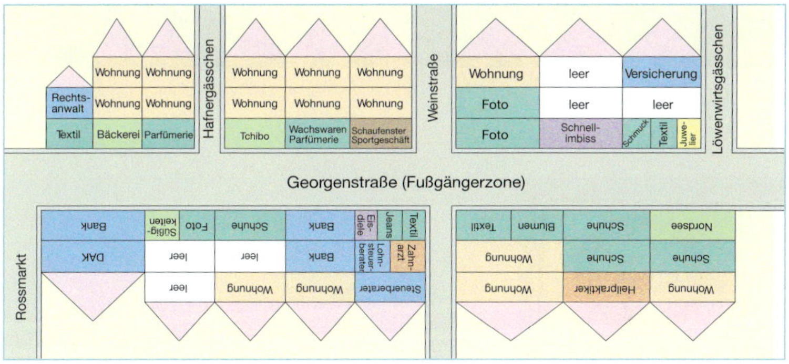

M6 Mehrgeschossige Kartierung einer Geschäftsstraße

1 Lassen sich im Ergebnis der Kartierung einer Geschäftsstraße, wie sie M3 zeigt, räumliche Nutzungsschwerpunkte erkennen?

2 Wie (in welche Branche) würdest du ein Geschäft einordnen, in dem es außer Kaffee Kleidung, Geräte für den Haushalt usw. gibt? Begründe deine Entscheidung.

3 Teilt euch in Gruppen auf und führt gemeinsam die Kartierung einer Geschäftsstraße durch. Jeweils zwei Gruppen sollen dieselben Straßenabschnitte (bzw. Viertel) kartieren. Vergleicht und diskutiert eure Ergebnisse. Falls ihr zu uneinheitlichen Resultaten gelangt sein solltet: Wo und warum weichen eure Kartierungen voneinander ab?

Ballungsräume

M 1 Frankfurt am Main

M 2 Wer darf hinein?

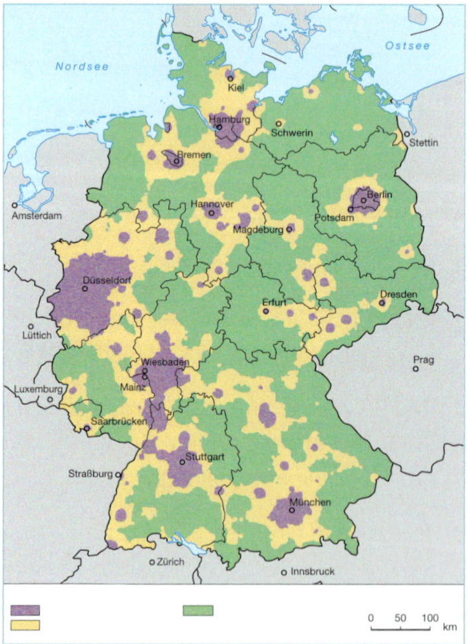

M 3 „Dreigeteiltes“ Deutschland

M 4 Flächenversiegelung

M5 Ganz schön eng...

M7 Landeanflug

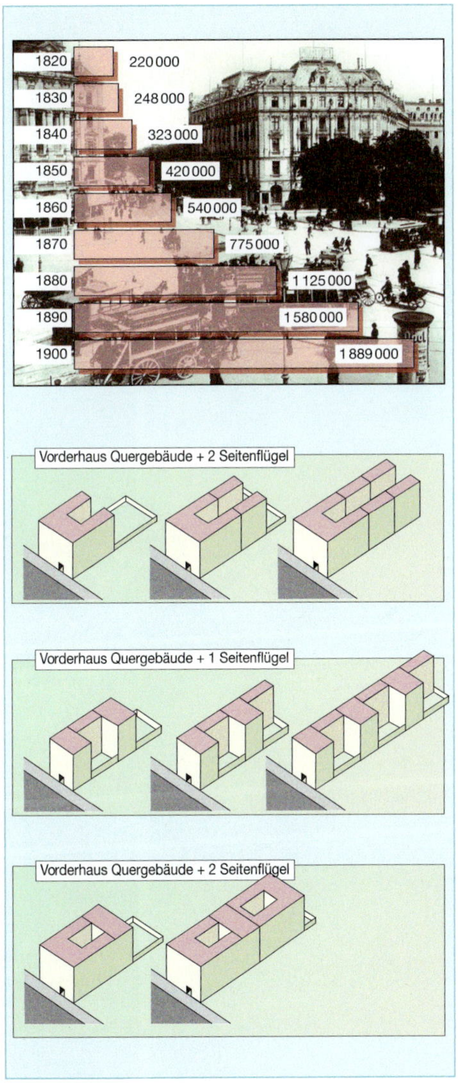

M6 Entwicklung Berlins

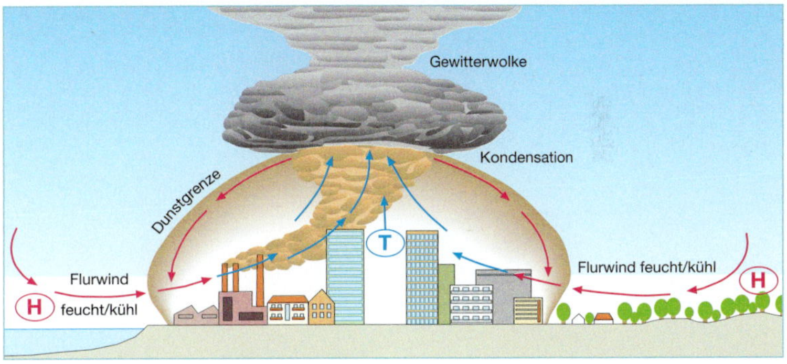

M8 Dunstglocke im Ballungsraum

1 Charakterisiere die Metropolregion und den Ballungsraum Frankfurt/Rhein-Main (M 1.)

2 Beantworte die Frage unter dem Foto M 2 mit Begründung.

3 Erläutere die „Dreiteilung Deutschlands" (M 3).

4 Erkläre den Zusammenhang zwischen „Flächenversiegelungen" und „Ballungsräumen" (M 4).

5 M 5: Parkraumbewirtschaftung – warum?

6 M 6 zeigt Aspekte der Bevölkerungs- und Wohnraumentwicklung in Berlin im 19. Jahrhundert. Stelle einen Zusammenhang her.

7 M 7: Flughafen Frankfurt – „pro" oder „contra". Was sagst du?

8 „Dunstglocke im Ballungsraum" (M 8) – erläutere die Entstehung.

13 Nach dem Ost-West-Konflikt

Dieses Foto wurde am 11. September 2001 aufgenommen. Es zeigt die beiden brennenden Hochhäuser des World-Trade-Centers in New York, auf die ein Attentat verübt wurde. Beide Türme stürzten noch am selben Tag ein und rissen mehr als 2500 Menschen in den Tod.
Viele Jahrzehnte nach dem Zweiten Weltkrieg befanden sich die Großmächte USA und Russland (bzw. UdSSR) in einem Zustand, der als „Kalter" Krieg oder „Ost-West-Konflikt" bezeichnet wird. Inzwischen haben sich die Großmächte auf der weltpolitischen Bühne ein wenig angenähert. Man bemüht sich um ein friedliches Miteinander. Doch damit sind Aggressionen und Bedrohungen keineswegs vorüber.
Terroristsiche Gruppen bedrohen Menschen in der ganzen Welt. Und sie schrecken nicht vor Gewaltanwendung zurück.

1 Berichte, was du bereits über das Attentat weißt, dessen Folgen auf dem Foto zu sehen sind.

2 Was weißt du bereits über den Ost-West-Konflikt?

Wettrüsten und Kalter Krieg

M 1 **Atombombenexplosion in Hiroshima am 6. August 1945 – und ihre Folgen**

Ende des Zweiten Weltkriegs

Der Zweite Weltkrieg endete mit der Niederlage Deutschlands (8. Mai 1945) und dem mit Deutschland verbündeten Japan (2. September 1945).

Wenige Tage vor Kriegsende – am 6. August 1945 – warf ein US-amerikanisches Bomberflugzeug eine Atombombe über der japanischen Großstadt Hiroshima ab. Es war der erste Einsatz einer Atomwaffe in einem Krieg. Etwa acht Zehntel der zuvor unbeschädigten Stadt wurden zerstört sowie viele Zehntausende Menschen sofort getötet. Das Innere des Bombenfeuerballs war mehr als eine Million Grad Celsius heiß.

Am 9. August wurde eine zweite Atombombe über Nagasaki abgeworfen. Aus Furcht vor einer dritten Atombombe über Tokio erklärte Japan am 14. August 1945 seine Kapitulation*.

Wettrüsten

Am Ende des Zweiten Weltkriegs verfügten zunächst allein die USA über Atomwaffen. Gestützt auf diese Waffen und ihre starke Wirtschaftskraft wollten die USA weltweit Einfluss ausüben. Die Sowjetunion wollte hingegen den Einfluss der USA – besonders in Europa – zurückdrängen oder verhindern. Sie forderte von den USA Zugang zur Technik und Herstellung von Atomwafffen, was die USA jedoch ablehnten. In dieser Situation verfolgten beide Großmächte immer stärker ihre eigenen Interessen. Die Sowjetunion weitete ihren Einflussbereich auf die osteuropäischen Staaten aus, die von sowjetischen Truppen besetzt worden waren. Die USA unterstützten verstärkt den wirtschaftlichen Aufbau der in ihrem Machtbereich liegenden Staaten nach westlichem Muster.

Durch Spionage gelangte die Sowjetunion an Kenntnisse über den Bau von Atomwaffen. Sie konnte 1949 ihre erste Atombombe zünden. Beide Mächte verfügten nun über Waffen, die es ermöglichten, die jeweilige andere Seite mit der totalen Vernichtung zu bedrohen.

In dieser Zeit begann das sogenannte **Wettrüsten** zwischen den Großmächten. Es führte zu immer größeren und stärkeren Vernichtungswaffen. Erst nach drei Jahrzehnten des Wettrüstens kam es zu einer Politik des gegenseitigen Abrüstens.

***Kapitulation**
Unterwerfungserklärung eines militärischen Befehlshabers (z. B. ausgedrückt durch das Hissen einer weißen Flagge)

***Investitionsgüter**
Maschinen und Einrichtungen für die Produktion von Waren aller Art

***ideologisch**
einer Ideologie, d. h. einer Weltanschauung oder einem System von Wertvorstellungen, folgend

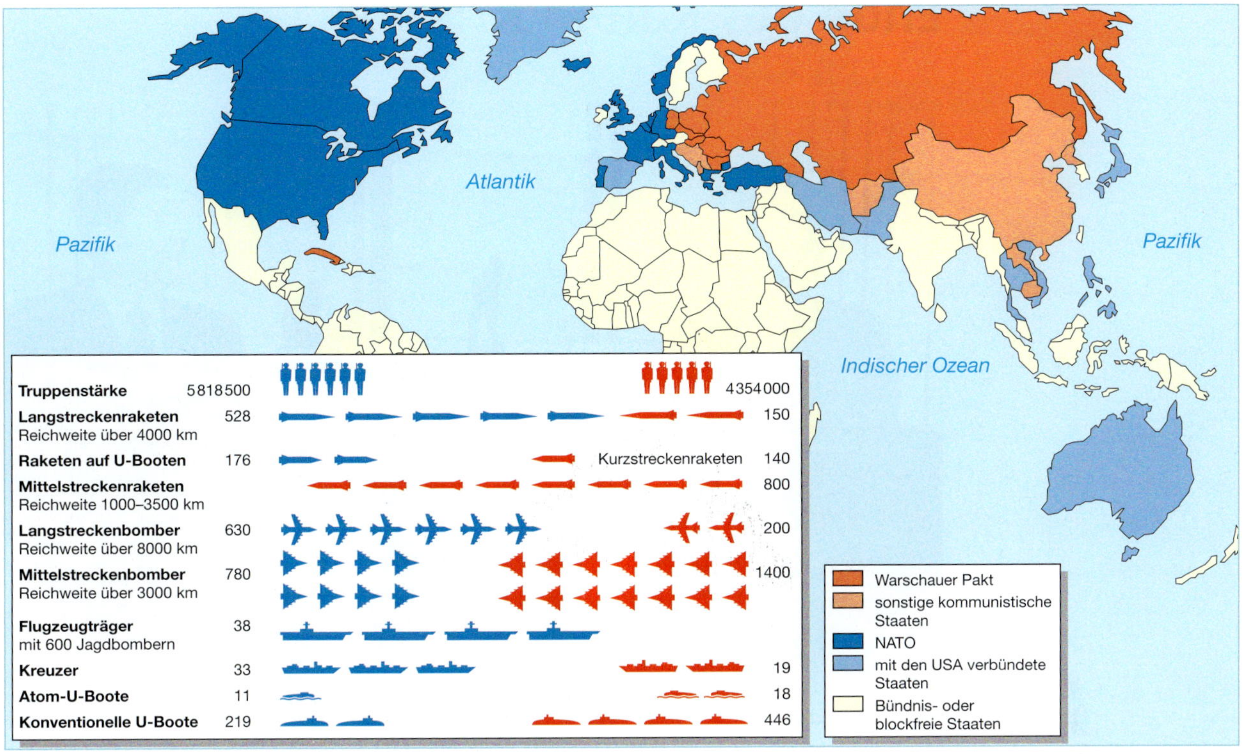

M2 Die Stärke der Militärblöcke (Stand: 1964)

Kalter Krieg

Eine Einflussnahme auf Staaten und ihre politischen Ausrichtungen in aller Welt waren jedoch auch mit anderen als militärischen Mitteln möglich: Beide Großmächte wollte „ihre Idee" der richtigen Demokratie verbreiten.

Mit langfristigen Krediten sowie der Lieferung von Lebensmitteln und Investitionsgütern* (Marshallplan) wollten die USA die Beibehaltung oder Einführung der freien Marktwirtschaft in europäischen Staaten sichern.

Die Sowjetunion untersagte den osteuropäischen Ländern und der sowjetischen Besatzungszone in Deutschland die Teilnahme am Marshallplan.

Bis in die Mitte der 1980er-Jahre folgte eine spannungsreiche Zeit erbitterter Konkurrenz auf ideologischen*, technischen und wirtschaftlichen Feldern. Man bezeichnet diese Phase deswegen auch als einen „Kalten Krieg".

M3 Karikatur von Horst Haitzinger (1981)

1 Fasse den Zusammenhang zwischen dem Ende des Zweiten Weltkriegs und dem erstmaligen Einsatz von Atombomben in deinen Worten zusammen (Text, M1).

2 Erläutere den Begriff „Wettrüsten" (Text, M2, M3).

3 Erkläre die Situation der beiden Großmächte nach dem Ende des Zweiten Weltkriegs bis in die späten 1980er-Jahre (Kalter Krieg).

Ende des Kalten Krieges

M 1 Michail Gorbatschow, der sowjetische Staats- und Parteichef (li.), und der amerikanische Präsident Ronald Reagan im Oktober 1986 bei Abrüstungsgesprächen im Hofdi-Haus am Rande der isländischen Hauptstadt Reykjavik

M 2 Symbole der Friedensbewegung

1963 Einrichtung eines „heißen Drahts“ (direkte Nachrichtenverbindung) zwischen Washington und Moskau für den Notfall.

1970 Atomwaffensperrvertrag – atomwaffenfähiges Material darf nicht in Ländern verbreitet werden, die bisher noch keine Atomwaffen besaßen.

1972 SALT-Abkommen (Strategic Arms Limited Talks) – Begrenzung der Anzahl strategischer (Atom-)Waffen mit einer Reichweite von über 5500 Kilometern (USA und UdSSR). Es folgten weitere Abkommen zwischen den Supermächten, welche die erlaubte Anzahl stategischer Waffen noch stärker reduzieren.

1973 Die KSZE (Konferenz für Sicherheit und Zusammenarbeit in Europa) vereinbart für den Fall, dass ein Atomkrieg droht, die sofortige Aufnahme von Gesprächen zwischen Ost und West.

1987 US-Präsident Reagan und der Staatschef der Sowjetunion, Gorbatschow, vereinbaren den Abbau aller atomaren Mittelstreckenraketen (Reichweite: 1000–5500 km).

1990 „Charta von Paris“ – 35 KSZE-Staaten beenden den Ost-West-Konflikt. Sie bekennen sich zur Demokratie als einzige Staatsform.

1992 Die KSZE wird Bestandteil der UNO und heißt seit 1995 „OSZE“.

1995 OSZE (Organisation für Sicherheit und Zusammenarbeit in Europa). Sie verfolgt das Ziel, Kriege zu vermeiden und Krisen zu lösen.

M 3 Stationen der Entspannung

Michail Gorbatschow (geboren am 2. März 1931) war von 1985 bis 1991 Generalsekretär des Zentralkomitees der Kommunistischen Partei und von März 1990 bis Dezember 1991 Präsident der Sowjetunion. Er erhielt 1990 den Friedensnobelpreis.

Ronald Reagan (geboren am 6. Februar 1911, verstorben am 5. Juni 2004) war ein republikanischer Politiker und von 1981 bis 1989 der 40. Präsident der USA. Mit knapp 70 Jahren war er der älteste US-Präsident bei Antritt seines Amtes.

M4 **Zwei Spitzenpolitiker der beiden Großmächte**

NATO-Doppelbeschluss

In den Phasen des Abrüstens verhandelten die Großmächte zugleich über mögliche Abrüstungsverträge. Lange Zeit jedoch blieben solche Verhandlungen erfolglos oder wurden durch aktuelle Krisen zwischen den Großmächten unterbrochen.

1979 marschierten russische Truppen in Afghanistan ein, um dort kommunistische Gruppen massiv im Bürgerkrieg zu unterstützen. Im gleichen Jahr fasste der Westen einen sogenannten **Doppelbeschluss**: Die Anzahl der Mittelstreckenraketen in der Sowjetunion, die auf Westeuropa gerichtet waren, sollte soweit reduziert werden, dass sie der Anzahl der westlichen Mittelstreckenraketen entspräche. Sollte die Forderung erfolglos bleiben, so würden ab 1983 atomare Mittelstreckenraketen aufgestellt mit Schwerpunkt in Westdeutschland.

Friedensbewegung

Gegen den Doppelbeschluss protestierten in allen westlichen Staaten – besonders allerdings in der Bundesrepublik Deutschland – Hunderttausende. Unter den Protestierenden befanden sich viele junge Menschen.

In viele Städten fanden Kundgebungen, öffentliche Mahnwachen und Schweigekreise statt.

Trotz aller Proteste wurden allerdings 1983 amerikanische Raketen in Deutschland stationiert, da sich die Sowjetunion weigerte, ihre Raketen abzubauen.

Abbau der Atomraketen

Nach der Wahl Gorbatschows zum Generalsekretär der KPdSU* 1985 kamen die Abrüstungsgespräche wieder in Gang.

Erst 1987 jedoch konnte eine Vereinbarung des Abbaus aller Mittelstreckenraketen getroffen werden. Nach und nach wurden die Raketen in Deutschland wieder abgebaut.

***KPdSU**
Kommunistische Partei der Sowjetunion

M5 **„Friedenskette" von Neu-Ulm bis Stuttgart (22. Oktober 1983)**

1 Berichte über die Rolle der Politiker Gorbatschow und Reagan bei der Überwindung des Kalten Krieges (Text, M1, M3, M4).

2 Beschreibe die Situation in der Bundesrepublik Deutschland, die sich infolge des NATO-Doppelbeschlusses ergab (Text).

3 Diskutiert über die Rolle der Friedensbewegung. Vertretet ihr die Meinung, dass sie die Abrüstung verursacht oder beschleunigt hat? Oder wäre alles wohl auch ohne ihr Zutun so gekommen? Begründet.

UNO, NATO und Warschauer Pakt

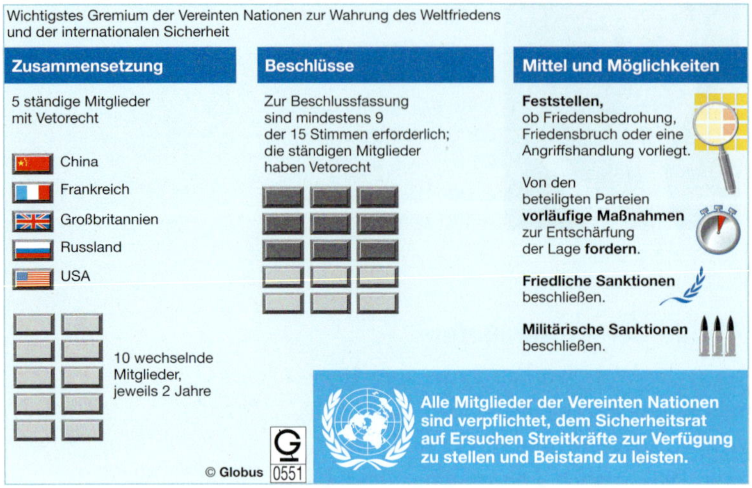

M 1 Der UN-Sicherheitsrat

Mitglieder der NATO:
Albanien, Belgien, Bulgarien, Dänemark, Deutschland, Estland, Frankreich, Griechenland, Großbritannien, Island, Italien, Kanada, Kroatien, Lettland, Litauen, Luxemburg, Niederlande, Norwegen, Polen, Portugal, Rumänien, Slowakei, Spanien, Tschechien, Türkei, Ungarn, USA

Die UNO – Bemühungen um den Weltfrieden

Als die UNO am 24. Juni 1945 ins Leben gerufen wurde, war dies eine Antwort auf die Schrecken des Zweiten Weltkrieges.
Noch vor dem Ende des Krieges einigte man sich darauf, eine Organisation zur Aufrechterhaltung des Weltfriedens zu schaffen. Die Vereinten Nationen sollten die Zusammenarbeit aller Länder fördern und über die Einhaltung des Friedens wachen. Sitz der Weltorganisation ist New York.
Das höchste Organ der UNO ist die **Vollversammlung**, in der alle Mitglieder Stimmrecht haben. Die wichtigsten Beschlüsse fallen aber nicht in der Vollversammlung, sondern im Sicherheitsrat. So wollten es die Siegermächte des Zweiten Weltkrieges. Sie haben als einzige dort einen ständigen Sitz und verfügen über ein Vetorecht*.
Nach der UN-Charta hat der Sicherheitsrat die Verantwortung für Frieden und Sicherheit. Nur im Sicherheitsrat können bei der Bedrohung des Weltfriedens Zwangsmaßnahmen bis hin zu Militäraktionen beschlossen werden.

***Vetorecht**
Veto (Lat.) = ich bin dagegen; die fünf ständigen Mitglieder des UN-Sicherheitsrates können durch ihre Nein-Stimmen verhindern, dass ein Beschluss gefasst wird. Es genügt, wenn eines der Mitglieder sein Veto einlegt.

Die NATO

Am 4. April 1949 wurde die **NATO** (North Atlantic Treaty Organization) in Washington gegründet. Ihr traten zunächst die USA, Kanada und zehn westeuropäische Staaten bei. 1952 kamen die Türkei und Griechenland, 1955 kam die Bundesrepublik Deutschland hinzu. Gegenwärtig zählt die NATO 27 Mitglieder.

Der Warschauer Pakt

Am 14. Mai 1955 gründete die Sowjetunion mit sechs osteuropäischen Landern und der DDR – gewissermaßen als „Gegenstück“ zur NATO den **Warschauer Pakt**. Die Namensgebung geht auf die polnische Hauptstadt zurück, in der dieses Militärbündnis gegründet wurde. Am 1. Juli 1991 löste sich das Bündnis auf. Die in der ehemaligen DDR, Polen, der Tschechoslowakei und Ungarn stationierten sowjetischen Truppen wurden abgezogen.

Die UN-Blauhelme – Einsatz für den Weltfrieden

Die Entsendung der Blauhelme (nach dem blauen Helm oder Barett der Soldaten der UN-Friedenstruppen) zur Überwachung

M 2 **Bronzeskulptur „Non Violence“ vor dem UN-Sitz in New York (C. F. Reuterswaerd)**

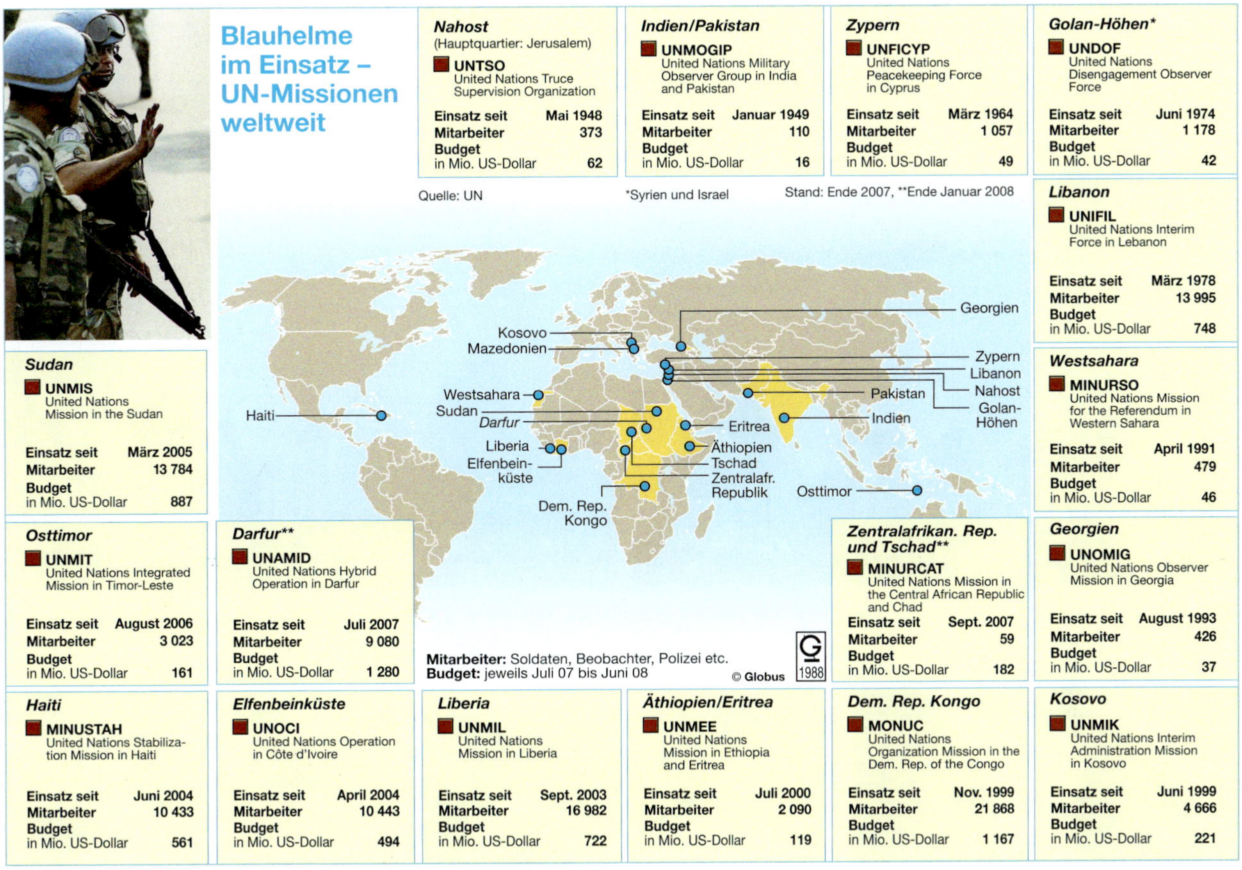

M 3 Weltweiter Einsatz der UN-Friedenstruppen

von Waffenstillstands- oder Friedensverträgen ist eine der wichtigsten Maßnahmen im Prozess der Friedenssicherung. Die **Blauhelmeinsätze** sind oft schwierig und verlustreich. Reibereien im Sicherheitsrat beeinträchtigten die Durchführung von Missionen auf dem Balkan. Unter den Augen der UN-Schutztruppe wurden dort 1995 in Srebrenica Tausende bosnischer Männer ermordet. In Ruanda sah sich der Sicherheitsrat 1994 außerstande, einen Völkermord zu verhindern. Der Feldzug gegen den Irak im Frühjahr 2003 fand ohne ein Mandat des UN-Sicherheitsrates statt. Dies stellte einen Verstoß gegen die UN-Charta dar. Danach beansprucht die UNO das Gewaltmonopol. Ausgenommen davon ist nur das Selbstverteidigungsrecht der Staaten – aber in Grenzen (Art. 51). Es zeigte sich, dass sich die USA kraft ihrer militärischen Stärke über das Völkerrecht hinwegsetzen können, ohne Sanktionen befürchten zu müssen. Damit wurden die Prinzipien der UN-Charta grundsätzlich infrage gestellt. Da es trotz aller Schwierigkeiten keine Alternative zur UNO gibt, werden zurzeit intensive Beratungen und viele Diskussionen über eine grundsätzliche Reform der UNO geführt.

1 Erläutere Zusammensetzung und Aufgaben des Sicherheitsrates (M 1).

2 Erkläre den Begriff „Blauhelmeinsatz" (Text).

3 Informiert euch über die in M 3 genannten Blauhelmeinsätze (Internetrecherche) und berichtet in Gruppen über je einen Einsatz.

Globaler Terrorismus – die neue Gefahr

M 1 Am 11. September 2001 wurde New York für immer gezeichnet: Blick von der Freiheitsstatue vor und nach der Katastrophe.

M 2 Weitere Anschläge des Terrornetzwerkes Al Qaida – 11. 4. 2002: Vor der Synagoge in Djerba (Tunesien); 12. 10. 2002: Auf der Ferieninsel Bali sterben 202 Menschen durch einen Anschlag der Al-Qaida-nahen Organisation Jemaah Islamiyah; 11. 3. 2004: In Madrid sterben bei einem Bombenanschlag über 170 Menschen.

Terrorismus in neuer Dimension

Die Anschläge auf das World Trade Center in New York und das Pentagon in Washington waren der Höhepunkt einer neuen Form des Terrorismus im ausgehenden 20. und beginnenden 21. Jahrhundert. Sie forderten Tausende von Opfern und verursachten einen kaum messbaren wirtschaftlichen Schaden. Die Urheber waren 19 Attentäter des radikal-islamischen Terrornetzwerkes Al Qaida („Basis“) unter Führung des saudischen Millionärs Osama Bin Laden. Der UN-Sicherheitsrat stufte die Terroranschläge als Gefahr für den Weltfrieden und die internationale Sicherheit ein.

U. Schneckener, Globaler Terrorismus, in: Informationen zur Politischen Bildung 3/2003, S. 53–56

M3 Globaler Terror

Kai Hirschmann vom Institut für Sicherheitspolitik in Essen spricht von „globalem Terrorismus“, wenn mindestens eine von vier Bedingungen zutrifft:

1. Die Zielsetzungen und Begründungen der Terroristen für ihre Anschläge beziehen sich nicht auf eine begrenzte Region, sondern sind global angelegt.
2. Der Aktionsraum der Terroristen ist nicht auf eine bestimmte Region beschränkt, sondern sie operieren global.
3. Die Mitglieder der Terrorgruppen stammen aus vielen Ländern, sodass mit der Ausweitung ihrer Aktivitäten in diesem Umfeld gerechnet werden muss.
4. Es handelt sich um eine weltweite „Idee in den Köpfen“ (Ideologie), wie im Fall „Al Qaidas“.

Geschichte Real 3. Berlin, 2005, S. 219

M4 Eine Religion wird verantwortlich gemacht

Die Tatsache, dass die Attentäter von New York Moslems waren und ihre Tat mit ihrem Glauben, dem Islam, zu rechtfertigen versuchten, erhärtete bei vielen Menschen weltweit die Überzeugung, dass der Islam eine Gewalt verherrlichende Religion sei. Massentötungen, wie sie bei Terroranschlägen häufig die Folge sind, werden jedoch weder vom Koran noch von der Scharia (islamische Gesetzgebung) gebilligt oder gar verlangt. Im Gegenteil: Die „Muru'a“, die Mannesehre, verbietet es ausdrücklich, Schwächere wie Kinder, Frauen oder alte Menschen anzugreifen.
„Selbstmordattentäter haben keine Ahnung von ihrer Religion, sie wissen nicht, dass sie eine Todsünde begehen“, urteilt der Islamexperte Bernard Lewis in einem Zeitungsartikel.

Das Parlament, 22. 12. 2003

M5 In Bagdad marschieren Freiwillige für Selbstmordaktionen im Heiligen Krieg gegen Israel – mit Sprengstoffgürteln am Körper.

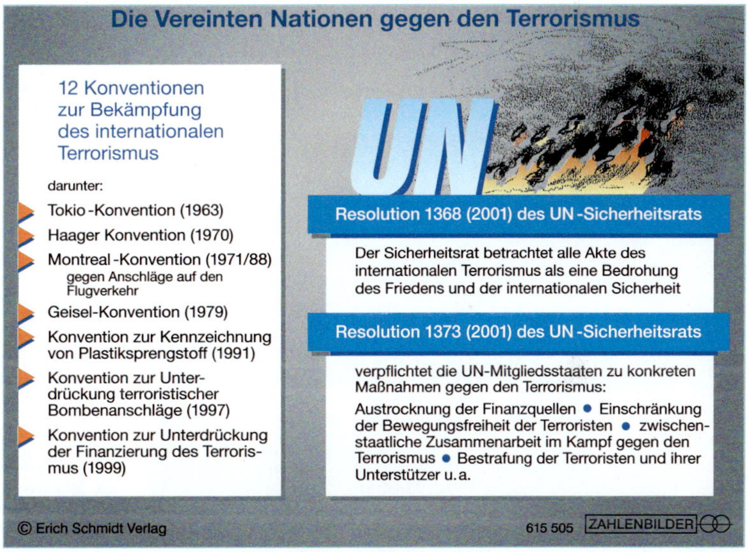

M6 UN-Maßnahmen zur Bekämpfung des internationalen Terrorismus

1 Schlage in einem Lexikon den Begriff „Terrorismus“ nach und stelle fest, worin sich diese Definition von der von Kai Hirschmann (M 3) unterscheidet.

2 Diskutiert: Kann einer Religion die Verantwortung für die Terroranschläge gegeben werden (M 4)?

3 Wie reagieren die Vereinten Nationen auf den Terrorismus (M 6)? Informiere dich über die aktuellen Entwicklungen.

Die Bundeswehr

Derzeit leisten rund 6000 deutsche Soldaten im Ausland Dienst (vgl. M2). Das ist heute ganz selbstverständlich und niemand wundert sich mehr darüber. Nach dem Zweiten Weltkrieg allerdings konnten sich viele Menschen gar nicht vorstellen, dass es jemals wieder deutsche Soldaten geben könnte.

Wiederbewaffnung und Bündnispartner

Am 9. Mai 1955 – zehn Jahre nach dem Ende des Zweiten Weltkriegs und der Kapitulation der Deutschen Wehrmacht – wird die Bundesrepublik Mitglied im Nordatlantikpakt (NATO). Trotz zahlreicher Proteste gegen die Wiederbewaffnung rücken die ersten Soldaten der Bundeswehr in die Kasernen ein. Der Auftrag der Bundeswehr war dabei eindeutig: Sie sollte einen Krieg durch Abschreckung verhindern und im Falle eines Angriffs aus dem Osten die Grenze der Bundesrepublik Deutschland verteidigen.

Bürger in Uniform

Für die Bundeswehr gilt seit ihrem Beginn das Leitbild des „Staatsbürgers in Uniform“. Die Bundeswehr soll keinen Bereich bilden, der von der übrigen Gesellschaft abgetrennt ist, um rücksichtslos eingesetzt werden zu können. Die Soldaten sollen vielmehr politisch denkende Bürger sein. Gefragt ist nicht blinder Gehorsam, sondern Einsicht. Aus diesem Grund entschied man sich gegen eine Berufsarmee – also eine Armee, die nur aus Berufssoldaten besteht – sowie für eine allgemeine Wehrpflicht für alle Männer von 18 bis 25 Jahren.

M1 Die Anfänge der Bundeswehr: Bundeskanzler Adenauer in Andernach; Foto, 1956

M2 Auslandseinsätze der Bundeswehr

Der neue Auftrag der Bundeswehr

Mit der Wiedervereinigung Deutschlands und dem Zerfall der Sowjetunion ist Deutschland von verbündeten oder befreundeten Staaten umgeben und keiner unmittelbaren Bedrohung ausgesetzt. Diese Veränderung erlaubte es, die Truppenstärke seit 1990 um etwa 40 Prozent zu verringern, da nicht mehr so viele Soldaten zur Landesverteidigung benötigt werden. Zugleich haben sich die Aufgaben der Bundeswehr verändert. Seit 1992 beteiligt sich die Bundeswehr an Friedenseinsätzen der UNO. Diesen Einsätzen war ein heftiger politischer Streit vorausgegangen, denn das Grundgesetz sieht den Einsatz der Bundeswehr nur zur Verteidigung oder zur Hilfe bei einer Naturkatastrophe vor. Dagegen steht allerdings Artikel 24 des Grundgesetzes, der von Verpflichtungen durch den Beitritt in internationale Organisationen handelt. Das Bundesverfassungsgericht entschied 1994, dass Bundeswehreinsätze im Rahmen von UNO und NATO verfassungsgemäß sind – aber nur bei vorheriger Zustimmung des Bundestages. Seitdem hat es immer wieder Mehrheiten im Bundestag für Einsätze der Bundeswehr gegeben. Aus diesem Grund finden wir heute Soldaten der Bundeswehr überall auf der Welt, z. B. auf dem Balkan oder in Afghanistan.
Auch Frauen wird heute der Zugang zur Armee gewährt. Sie dienen – freiwillig – in allen Truppenteilen.

M3 Deutsche Soldaten reparieren in Bosnien eine Brücke

M4 Katastropheneinsatz der Bundeswehr in Deutschland nach einem Hochwasser an der Oder

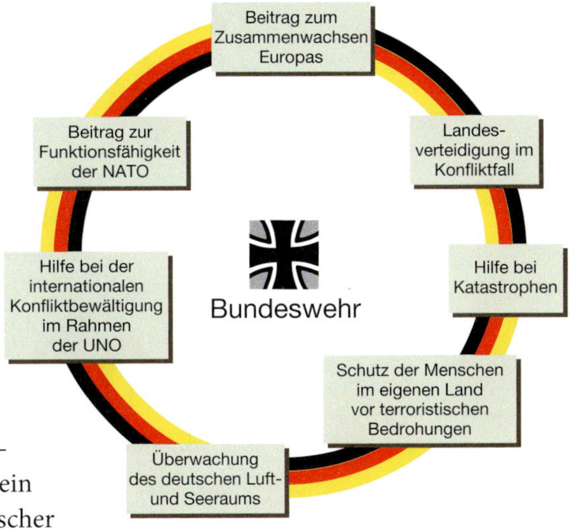

M5 Die Aufgaben der Bundeswehr

M6 Deutschlands erste Luftwaffen-Jetpilotin [Foto aus dem Jahr 2006]

www.bundeswehr.de

1 Erläutere mit eigenen Worten den Begriff „Staatsbürger in Uniform".

2 Besucht die Bundeswehr im Internet und informiert euch in Gruppen über
a) aktuelle Einsatzgebiete (vgl. M2),
b) die Aufgaben der Bundeswehr (vgl. M3–M5),
c) Frauen in der Bundeswehr,
d) Ausbildungsmöglichkeiten bei der Bundeswehr.
Berichtet darüber vor der Klasse.

Wehrdienst oder Zivildienst – ein Auslaufmodell?

M 1 Sieht so die Wehrgerechtigkeit heute aus?

M 2 Wehrdienstleistende bei der Grundausbildung

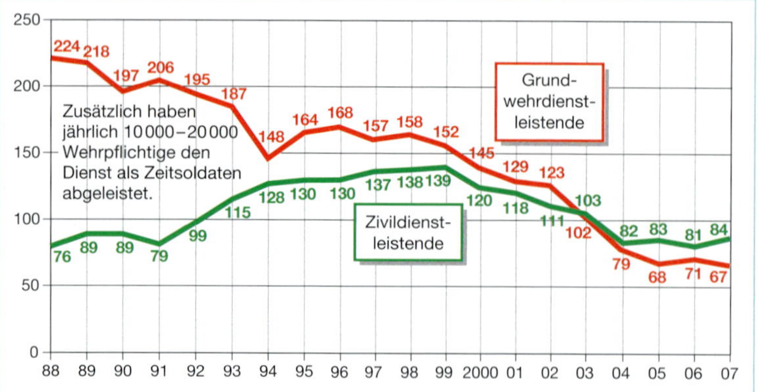

Daten: Bundesministerium für Verteidigung, Bundesamt für den Zivildienst (Daten auf- bzw. abgerundet)

M 3 Entwicklung der Zahl der Zivildienstleistenden und Grundwehrdienstleistenden in den Jahren 1988–2007

Wehrpflicht und Ersatzdienst

Die allgemeine Wehrpflicht für Männer von 18 bis 25 Jahren wurde 1957 eingeführt, damit die neu geschaffene Bundeswehr die Aufgabe der Landesverteidigung überhaupt wahrnehmen konnte. Sie wurde im Grundgesetz verankert (Artikel 12 a), weil nur auf diese Weise die Einschränkung eines anderen Grundrechts – das der freien Berufswahl – rechtlich möglich war. Gegen sein Gewissen darf allerdings niemand zum Kriegsdienst mit der Waffe gezwungen werden (Artikel 4 Absatz 3 Grundgesetz). Daher wurde gleichzeitig der zivile Ersatzdienst eingerichtet. Anerkannte Kriegsdienstverweigerer – dazu reicht eine nachvollziehbare schriftliche Begründung – müssen zum Wohl der Allgemeinheit tätig sein.

Hat die Wehrpflicht ausgedient?

Das veränderte Aufgabengebiet der Bundeswehr – weg von der Landesverteidigung hin zu mehr internationaler Verantwortung – macht immer weniger Wehrpflichtige nötig. Die neuen Aufgaben der Bundeswehr verlangen besondere

(1) Männer können vom vollendeten achtzehnten Lebensjahr an zum Dienst in den Streitkräften, im Bundesgrenzschutz oder in einem Zivilschutzverband verpflichtet werden.

(2) Wer aus Gewissensgründen den Kriegsdienst mit der Waffe verweigert, kann zu einem Ersatzdienst verpflichtet werden. Die Dauer des Ersatzdienstes darf die Dauer des Wehrdienstes nicht übersteigen.

M 4 Art. 12 a Grundgesetz

Wehrdienstgegner fordern seit Jahren die Umwandlung der Bundeswehr in eine Berufsarmee

Damit fiele auch der Zivildienst weg – mit weitreichenden Konsequenzen für die sozialen Dienste. Viele soziale Einrichtungen befürchten, dass eine weitere Senkung der Zivildienstdauer oder die Abschaffung des Dienstes zu einer Kostenlawine und ernsten Problemen bei der Betreuung von Hilfsbedürftigen führen könnte. Aus diesen Gründen befürworten zahlreiche Politiker ein Festhalten an der Wehrpflicht.

Die Wehrpflichtgegner schlagen vor, den Verlust der etwa 95 000 Zivildienstleistenden eines Jahrgangs durch neue Freiwilligendienste aufzufangen.

www.mitmischen.de, 2. 12. 2005

M 5 Aus für den Zivildienst?

Qualifikationen, doch die Ausbildung der Wehrpflichtigen befähigt sie nur zu Unterstützungsdiensten. Gut ausgebildete, länger dienende Soldaten sind heute gefragt. Durch diese Entwicklung stellt sich die Frage der Wehrgerechtigkeit: Wer muss zum „Bund", wer nicht? Auch der militärische Nutzen einer Wehrpflicht ist infrage gestellt.

„Zivis" als „Sozialarbeiter"

In den Anfängen des Zivildienstes galten Kriegsdienstverweigerer noch als „Drückeberger" – heute sind sie längst ein fester Bestandteil unserer Gesellschaft. Etwa 70 Prozent der jungen Zivildienstleistenden („Zivis") arbeiten im Sozialbereich. Sie verstärken soziale Dienste, betreuen Alte, Kranke und Behinderte oder leisten Fahrdienste wie „Essen auf Rädern".

Sie kümmern sich um Umwelt-, Landschafts-, Gewässer- und Katastrophenschutz. Zahlreiche Einrichtungen bieten Zivildienststellen an.

M 6 Ein Zivildienstleistender betreut ein krebskrankes Kind.

SPD: Die Zusammensetzung der Bundeswehr aus Berufs- und Zeitsoldaten sowie Wehrpflichtigen ist auch in Zukunft angemessen.

CDU/CSU: Nur durch die allgemeine Wehrpflicht sind die Streitkräfte in der Lage, jederzeit die gewünschte Anzahl an Soldaten zur Verfügung stellen zu können.

FDP: Sicherheitspolitisch ist die allgemeine Wehrpflicht nicht mehr zwingend erforderlich.

Bündnis 90/Die Grünen: Sie setzen sich für ein zügiges und sozialverträgliches Auslaufen des Wehr- und Zivildienstes ein. Gleichzeitig sollen schon heute alle freiwilligen Dienste gefördert werden.

Die Linke.: Die Wehrpflicht schränkt die Freiheit der Wehrpflichtigen ein, ohne dass es dafür noch eine politische Begründung gäbe.

M 7 Die Positionen der Parteien zur Wehrpflicht

1 Erkläre den Begriff „Wehrgerechtigkeit". Deute in diesem Zusammenhang die Karikatur M 1.

2 Beschreibe die in M 3 erkennbare Entwicklung und vermute, welche Gründe es dafür geben könnte.

3 Berichte über mögliche Folgen einer Abschaffung der Wehrpflicht (M 5).

4 Vergleiche die Positionen der Parteien zur Wehrpflicht (M 7). Wer will an der Wehrpflicht festhalten, wer eher nicht?

Die USA – eine Weltmacht

Die USA – eine Bundesrepublik

Mit einer Fläche von rund 9,8 Millionen Quadratkilometern sind die USA beinahe so groß wie Europa (etwa um die Größe Deutschlands sind die USA kleiner). Vergleicht man hingegen die Einwohnerzahlen, so wird ein großer Unterschied deutlich: Während in den USA ungefähr 304,5 Millionen Menschen leben, zählt Europa – mit mehr als 700 Millionen Menschen – mehr als doppelt so viele Einwohner.
Die USA sind eine Bundesrepublik, zu der 50 Bundesstaaten gehören. 48 Staaten davon befinden sich im Kernland, daneben gehören noch die Staaten Alaska und Hawaii dazu. Washington, Regierungssitz der USA, gehört zu keinem Staat, sondern bildet als „District of Columbia“ (D. C.) einen eigenen Bundesdistrikt und ist der Regierung der USA direkt unterstellt.

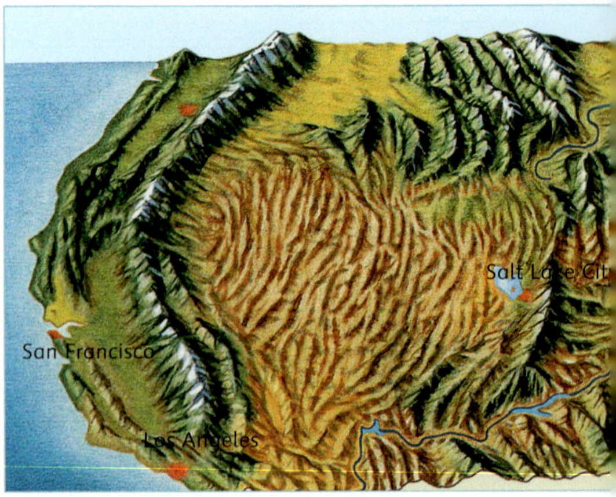

M 2 West-Ost-Profil durch die USA

Die USA – eine Wirtschaftsmacht

Mit einem Bruttoinlandsprodukt (BIP) von 13,8 Billionen US-Dollar (2007) stellen die USA die größte Volkswirtschaft der Welt dar. Auch mit einem Anteil von rund 45 845 US-Dollar pro Kopf steht das Land mit seiner Wirtschaftsleistung an einer hohen Stelle im Weltvergleich. Doch jeder achte Einwohner der USA lebt laut amtlichen Angaben in Armut. Andererseits verfügt etwa ein Sechstel aller Haushalte

M 1 Unterschiedliche Bevölkerungsdichten in den Vereinigten Staaten von Amerika

über ein jährliches Bruttoeinkommen von mehr als 100 000 US-Dollar. Der US-Dollar ist weltweit eine sog. „Leitwährung", in der die meisten internationalen Geschäfte abgewickelt werden.

Die USA – eine Militärmacht

Die Streitkräfte der USA stellen das zweitgrößte Militär (nach dem chinesischen) der Welt dar. Unter dem Aspekt der Kosten betrachtet liegen die USA sogar ganz vorn. 2004 umfassten die Militärausgaben rund 437 Milliarden US-Dollar (zum Vergleich: sämtliche Ausgaben des deutschen Staates (Bundeshaushalt) umfassten für dasselbe Jahr rund 250 Mrd. €). Dies entspricht fast der Hälfte der gesamten Rüstungsausgaben weltweit.

3. Platz	Bevölkerung
3. Platz	Fläche
142. Platz	Einwohner/km²
1. Platz	Bruttoinlandsprodukt (BIP)
11. Platz	BIP/Kopf
1. Platz	Import
2. Platz	Export
3. Platz	Ölförderung
1. Platz	Ölverbrauch
3. Platz	Stahlproduktion
1. Platz	CO_2-Ausstoß
2. Platz	Steinkohlenförderung
1. Platz	Stromgewinnung
1. Platz	Kernkraftwerke [Leistung]
4. Platz	Goldförderung
2. Platz	Kupferförderung

M 3 Die USA im Weltvergleich

M 4 Eine Machtzentrale – das Weiße Haus in Washington (D. C.)

1 Ermittle die West-Ost- und die Nord-Süd-Erstreckung der USA. Vergleiche sie mit Entfernungen in Europa.

2 Recherchiere die zehn größten Städte der USA, ihre Einwohnerzahlen sowie die Bundesstaaten, in denen sie sich befinden.

3 Beschreibe die unterschiedlichen Bevölkerungsdichten in den USA (M 1).

4 Erläutere die Lage der Großlandschaften der USA (M 2).

5 Fasse die Stellung der USA im Weltvergleich in deinen Worten zusammen. Kann man von einer „Weltmacht" sprechen (Text, M 3)?

6 Kommentiere die Bildunterschrift zu M 4. Ist diese Formulierung berechtigt?

METHODE Fernerkundung mit Google Earth

M1 Flächennutzungen und Einwohnergruppen in New York

M2 New York im Satellitenbild

Fernerkundung

Zur Fernerkundung gehören alle Verfahren, mit denen berührungsfrei Informationen über die Erdoberfläche gewonnen werden. Im Vordergrund stehen hierbei **Luftbilder**, die grob unterschieden werden in „Senkrecht-“ und „Schrägluftbilder“.
Je nach Flughöhe lassen sich unterschiedlich detaillierte Fotos aufnehmen. Bei einer geringen Flughöhe können kleinste Merkmale registriert werden, eine **Satellitenaufnahme** (M 2) aus mehreren Hundert Kilometern Höhe hingegen erlaubt eher einen großflächigen Überblick. Die Auswertbarkeit der Fotos ist allerdings auch von einer Reihe technischer Komponenten abhängig.

Google Earth

Seit 2004 sind per Internet kostenlose Satellitenbilder (z. T. ergänzt durch aus Flugzeugen aufgenommene Fotos) der Firma Google Inc. verfügbar, die unter der Kennung Google Earth (Google Maps) abgerufen werden können. Der gesamte Globus ist hier in unterschiedlicher Auflösung

dargestellt: In Ballungsräumen der Erde lassen sich infolge einer Auflösung bis zu 15 Zentimentern mitunter noch einzelne Menschen erkennen, über den Weiten der Ozeane hingegen ist nur eine Art „Fototapete“ (sog. „Blue Marble“) dargestellt, die keine Details sichtbar macht.
Bei der Auswertung der Fotos sollte berücksichtigt werden, dass sie nur einmal jährlich bis zu einmal in drei Jahren (laut Angabe der Firma Google) aktualisiert werden. Immerhin sind die Fotos damit jedoch oftmals deutlich aktueller als diverses Kartenmaterial.
Außerdem sei hier angemerkt, dass solche großflächigen Montagen von Satellitenbildern in der Regel von verschiedenen Tagen stammen, da nur bei wolkenlosem Himmel fotografiert werden kann.

Kombination von Karte und Luftbild

Für viele Belange (des nicht wissenschaftlichen Gebrauchs) empfiehlt sich eine parallele Verwendung von Luftbild und Karte. Hierdurch lässt sich ein recht genaues Bild von einem Untersuchungsgebiet entwickeln: Das Luftbild zeigt den Raum, wie wir ihn aus einem Flugzeug betrachten würden, die Karte erlaubt (mittels ihrer Legende) eine Präzisierung einiger Rauminformationen.
Im hiesigen Beispiel wird zusammen mit einem Satellitenbild ein Kartenausschnitt von New York betrachtet, der die Flächennutzungen, das (durchschnittliche) Alter der Gebäude sowie die ethnischen* Hauptbewohnergruppen zeigt (M1). Zu diesem Zwecke wurde unter dem Suchbegriff „New York“ das entsprechende Material bei Google Maps aufgerufen. Dort lässt sich äußerst detailliert in die Fotos hineinzoomen*. Auf diese Weise können beispielsweise weitere Einzelheiten zur Bebauung ermittelt werden. So lässt sich Genaueres über die Beschaffenheit der Bauflächen im Stadtteil Harlem sagen: Die vor 1915 bebauten Gebiete im südwestlichen Teil Harlems weisen – verglichen mit der Bebauung nach 1940 – eine geringere Gebäudehöhe auf. Um dies zu betrachten, ist es u. a. hilfreich, auf die Schattenlängen im Foto zu achten: je größer das Gebäude, desto länger der Schatten.
Die ältere Bebauung zieht sich mehr oder minder an den Straßen entlang und bildet nach Innen kleinere Höfe und Freiflächen. Insgesamt wirkt die Bebauung kompakt.

Luftbildinterpretation

Die hier zuvor vollzogenen Schritte sind Teil einer Luftbildinterpretation. Hierunter versteht man die Deutung von möglichen (denkbaren) Sachverhalten auf einer Grundlage von Luftbildern.
Ein großer Vorteil dieses Verfahrens ist die hiermit mögliche weitgehende Erkundung eines fernen und/oder unzugänglichen Raumes. Auf diese Weise wurden sogar mehrfach wissenschaftliche Recherchen ausgelöst, die auf Vermutungen aus Deutungen von Luftbildinterpretationen basierten. Tatsächlich ließen sich so beispielsweise archäologische Grabungen durchführen, die anfängliche Vermutungen bestätigen konnten.

M3 Im Stadtteil Bronx

***ethnisch**
Griech.: *ethnos* = das Volk; bezogen auf eine größere Gruppe von Menschen, die Geschichte, Kultur, einen gemeinsamen Siedlungsraum und ein Gefühl der Verbundenheit (solidarität) miteinander teilen

***zoomen**
Brennweite eines Bildausschnittes verändern/Details hervorheben bzw. vergrößern

http://earth.google.de

1. Beschreibe das Satellitenbild M2.
2. Vergleiche die thematische Karte M1 mit dem Satellitenbild M2: Welcher Ausschnitt aus M2 ist in M1 dargestellt? Schneide aus einem Blatt Papier eine entsprechende Schablone und lege sie auf M2.
3. Ermittle die Größe (in Quadratkilometern) des Ausschnittes aus dem Satellitenbild (M2). Wie gehst du vor?
4. Bestimme die ungefähre Gebäudehöhe an der Ostseite des Central Parks.
5. Wo stand die Sonne bei Aufnahme dieses Teils von New York Ostseite des Central Parks? Welche ungefähre Uhrzeit ergibt sich hieraus?
6. Denke dir weitere Aufgaben aus, die mit dem Fotomaterial von Google Earth zu New York beantwortet werden können.

Die USA –
eine Wirtschaftsmacht in der Krise?

M 1 Barack Obama, 44. Präsident der USA [Foto aus dem Jahr 2009]

M 2 Die US-Immobilienwirtschaft löste eine weltweite Finanz- und Wirtschaftskrise aus.

[…] „Change", Wandel, so lautete das Schlagwort der Kampagne, an deren Ende Barack Obama Präsident der USA wurde. Erreicht hat Obama seither zumindest einen Stimmungswandel. Seit seiner Amtseinführung glauben mehr Amerikaner, dass sich das Land nun auf dem richtigen Weg befindet – und das trotz der Wirtschaftskrise.
Nach einer Umfrage der „Washington Post" hat sich die Zahl der Amerikaner, die in diesem Sinne optimistisch in die Zukunft blicken, seit dem Januar verdreifacht. Demnach glaubten jedoch immer noch 57 Prozent der Bürger, dass die Vereinigten Staaten in die falsche Richtung marschieren. Das ist aber immerhin der tiefste Wert seit knapp fünf Jahren. Zum Ende der Amtszeit von George W. Bush hatten im vergangenen Herbst noch neun von zehn Amerikanern diese Meinung vertreten. Für die repräsentative Umfrage wurden Ende vergangener Woche 1000 Erwachsene befragt.

www.welt.de/politic/article3481838, 1.04.2009

M 3 US-Bürger wieder optimistischer

*__Rezession__
Rückgang des wirtschaftlichen Wachstums

Wirtschaft der USA

Zwischen 1995 und 2005 waren allein die USA für ein Drittel des globalen Wachstums verantwortlich. In der Zeit von 1983 bis 2004 verursachten steigende US-Importe rund 20 Prozent Wachstum beim Weltexport. Nach einer schwachen Rezession* im Jahr 2001 setzte die US-Wirtschaft ihr Wachstum von im Durchschnitt 2,9 Prozent in den Jahren 2002 bis 2006 fort, während die Inflation und die Zahl der Arbeitslosen relativ niedrig blieben.

Immobilien- und Finanzkrise

Ab 2007 entwickelte sich in den USA eine schwere Banken- und Finanzkrise, die mit einer Immobilienkrise begann.
Diese Krise führte zunächst zu hohen Verlusten und Zahlungsunfähigkeiten (Insolvenzen) bei Unternehmen aus der Finanzbranche, ab Ende 2008 auch in anderen Wirtschaftsbereichen. Rasch griff sie auch auf andere Länder über (Globalisierung).

Auslöser der Krise waren fallende Immobilienpreise in den USA, die sich nach einer langen Phase von Preissteigerung ergaben.
Viele Kreditnehmer konnten die Raten für ihre Häuser nicht mehr bezahlen, weil die Zinsen dafür ständig stiegen. Solche Veränderungen sind in Deutschland nicht vorstellbar, weil schon bei Abschluss eines Kreditvertrags die Bedingungen für die gesamte Laufzeit festgelegt werden.
Durch den Weiterverkauf solcher Kredite die in aller Welt verstreut waren, weitete sich die Krise auf die ganze Welt aus.

Freie Märkte und ihre Gefahr

Staatlich nicht regulierte Märkte gehören zu einer in den USA weit verbreiteten Auffassungen über wirtschaftliche Grundsätze. Viele sehen einen engen Zusammenhang mit den Idealen der persönlichen Freiheit, der politischen Vielfalt und der Ablehnung von Machtkonzentrationen.
Im Zusammenhang mit der jüngsten Wirtschaftskrise werden solche Auffassungen allerdings wieder stärker hinterfragt.

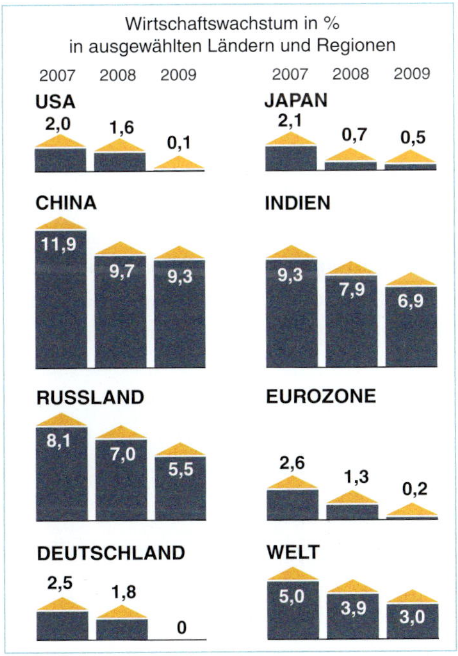

M4 Entwicklung der Weltwirtschaft

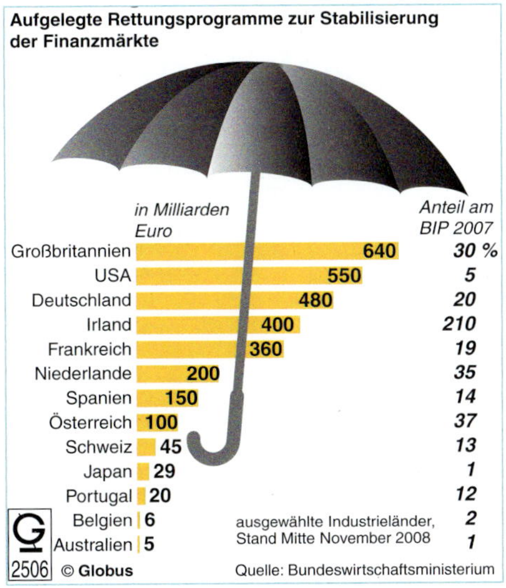

M5 Rettungsprogramme der Staaten

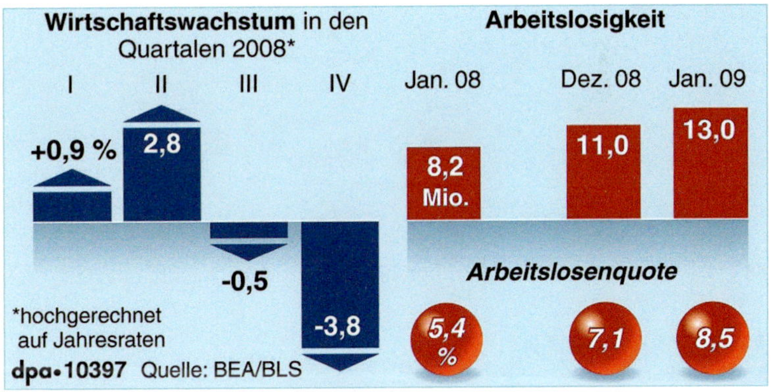

M6 Entwicklung der US-Wirtschaft

1 Halte einen kurzen Vortrag über Barack Obama, den 44. Präsidenten der USA (M 1).

2 Fasse den Inhalt von M 3 in deinen Worten zusammen. Wie wirkte sich die neue Präsidentschaft auf die Stimmung in den USA aus? Recherchiere aktuelle Stimmen zu Obama aus den USA.

3 Berichte über allgemeine Kennzeichen der US-Wirtschaft (Stichwort: freie Märkte) sowie die Auswirkungen der Immobilienkrise (M 2, Text).

4 Analysiere M 4 bis M 6: Wie stand es in den Jahren 2007 bis 2009 im internationalen Vergleich um die US-Wirtschaft?

5 Begib dich auf Spurensuche und finde heraus, wie sich die US-Wirtschaft und die Weltwirtschaft unterdessen entwickelt haben.

6 Wie viel ist eine Immobilie wert? Diskutiert darüber in der Klassse.

Russland – der flächengrößte Staat der Erde

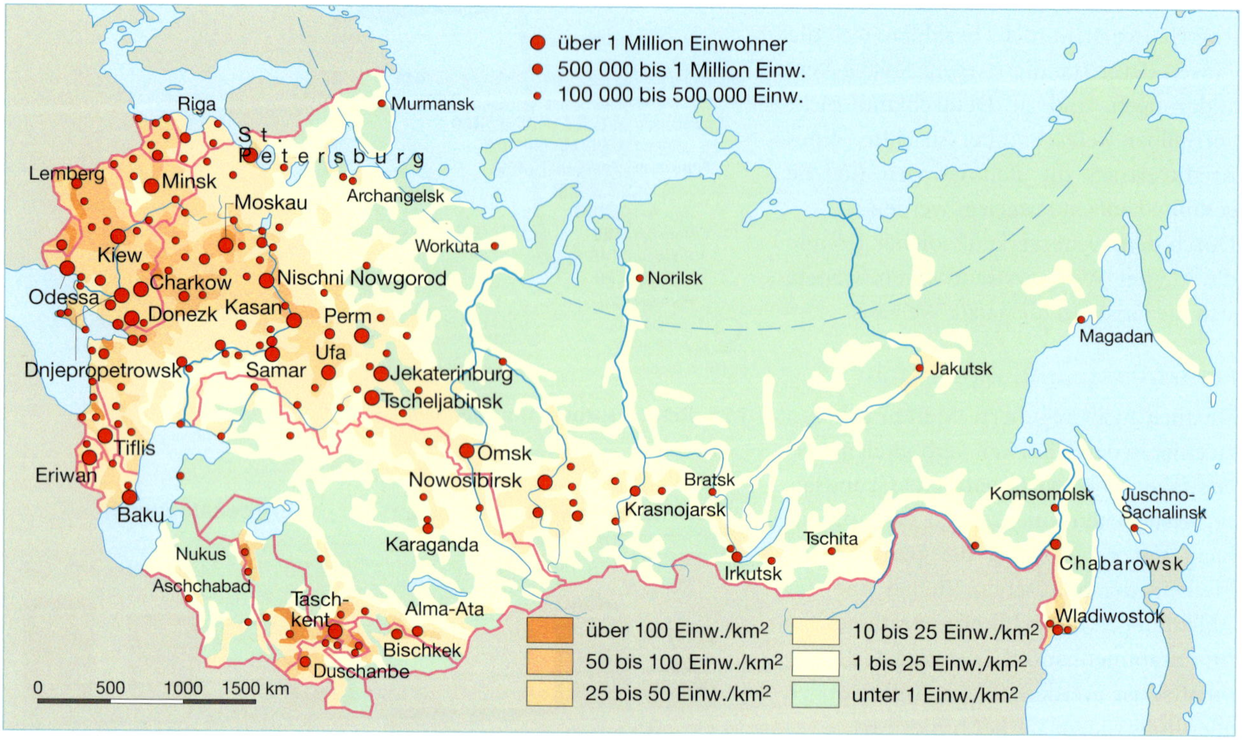

M 1 Bevölkerungsverteilung in Russland und einigen Nachbarstaaten

***Föderation**
Verband, Verbindung, Bündnis

Die Russische Föderation*

Mit einer Fläche von über 17 Millionen Quadratkilometern (davon knapp 4 Mio. km² in Europa) ist die Russische Föderation* der größte Staat der Erde. Bei einer Einwohnerzahl von 142,4 Millionen Menschen ergibt sich eine Einwohnerdichte von nur rund neun Menschen pro Quadratkilometer – eine der geringsten Einwohnerdichten überhaupt.

Russland – wirtschaftlich bedeutend

Das Bruttoinlandsprodukt Russlands betrug 2007 rund 1,3 Billionen US-Dollar. Damit ist die russische Volkswirtschaft

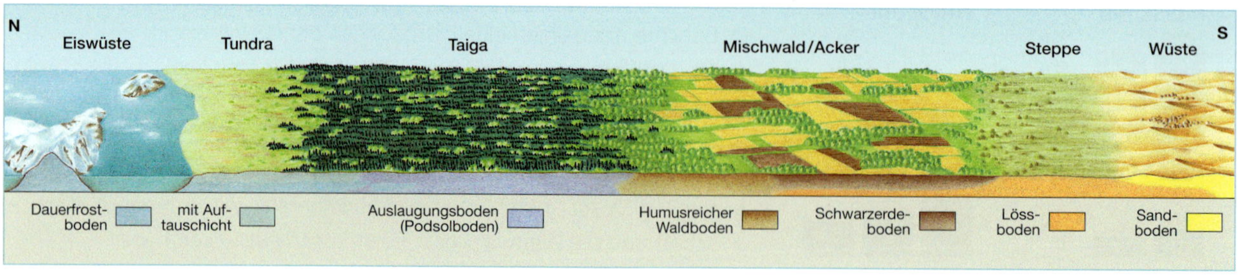

M 2 Nord-Süd-Profil durch Russland und Kasachstan

M4 **Der Moskauer Kremlpalast* und einige seiner Kathedralen**

eine der größten der Welt. Pro Kopf ergab sich daraus ein Betrag in Höhe von etwa 9075 US-Dollar – ein nur mittlerer Wert im Weltvergleich. Allerdings weist die russische Volkswirtschaft beachtliche Wachstumsraten auf, sodass mit ständig steigenden Werten gerechnet werden kann. Erstellt man eine Rangfolge einiger wirtschaftlicher Leistungsdaten im Weltvergleich, so nimmt Russland vielfach vordere Plätze ein.

9. Platz	Bevölkerung
1. Platz	Fläche
181. Platz	Einwohner/km^2
15. Platz	Bruttoinlandsprodukt (BIP)
55. Platz	BIP/Kopf
18. Platz	Import
13. Platz	Export
2. Platz	Ölförderung
5. Platz	Ölverbrauch
4. Platz	Stahlproduktion
3. Platz	CO_2-Ausstoß
6. Platz	Steinkohlenförderung
4. Platz	Stromgewinnung
1. Platz	Kernkraftwerke [Leistung]
6. Platz	Goldförderung
7. Platz	Kupferförderung

M3 **Russland im Weltvergleich**

Dabei darf jedoch nicht übersehen werden, dass zwischen den Positionen die Abstände recht unterschiedlich sein können. So steht Russland bei der Stromerzeugung auf dem dritten Rang, produziert aber weniger als ein Viertel der Menge der USA.

Russland – eine Militärmacht

Neben den USA zählt Russland zu den sogenannten großen „Atommächten" (maßgeblich ist die Anzahl der atomaren Sprengköpfe). Auch die Zahl der Soldaten ist bemerkenswert hoch: Nach den einwohnerreichen Staaten China und Indien sowie den USA gibt es in Russland rund 1,027 Millionen Soldaten. Prozentual (Militärausgaben in % des BIP) gibt Russland dafür so viel aus wie die USA.

***Kreml**
Festung, die den Mittelpunkt alter russischer Städte bildet; hier befanden sich u. a. Munitionslager, Kirchen und Verwaltungen; heute versteht man unter „Kreml" sowohl das russische Regierungsgebäude als auch die russische Regierung allgemein

1. Ermittle die West-Ost- und die Nord-Süd-Erstreckung Russlands. Vergleiche sie mit Entfernungen in Europa.
2. Recherchiere die zehn größten Städte Russlands, ihre Einwohnerzahlen sowie ihre geographische Lage.
3. Beschreibe die Verteilung der Einwohner Russlands (M 1).
4. Erläutere das Nord-Süd-Profil durch Russland (M 2).
5. Fasse die Stellung Russlands im Weltvergleich in deinen Worten zusammen (Text, M 3).
6. Erkläre die Bedeutung des Begriffes „Kreml" (Randspalte, M 4).

Nach Glasnost und Perestroika

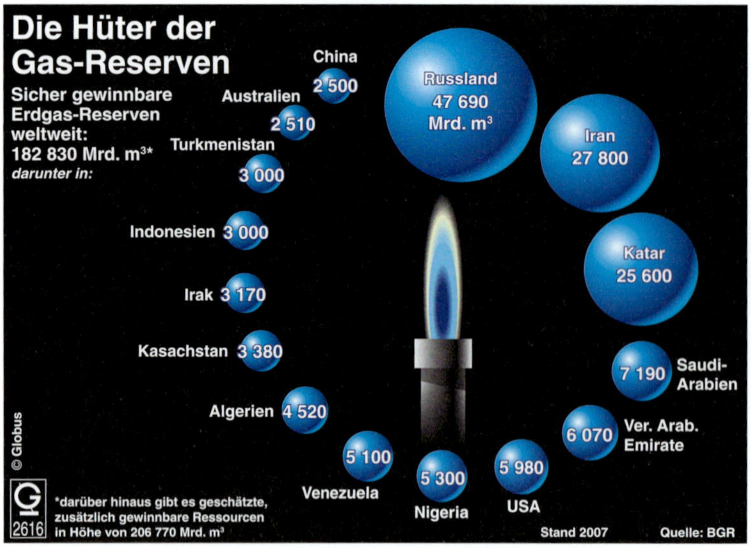

M 1 Gas-Reserven der Erde

Glasnost…

Glasnost (was in etwa bedeutet: Offenheit, Transparenz, Informationsfreiheit) ist eine Art Schlagwort für die durch den Generalsekretär Gorbatschow nach seinem Amtsantritt (im März 1985) in Russland eingeführte Politik einer durchschaubaren bzw. nachvollziehbaren Staatsführung.

… und Perestroika

Unter dem Begriff „Perestroika" (so viel wie: Umbau, Umgestaltung, Umstrukturierung) wird der zu Beginn 1986 eingeleitete Prozess in Bezug auf Umbau und Modernisierung des gesellschaftlichen, politischen sowie wirtschaftlichen Systems in Russland verstanden. Beide Begriffe – Glasnost und Perestroika – sind untrennbar mit Michail Gorbatschow verbunden und markieren eine Wende von der sozialistischen Wirtschaft zur **Marktwirtschaft**. Damit einher gingen Tendenzen der Demokratisierung – beispielsweise das Zugeständnis an Betriebe, selbstständige Entscheidungen treffen zu dürfen.

M 2 Bau der Gaspipeline nach Europa [Foto: Frühjahr 2009]

[…] Der Übergang von der sozialistischen Planwirtschaft zur Marktwirtschaft mit Regulierungsdefiziten verschaffte einigen wenigen die Traumkarriere „vom Tellerwäscher zum Millionär" und stürzte viele in soziale Unsicherheit und Armut. […]
Benachteiligt durch diese Entwicklungen war eindeutig die traditionelle „sowjetische Mittelschicht" im Funktionärs-, Lehr- und Ingenieursbereich sowie im mittleren Management. Soweit ihre Mitglieder […] im Staatsdienst blieben, mussten sie erhebliche Einkommenseinbußen hinnehmen. Auch die Industriearbeiterschaft sah sich mit sinkenden Löhnen konfrontiert. Etliche verloren ihren Arbeitsplatz oder erhielten ihre Löhne nicht mehr regelmäßig ausgezahlt. Der monatliche Durchschnittslohn der Beschäftigten lag Mitte der neunziger Jahre bei umgerechnet etwa 100 US-Dollar. Nach einer kurzen Erholung fiel er im Zuge der Finanzkrise von 1998 auf 60 US-Dollar.
Noch stärker betroffen waren die Rentnerinnen und Rentner […]. Die durchschnittliche Rente halbierte sich […] von 1991 bis 1995. Nach der Finanzkrise von 1998 kam es zu einem weiteren Rückgang um ein Drittel, so dass die durchschnittliche Monatsrente 1999 umgerechnet weniger als 20 US-Dollar betrug. […]

www.bpb.de/Publikationen [Russland, 2003; Autor: Heiko Pleines], 31. 03. 2009

M 3 Sozialer Wandel in Russland

M4 Auf der Moskauer Millionärs-Messe 2006 [Material Gold und Diamanten; Wert pro Handy: ca. 1 Mio. US-$]

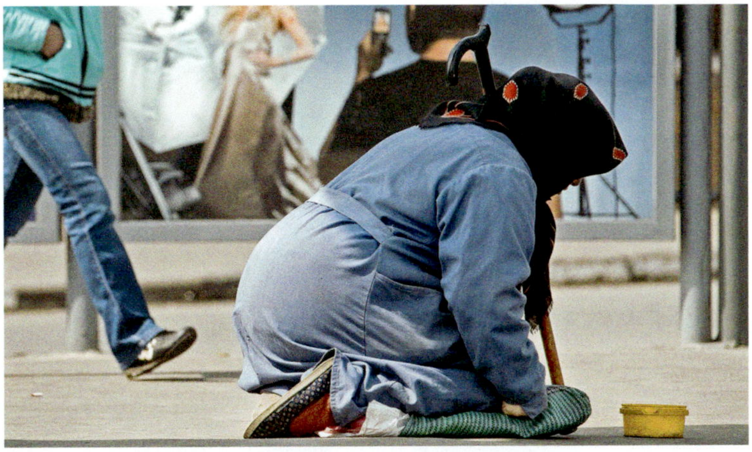

M5 Bettelnde Frau in Moskau [Mai 2008; vor einer Handy-Werbung]

Der Umbau von Gesellschaft und Wirtschaft

Auch das russische Rechtssystems ist durch das römische Recht geprägt. Es wurde allerdings im Laufe der Jahrhunderte mehrfach überformt und verändert.

Im vergangenen Jahrhundert – als Russland noch eine Militärmacht war – war auch die Gesellschaft auf darauf ausgerichtet. Es bestand ein totalitäres System mit **Einparteiherrschaft**.

In Moskau wurden zwischen 1993 und 2003 rund 250 Auftragsmorde registriert. Die meisten davon wurden nicht aufgeklärt. Daraus hat sich in weiten Teilen der russischen Bevölkerung daraus ein Gefühl von Enttäuschung und Machtlosigkeit entwickelt. Viele haben den Eindruck, dass persönliche Beziehungen mehr als rechtliche Garantien gelten würden.

Aber es gibt auch viel Zustimmung auf dem Weg zur Marktwirtschaft.

Privatwirtschaftliche Unternehmer findet man inzwischen in allen Wirtschaftszweigen. Besonders bemerkenswert sind die Entwicklungen in den Bereichen Dienstleistungen, Finanzen und den konsumnahen Branchen, die es in den Zeiten der sozialistischen Planwirtschaft nicht gab.

M6 Deutschlands Rohöl-Einfuhr

1 Erläutere die Begriffe „Glasnost“ sowie „Perestroika“ und berichte darüber, welcher Politiker hiermit in enger Verbindung steht (Text).

2 Fasse zusammen, wie sich in Russland der „Umbau von Gesellschaft und Wirtschaft“ bemerkbar machte (Text).

3 Nimm Stellung zu der Frage, wer von den wirtschaftlichen, politischen und gesellschaftlichen Neuerungen profitierte – und wer nicht (Text, M3–M5).

4 Beschreibe die Bedeutung Russlands in Bezug auf die Gasreserven der Erde (M1).

5 Kommentiere den Zusammenhang zwischen Deutschlands Rohöl-Einfuhr und Russland als Lieferant (M6).

Nach dem Ost-West-Konflikt

M1 „Wir – Sie" [zu sehen sind der amerikanische Präsident Reagan und der russische Präsident Andropow; Karikatur aus dem Jahr 1981]

M3 Fotografie einer Demonstration

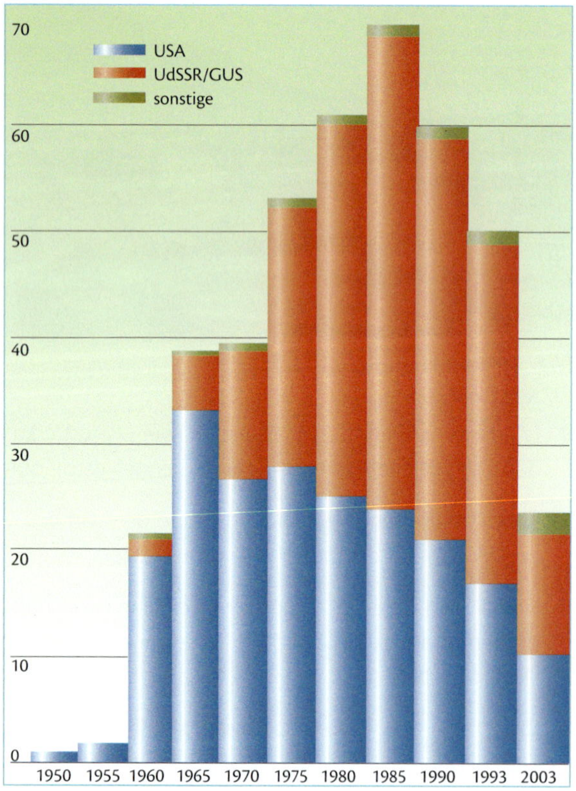

M2 Zahl der weltweit vorhandenen atomaren Sprengköpfe 1950 bis 2003

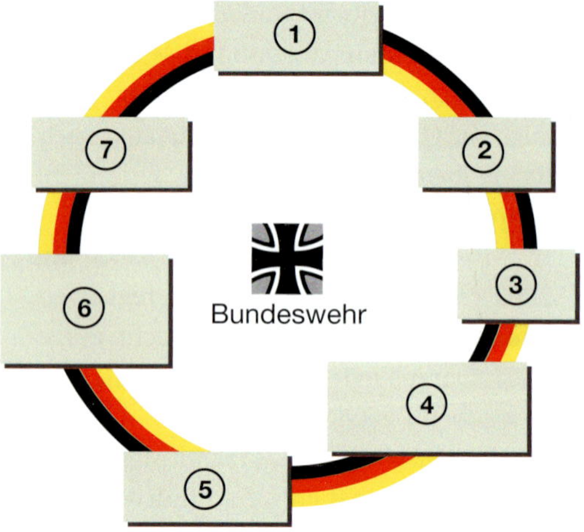

M4 Die Aufgaben der Bundeswehr

Glasnost

Perestroika

M5 Zwei Begriffe

M 6 Politiker aus den USA und aus Russland

[…] Die Feststellung, dass das reguläre Einkommen nicht mehr für ein Leben über der Armutsgrenze reichte, war eine zentrale Erfahrung zahlreicher Menschen in Russland in den neunziger Jahren. Dass es trotzdem nicht zu massenhaften Protesten der Bevölkerung gegen die marktwirtschaftlichen Reformen kam, ist wohl vor allem darauf zurückzuführen, dass viele Russinnen und Russen alternative Überlebensstrategien entwickelten. […]
Ein großer Teil arbeitete so zumindest teilweise in der Schattenwirtschaft, deren Umfang auf 30 bis 50 Prozent der russischen Wirtschaft geschätzt wurde. Viele Russinnen und Russen waren dabei auf eigene Rechnung tätig, etwa als Taxifahrer oder als Kleinhändler auf den vielen Märkten und Basaren. […] Vor allem Personengruppen mit schlechten Chancen auf dem Arbeitsmarkt stützten sich häufig auf die Hilfe von Familienmitgliedern. Dazu gehörten Rentnerinnen und Rentner sowie Jugendliche nach Ende ihrer Ausbildung an Schule und Universität. Unterstützungsleistungen bestanden dabei vor allem in der Unterbringung in der eigenen Wohnung und in der Versorgung mit Nahrungsmitteln von der eigenen Datscha*. Jugendliche blieben beispielsweise bei ihren Eltern wohnen, alte Menschen zogen zu ihren Kindern. Häufig wurde die Wohnung der Großeltern verkauft, um ein Einkommen zu erzielen. […]

www.bpb.de/Publikationen [Russland, 2003; Autor: Heiko Pleines], 31. 03. 2009

M 7 Überlebensstrategien in Russland

?	Bevölkerung
	Fläche
	Einwohner/km²
	Bruttoinlandsprodukt (BIP)
	BIP/Kopf
	Import
	Export
	Ölförderung
	Ölverbrauch
	Stahlproduktion
	CO_2-Ausstoß
	Steinkohlenförderung
	Stromgewinnung
	Kernkraftwerke [Leistung]
	Goldförderung
	Kupferförderung

M 8 Die USA und Russland im Weltvergleich

***Datscha**
Garten- oder Wochenendhaus

1 Stelle M 1 bis M 3 in einen gedanklichen Zusammenhang.

2 Nenne die Aufgaben der Bundeswehr M 4.

3 Erläutere die beiden Begriffe aus M 5.

4 Finde die Namen der in M 6 dargestellten Personen heraus. Welche Rolle haben sie in der Zeit nach dem Ost-West-Konflikt gespielt?

5 Nimm Stellung zu M 7: Wie haben sich die Menschen in Russland auf die wirtschaftlich schweren Zeiten eingestellt? Warum scheinen sie sich in ihr Schicksal zu fügen? Ist es für dich leicht nachvollziehbar?

6 Ergänze die fehlenden Angaben in M 8 (Rangplätze im Weltvergleich).

Nicht in das Buch schreiben!

Sachregister und Begriffslexikon

F

G

Gestapo 186, 188

„Gestapo" ist eine Abkürzug für: Geheime Staatspolizei. Dabei handelt es sich um eine kriminalpolizeiliche Behörde sowie eine „politische Polizei" in der Zeit des Nationalsozialismus (1933–1945). Die Gesatpo besaß weitreichende Machtbefugnisse bei der Bekämpfung politischer Gegner. Sie richtete ihr Augenmerk jedoch nicht nur auf politisch Andersdenkende, sondern beschäftigte sich auch mit der Beobachtung, Bespitzelung und Verfolgung „unliebsamer" Menschen. Auch im Zusammenhang mit der Judenverfolgung war die Gestapo in hohem Maße beteiligt.

Groß-Berlin 280

Der Preußische Landtag beschloss im April 1920 (der Beschluss trat am 1.10.1920 in Kraft) eine breit angelegte Eingemeindung. Infolge der Eingemeindung zuvor kreisfreier Städte wie Charlottenburg, Wilmersdorf und Schöneberg, aber auch von Gemeinden und Gutsbezirken aus dem Umland verdoppelte sich die Einwohnerzahl schlagartig von 1,9 auf 3,8 Millionen.

H

I

Industrie- und Handelskammer (IHK) 267

In Deutschland gibt es 80 regionale Industrie- und Handelskammern (IHK) und deren Dachorganisation, den „Deutschen Industrie- und Handelskammertag (DIHK)". Alle Unternehmen (Ausnahme: „reine" Handwerksbetriebe,
Landwirte und Freiberufler — z. B. Ärzte, Architekten, Rechtsanwälte), sind zu einer Mitgliedschaft in ihrer regionalen IHK verpflichtet. Die IHK vertritt die Interessen der ihr zugehörigen Unternehmen gegenüber Politik und Öffentlichkeit.

J

K

Typhus 178

Typhus (vom griechischen Wort *typhos* = Dunst, Nebel, Schwindel) ist eine ansteckende Krankheit; kennzeichnend für eine Typhus-Erkrankung sind ein stufenförmiger Anstieg des Fiebers und Bauchschmerzen. Die Krankheit wird durch Bakterien ausgelöst und übertragen. Bleibt Typhus unbehandelt, kann es zum Tod der Patienten führen.

U

uigurisch 89

Uiguren sind das größte Turkvolk (zur Großgruppe der „Türken“ gehörend) im chinesischen Uigurischen Autonomen Gebiet Xinjiang (im äußersten Nordwesten der Volksrepublik China); dieses Gebiet wird auch „Ostturkestan“ genannt.

V

Visum 248

Der Begriff „Visum“ (Pluralform: „Visa“ oder „Visen“) stammt aus dem Lateinischen und bedeutet so viel wie „das Gesehene“. Da im Englischen die Singularform *visa* lautet, wird auch die grammatikalisch falsche Singularform „Visa“ in der deutschen Umgangssprache verwendet. Ein Visum (früher in der Amtssprache auch: „Sichtvermerk“) ist eine amtliche Eintragung (zumeist in einen Reisepass), die für das Überschreiten einer Grenze des ausstellenden Staates erforderlich ist.

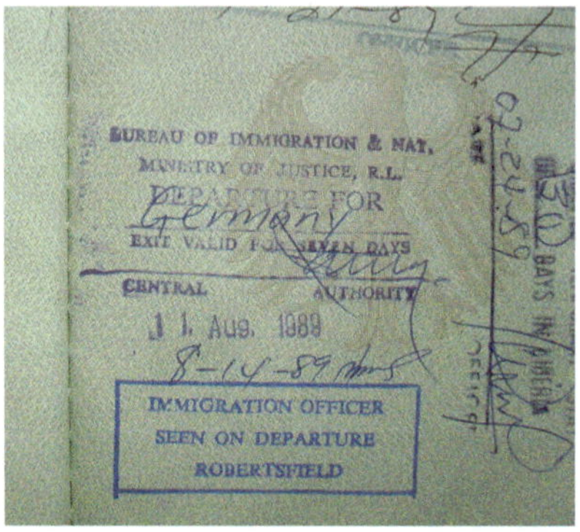

W

Z

Zersiedlung 265

Infolge einer fortschreitenden Siedlungstätigkeit (Verkehrswegebau, Wohnbauung, Ausweitung der gewerblichen Nutzflächen etc.) werden naturnahe Räume umgewandelt. Pflanzen und Tiere werden verdrängt, die Umwelt wird zunehmend belastet. Erfolgt die Siedlungstätigkeit nicht schwerpunktmäßig und/oder entlang von Entwicklungsachsen, spricht man von einer „Zersiedlung“. Sie wirkt sich auch nachteilig für die Umwelt aus, weil dadurch beipielsweise natürliche Lebensräume (Tierreviere) zerschnitten bzw. unterbrochen werden.

* Die so gekennzeichneten Begriffe werden auf der entsprechenden Seite erläutert oder sind mit Zusatzinformationen versehen.

Bildquellen

Titelfoto (l.) Cornelsen Verlag, Berlin; Titelfoto (Mitte) Stiftung Frauenkirche, Dresden; Titelfoto (r.) K. Petrik, Prag; 3 (o. l) akg-images; 3 (o. r.) picture-alliance/Tagesspiegel; 4 (o. l.) Astrofoto, Sörth; 4 (u. l.) bpk; 4 (r.) picture-allliance/dpa; 5 (o. l.) picture-alliance/dpa; 5 (u. l.) Astrofoto/ NASA, Sörth; 5 (r.) Corbis/© Sean Adair/Reuters; 6/7 akg-images; 7 (o.) picture-alliance/akg-images/Erich Lessing; 8 M 1 Bibliothéque Nationale, Paris; 8 M 2 Bridgeman, Berlin; 8 M 3 Artothek/Peter Willi, Weilheim; 9 (o.) picture-alliance/akg-images/Erich Lessing; 10 M 1 akg-images/VISIOARS; 10 M 2 akg-images; 11 M 3 Badisches Landesmuseum, Karlsruhe; 11 M 4 Staatliche Schlösser und Gärten Baden-Württemberg, Bruchsal; 11 M 5 bpk/Kunstbibliothek, SMB/Knud Petersen; 11 M 6 Stadtmuseum, Köln; 12 M 1 picture-alliance/dpa © dpa-Bildarchiv; 13 M 1 Museumslandschaft Hessen-Kassel/Foto: Ute Brunzel/Inv.-Nr. GK 327 Neg-Nr. GAM1033; 14 M 1 Bildarchiv Steffen/Bridgeman; 14 M3 bpk; 15 (o.) akg-images; 15 M 6 bpk; 15 M 7 akg-images; 16 M 1 akg-images; 16 M 2 bpk; 17 M 3 Bibliothéque Nationale, Paris; 18 M 1 Bridgeman, Berlin; 18 M 2 bpk/RMN/Bulloz; 18 M 3 bpk; 19 M 4 Mary Evans Picture Library, London; 21 M 6 laif, Köln; 22 M 1 akg-images; 23 M 2 Bibliothéque Nationale, Paris; 25 M 4 akg-images; 25 M 6 bpk/RMN/Hervé Lewandowski; 26 M 2 akg-images; 28.1 picture-alliance/akg-images/ Erich Lessing; 28.2 Bildarchiv Steffens/Bridgeman; 28.3 bpk; 28.4 bpk/RMN/Hervé Lewandowski; 29 (l.) Bridgeman, Berlin; 29 (o. r.) akg-images; 29 (u. r.) picture-alliance/akg-images; 30/31 akg-images; 32 M 1 Österreichische Nationalbibliothek, Wien; 33 M 4 akg-images; 34 M 1 akg-images; 34 M 2 ullstein bild; 34 M 3 ullstein bild; 36 M 1 akg-images; 37 M 4 Dietrich Hecht, Aschaffenburg; 38 M 1 Historisches Museum, Frankfurt; 38 M 2 Germanisches Nationalmuseum, Nürnberg; 39 M 4 bpk; 39 M 6 Historisches Museum, Frankfurt; 40 M 1 Schützengesellschaft Kronach e. V.; 40 M 2 akg-images; 41 M 4 akg-images; 41 M 6 aus: „Wir machen Geschichte", Diesterweg Verlag, Frankfurt/M., S. 199; 43 M 1 William Boehart Mölln; 44 M 3 Historisches Museum/Foto: Horst Ziegenfusz, Frankfurt; 48.1 akg-images; 48.2 Historisches Museum, Frankfurt; 48.3 akg-images; 48.4 akg-images; 49 M 2 bpk; 50/51 fhb – freies historikerbüro Bernd Kockerols, Bergisch Gladbach; 52 M 1 akg-images; 52 M 2 akg-images; 52 M 3 akg-images; 52 M 4 bpk; 52 M 5 akg-images; 52 M 6 picture-alliance/dpa/U. Zucchi; 53 M 7 Heinemann Educational, Oxford; 53 M 8 Heinemann Educational, Oxford; 53 M 9 bpk; 54 M 2 bpk; 54 M 3 Institut für Stadtgeschichte, Frankfurt; 55 M 4 National Portrait Gallery, London; 56 M 1, M 2, M 3 Adam Opel AG, Öffentlichkeitsarbeit, Rüsselsheim; 57 M 5 bpk/Kunstbibliothek, SMB/Knud Petersen © VG Bild-Kunst, Bonn 2009 (Thomas Theodor Heine, Am Grabmal des letzten Fußgängers); 57 M 6 bpk; 58 M 1 akg-images; 58 M 2 (l.) Corbis/© Austrian Archives; 58 M 2 (r.) Bergisches Museum für Bergbau, Handwerk und Gewerbe, Bergisch Gladbach; 59 M 3 Historisches Archiv Krupp; 59 M 4 akg-images; 59 M 5 Stadtarchiv Bochum; 59 M 6 ullstein bild; 60 M 1, M 2, M 3 akg-images; 61 M 8 akg-images; 61 M 9 bpk/J. J. Fitz; 62 M 1 © Fotosammlung DB Museum; 62 M 2 © RWE Power; 62 M 3 Staatliche Museen Preußischer Kulturbesitz, Kunstbibliothek; 63 M 5 bpk; 63 M 6, M 7 Siemens Corporate Archives; 63 M 8, M 9 © Mercedes-Benz Classic; 64 M 1 Historisches Archiv Krupp; 64 M 2 Klaus Becker, Oberursel; 65 M 8 akg-images, 65 M 9 picture-alliance/dpa; 65 M 10 akg-images; 66 M 1, M 2, M 3 akg-images; 66 M 4 bpk/Jürgen Liepe; 67 M 5 (l. + r.) Elisabeth Köster, Bonn; 67 M 8 picture-alliance/dpa/T. Silz; 68 M 1 bpk; 69 M 3 Skjold Photographs, Saint Paul/USA; 70 M 1 bpk/Jürgen Liepe; 70 M 2 akg-images; 71 M 1 picture-alliance/dpa/W. Baum; 72.1 Heinemann Educational,Oxford; 72.2 akg-images; 72.3 akg-images; 72.4 Archiv der sozialen Demokratie, Bonn; 73 (u. l.) DHM/Arne Psille, Berlin; 73 (o. r.) © Fotosammlung DB Museum; 73 (u. r.) akg-images; 74/75 picture-alliance/Tagesspiegel; 76 M 1 ullstein bild – Archiv Gerstenberg; 76 M 2 picture-alliance/dpa © dpa-Fotoreport; 77 M 4 picture-alliance/© Globus Infografik; 78 M 1 picture-alliance/dpa © dpa-Fotoreport; 78 M 2 Erich Schmidt Verlag, Zahlenbild; 79 M 3 picture-alliance/© Globus Infografik; 79 M 4 Norbert Michalke, Berlin; 80 M 1 M. Sohn, Duisburg; 80 M 2 Gesamtverband des deutschen Steinkohlenbergbaus, Essen; 81 M 3 S. Rohling, Waltrop; 81 M 4 picture-alliance/© Globus Infografik; 82 M 1 Plaßmann/CCC, www.c5.net; 82 M 2 picture-alliance/Globus Infografik; 83 M 5, M 6 picture-alliance/© Globus Infografik; 84 M 1 (l.) © Uli Stein; 84 M 2 picture-alliance/Globus Infografik; 85 M 3 picture-alliance/ Globus Infografik; 86 M 1 picture-alliance/All Canada Photos; 87 M 4 picture-alliance/Globus Infografik; 88 M 1 Visual Insight/Stephen G. Eick; 88 M 2 picture-alliance/Globus Infografik; 89 M 3 picture-alliance/Globus Infografik; 90 M 1 picture-alliance/Keystone; 90 M 2 picture-alliance/ Globus Infografik; 91 M 4, M 5 picture-alliance/Globus Infografik; 92 M 1 picture-alliance/dpa © dpa-Report; 92 M 2 Huber/CCC, www.c5.net; 92 M 3 picture-alliance/dpa © dpa-Report; 93 M 4 picture-alliance/dpa-Themendienst; 94 M 1 Glück/CCC, www.c5.net; 94 M 3 picture-alliance/ Globus Infografik; 94 M 4 picture-alliance/ZB © ZB-Fotoreport; 95 M 5 picture-alliance/Lade-Fotoagentur/John Powell; 95 M 6 picture-alliance/ united archives; 95 M 7 picture-alliance/Globus Infografik; 95 M 8 (o.) ullstein bild – Archiv Gerstenberg; 95 M 8 (u.) picture-alliance/dpa © dpa-Fotoreport; 95 M 9 Erich Schmidt Verlag, Zahlenbild; 96/97 ullstein bild – Granger Collection; 97 (o.) Süddeutsche Zeitung Photo; 97 (u.) Keystone Pressedienst, Hamburg; 98 M 1 akg-images; 99 M 4 akg-images; 99 M 5 ullstein bild – Haeckel; 101 M 2 DHM, Berlin; 101 M 3 Filmmuseum Düsseldorf; 102 M 1 RMN, Paris; 102 M 2 picture-alliance/dpa/Georg Spring; 103 M 4; M 5 Infozentrum Schokolade, Düsseldorf; 104 M 1 bpk; 105 M 2 Bundesarchiv Koblenz/Oscar Tellgmann, Bild 136-C0087; 105 M 3 akg-images; 106 M 1 Siemens Corporate Archives; 106 M 2 © Mercedes-Benz Classic; 107 M 3 Hilke Günther-Arndt, Oldenburg; 107 M 4 bpk/Kunstbibliothek, SMB; 108 M 1 ullstein bild; 109 M 6 Stiftung Stadtmuseum Berlin; 109 M 7 AEG Firmenarchiv, Frankfurt; 110 M 1 Karl Stehle, München; 111 M 4, M 5 Süddeutsche Zeitung Photo; 112 M 1, M 2 Imperial War Museum; 112 M 3 ullstein bild; 112 M 4 DHM, Berlin; 113 M 5 ullstein bild; 113 M 7 Süddeutsche Zeitung Photo; 114 M 1, M 3 ullstein bild; 115 M 4 akg-images; 115 M 5 Bundesarchiv Koblenz, Bild 146-1970-081-06; 116.1 AEG Firmenarchiv, Frankfurt; 116.2 bpk; 116.3 Süddeutsche Zeitung Photo/sz-photo; 116.4 Bundesarchiv Koblenz, Bild 146-1970-081-06; 117 (o. l.) bpk; 117 (u. l.) Süddeutsche Zeitung Photo/sz-photo; 117 (u. r.) Bibliothek für Zeitgeschichte in der württembergischen Landesbibliothek Stuttgart; 118/119 (Hintergrundfoto) Astrofoto, Sörth; 118 (o.) Peter Fischer, Oelixdorf ; 118 (u.) Cornelsen Verlag, Berlin; 119 (l.) Mauritius-Images/Beck; 119 (o. l.) © Theo Dom/terre des hommes; 119 (o. r.) KNA-Bild, Bonn; 122 M 1 picture-alliance/dpa; 123 M 2 picture-alliance/Globus Infografik; 124 M 1 picture-alliance/dpa/ Dono; 124 M 3 picture-alliance/dpa © dpa-Report; 126 M 1 Gerhard Mester, Wiesbaden; 126 M 2 Cornelsen Verlag, Berlin; 128 M 1 picture-alliance/dpa © epa-Bildfunk; 128 M 2 picture-alliance/Globus Infografik; 129 M 3, picture-alliance/dpa © dpa-Report; 129 M 4 picture-alliance/ dpa/epa Kim Piper; 129 M 5 picture-alliance/dpa © dpa-Report; 130 M 1 argus/Mark Edwards; 130 M 2 Cornelsen Verlag, Berlin; 136 M 1 picture-alliance/dpa/Jörg Schierenbeck; 136 M 2 Wulf Schmidt-Wulffen, Hannover; 136 M 3 © Welthungerhilfe; 137 M 5, M 6 © Welthungerhilfe; 138 M 1 © Welthungerhilfe; 139 M 3 picture-alliance/Globus Infografik; 141 M 6 (o.) argus/Mark Edwards; 141 M 6 (u.) Cornelsen Verlag, Berlin; 142/143 bpk; 143 (o.) Universitäts- und Landesbibliothek, Darmstadt; 145 M 2, M 5 ullstein bild; 146 M 1 ullstein bild; 147 M 3 Süddeutsche Zeitung Photo/Scherl; 147 M 4 ullstein bild; 148 M 1 ullstein bild; 150 M 1 Erich Schmidt Verlag, Zahlenbild; 152 M 1 Keystone Pressebild,

Hamburg; 154 M 1 bpk; 155 M 7, M 8 Langewiesche-Brandt, Ebenhausen; 156 M 1 akg-images; 157 M 2 akg-images; 158.1 ullstein bild; 158.2 Süddeutsche Zeitung Photo/sz-photo; 158.3 Keystone Pressedienst, Hamburg; 159 M 2 ullstein bild; 159 (o. r.) bpk © VG Bild-Kunst, Bonn 2009 (Thomas Theodor Heine, Sie Tragen die Buchstaben der Firma); 160/161 bpk © VG Bild-Kunst, Bonn 2009 (A. Paul Weber, Das Verhängnis); 161 (o. r.) Süddeutsche Zeitung Photo/sz-photo; 162 M 1, M 2 ullstein bild; 164 M 1 ullstein bild; 164 M 2 bpk; 165 M 7 Süddeutsche Zeitung Photo/sz-photo; 166 M 1 Erich Schmidt Verlag, Zahlenbild; 166 M 2 Langewiesche-Brandt, Ebenhausen; 168 M 1 Erich Schmidt Verlag, Zahlenbild; 169 M 4 ullstein bild; 169 M 5 Langewiesche-Brandt, Ebenhausen; 170 M 1 H. Weber, Köln; 170 M 2 Archivgemeinschaft Schwarzenbek; 170 M 3 akg-images; 170 M 4 H. Weber, Köln; 171 M 5, M 6 Keystone Pressedienst, Hamburg; 172 M 2 bpk; 173 M 4 Stadtarchiv Nürnberg/Sign. E39 N 1104/14; 173 M 6 Sammlung W. Kleinknecht, Alzey; 174 M 1 Bundesarchiv Koblenz, Bild 183-86686-008; 174 M 2 bpk; 175 M 5 bpk; 176 M 1 DHM, Berlin; 176 M 2 St. Josefshaus Herten, Rheinfelden; 177 M 4 bpk; 178 M 1, M 2 ullstein bild; 180 M 1 akg-images; 183 M 2, M 3 akg-images; 184 M 1 bpk; 185 M 6 DHM, Berlin; 186 M 1 akg-images; 186 M 2 Süddeutsche Zeitung Photo/sz-photo; 186 M 3 akg-images; 187 M 6, M 7 ullstein bild; 188 (o. l.) ullstein bild; 188 (u. l.) Süddeutsche Zeitung Photo; 189 M 6 ullstein bild – Wittenstein; 189 M 7 ullstein bild; 189 M 8 Gedenkstätte Deutscher Widerstand, Berlin; 190 M 1 Bernhard Nopper, Grenzach-Wyhlen; 190 M 2 Archiv Presseamt Universitätsstadt Marburg/Foto: Karl Wagner; 191 M 3 Bernhard Nopper, Grenzach-Wyhlen; 191 M 4 NS-Dokumentationszentrum Rheinland-Pfalz; 192 M 1 Bistumsarchiv Trier; 193 M 4 picture-alliance/dpa © dpa; 194.1 Bundesarchiv Koblenz, Bild 146-1977-008-01 A; 194.3 © Fotosoyuz/Chaldej/Voller Ernst, Berlin; 194.4 picture-alliance/dpa © dpa; 195 (u. l.) ullstein bild; 195 (o. r.) bpk; 195 (u. r.) bpk/Richard Peter sen.; 196/197 picture-alliance/dpa; 197 (r.) picture-alliance/dpa; 198 M 2 (o. + u.) ullstein bild; 198 M 2 (M.) Historisches Archiv der Stadt Köln; 198 M 3 akg-images; 199 M 5 picture-alliance/dpa; 199 M 6 Stadtarchiv Worms; 199 M 7 Süddeutsche Zeitung Photo/sz-photo; 200 M 2 ullstein bild; 201 M 4 © Time & Life/Getty Images/John Florea; 201 M 5 Galerie Bilderwelt/John Vachon; 202 M 1 Süddeutsche Zeitung Photo/sz-photo; 203 M 3 bpk/Kunstbibliothek, SMB; 204 (u.) ullstein bild; 205 M 3 picture-alliance/dpa; 205 M 4 Bundesbildstelle Bonn; 205 M 5 bpk/Herbert Hensky; 206 M 1 Bundesarchiv Koblenz, Plak 005-002-008; 206 M 2 aus Wolfgang Marienfeld, „Die Geschichte des Deutschland-Problems im Spiegel politischer Karikaturen, Hannover 1991; 207 M 4 Landesbildstelle Berlin/Foto: A. Bankhardt; 207 M 5 akg-images; 207 (o. r.) ullstein bild; 208 M 1 SLUB Dresden/Deutsche Fotothek/Richard Peter sen.; 208 M 2 SLUB Dresden/Erich Höhne; 208 M 3 akg-images; 209 M 4 Süddeutsche Zeitung Photo/sz-photos; 209 M 5 ullstein bild; 209 M 6 picture-alliance/dpa; 210 M 1 bpk; 210 M 2 AFP Agence France-Press, Berlin; 212 M 1, M 2 picture-alliance/dpa; 212 (u. l.) Bildart Photos, Berlin; 213 M 3 Jürgens Ost und Europa Photo, Berlin; 213 M 4, Pressedienst Paul Glaser, Berlin; 213 M 5 J. Kohlbrenner/CCC, www.c5.net; 214 M 1 picture-alliance/dpa; 215 M 4 Jürgens Ost und Europa Photo, Berlin; 215 M 5 picture-alliance/dpa; 216 M 1 Keystone Pressedienst, Hamburg; 217 M 1 picture-alliance/dpa; 217 M 2 picture-alliance/Globus Infografik; 217 (M.) Spiegel-Verlag, Hamburg; 218.1 Süddeutsche Zeitung Photo/sz-photo; 218.2 ullstein bild - dpa; 218.3 + 4 picture-alliance/dpa; 219 (o. r.) Sven Simon, Essen, 219 (M. r.) Focus, Hamburg; 219 (u. r.) picture-alliance/dpa; 220/221 picture-alliance/dpa © dpa; 222 M 1 (l.) Süddeutsche Zeitung Photo/sz-photo; 222 M 1 (r.) Westermann Bildarchiv; 224 M 1 picture-alliance/dpa © dpa; 225 M 3 Erich Schmidt Verlag, Zahlenbild; 226 M 1 E. Rudyk, Wiesbaden; 226 M 2 Erich Schmidt Verlag, Zahlenbild; 227 M 4 picture-alliance/Globus Infografik; 228 M 1 picture-alliance/Globus Infografik; 229 M 4 picture-alliance/Globus Infografik; 230 M 1 Erich Schmidt Verlag, Zahlenbild; 230 M 2 picture-alliance/Globus Infografik; 231 M 3, M 4, M 5 picture-alliance/Globus Infografik; 232 M 2 Haitzinger/CCC, www.c5.net; 233 M 4 Erich Schmidt Verlag, Zahlenbild; 236 M 1 Sakurai/CCC, www.c5.net; 236 M2 Erich Schmidt Verlag, Zahlenbild; 239 M 5 Haitzinger/CCC, www,c5.net; 240/241 Europäische Kommission Bildarchiv; 242 M 1 Henning Lüders, Berlin; 245 M 4 Münchner Stadtmuseum, München; 246 M 1 picture-alliance/dpa/Jan Nienheysen; 246 M 3 Erich Schmidt Verlag, Zahlenbild; 248 M 2 Erich Schmidt Verlag, Zahlenbild; 249 (o. l.) picture-alliance/dpaweb © dpa-Fotoreport; 249 (o. r.) picture-alliance/dpa-Fotoreport/epa Faith; 249 (M.) Europäischer Gerichtshof, Luxemburg; 249 (u.) picture-alliance/dpa; 250 M 1 picture-alliance/Globus Infografik; 251 M 4 picture-alliance/Globus Infografik; 252 M 1 picture-alliance/Globus Infografik; 253 M 3 Europäische Kommission Bildarchiv; 254 M 1 picture-alliance/Globus Infografik; 255 M 3 Haitzinger/CCC, www.c5.net; 256 M 1, M 2 picture-alliance/Globus Infografik; 257 M 5, M 6 picture-alliance/Globus Infografik; 259 M 4 Airbus Deutschland GmbH; 259 M 5 Hanel/CCC, www.c5,net; 260/261 Astrofoto/NASA, Sörth; 262 M 1 (l.) picture-alliance/ZB-Fotoreport; 262 M 1 (r.) Das Luftbild-Archiv, Wennigsen; 265 M 4 picture-alliance/dpa © dpa-Bilderdienste; 266 M 1 picture-alliance/ZB © dpa-Report; 266 M 2 picture-alliance/dpa © dpa-Report; 268 M 1 (l.) picture-alliance/dpa © dpa-Bildarchiv; 268 M 1 (r.) picture-alliance/dpa © dpa-Report; 269 M 3 picture-alliance/Globus Infografik; 269 M 4 picture-alliance/dpa © dpa-Report; 270 M 2 picture-alliance/dpa © dpa-Fotoreport; 271 M 4 picture-alliance/Globus Infografik; 271 M 5 picture-alliance/dpa © dpa-Bildarchiv; 272 M 2 picture-alliance/Globus Infografik; 272 M 3 Mario Guarino, Berlin; 273 M 4 picture-alliance/dpa/dpaweb © dpa; 274 M 1 Mario Guarino, Berlin; 275 M 5 picture-alliance/dpa; 276 M 1 picture-alliance/dpa © dpa; 276 M 2 picture-alliance/Globus Infografik; 278 M 1 picture-alliance/dpa/dpaweb © dpa; 278 M 2 picture-alliance/dpa © dpa; 278 M 3 picture-alliance/dpa © dpa-Report; 279 M 4 picture-alliance/dpa/dpaweb © dpa-Report; 280 M 1 ullstein bild; 282 M 1 picture-alliance/dpa © dpa-Report; 282 M 2, M 3 York Arend, Berlin; 284 M 1 York Arend, Berlin; 285 M 4, M 5 York Arend, Berlin; 286 M 1 picture-alliance/dpa © dpa-Fotoreport; 286 M 2 Mario Guarino, Berlin; 286 M 4 York Arend, Berlin; 287 M 5 picture-alliance/ZB © dpa-Report; 287 M 7 picture-alliance/Sander; 288/289 Corbis/© Sean Adair/Reuters; 290 M 1 (l. + r.) Keystone Pressedienst, Hamburg; 291 M 3 Haitzinger/CCC, www.c5.net; 292 M 1 picture-alliance/dpa © dpa-Bildarchiv; 292 M 2 (o.) picture-alliance/© Rainer Binder/Helga Lade; 292 M 2 (u.) picture-alliance/dpa © dpa; 293 M 4 (l.) picture-alliance/dpa © dpa; 293 M 4 (r.) akg-images; 293 M 5 picture-alliance/dpa; 294 M1 picture-alliance/Globus Infografik; 294 M 2 Visum/Alfred Büllesbach © VG Bild-Kunst, Bonn 2009 (Carl Frederik Reuterswärd, Non Violence); 295 M 3 picture-alliance/Globus Infografik; 296 M 1 ullstein bild – AP; 296 M 2 (l.) ullstein bild – AP; 296 M 2 (M.) picture-alliance/dpa-Fotoreport; 296 M 2 (r.) ullstein bild – AP; 297 M 5 Reuters AG, Berlin; 297 M 6 Erich Schmidt Verlag, Zahlenbild; 298 M 1 picture-alliance/dpa; 298 M 2 picture-alliance/Globus Infografik; 299 M 3 picture-alliance/dpa/epa; 299 M 4 picture-alliance/dpa © dpa-Fotoreport; 299 M 6 picture-alliance/dpa © dpa-Report; 300 M 1 Plaßmann/CCC, www.c5.net; 300 M 2 Bundesministerium für Verteidigung, Bonn; 301 M 6 picture-alliance/dpa; 302 (o. l.) Cornelsen Verlag, Berlin; 303 M 4 Cornelsen Verlag, Berlin; 304 M 2 NASA; 305 M 3 Bilderberg/Kunz; 306 M 1 picture-alliance/empics; 306 M 2 picture-alliance/ZUMA Press; 307 M 4, M 5, M 6 picture-alliance/Globus Infografik; 308 (M.) Cornelsen Verlag, Berlin; 309 M4 picture-alliance/ZB © dpa-Report; 310 M 1 picture-alliance/Globus Infografik; 310 M 2 picture-alliance/dpa © dpa-Report; 311 M 4, M5 picture-alliance/dpa © dpa-Report; 311 M 6 picture-alliance/Globus Infografik; 312 M 1 © Steve Kelley; 312 M 3 picture-alliance/dpa © dpa-Fotoreport; 313 M 6 (1) picture-alliance/dpa © epa-Bildfunk; 313 M 6 (2 + 3) picture-alliance/dpa © dpa; 313 M 6 (4) picture-alliance/dpa © dpa-Report; 317 (M.) picture-alliance/© Berlin Picture Gate/Michael Brexendorff; 318 Mario Guarino, Berlin;